山东师范大学校级教材资助项目

教育统计学

张　磊　姜孟瑞　编著

科 学 出 版 社

北　京

内 容 简 介

统计学素养、方法论层面的思考与训练，对教师提升教育素养、教育评价能力以及研究能力至关重要. 教育统计学致力于唤起人们的方法意识、致力于奠定教师统计学知识基础，将统计学的一般原理和方法应用于教育研究，是一门相对独立的分支应用学科，是教育科学研究方法的重要组成部分，属于方法论范畴. 全书共分十三章. 前十章系统讲述了描述统计和推断统计的基本概念与原理. 包括数据的分析整理、数据特征描述、总体参数估计、假设检验以及方差分析、相关与回归分析等主要内容. 第十一、十二章分别介绍了非参数检验和抽样设计的思想方法，第十三章讲述了用 Excel 电子表格、SPSS 软件处理教育统计数据的重要内容. 本书概念阐述力求准确，论述力求严谨，注重揭示概念和方法本身的思想基础及实际意义，有助于在操作层面掌握概念，有助于更加深刻地理解统计学方法所蕴含的丰富思想.

本书可供课程与教学论专业的研究生、教育硕士以及师范院校本科生使用，可供教育管理者、工作者和广大一线教师参考.

图书在版编目(CIP)数据

教育统计学/张磊，姜孟瑞编著. —北京：科学出版社，2018.2
ISBN 978-7-03-056533-4

I. ①教… II. ①张… ②姜… III. ①教育统计 IV. G40–051

中国版本图书馆CIP数据核字(2018)第025862号

责任编辑：胡 凯 许 蕾 / 责任校对：桂伟利
责任印制：张 伟 / 封面设计：许 瑞

科学出版社 出版
北京东黄城根北街 16 号
邮政编码：100717
http://www.sciencep.com

北京凌奇印刷有限责任公司印刷
科学出版社发行 各地新华书店经销
*
2018 年 2 月第 一 版 开本: 720 × 1000 1/16
2026 年 1 月第六次印刷 印张: 24 1/2
字数: 494 000

定价: 79.00 元

(如有印装质量问题，我社负责调换)

前　言

追溯教育统计学发展的历史，以数理统计为工具研究教育问题，几乎是随着数理统计学本身的发展而发展的．20 世纪初期，对统计学理论与实践的研究还多集中在欧洲各国，之后在这方面有较大贡献的有美国心理学家卡特尔(Gattell)、桑代克(Thorndike)和瑟斯顿(L. L. Thurstone)等．1904 年桑代克出版了《心理与社会测量导论》一书，20 世纪 30 年代，麦考尔(Macall)出版《教育实验法》、瑟斯顿出版《教育统计学纲要》等著作．但直到 20 世纪 40 年代，小样本的推断统计方法被引入教育研究中来，才真正为教育科学研究开辟了更加广阔的前景．在我国早在 20 世纪 20 年代之后，就有不少以统计学为工具研究教育学和心理学问题的译著和专著出版，一大批学者从事这方面的研究和教学工作. 尤其是 50 年代以来，如叶佩华等的《教育统计学》、张厚粲的《心理与教育统计学》、王孝玲编著的《教育统计学》等，都为统计方法在教育和心理研究方面的应用基奠了牢固基础，为促进教育科学健康迅速地发展做出了极大贡献.

《教育统计分析方法》一书也正是在多次讲授教育统计学课程的基础上，经过五年多不断修改、打磨，撰写而成．最初写作该书的动议，源于研究生期间学习这门课时，就深感这方面知识对教师从事教育和教学工作的重要意义，那时这方面资料还很稀缺．2001 年秋季接手这门课时，需要的教育统计学教材也不能很容易买到，于是一边着手准备上课，一边收集资料为进一步研究做准备．然而，这项工作却绝非想象的那样简单．教育统计学致力于唤起人们的方法意识、致力于奠定教师统计学知识基础，将数理统计学的一般原理和方法应用于教育研究，是一门相对独立的分支应用学科，是教育科学研究方法的重要组成部分，属于方法论范畴．在思想方法层面把这门课讲清楚并不轻松，若用文字表达出来，让别人看懂、有所领悟，并形成系统、完整的理论体系和自己独特的风格，又远比在课堂上讲明白、让学生听懂困难得多．所以尽管自认为具有较厚重的数学基础，却还是远远不够，力不从心是常态，倘若不是从小就喜欢数学却没能学习数学专业，有意借这本书补偿一下自己早先的缺憾(事实证明，补偿缺憾之外对思想方法的深入思考才是更有意义的)，倘若不是对提高教师评价能力以及教育研究能力的一种责任与使命感，绝不可能坚持几年做这项工作而没有放弃．正是内心深处对数学的热爱和深厚的情感，正是作为一名普通教师对这门课价值的真切的认同感，才能欣然接受各方面的挑战，才能心甘情愿付出时间与努力，全身心、全力以赴投入到这本书的写作之中，尽管辛苦却也乐在其中，尽管单调乏味却也享受那份积极充实的心情. 人生短暂，能有幸做一些自己喜欢、少些功利，也有助于别人、有助于教师教育实践的事情，即便微不足道也能坦然. 但无论如何，几年间付出的心血以及专注与用心程度都是之前未曾预料的. 常常是在做别的事情时，突然想起来某个公式该如何推算，只要条件允许总会随时掏出随身携带的纸与笔仔细演算或者方便的时候及时写出来. 为了准确、清楚地表达某个概念，就更是仔细查阅甚至十几种书籍或文献，反复琢磨、推敲，还往往拿到课堂上讲讲试试、看看学生反应，以便确定最佳的表述方案. 就这样几年时间过得很快，2007 年《教育统计分析方法》一书由科学出版社正式出版. 这次与科学出版社协商再版时，一致同意：第一，尽管之前的工作已经做得比较完善，但随着时代的快速发展，仍有必要将书稿内容做进一步较大程度地修改，以便能更好满足大数据时代人们尤其是教师对提高统计学素养的迫切需求，统计学素养、方法论层面的思考与训练，对教师提升教育素养、教育评价能力与研究能力至关重要，也终将对教育健康发展产生积极影响；第二，为进一步强化课程本身的学科特点和逻辑体系，更名为《教育统计学》，以能更加突出内容主题及学科性质.

基于此，更名后的《教育统计学》更加强调系统阐述教育科学研究中常用的数理统计方法，主要包括描述统计和推断统计两大部分内容. 同时将常用的几种“非参数检验法”和“抽样设计”两部分内容分别独立成章，放在第十一和第十二章中讲述. 考虑到相关分析与回归分析实质上分别强调了同一问题的不同侧面，相关系数与平均数、标准差一样，也是描述样本数据特征的一个重要统计量，故在学习集中量数和差异量数之后，讲述相关系数的概念以及计算，以便使描述统计的内容相对集中. 这是改变较显著的一个地方. 同时鉴于相关系数检验的内容需要依据第五、六、七等章节的知识与方法，因而相关系数的检验部分仍然放在第十章与回归方程的建立与检验一同讲述. 另外一个变化较大的方面是第十三章，为了便于读者使用计算机软件处理数据，第十三章在介绍 Excel 电子表格应用的基础上，增加了运用 SPSS 软件处理教育统计问题的内容，进一步增强了教育统计分析方法的实用性.

本书概念阐述力求准确，论述力求严谨，注重揭示概念和方法本身的思想基础及实际意义，有助于在操作层面掌握概念，有助于更加深刻地理解统计学方法中所蕴含的丰富思想. 这一特点使本书不仅易于讲授，也适于自学，因而可为更多需要这方面知识的人提供帮助. 本书可供所有课程与教学论专业研究生与教育硕士使用，也可供师范院校本科生使用，还可供教育管理者、工作者和广大一线教师参阅.

本书的撰写得到了山东师范大学物理与电子科学学院、教务处与研究生学院领导和学校相关部门的大力支持，尤其是得到满宝元副校长、王传奎副校长、万光侠副校长、刘浩处长、程传福院长、胡桂香书记、王春兴副院长、赵曰峰副院长等领导的鼓励与支持以及肖斌与侯伟等老师尽职尽责的帮助. 得到华中科技大学张端明教授、武汉理工大学王继春教授和华中师范大学韩可芳教授的认真审阅, 他们提出的很多宝贵意见, 对完善书稿不可或缺. 所以, 从某种程度上说, 这本书凝聚了许多人的心血, 而不仅仅是作者自己努力的结果.

本书的出版要感谢曲阜师范大学王继锁教授的关心与帮助. 几十年来王老师亦师亦友, 总是对我们表现出的些许努力表示肯定, 在我们事业成长的足迹里有王老师付出的智慧与对我们的谆谆教诲. 本书的出版还要感谢科学出版社的鄢德平副总编、陈玉琢编辑、莫丹玉编辑和许蕾编辑, 是他们的辛勤工作成就了这份从丑陋初稿到精美铅字印刷品的传奇. 我们赞叹这份传奇成就的同时, 由衷感谢、感激这么多好心、热心和远见卓识的领导、老师、同事和朋友们. 他们的善意我们会铭记在心, 他们对中国教育事业的贡献则必将被人们载入史册, 教育蓬勃发展的历史正是由这许许多多看似平凡的人创造的.

在写作本书的过程中参阅了大量相关文献, 受益匪浅, 在此谨向原作者表示诚挚的谢意与崇敬. 对前辈学人的敬仰与尊重、对学术的虔敬与谦卑之情, 无法掩盖作者认识上的粗浅, 也无法掩盖作者的有限水平, 书中疏漏与不妥之处敬请读者及各界同仁匡正.

作　者

2016 年 12 月于山东师范大学

目　　录

绪　　论

一、应用数理统计方法研究教育问题是教育科学研究的必然要求

教育领域存在大量的随机与模糊现象. 如同在任何其他领域一样，在教育领域里除确定性现象以外，也存在着大量的随机现象和模糊现象. 众所周知，确定性现象是指在一定条件下进行观察或试验，其结果是确定的，是人们可以预知的，或者说是必然发生或必然不发生的一类现象. 例如，水在任何温度下都会蒸发，同种电荷相互排斥，异种电荷相互吸引，物体之间总有万有引力存在等，都属于确定性现象. 微积分、微分方程、线性代数、物理学等就是研究这一类确定性现象的学科，是人们较为熟知的一类知识与理论系统.

随机现象则是指在一定条件下可能发生、也可能不发生的现象. 因此，在对这类现象进行观察或试验之前，不能预知其结果. 例如，在 5 个实验考试题中只抽一题进行实验，将抽到第几题？某系明年的考研率能达到多少？如何才能使考研率达到更高？像这样受诸多偶然因素影响的问题，其结果是不确定的，也是不可预知的. 但是，事实证明在许多不确定的问题中隐含着确定性的规律，这就是对随机现象进行大量重复地观察时，其结果出现的统计规律性. 例如，重复多次抛一枚质地均匀的硬币，出现正面朝上和反面朝上的次数大致会各占一半. 因此，随机现象的特点，就表现在每次试验中结果的不确定性和在大量重复试验中呈现的某种统计规律性这两个方面. 概率论与数理统计正是研究和揭示随机现象统计规律性的一门数学学科. 而模糊现象所描述的事物本身的含义是不确定的，如年轻人的集合(35 岁还属于年轻人这一群体吗？). 事实上，现实世界中许多事物是这样模糊的、不精确定义的类型，它们没有精确定义的判别准则，表现出“亦此亦彼”的模糊性. 以模糊现象为研究对象的模糊数学是定量处理模糊现象的有效工具.

其实随着科学研究的不断深入，人们需要研究的关系不仅越来越复杂，而且对系统的判别和推理的精确性要求也越来越高. 正是为了精确描述愈加复杂的现实对象，各类新的数学分支不断产生和发展起来，应用较为广泛的就有：确定性数学模型、随机性数学模型和模糊性数学模型三大类别. 比较三类数学模型，容易发现前两种模型的共同特点是所描述的事物本身的含义确定，具有“非此即彼”的清晰性，而模糊性数学模型不具有这种特点. 另外，随机性数学模型虽然具有不确定性，但它与模糊性数学模型是有区别的. 随机性是就对事件的某种结果的机会而言，由于条件不充分，导致各种可能的结果，这是因果律的破缺而造成的

不确定性. 模糊性则指存在于现实对象中的不分明现象，如“年轻”与“不年轻”之间没有明确的边界；思想品德的“优秀”与“良好”之间也找不到明确的界限. 这种不分明现象表明，从差异的一方到另一方，中间经历的是一个从量变到质变的连续过渡过程. 这是排中律(形式逻辑基本规律之一. 是说在同一时间和同一条件下，互相矛盾的两个判断中，必有一真，不能都假. 如有一个是假的，另一个一定是真的，不能有中间情况)的破缺造成的不确定性. 如果说，概率论与数理统计将数学的应用范围从必然现象扩大到随机现象的领域，那么，模糊数学则将数学的应用范围从清晰现象扩大到模糊现象的领域.

数学的发展为教育领域的定量研究提供了基础与保障. 例如，从简单的学生年龄和身高的登记统计，到较复杂的学科平均成绩的计算，甚至推断影响学生成绩的主要因素等，都离不开数学工具的应用和科学理论的支持或支撑. 这本书的目的重在研究怎样应用概率论与数理统计的基本原理和方法解决教育研究领域里的许多现实问题. 当然它不是概率论与数理统计在教育领域里的简单应用，而是根据教育现象本身的特点和规律，使这部分内容自成体系. 所以，即使有概率论与数理统计学基础，在从事教育教学研究时，仍需要有这方面知识的支持. 另外，它毕竟属于应用学科，因此，书中不会过分强调数学原理严密的逻辑推证，而是在不失准确性和科学性的基础上，侧重于数学思想和方法的具体应用以及对结果实际意义的解释，从而为教育决策或相关部门制定政策提供基础.

教育现象及其测量的随机性决定了将统计学方法引入教育研究领域的可能性与必要性. 人们早已熟悉要测量长度必须首先选择一个测量范围及精度都合适的量尺，然后进行测量. 具体测量过程中，比如要测量某人的身高，虽然被测者的身高是一个确定值，但由于诸多偶然因素的影响，不同测量者对其身高的测量结果一般不同，甚至同一测量者对同一被测者身高进行多次测量时，每次结果一般也各不相同. 所以，测量结果具有随机性. 这时，为了使测量结果更加准确，人们一般采用统计上求算术平均值的方法获得身高的测量值. 但实际上，通常无法将一切可能的测量结果全部列出. 因此，这里用求算术平均值的方法获得身高的测量值，只是求其一部分测量结果的算术平均值，而绝不是其全部测量结果的平均值. 于是测量结果的随机性还充分表现在：就不同的测量者而言，为什么偏偏用这一个测量者的测量结果而不是另外一个测量者的测量结果？或就某一测量者而言，为什么用其今天某一时间的测量结果而不是另外某天某一时间的测量结果？事实上，教育领域里其他许多类型的测量也都具有与此类似的特点，意味着教育领域中所获得的大量数据都具有随机性，如学生的学科成绩、对教师的年终考核得分等. 教育现象及其测量的随机性处处可见，例如，推断某省某年份高考某学科的平均成绩时，尽管从表面上看，把该年份参加该学科高考的所有学生的成绩求平均值最为简单方便，但就一般而言，尤其是面对像某人的身高测量值这样一个无限总体的情况下，根本无法做到直接求解总体的平均值，则通常运用统计学方法，依据从总体中随机抽取的样本平均数，推断总体的平均数. 即使像高考这样人数确定的情况，一般也不会直接计算全部考生的平均分，而是从该学科高考成绩总体中随机抽取一部分学生的考分计算其平均值，并由此推断该省该年份该学科高考的平均成绩. 当然抽取的学生不同，推断结果也往往不同，产生的误差也不一样，所以抽样结果以及推断结果的随机性总是存在. 将统计学方法引入教育研究领域，就是要研究在怎样的情况下，能使教育测量以及推断结果的误差最小或更接近于实际情况.

教育测量的间接性与教育现象的复杂性. 教育现象还具有更加复杂的一面，就测量学生身高而言，总能找到并选择合适的量尺，直接进行测量. 可是在教育领域里绝大多数待测量物都无法直接测量，这是由于教育领域里绝大多数问题涉及人的心理现象，而心理现象是无法进行直接观察与测量的，如学生的记忆力、推理能力、实验操作能力、写作能力等，到目前为止都还无法进行直接测量. 而对这些量的了解又是进行教育教学研究的重要依据和客观基础，这正是教育领域中问题复杂性的一个重要方面. 比如，为了解学生的数学推理能力，人们不得不选择若干大家普遍认同的项目或试题组成试卷，针对学生对题目的反应情况，间接推断学生推理能力的高与低. 正因为教育测量的间接性，使教育教学研究中许多变量的值无法直接给出量的规定. 考虑到学生的情绪、态度及周围环境也会影响到学生对题目的反应等，就更增加了教育现象的复杂性.

尽管教育现象复杂多变，但总是可以测量的. 1918 年，美国心理学家桑代克提出："凡物之存在必有其数量."1922 年美国测量学家麦考尔又进一步指出："凡有数量的事物都可以测量." 这是说，任何事物、现象都有程度上的不同或数量上的差异，因此，也就为进行数量化的测定提供了可能，如学生的学科成绩有高低之分、思想品德有好坏之别等. 尽管这种好与坏之间没有明确的界限，其间的区别具有模糊性，但这种差别的存在毕竟保证了教育现象的可测量性.

教育测量以统计学理论为基础. 由于对教育现象的测量，一般是在环境、学生身心状况等诸多因素影响下对学生心理或精神特质的测定，决定了对教育现象进行测量的间接性，也大大增加了这一领域里测量的难度. 但无论如何，在教育领域里通过测量及教育调查、教育实验等多种手段获得的大量数据，为在一定条件下，对教育现象进行定量分析、处理提供了物质前提. 对数据采集的研究属于教育测量学的内容，但对数据的处理需要统计学理论的支撑. 本书正是运用概率与数理统计的理论与方法，研究如何以有效的方式整理、分析测量中所获得的数据资料，并以此为据，对所考察的问题作出尽可能精确、可靠的判断和预测，从而为教育决策提供科学依据. 这也就决定了本书最感兴趣的部分是测量数据的随机性问题.

二、概率论与数理统计及其在教育领域应用的发展

概率论起源于博弈问题. 15~16 世纪意大利数学家帕乔利(L. Pacioli)等的著作中曾讨论过"如果两人赌博提前结束，该如何分配赌金"等概率问题. 到 1654 年左右，费马与帕斯卡讨论类似的合理分配赌金的问题，并用组合方法给出了正确解答. 这引起了荷兰数学家、物理学家惠更斯的兴趣，他在 1657 年发表的《论赌博中的计算》是最早的概率论著作，但当时主要以代数方法计算概率. 一般认为，概率论作为一门独立数学分支，其真正的奠基人是雅各布·伯努利，他首次提出后来以"伯努利定理"著称的极限定理，揭示了概率的客观存在. 之后，拉普拉斯、高斯和泊松等对概率论作出了进一步的奠基性贡献. 尤其是拉普拉斯在 1812 年撰写的《概率的分析理论》一书开辟了概率论发展的新时期. 正是在这部著作中，拉普拉斯给出了概率的古典定义.

19 世纪末，概率论在统计物理等领域得到广泛应用，也同时提出了对概率论的基本概念与原理进行更加明晰解释的要求. 前苏联数学家科尔莫戈罗夫(1903~1987)在这方面做出了极其卓越的贡献. 1933 年，他以德文撰写的经典性著作《概率论基础》为概率论在更广阔范围的应用奠定了坚实的理论基础.

统计学作为一门独立学科尽管发展较晚，但简单的统计工作自古就有. 例如，古希腊和罗马时期，许多国家对人口进行统计调查、财产登记，中国古代把田产分成不同的等级等. 18、19 世纪逐渐出现统计推断的思想，如 1763 年，英国的贝叶斯提出"贝叶斯定理"给出最早的一种统计推断公式，拉普拉斯和高斯等利用这一公式估计参数，同时也建立起其他的分析方法，逐步使统计学摆脱了对观察数据的单纯描述，而向强调统计推断的方向发展. 到 20 世纪，以概率论为理论基础的统计理论已告成熟.

概率与统计学理论的使命. 概率论与数理统计都是研究随机现象统计规律性的学科，不同之处在于概率论是在已知随机变量分布的状况下，着重讨论随机变量性质及随机事件的概率求法等问题；而数理统计则是利用概率论的基本理论，对所要研究的随机现象进行多次观察或试验，研究如何合理地获得数据，如何对获得的数据进行整理、分析，并对所关心的问题作出估计或判断. 数理统计方法应用范围极广，在不同领域的应用又形成各种不同的分支应用学科. 数理统计及其在各种不同领域的应用一起构成统计学这样一个有机的庞大整体.

数理统计方法在教育领域的应用，几乎是随着数理统计本身的发展而发展的. 19 世纪末，英国生物学家、心理学家和优生学创始人高尔顿(Francis Galton)最早将统计学方法应用到对心理测量所获得的资料数据进行定量分析中来，并设计了一种相关系数的计算方法. 1896 年他的学生皮尔逊(Karl Pearson)改进了相关系数的计算，创立了积差相关系数公式，至今仍在广泛应用. 同时期的英国另一

位心理学家斯皮尔曼(Spearman)，1904 年发表论文“普通智力”，首创智力结构的二因素学说，并提出因素分析的思想和方法等，在统计方法的应用方面做出了巨大贡献. 20 世纪初，对统计学理论与实践的研究还多集中在欧洲各国，之后在这方面有较大贡献的有美国的心理学家卡特尔、桑代克和瑟斯顿等人. 1904 年桑代克出版《心理与社会测量导论》一书，系统地介绍了统计方法和测验编制的基本原理，极力倡导以心理学和统计学为工具来研究教育学. 到 20 世纪 30 年代有这方面的专著出版，如麦考尔的《教育实验法》、瑟斯顿的《教育统计学纲要》等. 但直到 20 世纪 40 年代，随着小样本的推断统计方法被引进教育研究中来，才真正为教育的科学推断提供了一件利器，从而为教育科学研究开辟了更加广阔的前景.

在中国，教育统计学方法是随着欧美各国科技成就一同被介绍进来的. 20 世纪 20 年代以后，就有不少这方面的译著和专著出版，一大批学者从事这方面的研究和讲授工作. 尤其在文革以后，在这方面有较大影响的有叶佩华等的《教育统计学》、张厚粲的《心理与教育统计学》、还有王孝玲编著的《教育统计学》等. 都为统计方法在教育和心理研究方面的应用做出了极大的贡献，也为促进教育科学健康、迅速地发展做出了极大贡献.

三、教育统计学的主要内容

将数理统计学的一般原理和方法应用于教育研究，就形成了教育统计学这样一门相对独立的分支应用学科，属于方法论范畴，也是进行教育科学研究的重要工具. 它以辩证唯物主义思想为指导，运用统计学方法，研究如何以有效的方法收集、整理和分析在教育调查、教育实验中所获得的数据资料，从中认识教育现象的本质，发现教育规律，并以此为依据，对所考察的问题作出尽可能精确、可靠的判断和预测，从而为教育决策提供科学依据.

教育统计学与数理统计学的关系还表现在：对教育科学研究的逐步深入，不仅提出了许多需要教育统计学进一步研究解决的问题，也同时为数理统计学提供了新的研究内容，使二者相互促进，相辅相成；另外，在教育领域里应用统计学方法，并不断开发适合教育现象特点，符合教育现象规律的新方法，也就使统计学方法带有了教育的特殊性和复杂性. 从而使教育统计学成为一门相对独立的分支应用学科，也成为教育科学研究方法的一个重要组成部分. 因此，即使具有数理统计学知识的人进行教育科学研究，仍然需要进行教育统计方法的学习、训练和指导.

教育统计学的研究内容是随着历史的发展而不断丰富和发展的，但从具体应用的角度来看，大体可分为描述统计、推断统计和实验设计三个部分.

1. 描述统计

在教学实践中，常以平均分数来衡量学科教学质量的高低. 之所以用平均分数，是因为平均分数往往代表了学科的平均水平，或者平均分数可以被视为这一群体成绩中的典型或代表. 像平均分数这样能代表一组数据典型水平或平均程度的量，在统计上称为集中量. 所以，平均分数是集中量的一种(另外还有其他一些集中量，如中位数、众数等).

但实践表明，仅有平均分数是不足以准确、全面地说明教学质量状况的. 比如有 A、B 两个平行班级，相同测验的平均成绩相同. 在 A 班中，全班成绩绝大多数都集中在平均成绩附近一个不太大的范围内，这时，平均分数对 A 班的成绩确实具有很好的代表性，能说明 A 班的平均水平或典型状况. 而 B 班中，学生成绩两极分化严重，一部分成绩偏低，而另外一部分成绩又极高，显然这时的平均分数就没有多少代表性，对 B 班的平均程度没有多少说服力. 因此，在计算平均成绩的同时，还要考察成绩的离散情况. 个体成绩越是向平均成绩集中，平均成绩越具有代表性. 反之，则平均成绩并不能说明整体的平均水平. 在统计学中，把表示数据离散程度的量叫做差异量，如标准差、全距等都是差异量. 可见，集中量还表征了一组数据向某点集中的趋势，并且当差异量越小时，表明一组数据向某点集中的趋势越强. 因此，在描述一组数据特征时，应把集中量和差异量结合使用.

实践中还常关心各学科成绩之间的关系，即两组或多组数据之间的关系. 例如，数学与物理成绩之间就常表现出一种协同变化的关系，即表现为两门成绩都好或者两门成绩都差的情况. 但这种关系又不同于因果关系，一般不是数学好的物理也一定好，或者数学差的物理也一定差. 在统计中，是通过计算相关系数一类的相关量，来达到了解同一事物的不同特性间变化关系的一致性程度或协同变化的程度的，如数学与物理成绩间就可以通过计算它们之间的相关系数，以达到描述它们间协同变化程度的目的.

像上面这样，通过计算一组数据的集中量、差异量和相关量(统称为特征量)等，来研究数据的分布特征，就属于统计描述所讨论的内容. 简言之，统计描述就是对已获得的数据进行整理、概括，制成图表，或就这些数据计算其各种特征量，以尽可能全面地反映数据分布的特征. 其目的在于从杂乱无章的数据资料中获得尽可能多的有意义的信息，以便对不同的总体进行推断分析和比较，并尽可能得出符合实际的结论来.

2. 推断统计

假如要了解某年某省高考物理的平均成绩，面对全省几十万人的高考人数，由于人力、物力和时间所限，一般不能对整体进行统计计算，而是随机地从中抽取一部分物理试卷(样本)，计算这部分试卷的平均成绩(统计量)，然后在一定的置信度下，通过归纳概括推断全省(总体)的高考物理平均成绩(参数). 这里，置信度表示把握性(可靠性)大小. 之所以有一定置信度，是由数据概率分布的特性决定的. 最常用的置信度是95%和99%两种情况.

概括来讲，根据样本所提供的数据信息，依据概率理论，在一定置信度下，推测样本所属总体相应性质的统计方法，都属于推断统计的内容.

根据推断的目的不同，统计推断又包括总体参数估计和假设检验两部分.

3. 实验设计

实验设计是指研究者在教育实验开始之前制订的详细的实验计划，包括随机样本的抽取方式、样本大小(样本容量)的确定以及对实验数据进行统计处理和分析方法的选择等.

以上三部分内容相互联系，相互影响. 描述统计是推断统计的基础，同时，只有良好的实验设计才能保证获得有意义且有价值的实验数据；也只有在对这样的数据进行整理、分析的基础上，才能通过统计推断得出与教育实际相符合的结论. 当然，良好的实验设计必须以统计原理为依据，满足统计方法的要求，否则就无法对实验数据进行统计处理.

但由于实验设计涉及的问题比较复杂，而且往往自成体系，所以本书仅以描述统计和推断统计两部分为主要研究内容.

四、学习统计学应注意的问题

统计学作为科学研究中对数据进行分析处理的思想武器与有力工具，其应用不能脱离对实际问题背景的考虑. 一方面，统计学作为一种科学研究的方法理论，其本身不能决定一项科学研究成果的价值，一个毫无理论意义和任何应用价值的研究，即使用再好的统计学方法也不能提升其研究水平，因此不能滥用统计方法. 尤其用来粉饰自己研究或掩盖实验缺陷甚或弄虚作假地编造数据，都是缺乏科学态度的表现. 另一方面，统计学作为教育科学研究方法的重要组成部分，又必须牢固掌握. 因为，任何一项高水平的研究，若没有对数据进行科学有效的统计分析方法作支撑，也不能将其结果的重大意义准确、合理地呈现出来. 因而，在应用统计方法于教育教学研究中时，切记要以辩证唯物主义思想做指导，以教育学和心理学的理论为依据，具有正确的思想和科学方法观念，才能充分发挥统计学所应有的作用.

在学习统计学时，应注意把握它的特点. 这大致包括以下几个方面：

(1) 从解决问题方法的视角来看，统计推断是归纳法，即是一种从特殊到一般的辩证思维路线. 这从前面所提到的，推断某省高考物理平均成绩一例中，已经体现出来，是一个统计、分析与归纳的过程.

(2) 以归纳法为基础的统计推断与确定性数学模型中思维方法的“推理”不同，而具有不确定性. 这种不确定性以数据的概率分布特征为客观基础，一般用置信度或可靠度来表征.

(3) 统计推断对所建立的假设往往采用反证法. 但这里的反证法又与以往所熟悉的反证法不同，而具有概率的性质. 这一点也是由数据的概率分布决定的. 统计推断的反证法实际上遵从基于概率分布的证伪的思想路线. 因而与证实的思想方法中，某一命题被证实后接受，不被证实则被抛弃不同，运用证伪方法时，总是试图找反例否定某一命题，只有在无法找到反例或者证据不足以否定它时，才不得不接受该命题，同时保留继续检验或证伪它的可能性. 证伪思想方法是对证实方法的补充更是一种态度，它强调真理的相对性、尊重人认识上的局限性，注重以质疑地态度面对知识，主张不再理所当然地接受事物或真理.

总之，统计学方法与以往确定性数学模型中处理问题的方法有许多不同之处. 因此，应注意用新思路解决新问题，而不能把以往的知识和经验生搬硬套. 统计处理不需要多么高深的数学基础，只要着重掌握统计学的特点和规律，学好它是很容易的事情. 学习统计学绝不能执着于数学的运算，而是要注重理解统计学方法中所蕴含的思想方法及其内涵.

五、学习统计学之前应先熟悉的一些概念

1. 随机试验

前面已经揭示出教育现象的随机性. 随机现象有两个突出特点：一是在一次试验中，结果呈现不确定性；二是在大量重复试验中，结果所具有的统计规律性. 这意味着，随机现象的统计规律性只有在大量重复试验中才呈现出来. 因此，对随机现象统计规律性的认识，离不开对大量重复试验的观察. 实际上，试验这一概念本身就泛指在一定条件下，对自然与社会现象进行的**观察或实验**. 所以，寻找随机现象的统计规律，离不开大量的重复试验.

当试验满足以下条件时，被称为随机试验：

(1) 试验可以在相同条件下重复进行；

(2) 试验结果不止一个，但试验之前能明确指出所有可能结果的范围；

(3) 每次试验之前不能准确预知哪一种结果会出现.

2. 随机事件

随机试验总有各种不同的结果，通常把试验的每一个最基本的结果称为基本事件. 如投掷一枚质地均匀的骰子，“1”在上面(或“2”在上面……)就是一个基本事件. 在一次试验中，只能有一个基本事件出现.

由若干个基本事件组合而成的试验结果叫复合事件. 如投掷一枚质地均匀的骰子, 上面点数是“偶数”(2, 4, 6), 就是一个复合事件, 它包含 3 个基本事件. 无论是基本事件还是复合事件，在随机试验中出现与否都具有随机性，因此，统称为随机事件，简称为事件，通常用大写字母 A，B，C，…表示. 如用 A，B，C 分别表示以上试验中上面点数是“2”、“偶数”(2，4，6)和“1”的情况. 则当上面出现“2”点时，我们说 A 事件发生，B 事件也发生，但 C 事件不发生. 并且我们会很自然地关心一次试验中 A 事件发生的可能性有多大? B 事件和 C 事件发生的可能性又如何呢?

在随机试验规定的条件下，必然出现的事件叫必然事件；而必然不出现的事件叫不可能事件. 必然事件和不可能事件已不具有随机性，但为了方便，仍把它们视为随机事件，是随机事件的两个极端情况，如同静止与匀速直线运动是匀变速直线运动的两个特例一样.

3. 随机变量

在许多随机试验中，试验的每一种可能结果对应着一个数值，如英语四级的通过率、汽车通过高速公路某给定点的速度等，每一次试验或观察结果都可以用一个数值来表示. 按照通常的做法，也是为了研究和解决问题的方便，人们将这些数值与一个变量的取值联系起来，这个用来表示试验结果的变量就称为随机变量. 统计学处理的变量都是随机变量.

即使有些随机试验的结果不具有数量性，譬如，每天第一节课第一个到教室的是男生还是女生? 这时也可以把它与数量联系起来. 比如可以把女生定为“1”，男生定为“0”，从而把试验结果数量化了. 当然，这时的随机变量只有两种取值，并且这时的“0”和“1”也失去了原来的数据性质和大小关系.

随机变量一般用 X，Y，Z 等来表示. 引入随机变量后，随机事件就可以通过随机变量的不同取值来表示. 如上面例子中，“第一节课第一个到教室的是女生”这一事件可表示为$\{X=1\}$；反之，随机变量的不同取值也都对应着一个随机事件. 例如，掷骰子的试验中，可用$\{X=1\}$或$\{X=2\}$等表示上面出现的点子数目.

随机变量的取值状况固然重要，但更重要的是随机变量以什么样的概率取值. 在上例中，或许人们更关心的是，“第一节课第一个到教室的是女生”的概率究竟是多大?

4. 总体、个体和样本

正如在推断全省物理高考的平均成绩时，一般不会对全省所有参加高考的考生的物理成绩直接相加求取平均值，而是从中随机抽取一个合适的样本，算出其平均成绩. 然后依据统计推断的基本原理以及样本的平均值，在一定置信度下，推断全省物理高考的平均成绩. 其中全省所有参加高考的考生的物理成绩就组成一个总体. 因而，总体是所要进行研究的具有某种共同特性的个体的集合. 而组成总体的每一个基本单位称为个体. 个体可以是人，也可以仅指人的某一种属性. 该例中，个体就是指每个考生的物理成绩，而所有考生的物理成绩则构成该例中的总体.

总体有有限总体与无限总体之分. 有限总体是说总体所包含的个体数目有限；而无限总体所包含的个体数目为无限. 譬如，在上面测量某学生身高的试验中，每一个测量结果就是一个个体，而总体是由一切可能的测量结果组成. 所以，这个总体就是一个无限总体. 总体中所包含的个体数目一般用 N 来表示. 对有限总体 N 是一个有限的数值，对无限总体 N 则趋于无穷大.

面对总体(或称研究对象)，似乎最精确的研究办法是对每一个个体进行观测，但事实并非如此. 尤其是研究对象为无限总体的时候，这样对所有的个体均进行观测研究，在实际中是行不通的，因而抽取样本总是必要的，即从总体中随机抽取一个样本进行详细研究. 样本就是从总体中抽取的作为观察对象的一部分个体. 实践中就是通过对观察样本所获得的数据进行分析，再进而对总体的情况做出预测或估计. 样本中包含的个体数目称为样本容量，一般用 n 表示. $n>30$ 的样本称为大样本；$n\leqslant 30$ 的样本为小样本. 在有些特殊情况下，$n\leqslant 50$ 的样本也被视为小样本，这在处理具体问题时再详细说明. 之所以区分大样本与小样本，是因为在对数据进行统计处理时，对大样本与小样本所采用的统计分析方法一般不同. 以什么样的方式从总体中抽取样本以及样本容量 n 的确定等问题，将在本书的第十二章专门讨论.

就总体与样本而言，应注意两点：一是总体的有限与无限的相对性，如有时总体虽然有限，但样本容量 n 与 N 相比小得多，这时可近似把总体视为无限总体；二是总体与样本的相对性，如推断某省物理高考平均成绩时，该省物理高考成绩构成一个总体. 但当推断全国的物理高考平均成绩时，该省的物理高考成绩又可被视为一个样本.

5. 统计量和参数

根据样本数据所计算出来的一些量，如平均数、标准差与相关系数等，能够描述这组数据的特征，人们称之为统计量. 统计量与样本相对应，是样本上的数字特征. 当样本不同时统计量也不同. 所以，统计量由样本决定，可以说是样本的函数. 由于样本随机抽取，所以统计量也具有随机性，是一个随机变量.

表征总体各种数字特征的量称为参数. 如总体的平均数、标准差与相关系数等. 它们可能还不为人所知，但是客观存在，是一些常数，参数已不具有随机性，不再是随机变量.

统计推断的目的，就是运用统计学的一般原理与方法，根据样本统计量来推断总体相应的参数，如根据样本平均数推断样本所属总体的平均数等.

6. 误差概念

教育科学研究中，对数据的处理以存在误差为前提. 误差是测量值与其真值之间的差值或差异，一般分为系统误差和随机误差两部分.

系统误差主要是由仪器或量具本身不准确、测量的方法或理论不完善、环境因素的影响或者测量者的不良习惯与偏向等造成的，其突出特点是测量结果具有总是偏大或偏小的倾向性. 例如，在高考阅卷中，由于各地理解评分标准不完全一致，从而使掌握标准较严的地区，考生分数偏低，就属于系统误差的范畴.

随机误差一般是由各种偶然因素的影响所引起，表现为测量结果或大或小，没有固定的倾向性. 大量的测量数据中，随机误差一般服从一定的统计分布. 在教育现象中，由于产生随机误差的原因是许多微小且相互独立因素的共同作用，所以，随机误差往往服从正态分布. 这时采用多次重复测量然后求平均值的办法，可以减小随机误差. 而系统误差在已确定产生的原因时，可采取相应的措施减小；但在产生原因不确定时，要减小系统误差，则在很大程度上依赖于测量者的经验和素养. 所以，相比较之下，系统误差有时更难以控制.

统计学中最常见的一种随机误差是由抽样的随机性产生的抽样误差. 统计推断中，为了增加结论的准确性，总是力求减小抽样误差. 抽样误差是指，在依据样本信息推断总体相应的参数或特征时，抽样的随机性使不同样本的同一统计量不仅具有不同的数值，而且各样本统计量与总体相应参数间的差异也各不相同. 如统计量为平均数时，这时抽样误差是 $\overline{X}-\mu$. 其中，$\overline{X}$ 为样本平均数；μ 为总体平均数. 研究表明，在许多情况下，抽样误差服从正态分布，或者说样本平均数 $\overline{X}$ 总是以总体平均数 μ 为中心形成正态分布，这就不仅为统计推断提供了理论依据，并且也为寻找减小抽样误差的方法提供了可能.

思考与练习

1. 简要阐述教育统计学的形成与发展的历史.
2. 简述将数理统计学原理与方法引入教育研究领域的必要性与可能性.
3. 随机试验满足的条件是什么？简述随机事件的概念.
4. 教育统计学的学科性质和特点有哪些？
5. 怎样理解总体、样本和个体的概念？
6. 何为统计量和参数？二者有何区别？有何联系？
7. 什么是系统误差？什么是随机误差？简要说明减少系统误差和随机误差的方法.

第一章　数据的初步整理

第一节　数据的来源及其分类

数据的初步整理是统计推断中重要的基础性环节. 统计推断所要处理的内容一般是从教学实践中所获得、多是以原始资料形式呈现出来的大量数据资料，如表 1.1 所示.

表 1.1　山东省招远市张星中学 108 名男生初一入学时身高实测数值

165	164	158	163	161	162	161	164	156	158	165	157	158	164	161	162	160	159	155	162
152	154	157	162	167	162	163	164	154	158	165	163	161	153	145	162	164	167	154	162
158	169	157	150	155	162	166	158	155	159	158	162	168	156	161	150	152	173	158	163
158	157	160	150	151	152	157	152	155	160	170	151	158	160	152	158	157	155	157	161
173	164	153	165	154	165	156	159	158	161	159	157	157	159	160	161	158	160	162	147
161	149	155	168	153	167	171	162												

表 1.1 中所示的原始数据杂乱无章，不能显示其本身所特有的分布规律. 当上述数据被整理成表 1.2 所示的情况之后，已能大致反映数据的一些基本特征. 因而，对数据的初步整理不仅是进一步进行统计分析的基础，而且数据初步整理本身也能初步揭示数据所包含的某些基本信息. 对数据进行初步整理是统计整理和分析的第一步，也是统计工作中非常重要的一环. 整理数据之前有必要先了解一些关于数据的基本特征及性质.

表 1.2　108 名男生入学时身高的频数分布

身 高(1)	登 记(2)	频 数(3)
145~	||	2
148~	||||	4
151~	卌 卌	10
154~	卌 卌 |||	13
157~	卌 卌 卌 卌 卌 ||	27
160~	卌 卌 卌 卌 卌 |	26
163~	卌 卌 卌	15
166~	卌 |	6
169~	|||	3
172~	||	2
总 和		108

一、数据的来源

数据一般可通过两种途径获得：一是经常性资料，二是专题性资料.

经常性资料通常包括日常生活记录和提交报表等. 例如，学校教师工资、年龄以及教育教学的考评记录，学校经费使用记录，学生各科成绩考核记录、人数登记表等，都提供了大量经常性的有待于统计处理的数据资料.

专题性资料的获得又分为两种情况：一是教育调查，二是教育实验.

教育调查是指在没有预定因子、不施行控制的情况下，对现成的教育方面有关客观事实所进行的观察和分析，是教育科学研究中普遍采用的一种方法. 从调查方法来分，可分为现情调查、回顾调查和追踪调查. 现情调查是指对当前正在发生的或存在着的事物所进行的调查，如对中学教师进修状况的调查等；回顾调查是用追溯的方法来探索造成结果的因素，是从果到因地研究问题的方法；追踪调查是对同一批调查对象，连续在较长时期内作间隔性的观察和分析. 从调查范围来分，可分为全面调查和非全面调查. 全面调查是指在一定范围内的普查；而非全面调查又分为抽样调查和典型调查.

教育实验是指在预定的控制因子影响下，对教育方面有关客观事实所进行的观察和分析. 譬如，我们要了解两种教材对教学效果的影响，这里教材被设为实验因子，即自变量，而因变量是教学效果. 为了获得关于教材的准确信息，我们需要严格控制非实验因子(如接受实验的学生知识基础、智力水平等)的影响. 在研究两种教材(两种实验处理)的情况时，一般有单组实验、等组实验和轮组实验三种不同的实验形式.

单组实验，是指对同一组实验对象先后施行两种实验处理；等组实验，是指在甲、乙两组条件基本相同的条件下，对其施行不同的实验处理，如甲、乙两组各用一种教材；轮组实验，是指在实验组和对照组分别进行两种实验处理，并且每种处理各重复一次，即每个或多个单组实验的联合.

如果对三种实验形式作一比较，易见各种不同的实验形式各有优点和缺陷. 如等组实验在避免了单组实验中各种不同实验处理间的相互影响的同时，又引入了两组学生的差异对结果造成的影响；轮组实验虽消除了等组实验的这一缺陷，但使结果的处理变得更加复杂. 因此，究竟采用哪种实验形式，应根据所研究的具体问题而定. 实践中，三种实验形式都很常见，比如，用等值性系数或者等值稳定性系数来表示测验的信度时，前后两次对同一组被试的具体内容不同的测验，就都是单组实验在教育测量学中的典型应用；完全随机设计的方差分析中一般是等组实验的例子，而随机区组设计的方差分析则涉及到轮组实验的情况.

二、数据的种类

一般而言，从实践中所获得的数据可分为计数数据(也称为点计数据)和测量数据(也称为度量数据)两类.

1. 计数数据(或点计数据)

计数数据是指计算个数的数据，一般都取整数的形式，如人口数、学校数、男女学生数等.

2. 测量数据

测量数据是借助于一定的测量工具或依据一定的测量标准而获得的数据，如身高、体重、学业成绩分数等，它又可分为下列三种不同的测量水平：

(1) 比率变量(也叫等比变量)，既有相等的单位又有绝对零点的数据，如身高、体重、物体的表面积等；

(2) 等距变量，即有相等单位但无绝对零点的数据，如摄氏温标、各种能力分数等；

(3) 顺序变量，是既无相等单位又无绝对零点的数据，如品质等级、能力等级等.

数据的种类不同，所使用的统计方法往往也不同.

实际数据按其是否具有连续性也可划分为连续变量和离散变量. 连续变量可无限增加，也可无限细分；而离散变量的数值形式一般取整数，两个单位之间也不能再划分出更细小的单位，一般计数数据都具有离散变量的性质. 连续变量和离散变量在数轴上的表示也不同，离散变量对应数轴上的一个点，如

；连续变量则是对应数轴上的一个区间，如连续变量的 8 是指 7.5~8.499…的一段距离，如

.

三、数据的统计分类(统计分组)

无论是点计还是测量数据，对数据进行分类是归纳与整理数据的第一步. 分类前，通常应将那些明显是由过失或失误造成的不真实、不准确的数据剔除掉，但切记不能随心所欲. 分类时，应抓住研究对象的本质特征，对其概念作出明确、严格的界定，为分类提供依据. 同时，分类的标志(即分组所依据的特征)不仅要明确，而且要前后一致，应能将全部数据包含在内. 最后，统计分类还要考虑研究目的、任务的需要及所采用统计方法的可能性.

按分类标志的形式，数据可划分为性质类别和数量类别.

1. 性质类别

性质类别是按事物的不同性质进行分类. 例如，学生分为男生、女生，高考结果分为录取、未录取等. 有时分类标志是成绩优劣，并分为优、良、中、及格、不及格等，也属性质类别. 因为，这里分类标志本身虽然包含了好与坏，但不能直接说明相差的大小. 性质类别数据一般是以点计数据的形式呈现，如高考录取与未录取的人数分别是多少，等等.

2. 数量类别

数量类别是按数值大小进行分类，并根据一定的规则排列某种顺序. 这里又有两种情况：第一，直接按数值大小，如测量数据的情况，由小到大(或由大到小)排序. 如果一组数据数目不多可直接排序，如果数目较大就要编制频数分布表(见本章第四节). 第二，将数据按等级大小排列成序. 若遇到数值相同的数据，它们的等级可按下列方法确定. 例如，有下列数据：75，83，61，77，67，75，83，89. 若将数值大的 89 作为第一等，两个 83 应占第二、第三等，这两个等级之和再除以相等数据的个数 2，就是它们的平均等级 2.5，依此类推，上面数据的等级排列顺序为 1(89)，2.5(83)，2.5(83)，4(77)，5.5(75)，5.5(75)，7(67)，8(61).

数量类别的两种情况，无论是按大小还是按等级排序，其本身就显示了数据分类的大小数量，这一点与性质类别明显不同，如男生、女生只有性质的区分，没有大小的差别.

第二节 统 计 表

一、统计表的意义和作用

统计表是表示数字资料的一种重要形式. 例如，某校高一七班共有学生49 人，其中女生 19 人，可制成表 1.3.

表 1.3 高一七班男女学生数

性别	人数
男	30
女	19
总数	49

这是把数据按性质分类统计列表的一个例子. 简言之，统计表就是对统计数据分别归类，归类后得到的各种数量结果称为统计指标. 所以，统计表就是用来

表达统计指标与被说明的事物之间数量关系的表格，它可以清晰、直观、概括地揭示出数据的分类结果及蕴涵的某些意义，使人们一目了然(比较表 1.1 和表 1.2 就可看得很清楚). 这种表列方式比文字叙述简明得多，便于检查、记忆、比较和分析，是教育科学研究报告和教育主管部门整理数据时经常采用的一种方式.

二、统计表一般结构及编制要求

统计表结构一般包括表题、表号、标目、线条、数据、表注等项目.

1. 表题

表题是表的名称，应确切地、简明扼要地说明表的内容，表题应写在表的上方. 必要时，应在表题下注明资料的来源和时间.

2. 表号

表号是表的序号. 若文章中有几张表，则需按它们出现的先后顺序编上序号，并写在表题的左方.

3. 标目

标目是表格中对统计数据分类的项目. 按标目在表中的位置，可分为横标目和纵标目. 横标目位于表的左侧，因与之所指明的数据在同一横行而得名；纵标目则位于表的上端，因为它与所指明的数据在同一纵列. 必要时，在横标目的左侧和纵标目的上方加上总标目.

4. 线条

线条有顶线、底线、隔开纵标目与数字的横线，以及隔开横标目与数字的纵线，是表的四种基本线条. 如有总和，则在总和上方(或左侧)加一横线(或纵线)，其余线条应尽量减少. 特别是表的左上角不宜有斜线，表的中间不要有横线，表的左右两端不要用纵线封闭.

5. 数据

表内数据应准确无误，用阿拉伯数字表示，位次对齐，小数的位数一致. 表内不能有空格，若暂缺或未记录某一数据时，可用“…”或“……”表示，无数据用“—”表示，数据为“0”，则应填写“0”.

6. 表注

它不是表的必要组成部分，但若有必须补充说明的问题时，可用简短的小号字写在表的下方.

三、统计表的种类

统计表可按形式及内容不同的分类标志划分成不同的类型. 不同类型的统计表具有不同的功能，下面介绍几种常用的统计表类型.

1. 简单表

只列出观察对象的名称、地点、时序或统计指标名称的统计表为简单表. 如表 1.4、表 1.5、表 1.6 所示.

表 1.4　某年级各班学生人数

班　别	一班	二班	三班	四班	总和
人　数	41	39	45	44	169

表 1.5　厦门大学 2003 年在山东省招生录取情况

指标名称	重点线	投档线	最高分	最低分	平均分	录取人数
数　值	524	532	610	532	575.1	63

表 1.6　某学生体育达标情况统计

指标名称	跳高	跳远	铅球	1500m	引体向上
数　值	1.55m	5.33m	13.15m	13 分 20 秒	4 次

2. 分组表

只按一个标志分组的统计表为分组表. 如表 1.3 就是只按性别这一标志分组的.

3. 复合表

按两个或两个以上标志分组的统计表为复合表. 如表 1.7 是对某中学全体教师按性别和年终考评等级两个标志进行分组的. 按两个标志分组的统计表称为二项表. 表 1.8 是按照年级组、性别、年终考评等级三个标志进行分组的. 按三个标志分组的统计表称为三项表.

表 1.7　对教师年终考评结果统计二项表

性别	甲		乙		丙		丁		总和
	人数	%	人数	%	人数	%	人数	%	
男	28	22.58	60	48.39	28	22.58	8	6.45	124
女	34	29.31	48	41.38	32	27.59	2	1.72	116
总和	62		108		60		10		240
百分比	25.83%		45%		25%		4.17%		100%

表 1.8　对教师年终考评结果统计三项表

分组	甲		乙		丙		丁		总和
	男	女	男	女	男	女	男	女	
高一年级组	7	6	8	8	8	4	2	1	44
高二年级组	6	6	11	10	3	3	1	1	41
高三年级组	7	6	9	8	6	4	1	0	41
总和	20	18	28	26	17	11	4	2	126

另外，统计表按形式又可分为定性式、统计式和函数式. 上述所列诸表均属于定性式、统计式. 函数式表的特征主要用于描述两个变量之间的对应关系，常称为函数表.

第三节　统　计　图

统计图就是用来表示统计指标与被说明的事物之间数量关系的图形. 它也是用来整理各种统计数据的一种方法. 与统计表相比，它表达的事物数据分布的特征更直观、更形象，使人一目了然，便于理解. 但由于图示的数量不易精确，所以存在一定的缺点，使用时应格外小心. 在运用统计图时，一般附有统计表.

一、统计图的结构及其绘制规则

统计图由图题、图号、标目、图形、图注等项构成. 各项应分别遵循以下基本规则.

1. 图题

即图的名称. 图题应简明扼要，切合图的内容，必要时可注明时间、地点. 图题的字体在图中为最大，自左向右写在图的下方.

2. 图号

文章中若有几幅图，则需按其出现的先后顺序编上序号，写在图题的左方.

3. 标目

对于有纵、横轴的统计图，应在纵、横轴上分别标明统计项目及其坐标刻度，称为标目. 一般把横轴作为基线，用来表示被观察的现象，刻度要等距，数值自左向右，由小到大，写在横轴的下方. 一般把纵轴作为尺度线，用来表示统计的数量，数值从 0 开始，自下而上，从小到大，写在纵轴的左侧. 两个轴都要注明单位.

4. 图形

图形线在图中为最粗，而且要清晰. 图形的高与宽之比为 3：5 比较适合人们的审美观点. 在一幅图中若有几个图形线相比较，可以用不同线条加以区别，各种线条的含义可用图例在适当位置标明.

5. 图注

图注不是统计图的必要组成部分. 但若有必须加以解释的地方，可用图注加以说明. 图注的文字应简明扼要，字体要小，写在图题的下方.

二、表示间断变量的统计图

1. 直条图

直条图是用直条的长短表示统计数量的图形，主要用来比较性质相似的间断性资料. 按直条图排列的方向，可分为纵条图和横条图，如图 1.1 所示. 按图形中对比资料的组数，又可分为单式直条图和复式直条图两种直条图，如图 1.2 所示. 绘制直条图时，还应注意以下几点：

(1) 纵条图以横轴为基线，横条图以纵轴为基线.

(2) 条宽应一致. 条宽虽与数量大小无关，但为了美观，宽窄应适当. 两条之间的间隔为条宽的 0.5~1 倍.

(3) 各直条应按一定的顺序(如时间先后、数字大小、等级次序等)进行排列.

(4) 直条的顶端和下端不要注写数字.

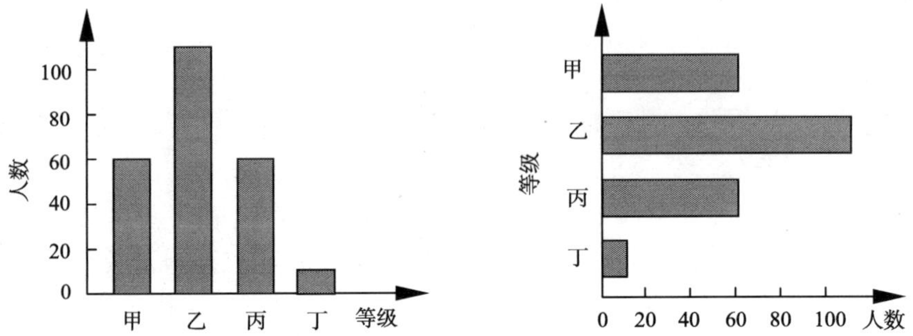

图 1.1　纵条图和横条图(资料来源：表 1.7)

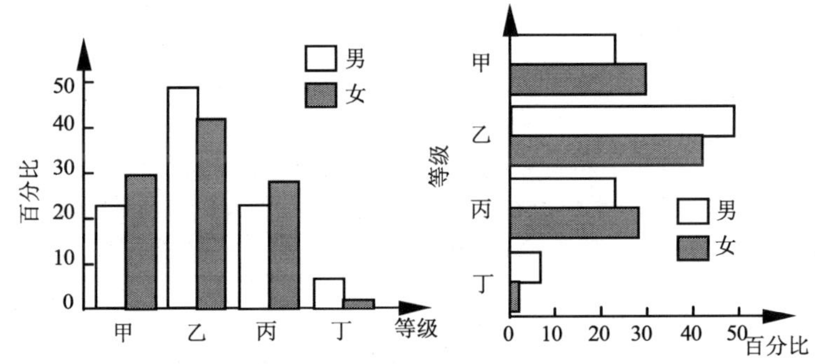

图 1.2　复式直条图(资料来源：表 1.7)

(5) 绘制复式直条图时，若两组对比资料总频数不同，尺度线应以百分比表示. 同一个指标上欲对比的几个直条之间不必留空隙.

2. 圆形图

圆形图是用来表示间断性资料构成比的图形. 圆形的面积表示一组数据的整体，圆中扇形表示各组成部分所占的比例. 各部分的比例一般用百分比表示.

现用表 1.7 所列资料说明绘制圆形图的步骤.

(1) 求各组成部分所占百分比.

(2) 求各组成部分的圆心角度数.

(3) 以圆的下半径(或上半径)为基线，按被比事项特定顺序，根据各部分的圆心角度数，以顺时针方向，用量角器将圆形分成几个扇形.

(4) 用不同线条或不同颜色将各扇形加以区别，并在各扇形内用简要文字及百分比注明，如图 1.3 所示. 若不在图中注明文字，也可在图例中用文字注明各部分内容.

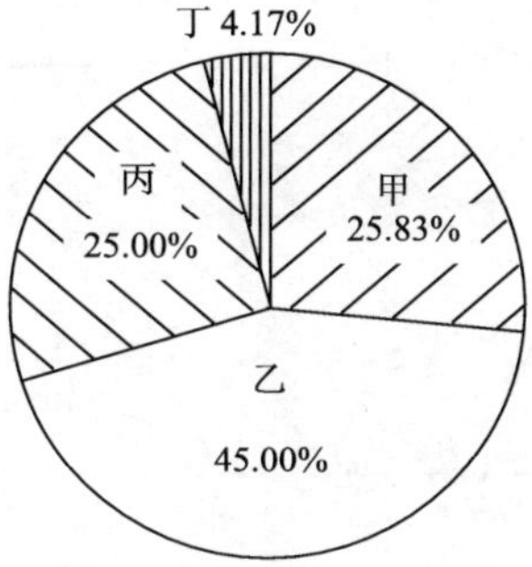

图 1.3　圆形图的百分比表示

(资料来源：表 1.7)

(5) 若比较两组性质类似资料的构成比，可绘制直径相同、图中各部分排列顺序一致的两个圆相比较，如图 1.4 所示.

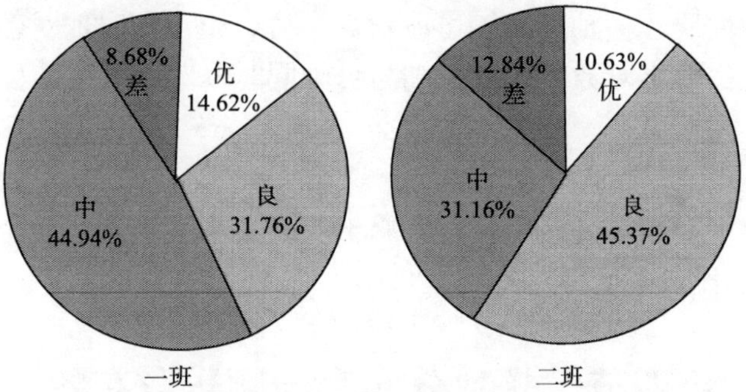

图 1.4　某年级一班和二班作文成绩比较

三、表示连续变量的统计图

1. 线形图

线形图用于表示连续性资料. 凡欲表示两个变量之间的函数关系，或描述某种现象在时间上的发展趋势，或一种现象随另一种现象变化的情形，用线形图表示是较好的方法. 这是教育统计学实验报告中最常用的图示结果的方法(见图 1.5).

绘制线形图的方法如下：

(1) 通常横轴表示时间或自变量；纵轴表示频数或因变量.

(2) 通常纵轴从零点开始，零点在纵轴与横轴相交处称为原点(对数尺度除外).

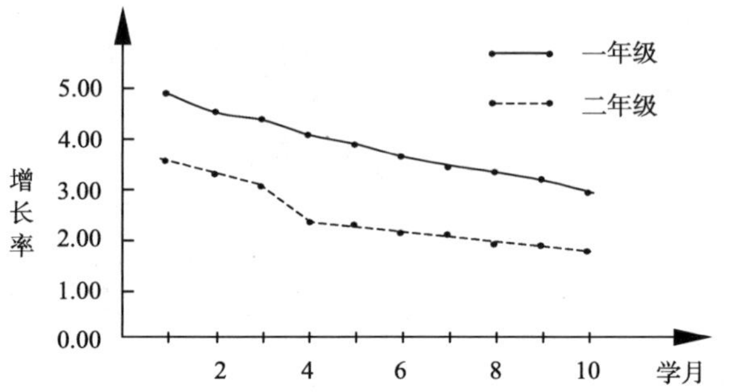

图 1.5　初中一、二年级每月英语单词量增长率

(3) 曲线与横轴间不应有说明文字或数目等，曲线线条要粗于坐标纸格线. 如有几条曲线，最好应用不同形式区别开，并用图例说明. 一般比较的曲线不要超过 5 条.

(4) 若横轴表示组段，只需标明组段起点的数值，或组段中点的数值，线图上与横轴各组段相对应的点应画在该组段相应点的垂线上.

根据资料的性质，横轴或纵轴可取对数单位，也可同时取对数单位. 其中一个取对数单位的称作半对数曲线，横轴与纵轴同时取对数单位的称为对数曲线.

2. 频数分布图

频数分布图主要用于表示连续性资料的频数分布，是统计学中常用而又有特殊意义的一种统计图(详见第四节).

第四节　频数分布表与频数分布图

频数分布表与频数分布图分别是统计表和统计图的一种，是对变量进行初步整理的有效手段，在统计学中占有重要地位.

一、频数分布表列法

将一个随机事件在 n 次试验中出现的次数称为这个随机事件的频数. 各种随机事件在 n 次试验中出现的次数分布称为频数分布. 将其用表格形式表示出来称为频数分布表. 例如，对某年级学生进行某科考试，每 1 名学生做这份试卷，就是 1 次试验. 120 名学生参加这次考试，就相当于进行 120 次试验. 若其中获 72 分的有 15 人，则 15 就是 72 分这一随机事件出现的频数. 若最低分和最高分分别为 52 分和 96 分，则从 52~96 分各种分数出现的次数分布，就是这 120 人该科考试成绩的频数分布. 用表格形式表示出来就是频数分布表. 表 1.2 登记了 108 名男生入学时身高的频数分布，在此基础上就可以制成较为完整的频数分布表(见表 1.10). 下面分不同情况分别介绍各种频数分布表的形式和编制步骤.

1. 简单频数分布表

1) 间断变量的频数分布表

例如，某班 38 名学生做 6 道选择题，做对题数统计就可用频数分布表 1.9 来表示，即全错的有 1 人，1 道题正确的有 3 人……

表 1.9　38 名学生做 6 道选择题做对题数统计

做对题数	0	1	2	3	4	5	6	总和
频　数	1	3	6	13	10	4	1	38

2) 连续变量的频数分布表

现以表 1.2 为例，说明连续变量简单频数分布表的编制步骤.

(1) 求全距. 在全部观察值中找出最大值和最小值，然后求二者之差，此差值称为全距(用 R 表示). 本例的全距

$$R = 173 - 145 = 28(\text{cm})$$

(2) 决定组数和组距. 将全距分成若干组时，要确定组数和组距. 组数就是分组的个数(用 k 表示). 组距就是每组内包含的距离(用 i 表示). 组数和组距之间有关系：$i = R/k$. 因此组数和组距是相关联的，在确定时应同时考虑. 原则上，样本容量大，如几百、几千个，应分组细些，即组距小些，组数多些；样本容量小，如几十个，应分组粗些，即组距大些，组数少些. 若数据个数在 100 个以上，分组一般以 10~15 组为宜，最多不超过 20 组，最少不少于 10 组. 如果数据的总体分布为正态，可用下面的经验公式计算组数：$k=1.87(n-1)^{2/5}$. 其中，n 为数据个数，k 为计算出的组数，一般取近似整数，这样可使分组满足渐近最优关系. 当组数 k 确定之后，组距 i 也就相应确定. 为了处理数据方便，组距经常取为 1，2，3，5，10 等整数个单位.

应注意，分组过多，不仅计算麻烦，而且由于组距范围太小，不易反映整个分布的趋势；分组过少，会将许多不同的事实归在一起，误差较大，易失去准确性. 本例分成 10 组，组距应为 2.8cm，为了计算方便，可取整数 3cm.

(3) 决定组限. 组限就是每组的起止范围. 每组的最小值称为下限，最大值称为上限. 粗略地说，某一组的上限即为上一组的下限. 在发表资料和计算分析时，可用组中值表示各组的数据. 所谓组中值就是每组上、下限的中点，即精确上、下限的平均值. 之所以粗略地说某一组的上限即为上一组的下限，是因为，严格说来，某一组的精确上限与上一组的精确下限是不相等的，这可借助于连续数据在数轴上的表示来理解. 以表 1.2 中 157~、160~这两组为例，157~组的精确下限应是 156.50；

160~组的精确下限应是 159.50. 而 157~组的精确上限应是 159.49(取两位小数)；160~组的精确上限应是 162.49(取两位小数). 可见，某一组的精确上限与上一组的精确下限是有微小差别的. 这里是以每一组的下限为相邻组分界点，所以，在下一条中，有“恰为某组下限的数据归入该组”的规定，这显然是合理的. 但用 Excel 对数据进行统计处理时，往往以每一组的上限为相邻组分界点，所以，那时有“若数据值与分界点相同，则 FREQUENCY 计算频数时将其归入数值较小一组”的说法. 显然这两种确定相邻组分界点的方法是一致的，且是等价的.

(4) 登记频数. 分好组之后，就可以将每个数据按所属的组一个个登记于表内，如表 1.2 中第(2)列. 恰为某组下限(应为某组的精确下限)的数据归入该组. 登记完毕，得出各组频数 f，用数字记入，如表 1.2 中第(3)列所示.

频数分布表是对杂乱无序的数据进行整理的重要手段. 通过频数分布表可以直观地看出各种数据出现的次数，以及分布的状况、数据集中的趋势和差异情况. 例如，从表 1.2 可以看出，该校新生入学时男生身高在 157~160cm 的人数最多，其平均身高可能就在这个范围内；最矮的不低于 145cm，最高的不超过 175cm，而且这两种人数最少. 在人数最多一组的两侧，人数分布趋于对称.

2. 累积频数和累积百分比分布表

1) 累积频数分布表

用累积频数表示的频数分布表称为累积频数分布表. 累积频数分布表的编制步骤大致与简单频数分布表相同，其不同之处在于，登记频数时从数值最小的一组开始，每上升一组，便把以下各组的频数累积起来，登记于表内，如表 1.10 所示. 由此不难理解，第一组的累积频数与简单分布表中的相应频数相等，最高一组的累积频数等于总频数.

2) 累积百分比分布表

累积百分比分布表是累积频数分布表的变形. 它是用累积百分比表示的频数分布表. 其编制方法是将各组的累积频数除以总频数再乘以 100，见表 1.10 第(5)列.

上面累积频数和累积百分比是从数值最小的一组开始算起. 其实，累积频数和累积百分比也可以从数值最大的一组开始算起，这时的结果如表 1.10 中第(4)、(5)列所示.

累积频数和累积百分比分布表在实践中都有应用，如在教育测量中，用来说明、解释和评价某一测验原始分数的优劣或在团体中位置的百分等级分数量表，就是依据实测数据利用累积百分比分布表的编制方法编制而成的.

练习：以表 1.10 所列的计算数据为例，与 160~组对应的累积频数 82 和 52 以及累积百分比 75.93 和 48.15 分别表示什么含义？比较累积频数和累积百分比意义的不同，理解累积百分比分布表在实际应用中的重要作用.

表 1.10　108 名男生入学时身高的频数、累积频数、累积百分比分布表

身高	组中值	频数	累积频数(4)		累积百分比(5)	
(1)	(2)	(3)	从低端算	从高端算	从低端算	从高端算
145~	146	2	2	108	1.85	100.00
148~	149	4	6	106	5.56	98.15
151~	152	10	16	102	14.81	94.44
154~	155	13	29	92	26.85	85.19
157~	158	27	56	79	51.85	73.15
160~	161	26	82	52	75.93	48.15
163~	164	15	97	26	89.81	24.07
166~	167	6	103	11	95.37	10.19
169~	170	3	106	5	98.15	4.63
172~	173	2	108	2	100.00	1.85
总和		108				

二、频数分布图

常用的频数分布图有直方图、多边图和累积多边图.

1. 直方图

直方图是以矩形的面积表示连续性随机变量频数分布的图形，是最常用的统计图之一. 它的具体做法是，在横轴上标出各分组区间的下限，并在横轴左、右两端各空出适当的位置. 在纵轴上标出频数，定出各组频数高度后做横线，分别与各组上、下限处的纵线相交，形成一个矩形，则以组距为底的各个矩形面积代表了各组的频数分布情况. 由于各组距之间连续，因此各矩形之间也没有空隙. 有时矩形也可不画. 具体形式如图 1.6 所示.

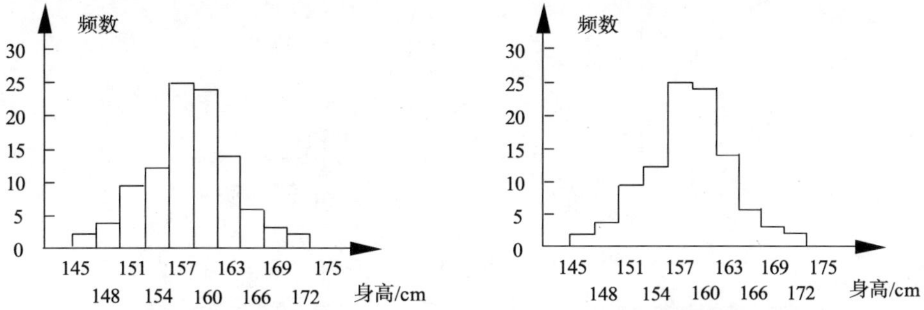

(a) 身高的频数分布直方图（资料来源：表 1.2）

(b) 身高的频数分布直方图（资料来源：表 1.2）

图 1.6　直方图

2. 多边图

频数多边图是线形图的一种，用来表示连续性随机变量的频数分布，它的制图方法与直方图类似，不同之处只是以各组的组中值为横坐标，以各组的频数为纵坐标描点，然后用直线连接相邻各点形成一条折线，两端画至前一组和后一组的组中值点与基线相连，这样就构成频数分布的多边图，如图 1.7 所示.

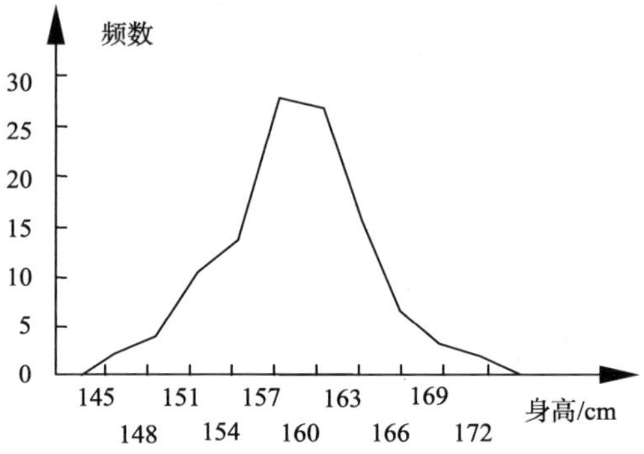

图 1.7　108 名男生身高的频数分布多边图(资料来源：表 1.2)

与直方图比较，多边图不仅以更加简洁、明晰的形式反映了数据频数在各组分布的情况，而且在一张图上也便于比较两种或多种不同数据频数分布的差异，如图 1.8 所示. 这时若两组数据的总数不同，纵轴应以频数百分比，即相对频数来表示. 另外，频数分布多边图还能方便地帮助人们找到频数分布的经验公式，从而为理论上的进一步分析提供更为有价值的信息.

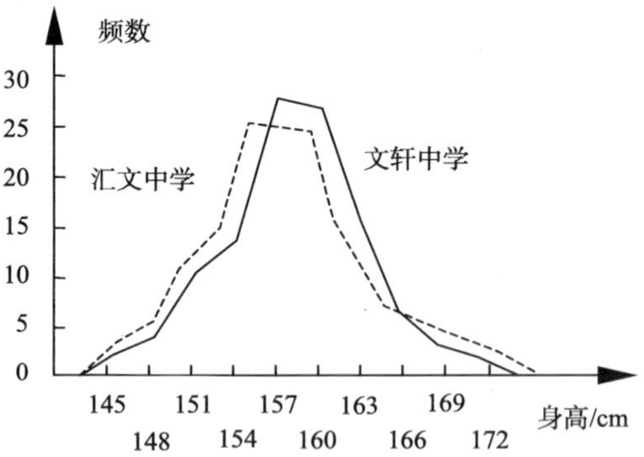

图 1.8　两所中学初一年级 108 名学生身高频数分布比较图

3. 累积多边图和累积百分比多边图

累积多边图是以各组上限为横坐标，以各组上限以下累积频数为纵坐标描点，并用直线连接相邻各点所构成，图形左端引至第一组的下限与基线相连. 或是以各组下限为横坐标，以各组下限以上累积频数为纵坐标描点，并用直线连接相邻各点所构成，图形右端引至第一组的上限与基线相连. 一般将图形画成光滑曲线. 若纵轴表示累积频数百分比，则变成累积频数百分比图形. 如图 1.9 所示.

利用累积多边图或累积频数百分比多边图，可以很方便地寻找到某一数据(如 153.7cm)所对应的百分位置或累积频数，反之亦然. 以 153.7cm 为例，可在横轴 153.7cm 处作垂直于横轴的直线与曲线交于一点，过该点引平行于横轴的直线与纵轴的交点，就是 153.7cm 所对应的百分位置或累积频数.

练习：以图 1.9 为例，分别在两条曲线上寻找 157.8cm 对应的百分位置或累积频数，并说明含义. 分别在两条曲线上寻找累积频数百分比 78.6 对应的身高是多少，并解释结果的意义.

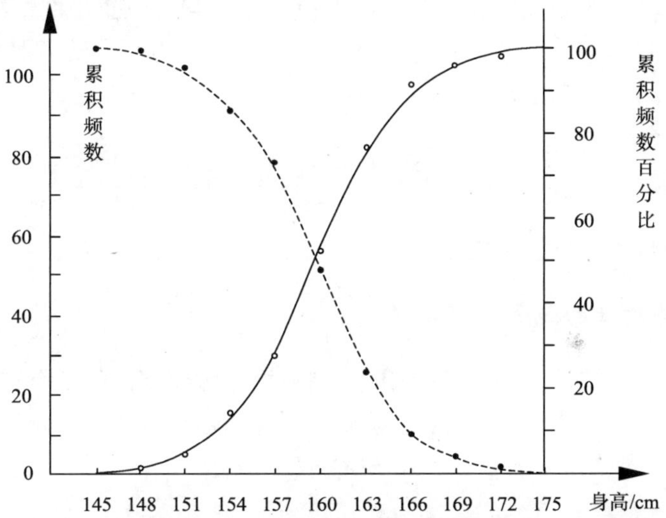

图 1.9　108 名男生身高累积频数和累积百分比分布图(资料来源：表 1.10)

思考与练习

1. 什么叫教育调查?什么叫教育实验?
2. 直条图适合哪种数据资料?自选资料绘制直条图.
3. 圆形图适合哪种数据资料?自选资料绘制圆形图.
4. 在频数分布图中，比较直方图、多边图和累积多边图与横轴相交方式的不同.
5. 将下列 30 名学生的英语分数编成组距为 5 的简单频数、累积频数、累积百分比分布表，并绘制成直方图、累积频数、累积百分比分布图.

76	71	66	63	88	83	77	72	68	64	70	76	81	79	73
71	66	61	55	65	74	86	78	82	74	84	67	72	76	74

第二章　集 中 量 数

统计表和统计图能直观地反映数据资料频数分布的许多特点，为进一步分析、掌握更确切的信息，还需要对数据进行较严格的分析和运算. 就一个变量的情况，一般需要计算两类统计量或特征量，一类是集中量，另一类是差异量.

集中量是描述一组数据典型水平或集中趋势的一类数学量，如平均数、中位数、众数等. 其作用是反映频数分布中大量数据向某一点集中的情况，是对数据频数分布集中趋势的一种数字描述. 而第三章要学习的差异量，则是对数据频数分布离散程度的一种数字描述.

第一节　算术平均数

一、算术平均数的概念及其性质

1. 算术平均数的概念

算术平均数是统计学中普遍使用的,用来描述数据特征的一个集中量指标. 它用所有观察值的总和除以总频数(数据的个数)所得的商来表示，常简称为平均数、均值或均数，一般用 $\bar{X}$ (数学上也用 $E(X)$)表示，有

$$\bar{X}=\frac{(X_1+X_2+\cdots+X_N)}{N}=\frac{\sum X}{N} \tag{2.1}$$

其中，$X_1,X_2,\cdots,X_N$ 表示 X 变量的各个观测值；N 是观测值的个数.

2. 算术平均数的性质

(1) 由式(2.1)易得各观测值的总和等于平均数的 N 倍，即

$$\sum X=N\bar{X} \tag{2.2}$$

(2) 因为 $\sum X=N\bar{X}$，故 $\sum X-N\bar{X}=0$，又有

$$\sum X-N\bar{X}=\sum(X-\bar{X})=0 \tag{2.3}$$

所以，各观测值与其平均数之差的总和等于零.

尽管式(2.1)~式(2.3)在数学上完全等价，也都非常简单，但各自从不同的角度

陈述，意义稍有不同．它们各有自己不同的适用场合，都非常重要．

(3) 设 c 为常数，由于 $E(c)=\sum c/N=c$，因此，在一组数据中，给每一个数据都加上一个相同的常数 c 时，所得平均数为原来的平均数加上这个常数 c，即

$$E(X+c)=\frac{\sum(X+c)}{N}=\bar{X}+c \tag{2.4}$$

当给每一个数据都乘以一个相同的常数 c 时，所得平均数为原来的平均数乘以这个常数 c，即

$$E(cX)=\frac{\sum cX}{N}=\frac{c\sum X}{N}=c\bar{X} \tag{2.5}$$

一般地，若 c，d 为两个常数，则有

$$E(cX+d)=c\bar{X}+d \tag{2.6}$$

(4) 两个随机变量 X，Y 的代数和的平均数，等于它们的平均数的代数和，即

$$E(X\pm Y)=\frac{\sum(X\pm Y)}{N}=\bar{X}\pm\bar{Y} \tag{2.7}$$

(5) 若一组观测值由两部分(或几部分)组成，则这组观测值的平均数可以由各组成部分的平均数求得．由于

$$\sum X=\sum X_{\mathrm{a}}+\sum X_{\mathrm{b}}\text{，}\quad N=N_{\mathrm{a}}+N_{\mathrm{b}}$$

则

$$\bar{X}=\frac{\sum X}{N}=\frac{\sum X_{\mathrm{a}}+\sum X_{\mathrm{b}}}{N_{\mathrm{a}}+N_{\mathrm{b}}}=\frac{N_{\mathrm{a}}\bar{X}_{\mathrm{a}}+N_{\mathrm{b}}\bar{X}_{\mathrm{b}}}{N_{\mathrm{a}}+N_{\mathrm{b}}} \tag{2.8}$$

例如，某教师所任两个班语文成绩的总平均分数，可由这两个班的语文平均成绩利用式(2.8)求得．这里 N_{a}，N_{b} 和 $\bar{X}_{\mathrm{a}}$，$\bar{X}_{\mathrm{b}}$ 分别为两个班的人数和语文平均成绩．

(6) 若 X 和 Y 是两个相互独立的随机变量，则有

$$E(XY)=\bar{X}\bar{Y} \tag{2.9}$$

该式的证明如下：注意到两个变量相互独立，即一个变量取值与另一个变量的取值大小无关．若变量 X, Y 分别有 N_1, N_2 个取值，则 XY 共有 N_1N_2 个不同的取值．因此，$E(XY)=\left(\sum_{i,j}^{N_1,N_2}X_iY_j\right)\Big/(N_1N_2)$，且在分子的求和中，可以先把 Y 值相同的项

合并，然后对 X 进行求和运算，具体计算如下

$$E(XY)=\frac{\sum_{i,j}^{N_1,N_2}X_iY_j}{N_1N_2}=\frac{\dfrac{\sum_j^{N_2}Y_j\left(\sum_i^{N_1}X_i\right)}{N_1}}{N_2}=\frac{\sum_j^{N_2}Y_j\bar{X}}{N_2}=\frac{\bar{X}\sum_j^{N_2}Y_j}{N_2}=\bar{X}\bar{Y}$$

二、算术平均数的计算

(1) 利用原始数据计算平均数. 这时可利用式(2.1)直接计算.

(2) 利用频数分布表计算平均数. 利用频数分布表计算平均数的公式为

$$\bar{X}=\frac{f_1X_1+f_2X_2+\cdots+f_kX_k}{f_1+f_2+\cdots+f_k}=\frac{\sum fX}{N} \tag{2.10}$$

其中 $X_1,X_2,\cdots,X_k$ 为频数分布表中每一分组的组中值； $f_1,f_2,\cdots,f_k$ 为各分组的频数；N 为总频数.

当无法得到原始数据，而能获得对原始数据进行统计分组后的频数分布表时，一般用频数分布表计算数据的平均数. 当然，在原始数据已经整理成频数分布表以后，即使能得到原始数据，也往往根据频数分布表计算平均数. 这是因为，一方面尽管用频数分布表和原始数据两种方法计算的平均数，一般来讲总有些差异，但大量实践表明，二者相差不是很大，对以后的统计分析没有太大影响. 另一方面，当数据已经整理成频数分布表时，所有的统计推算也都是在频数分布表的基础上进行的.

练习：分别以第一章思考与练习 5 中的原始数据和编制成的频数分布表，计算学生英语平均成绩，并做比较.

三、算术平均数的应用

首先，平均数具备一个良好集中量数所应具备的一些条件. 例如，①反应灵敏. 一组数据中任何一个数值发生或大或小的变化，所计算出来的平均数也会随之变大变小，能灵敏地反映出每一个数据的变化. ②严密确定. 由同一组数据计算出来的平均数是唯一确定的一个值. ③简明易懂，计算简便. 平均数的意义简单明了，容易理解. 计算时只需用简单的四则运算. ④适合代数运算. 如可以通过几个平均数求它们的总平均数等. ⑤受抽样变动的影响较小. 从同一个总体中随机抽取的容量相同的样本，所计算出的平均数与其他集中量指标相比，抽样误差较小.

其次，平均数有几个特殊优点：只要知道一组观察值的总和及总频数就可以

求出平均数；用加权法可以求出几个平均数的总平均数；用样本数据推断总体集中量时，样本平均数最接近于总体平均数的真值，它是总体平均数的最好估计值；在计算方差、标准差、相关系数以及进行统计推断时，都要用到它.

平均数也有缺点，如①易受两极端数值(极大或极小数据)的影响. 如果一组数据中绝大多数数值都较高，而其中有个别数值极低，由于每个数据都参与运算，这时所计算出来的平均数会偏低，平均数就不足以代表这组数据的典型水平. 如果一组数据中绝大多数数值都较低，而其中有个别数值极高，则平均数会偏高，也不足以代表这组数据的典型水平. ②一组数据中某个数值的大小含糊不清或不够确切时，也无法计算其平均数.

从上述平均数的特性及其优、缺点可以看出，它所适用的条件是：一组数据中每个数据都比较准确、可靠；无两极端数值的影响；需要通过平均数计算其他统计量. 这时，可以用平均数作为集中量指标.

第二节 中 位 数

一、中位数的概念

中位数是位于依一定顺序排列的一组数据中央位置的数据，在这一数据上、下各有一半或大致相等的频数分布着. 可见，中位数是把按从小到大(或从大到小)排列的一组数据的频数分为大致相等的两部分或一分为二的那个数据，用 Md 表示，是集中量数的一种.

二、中位数的计算方法

1. *原始数据计算法*

将一组原始数据依大小顺序排列后，若总频数为奇数，就以位于中央的数据作为中位数；若总频数为偶数，则以最中间的两个数据的平均数作为中位数.

例如，有以下 7 个数据，依从小到大的顺序排列为：3，5，7，8，9，11，14. 因为数据个数为奇数，所以位于中间的数 8 就是中位数，即 $Md=8$.

又如，有以下 8 个数据，依从大到小的顺序排列为：17，15，14，12，11，10，9，6. 因为数据个数为偶数，所以位于最中间的两个数据 12 和 11 的平均数就是中位数，即

$$Md=(12+11)\div 2=11.5$$

可见，中位数可以是一组数据中的某个数值，也可能不是这组数据中的任何数值. 就该例来说，其实 12 和 11 之间的任何一个数值都满足把这组数据的频数

一分为二的要求，都可以被称为中位数．因而中位数的解并不唯一，而事实上可以有很多甚至无数个解．

2. 频数分布表计算法

若一组原始数据已经编成了频数分布表，可用内插法，依据频数分布表计算中位数．计算时，可以在频数分布表中由小数值向大数值的方向计算；也可以由大数值向小数值的方向计算．其计算公式分别为

$$Md = L_{Md} + (N/2 - n_1)i/f_{Md} \quad \text{(由小向大计算)} \tag{2.11}$$

$$Md = U_{Md} - (N/2 - n_2)i/f_{Md} \quad \text{(由大向小计算)} \tag{2.12}$$

其中，L_{Md}表示中位数所在组的下限；U_{Md}表示中位数所在组的上限；N表示总频数；n_1表示小于中位数所在组下限的频数总和；n_2表示大于中位数所在组上限的频数总和；i表示频数分布表上的组距；f_{Md}表示中位数所在组的频数．

现以表 2.1 为例，说明由小数值向大数值的方向计算中位数的步骤．

(1) 求 1/2 总频数，即 $N/2 = 50 \div 2 = 25$．

(2) 确定中位数所在组．由小到大累积频数，直至略大于 $N/2$ 为止，该组就是中位数所在组．表 2.1 中 80~85 这组，就是中位数所在组．

表 2.1　50 名学生物理分数中位数计算表

分　数	频　数		累积频数	计算中位数
45~	1	↑	1	$L_{Md} = 79.5$
50~	1		2	$Md = L_{Md} + \left(\frac{N}{2} - n_1\right)\frac{i}{f_{Md}}$
55~	2		4	
60~	2	$n_1 = 24$	6	$= 79.5 + \left(\frac{50}{2} - 24\right)\frac{5}{7}$
65~	3		9	$= 80.21$
70~	8		17	
75~	7	↓	24	
80~	$7 = f_{Md}$		31	
85~	8	↑	39	
90~	5	$n_2 = 19$	44	
95~	6	↓	50	
总　和	50			

(3) 确定从中位数所在组取多少个频数，就能使由小向大的累积频数等于 $N/2$，即

$$N/2-n_1=25-24=1$$

(4) 计算从中位数所在组所取频数的距离，即

$$(N/2-n_1)i/f_{Md}=(50/2-24)\times 5/7=0.71$$

(5) 将第(4)步所求结果与中位数所在组下限求和，便是中位数.

$$Md=L_{Md}+(N/2-n_1)i/f_{Md}=79.5+0.71=80.21$$

由大数值向小数值的方向，计算中位数的步骤与上述方法类似，不再赘述.

当由小向大计算中位数时，如果小于某一组下限的累积频数正好等于总频数的一半，那么该组的下限就是中位数；当由大向小计算中位数时，如果大于某一组上限的累积频数正好等于总频数的一半，那么该组的上限就是中位数. 这再一次表明，中位数是将整个数据的个数(大致)分为两半，而不是将数据的值或总和分作相等的两部分. 该例中比 80.21 低的学生分数有 25 个，高的也有 25 个. 但前 25 个学生分数之和会比后 25 个学生分数之和低很多.

上面提到的内插法主要体现在第(4)步骤中，它的主要精神是把组距 i 平均分为 f_{Md} 份，即求出中位数所在组平均每一个频数所占的距离. 则 n_1 比 $N/2$ 少几个频数，就取这个距离的几倍. 内插法在今后许多场合还有应用，它的实质是两个变量之间的正比例或线性关系，即若 X 分别取 X_1 和 X_2 时，Y 分别取 Y_1 和 Y_2，则当 Y 与 X 成线性关系时，与 X_1 与 X_2 之间任一取值 X 相对应的 Y 有

$$Y=\frac{(Y_2-Y_1)}{(X_2-X_1)}(X-X_1)+Y_1$$

三、中位数的应用及其优、缺点

中位数具备一个良好的集中量所应具备的某些条件，如能被比较严密地确定、简明易懂、计算方便、受抽样变动影响较小. 但与平均数相比，中位数的缺陷也十分明显. 第一，中位数不适合代数运算，不能将几个中位数综合而求出一个总的中位数；第二，尽管中位数受抽样变动影响较小，但与平均数相比抽样误差依然较大；第三，中位数不是由每个数据都参加运算求得，而是由数据的个数决定，反应不灵敏. 中位数也有比平均数优越的地方，比如中位数很少受两极端数值的影响. 正是中位数所具有的这些特点，一般适用于以下几种情况：

(1) 资料属于等级性质；

(2) 一组数据中有特大或特小两极端数值；

(3) 一组数据中有个别数据不确切、不清楚.

练习：(1) 分别以第一章思考与练习 5 中的原始数据和编制成的频数分布表，求学生英语成绩的中位数. 并与前面求出的学生平均成绩做一比较.

(2) 说明平均数与中位数的不同和相同点.

(3) 以表 2.1 所列的数据为例，按从大到小排序的方式，计算中位数.

第三节 众 数

一、众数的概念

众数是集中量数的又一种指标，用 Mo 表示. 众数有理论众数和粗略众数两种定义方法. 理论众数是指与频数分布曲线最高点相对应的横坐标；粗略众数是指一组数据中频数出现最多的那个数据. 理论众数可根据资料的分布形态，用求导数的方法求得，但由于这种方法计算量较大，并且在许多问题中，无法预先知道准确描述频数分布曲线的数学表达式. 所以，求导数获得理论众数的方法常常不能使用. 实践中一般是用经验公式求理论众数的近似值，或用观察法直接寻找粗略众数.

二、众数的计算方法

1. 用观察法直接寻找粗略众数

粗略众数不需要计算，可通过观察直接找出来. 在一组原始数据中，频数出现最多的那个数据就是众数. 例如，一组原始数据 2，4，3，7，6，4，5，4，1，2，其中频数出现最多的数值是 4. 因此，4 就是这组数据的众数，即 $Mo = 4$.

在一般情况下，频数分布表中，频数最多一组的组中值就是粗略众数. 如果相邻的两组频数都是最多，那么两组的分组点就是众数.

2. 用公式求理论众数的近似值

1) 皮尔逊(K. Pearson)经验法

实践表明，算术平均数、中位数、众数的大小与频数分布的形态有关(见图 2.1). 当频数分布呈正态时，三者合为一点，有 $Mo = \overline{X} = Md$ ；当频数分布呈偏态时，皮尔逊研究发现：$\overline{X}$ 与 Md 的距离约占 $\overline{X}$ 与 Mo 距离的 1/3，即

$$(\overline{X} - Md)/(\overline{X} - Mo) \approx 1/3$$

于是，众数 Mo 可利用其与平均数 $\overline{X}$ 、中位数 Md 之间的关系求得

$$Mo \approx 3Md - 2\overline{X} \tag{2.13}$$

但该公式只有在频数分布呈正态或接近正态时才能应用. 当频数分布偏离正态较多时，要用下面的金氏插补法.

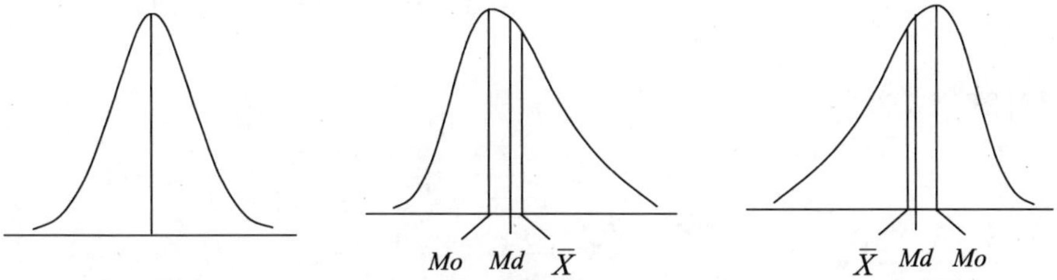

(a) 正态分布 $Mo=\overline{X}=Md$　　(b) 正偏态分布 $Mo<Md<\overline{X}$　　(c) 负偏态分布 $Mo>Md>\overline{X}$

图 2.1　算术平均数、中位数、众数三者在分布中的位置关系

2) 金氏(W. I. King)插补法

$$Mo=L_{Mo}+\frac{f_{\mathrm{a}}}{f_{\mathrm{a}}+f_{\mathrm{b}}}i \tag{2.14}$$

其中，L_{Mo} 表示众数所在组的下限；f_{a} 表示大于众数所在组上限那个相邻组的频数；f_{b} 表示小于众数所在组下限那个相邻组的频数；i 表示组距.

当频数分布接近正态时，金氏公式也适用.

练习：以本章思考与练习中第 1 和第 2 题的数据为例，分别用皮尔逊经验公式和金氏公式计算理论众数的近似值. 比较结果能得出什么结论?再把结果与粗略众数做一比较.

三、众数的应用及其优、缺点

众数简明易懂，较少受两极端数值的影响，但它极不准确，也极不稳定. 如将同一组资料编制成频数分布表时，若组距不同，众数值也往往不同. 另外，众数也不适合进一步的代数运算，受抽样变动的影响也较大，因此它不具备一个良好集中量数的基本条件. 不过在下述情况下常常使用众数：

(1) 当需要快速找出一组数据的粗略的代表值时；

(2) 当需要利用算术平均数、中位数、众数三者之间的关系，来粗略判断频数分布的形态时；

(3) 当频数分布中有两极端数值的时候.

第四节　加权平均数、几何平均数、调和平均数

一、加权平均数

其计算公式为

$$\bar{X}_{\mathrm{W}}=\frac{p_1x_1+p_2x_2+\cdots+p_kx_k}{p_1+p_2+\cdots+p_k}=\frac{\sum_{i=1}^{k}p_ix_i}{\sum_{i=1}^{k}p_i}=\sum_{i=1}^{k}p_ix_i \tag{2.15}$$

其中，$\bar{X}_{\mathrm{W}}$代表变量X的加权平均数；x_i为第i个观测值；p_i为x_i的权重.

例如，物理专业某实验课的结业成绩往往由实验报告、笔试和操作三部分组成，并用三部分成绩的加权平均值作为本门课程的结业成绩，若实验报告、笔试和操作三部分成绩分别为 86 分，79 分，62 分，而三部分在总成绩中的权重分别为 0.2，0.5，0.3，则最后的结业成绩为

$$\bar{X}_{\mathrm{W}}=\sum_{i=1}^{k}p_ix_i=0.2\times 86+0.5\times 79+0.3\times 62=75.3$$

有时权重数是以各部分所占比例的形式给出，如实验报告、笔试和操作三部分成绩在总成绩中的比例为 2∶5∶3，这时结业成绩用加权平均数来表示，可写为下式

$$\bar{X}_{\mathrm{W}}=\frac{w_1x_1+w_2x_2+\cdots+w_kx_k}{w_1+w_2+\cdots+w_k}=\frac{\sum_{i=1}^{k}w_ix_i}{\sum_{i=1}^{k}w_i}$$

显然$w_i/\sum_{i=1}^{k}w_i=p_i$，所以上式与式(2.15)等价．事实上，式(2.10)可看成加权平均值的一种计算方式，那里$f_i(i=1,2,\cdots,k)$是x_i的频数，可理解为$x_i(i=1,2,\cdots,k)$的权重．另外式(2.8)也可看成是加权平均，其中两班人数N_{a}，N_{b}为权重.

练习：若$N_{\mathrm{a}}=47$，$N_{\mathrm{b}}=51$；$\bar{X}_{\mathrm{a}}=92.3$，$\bar{X}_{\mathrm{b}}=91$．试利用式(2.8)，计算这两个班的语文总平均成绩.

二、几何平均数

几何平均数常用于计算平均增长率或变化率的场合．譬如，若求改革开放的几十年来教师工资的平均增长率是多少？某一时段某地区的人口增长率？学生学习能力的进步率？等等，这时一般是用几何平均数来表示，其定义式为

$$\overline{X}_{\mathrm{g}}=\sqrt[N-1]{\left(\frac{X_2}{X_1}\right)\cdot\left(\frac{X_3}{X_2}\right)\cdot\cdots\cdot\left(\frac{X_N}{X_{N-1}}\right)}=\sqrt[N-1]{\frac{X_N}{X_1}} \tag{2.16}$$

其中，X_N为最后一个原始数据；X_1为第一个原始数据(又称为基数)．

例如，试估计学生或人口的增长率：某校连续四年的毕业人数为 900，1080，1512，3780，问该校四年中毕业生的平均增长率是多少？若毕业生人数一直按此增长率变化，那么再过 5 年该校毕业人数是多少？

解

历年毕业人数	变化的比率
900	基数
1080	1.2
1512	1.4
3780	2.5

用公式(2.16)计算几何平均数，得 $\overline{X}_{\mathrm{g}}=\sqrt[4-1]{1.2\times1.4\times2.5}=1.613$，或者 $\overline{X}_{\mathrm{g}}=\sqrt[N-1]{X_N/X_1}=\sqrt[3]{3780/900}=1.613$．

该校毕业生人数的年平均增长率为：1.613−1 = 0.613 = 61.3%，若一直按此增长率变化，再过 5 年后，该校毕业生人数将是：$3780\times(1.613)^5=41272$ 人．

该例中不能用比率的算术平均数来表示毕业生人数的年平均增长率．因为算术平均数是

$$\overline{X}=(1.2+1.4+2.5)/3=1.7$$

这样，第四年的人数应为：$900\times(1.7)^3=4422\neq3780$ 人，可见与实际情况不相符合．

三、调和平均数

调和平均数主要用在教育方面，求速度一类的量．一般用单位时间内完成的工作量来表示，其表达式可写为

$$\overline{X}_{\mathrm{H}}=\frac{1}{\frac{1}{N}\left(\frac{1}{X_1}+\frac{1}{X_2}+\cdots+\frac{1}{X_N}\right)}=\frac{1}{\frac{1}{N}\sum\left(\frac{1}{X}\right)}=\frac{N}{\sum\left(\frac{1}{X}\right)} \tag{2.17}$$

例如，某学生阅读 2 页书，读前一页书时的速度折合为每小时 20 页，读后一页书时的速度折合为每小时 40 页，问该生平均阅读速度为多少？

如果用算术平均数计算该生阅读速度，则每小时为 30 页，即 $\overline{X}=(20+40)/2=30$(页/h). 但是，下面的事实说明这个结果与真实情况不相符合. 该生读第一页所用的时间为 60/20=3min，读第二页所用时间为 60/40=1.5min，读这两页共用 4.5min. 如果按照算术平均数求出的每小时 30 页的阅读速度(即每分钟 0.5 页)，则 4.5min 应当读 2.25 页，而实际只读了 2 页. 说明在这种情况下，用算术平均数求平均阅读速度是不恰当的. 用调和平均数，有

$$\overline{X}_{\mathrm{H}}=\frac{1}{(1/2)\left(1/20+1/40\right)}=\frac{80}{3}=26.67\ (\text{页/h})$$

这样 4.5min 内共读书 $80/(3\times 60)\times 4.5=2$ 页. 可见理论计算与事实相符合.

值得注意的是，算术平均数和调和平均数都可用来求解平均速度问题，但它们各有不同的适用条件. 如该例中，若该生共读书 15min，其中前 5min 读书 3 页，中间 5min 读书 2 页，而最后 5min 读书 3 页. 这时该生的平均阅读速度又为多少？

按上面方法计算：$X_1=3/5$ 页/min；$X_2=2/5$ 页/min；$X_3=3/5$ 页/min. 利用式(2.17)有

$$\overline{X}_{\mathrm{H}}=\frac{1}{\dfrac{1}{N}\left(\dfrac{1}{X_1}+\dfrac{1}{X_2}+\cdots+\dfrac{1}{X_N}\right)}=\frac{1}{\dfrac{1}{3}\left(\dfrac{5}{3}+\dfrac{5}{2}+\dfrac{5}{3}\right)}=\frac{18}{35}\ (\text{页/min})$$

则 15min 共读书 18/35×15≈7.7 页≠3+2+3=8 页. 而这时的算术平均数

$$\overline{X}=(X_1+X_2+X_3)/3=(1/3)(3/5+2/5+3/5)=8/15\ (\text{页/min})$$

于是 15min 读书 8 页. 可见，这时用调和平均数算出的结果不符合实际，而用算术平均数计算平均阅读速度才对.

如果该生在 15min 内读书 8 页，其中前 4min 读书 3 页，接下来的 5min 内读书 2 页，而最后 6min 读书也是 3 页. 这时该生的平均阅读速度又为多少？

容易计算，这时 $X_1=3/4$ 页/min；$X_2=2/5$ 页/min；$X_3=3/6$ 页/min. 利用式(2.17)有

$$\overline{X}_{\mathrm{H}}=\frac{1}{\dfrac{1}{N}\left(\dfrac{1}{X_1}+\dfrac{1}{X_2}+\cdots+\dfrac{1}{X_N}\right)}=\frac{1}{\dfrac{1}{3}\left(\dfrac{4}{3}+\dfrac{5}{2}+\dfrac{6}{3}\right)}=\frac{18}{35}\ (\text{页/min})$$

而算术平均数

$$\overline{X} = (X_1 + X_2 + X_3)/3 = (1/3)(3/4 + 2/5 + 3/6) = 11/20\ (\text{页/min})$$

有 $(18/35)\times 15 \approx 7.7$ 页≠8 页，$(11/20)\times 15 \approx 8.25$ 页≠8 页．可见，这两种算法得到的结果都不与 15min 内读书 8 页的实际情况相符合．为什么会出现这种情况呢?

仔细分析发现，问题的关键在于要搞清楚调和平均数与算术平均数公式的适用条件．借鉴物理上定义平均速度的方法：平均速度=总路程/总时间．这里可将完成某项工作的平均速度定义为

$$\text{平均速度}=\frac{\text{总工作量}}{\text{总时间}} = \frac{X_1t_1 + X_2t_2 + \cdots + X_Nt_N}{t_1 + t_2 + \cdots + t_N} \tag{2.18}$$

其中，X_1，X_2，X_3，…，X_N 分别表示各段时间或过程的平均速度，即各段过程中被试单位时间完成的工作量；t_1，t_2，…，t_N 表示被试完成各段工作任务所需要的时间，而 X_1t_1，X_2t_2，…，X_Nt_N 表示各段过程中被试所完成的工作量．

分析式(2.18)所表达的一般形式的平均速度公式，可以发现有几种特殊情况．

(1) 当完成各段工作所用时间相同时，即 $t_1=t_2=\cdots=t_N=\text{t}$ 时，有

$$\text{平均速度}=\frac{X_1t_1 + X_2t_2 + \cdots + X_Nt_N}{t_1 + t_2 + \cdots + t_N} = \frac{(X_1 + X_2 + \cdots + X_N)t}{Nt} = \frac{X_1 + X_2 + \cdots + X_N}{N}$$

这时平均速度等于速度的算术平均值．上例中第二种情况恰好满足这个条件，所以用算术平均值求解平均阅读速度正好符合实际．

(2) 当各阶段完成的工作量相同时，即 $X_1t_1 = X_2t_2 = \cdots = X_Nt_N = Xt$ 时，有

$$\text{平均速度}=\frac{X_1t_1 + X_2t_2 + \cdots + X_Nt_N}{t_1 + t_2 + \cdots + t_N} = \frac{NXt}{t_1 + t_2 + \cdots + t_N} = \frac{1}{\frac{1}{N}\left(\frac{1}{X_1} + \frac{1}{X_2} + \cdots + \frac{1}{X_N}\right)}$$

这就是调和平均数公式(2.17)．可见，调和平均数只是一般平均速度公式(2.18)的一种特殊情况．且只有满足各阶段完成的工作量相同这一条件时，用调和平均数求平均速度才能得到正确的答案．如上例中的第一种情况，前后都是读了 1 页书，满足这里的条件，故用调和平均数求解是正确的，而用算术平均数则不行．

(3) 当 $X_1 = X_2 = \cdots = X_N = X$ 时，则恒有

$$\text{平均速度}=\frac{\text{总工作量}}{\text{总时间}} = \frac{X_1t_1 + X_2t_2 + \cdots + X_Nt_N}{t_1 + t_2 + \cdots + t_N} = \frac{X(t_1 + t_2 + \cdots + t_N)}{t_1 + t_2 + \cdots + t_N} = X$$

这是指，若各阶段被试单位时间完成的工作量都相同，这时的平均速度必定与各

阶段的工作速度一样.

可见平均速度作为评价工作质量的一个指标，当各阶段是按相同时间分段时，则各阶段速度的算术平均数，就是其工作的平均速度；当各阶段是按相等工作量分段时，则要用调和平均数计算平均速度.

综上所述，在求解平均速度一类的变量时，可依据不同的题设条件，选择算术平均数或者调和平均数公式进行计算，但也可以直接应用一般公式(2.18)求完成某项工作的平均速度. 如在上面的例子中，第一种情况

$$M_{\mathrm{H}}=\frac{\text{总工作量}}{\text{总时间}}=\frac{2}{60/20+60/40}=\frac{4}{9}\ (\text{页/min})$$

第二种情况

$$M_{\mathrm{H}}=\frac{\text{总工作量}}{\text{总时间}}=\frac{3+2+3}{5+5+5}=\frac{8}{15}\ (\text{页/min})$$

容易验证，结果都符合实际. 而在第三种情况下，只能应用公式(2.18)求解，计算如下

$$\text{平均速度}=\frac{\text{完成工作总量}}{\text{所用总时间}}=\frac{3+2+3}{4+5+6}=\frac{8}{15}\ (\text{页/min})$$

显然 15min 内读书 8 页，与实际情况符合. 由此可见，算术平均数和调和平均数都可用来求解平均速度问题，但平均速度的一般定义公式(2.18)则应用更普遍，用来解决速度类问题也更简洁、更准确、更方便.

思考与练习

1. 计算表 2.2 中 50 名学生数学成绩的平均数与众数.

表 2.2　第 1 题用表

分数	55~	60~	65~	70~	75~	80~	85~	90~	95~	总数
频数	1	3	4	6	19	7	5	3	2	50

2. 求表 2.3 中 66 名学生写作分数的中位数与众数.

表 2.3　第 2 题用表

分数	32~	35~	38~	41~	44~	47~	50~	53~	56~	总数
频数	4	9	20	14	7	5	4	2	1	66

3. 计算表 2.4 中 112 名学生数学成绩的算术平均数和中位数.

表 2.4　第 3 题用表

区间	53~	58~	63~	68~	73~	78~	83~	88~	93~	总和
频数	5	8	10	9	28	34	14	2	2	112

4. 某生语文阅读理解能力测验分数如表 2.5 所示，求该生平均进步率.

表 2.5　第 4 题用表

测验次序	第一次	第二次	第三次	第四次	第五次
阅读理解能力成绩	34.00	52.00	69.67	69.33	77.33

5. 有 5 名学生，各用 1 分钟分别写钢笔字为 6 个，9 个，12 个，12 个，15 个，这 5 名学生写钢笔字的平均速度是多少？若 5 名学生中有三名学生分别在一分钟内写钢笔字为 6 个，9 个，12 个，而另外两名学生一个用一分半钟写钢笔字 12 个，一个用两分钟写钢笔字 15 个，这时 5 名学生写钢笔字的平均速度是多少？

第三章　差　异　量　数

第二章用集中量数描述一组数据的平均水平或典型状况. 由于各种偶然因素的影响，数据的分散、变化情况也是普遍存在的. 譬如，由于学生的智力水平、努力程度、学习方法甚至家庭条件等各种不同因素的影响，同一个班级中 54 人的同一学科成绩，总是参差不齐，分布在一定的范围之内. 假如两个班某学科学生成绩的频数分布如图 3.1 所示，显然两个班该学科的平均成绩相同，但两班成绩的分布状况却差别很大，甲班成绩分布范围广，而乙班成绩就比较集中、整齐一些. 可见，要想完整地描述一组数据的全貌，仅用集中量数是不够的，还需要用另外一种量来描述一组数据的分散、变化情况. 统计学上，一般把数据的这种分散、变化叫做数据的变异，把用来描述一组数据变异程度或离散程度的量称为差异量.

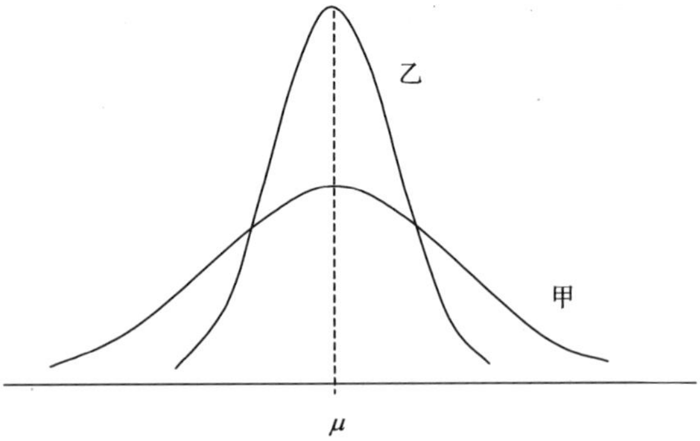

图 3.1　甲、乙两班成绩频数分布

差异量有绝对差异量和相对差异量之分，绝对差异量是以原量数的单位为单位的统计量，主要用来表示一组数据的离散程度，如全距、标准差等；而相对差异量是一个比率，通常用于比较两种测量单位不同的数据的离散状况，又叫差异系数，也是一种表示数据离散状况或离散趋势的统计量. 差异量越大，表示数据分布范围越广；反之，则越集中，变动范围越小. 所以，差异量数能说明某种集中量对一组数据的代表性如何. 比如，当这组数据的差异量数较大时，该组数据的集中量对这组数据的代表性较差；而差异量较小时，集中量对该组数据有较好的代表性，能表示该组数据的典型水平.

第一节 绝对差异量

一、全距、四分位距、百分位距

1. 全距

全距又称极差，是一组数据中最大值与最小值之差. 通常用 R 表示. 用频数分布表求全距的方法是：最大一组与最小一组组中值之差，或者是最大一组上限与最小一组下限之差. 尽管全距概念清楚，意义明确，但由于它一般仅由最大值与最小值求得，不能反映中间数值的差异，因而只是差异量数中一个较为粗略的指标，只能大致反映数据分布的范围.

2. 四分位距

若将从小到大排列的一组数据分成频数相等的四段，第一与第二段的分界点称为第一个四分位数. 第三与第四段的分界点称为第三个四分位数. 四分位距定义为依一定顺序排列的一组数据中间部位 50%个频数距离的一半. 可按公式(3.1)计算

$$QD=(Q_3-Q_1)/2 \tag{3.1}$$

其中，QD 表示四分位距；Q_1 和 Q_3 分别表示第一和第三个四分位数.

例 1 求以下 12 个原始数据的四分位距：39，14，15，28，21，32，19，20，17，22，25，35.

解 对这种原始数据的情况，解答步骤如下：

①将原始数据由小到大排序，如 14, 15, 17; 19, 20, 21; 22, 25, 28; 32, 35, 39.

$$\underbrace{17;\ 19}_{Q_1=18} \qquad \underbrace{28;\ 32}_{Q_3=30}$$

②求出第一四分位数和第三四分位数：$Q_1=(17+19)/2=18$，$Q_3=(28+32)/2=30$.

③求得该组数据的四分位距：$QD=(Q_3-Q_1)/2=(30-18)/2=6$.

例 2 根据频数分布表 1.10 计算四分位距.

解 由频数分布表计算四分位距步骤如下：

①用内插法求第一和第三个四分位数. 方法与求中位数的方法类似，表达式为

$$Q_1=L_{Q_1}+(N/4-n_1)i\big/f_{Q_1}\ ,\quad Q_3=L_{Q_3}+(3N/4-n_2)i\big/f_{Q_3}$$

其中，L_{Q_1} 和 L_{Q_3} 分别为 Q_1 和 Q_3 所在组的下限；N 为数据总频数；n_1 和 n_2 分别表

示小于 Q_1 和 Q_3 所在组下限的频数总和；f_{Q_1} 和 f_{Q_3} 则分别表示 Q_1 和 Q_3 所在组的频数；i 为组距.

本例中，第一、第三个四分位数 Q_1 和 Q_3 分别在(154~)和(160~)区段，于是，$N/4=27$, $i=3$；$n_1=16$, $L_{Q_1}=153.5$, $f_{Q_1}=13$；$n_2=56$, $L_{Q_3}=159.5$, $f_{Q_3}=26$；将这些数据分别代入 Q_1 和 Q_3 的表达式中，计算可得

$$Q_1=153.5+(27-16)\times 3/13=156.04\text{；}\qquad Q_3=159.5+(81-56)\times 3/26=162.38$$

②根据公式(3.1)计算四分位距，得

$$QD=(Q_3-Q_1)/2=(162.38-156.04)/2=3.17(\text{cm})$$

四分位距简明易懂，计算简便，较少受两极端数值的影响，比全距更具说服力. 但它毕竟忽略了左右共 50%的数据差异，且不适合代数运算，从而限制了它的广泛应用.

3. 百分位距

1) 百分位数

在学习百分位距之前，应先了解百分位数的概念.

百分位数是位于依一定顺序(如由小到大)排列的一组数据中某一百分位置的数值. 一般用 P_p 表示. 例如，第 70 百分位数(记作 P_{70})，就是在从小到大排列的一组数据中，小于这数据的频数占总频数的 70%，大于这个数据的频数占总频数 30%的那个数值. 中位数就是第 50 百分位数. 小于它的频数占总频数的 50%，大于它的频数也占总频数的 50%. 而第一四分位数就是第 25 百分位数. 它们是百分位数中的特例.

在教育测量中，常通过计算某个原始分数的百分位置来说明、解释、评价它在团体中所处的位置. 如前面描绘的累积频数百分比曲线就能很好地表示原始分数与其在团体中百分位置的对应关系.

当数据已整理成频数分布表时，可以用内插法计算某个百分位数. 其计算公式为

$$P_p=L_p+(p\cdot N-n)i/f_p \tag{3.2}$$

其中，L_p 表示百分位数所在组的下限；p 表示与百分位数相对应的百分位置；N 表示总频数；n 表示小于百分位数所在组下限的频数总和；i 表示频数分布表上的组距；f_p 表示百分位数所在组的频数. 例如，求表 2.1 所列资料的第 60 百分位数.

$$P_p=P_{60}\text{，}p=60/100=0.6\text{，}N=50$$

$$L_{60}=79.5,\ n=24,\ f_{60}=7,\ i=5$$

将这些数据代入公式(3.2)，得

$$P_{60}=L_{60}+(p\cdot N-n)i/f_p=79.5+(0.60\times50-24)\times5/7=83.79$$

结果说明比 83.79 分低的分数个数占总频数的 60%，或者说该次物理考试中，有 60%的学生成绩低于 83.79 分. 所以，百分位数可以表征该分数在所属总体中的位置. 它还可以利用第一章第四节累积百分比分布图(称为 S 形曲线)求得. 其方法就是在纵轴上确定所要求的百分位置，从该点作横线与曲线相交于一点，则过此交点作垂线与横轴的交点，就是与该百分位置相对应的百分位数. 由原始数据同样可确定其百分位置，不再赘述.

练习：以表 2.1 数据为例，求学生成绩的第 70 百分位数 P_{70} 和第 30 百分位数 P_{30}，并说明其含义.

2) 百分位距

百分位距是指两个百分位数之差. 常用的百分位距有两种：一种是第 90 与第 10 百分位数之差，用 $P_{90}-P_{10}$ 表示，即依一定顺序排列的一组数据中间部位 80%个频数的距离. 另一种是第 93 与第 7 百分位数之差，用 $P_{93}-P_7$ 表示，是一组数据中间部位 86%个频数的距离. 以表 1.10 为例，由式(3.2)得

$$P_{90}=L_{90}+(0.9N-n_1)i/f_{90}=165.5+(0.9\times108-97)\times3/6=165.6$$

$$P_{10}=L_{10}+(0.1N-n_2)i/f_{10}=150.5+(0.1\times108-6)\times3/10=151.94$$

所以

$$P_{90}-P_{10}=165.6-151.94=13.66(\text{cm})$$

同理可求得

$$P_{93}-P_7=167.22-150.97=16.25(\text{cm})$$

由于百分位距考虑了中间占总频数 80%以上的数据的分布情况，故比四分位距更能反映一组数据的离散程度或差异状况. 在今后判断数据的分布形态时，就会用到百分位距.

二、平均差

平均差就是每一个数据与该组数据的中位数(或平均数)离差的绝对值的算术平均数. 通常用 MD 表示. 用原始数据计算平均差的公式为

$$MD=\frac{\sum|X-Md|}{N} \tag{3.3a}$$

用频数分布表计算平均差的公式为

$$MD = \frac{\sum f|X - Md|}{N} \tag{3.3b}$$

其中式(3.3b)中的 X 为各组的组中值，f 为各组相应的频数.

练习：(1) 求原始数据 78，83，88，96，65，76，73，81，87 的平均差.

(2) 求第二章思考与练习中第 1 题数据的平均差.

比较以上几个概念，全距、四分位距、百分位距都不是由全部数据参与运算而获得，所以不能说明全部数据的变异情况. 而平均差尽管避免了上述缺陷，每个数据都参与了运算，且意义明确，反应灵敏，计算简单. 但取绝对值以后，不适合进一步的代数运算. 因此，极大地限制了它在统计中的应用. 基于上述考虑，并注意到对一组数据而言，总有离差($X - \bar{X}$)的和为零(离差的平均值也为零)，于是引入下面的方差和标准差来表示数据的变异程度.

三、方差和标准差

1. *方差*

方差是指离差($X - \bar{X}$)或离均差平方的算术平均值，一般用 σ_X^2 来表示，其定义式为

$$\sigma_X^2 = \frac{\sum (X - \bar{X})^2}{N} \tag{3.4}$$

当数据已整理成频数分布表时，式(3.4)变为

$$\sigma_X^2 = \frac{\sum f(X - \bar{X})^2}{N} \tag{3.5}$$

这时，X 为各组的组中值，f 为各组频数. 式(3.4)和式(3.5)又可分别写为

$$\sigma_X^2 = \frac{\sum X^2}{N} - \left(\frac{\sum X}{N}\right)^2 \tag{3.6}$$

$$\sigma_X^2 = \frac{\sum fX^2}{N} - \left(\frac{\sum fX}{N}\right)^2 \tag{3.7}$$

证明如下(以式(3.7)为例)：

$$\sigma_X^2=\frac{\sum f(X-\bar{X})^2}{N}=\frac{\left(\sum fX^2-2\sum fX\bar{X}+\sum f\bar{X}^2\right)}{N}$$

由 $\sum fX=N\bar{X}$，$\sum f=N$ 得

$$\sigma_X^2=\frac{\left(\sum fX^2-2N\bar{X}\bar{X}+N\bar{X}^2\right)}{N}=\frac{\left(\sum fX^2-N\bar{X}^2\right)}{N}=\frac{\left(\sum fX^2\right)}{N}-\left(\frac{\sum fX}{N}\right)^2$$

可见，方差又等于数据平方的平均值减去数据平均值的平方.

2\. 标准差

标准差就是方差的平方根(取正值)，又叫方均根差. 用 σ_X 表示，其定义式为

$$\sigma_X=\sqrt{\frac{\sum(X-\bar{X})^2}{N}}=\sqrt{\frac{\left(\sum X^2\right)}{N}-\left(\frac{\sum X}{N}\right)^2} \tag{3.8}$$

当数据已整理成频数分布表时，式(3.8)变为

$$\sigma_X=\sqrt{\frac{\sum f(X-\bar{X})^2}{N}}=\sqrt{\frac{\left(\sum fX^2\right)}{N}-\left(\frac{\sum fX}{N}\right)^2} \tag{3.9}$$

3\. 方差的性质

(1) 若 c 是一个常数，则 $\sigma^2(c)=\sum(c-\bar{c})^2/N=0$ (3.10)

(2) 设 X 是一个随机变量，c 和 d 是常数，则 $\sigma^2(c+X)=\sigma^2(X)$；$\sigma^2(cX)=c^2\sigma^2(X)$；更一般地有

$$\sigma^2(c+dX)=d^2\sigma^2(X) \tag{3.11}$$

事实上

$$\sigma^2(c+dX)=\frac{\sum[(c+dX)-(c+d\bar{X})]^2}{N}=\frac{\sum[dX-d\bar{X}]^2}{N}=d^2\sigma^2(X)$$

(3) 设 X 和 Y 是任意两个随机变量，则

$$\sigma^2(X\pm Y)=\sigma^2(X)+\sigma^2(Y)\pm 2E[(X-\bar{X})(Y-\bar{Y})]$$

当随机变量 X 和 Y 相互独立时，$E[(X-\bar{X})(Y-\bar{Y})]=E(X-\bar{X})E(Y-\bar{Y})=0$，有

$$\sigma^2(X \pm Y) = \sigma^2(X) + \sigma^2(Y) \tag{3.12}$$

事实上，当变量 X 和 Y 的总个数分别为 N_1 和 N_2 时，以 $X+Y$ 为例

$$\sigma^2(X+Y) = \frac{\sum_{i,j}^{N_1,N_2}[(X_i+Y_j)-(\bar{X}+\bar{Y})]^2}{N_1N_2} = \frac{\sum_{i,j}^{N_1,N_2}[(X_i-\bar{X})+(Y_j-\bar{Y})]^2}{N_1N_2}$$

$$= \frac{\sum_{i,j}^{N_1,N_2}(X_i-\bar{X})^2 + \sum_{i,j}^{N_1,N_2}(Y_j-\bar{Y})^2 + 2\sum_{i,j}^{N_1,N_2}(X_i-\bar{X})(Y_j-\bar{Y})}{N_1N_2}$$

$$= \frac{N_2\sum_{i}^{N_1}(X_i-\bar{X})^2 + N_1\sum_{j}^{N_2}(Y_j-\bar{Y})^2 + 2\sum_{i,j}^{N_1,N_2}(X_i-\bar{X})(Y_j-\bar{Y})}{N_1N_2}$$

$$= \sigma^2(X) + \sigma^2(Y) + 2E[(X-\bar{X})(Y-\bar{Y})]$$

练习：(1) 求原始数据 78，83，88，96，65，76，73，81，87 的标准差.

(2) 求本章思考与练习中第 3 题数据的标准差.

注意：在利用频数分布表计算平均差和标准差时，一般将计算过程及结果整理成表格的形式，如表 3.1 所示.

可见，方差与标准差能达到准确描述数据离散程度的目的. 以标准差为例，当标准差越大时，说明数据偏离平均数的程度越大，数据分布范围越广，越参差不齐. 反之，标准差越小，则数据越集中在平均数附近. 特别当数据为某班学生成绩时，说明该班学生程度比较整齐. 这样说来，是不是标准差大了就不好，而标准差越小越好呢？这要看具体情况而定. 就上面的例子来说，标准差越小时，学生的水平越接近，成绩越整齐，对教师组织教学越有利，教学工作越容易开展. 但在高考、中考及竞赛等选拔性考试中，就要求有一定大小的标准差，因为这时若标准差为零或接近为零，则意味着学生的成绩都相等或接近相等，这样就不能将学生按不同水平区分开来，选拔性考试也就失去了意义. 因此，在教育教学科研与实际的教学工作中，究竟是标准差大好还是小好，要视具体情况或研究的具体目的而定.

表 3.1　本章思考与练习第 3 题资料的标准差计算表

分组	组中值(X)	频数(f)	fX	fX^2	利用公式(4.7)、式(4.9)计算方差、标准差
140~	142	1	142	20164	$\sigma_X^2=\dfrac{1466610}{50}-\left(\dfrac{8540}{50}\right)^2=159.56$
145~	147	3	441	64827	
150~	152	2	304	46208	$\sigma_X=\sqrt{159.56}=12.63$
155~	157	4	628	98596	
160~	162	4	648	104976	
165~	167	6	1002	167334	
170~	172	10	1720	295840	
175~	177	8	1416	250632	
180~	182	5	910	165620	
185~	187	4	748	139876	
190~	192	2	384	73728	
195~	197	1	197	38809	
总和		$\sum f=50$	$\sum fX=8540$	$\sum fX^2=1466610$	

总的来看，与其他差异量相比较，方差与标准差有如下一些独特优势：第一，反应灵敏；第二，计算简单、精确；第三，适合代数运算(方差性质(2)和(3)). 这就决定了它在统计学中的基础地位以及极为广泛的应用. 随着学习的逐步深入，这两个概念的重要性也会逐步被揭示出来. 当然，方差与标准差也有一些局限，比如，易受两极端数据的影响，尽管不如全距那样明显，但仍然较大. 另外，有个别数据不清楚时，也无法计算方差与标准差.

四、各种差异量之间的数量关系

当数据个数较大，频数分布呈正态时，全距、四分位距、平均差和标准差之间大致满足如下关系

$$R\approx 6\sigma_X\approx 7.5MD\approx 9QD \tag{3.13}$$

且在中位数上、下各一个四分位距之间包括 50%的总频数；平均数上、下各一个平均差之间包括 57.51%的总频数；平均数上、下各一个标准差之间包括 68.26%的总频数. (为什么会有这种结果？请读者学过第五章中概率分布的知识之后，认真思考)

第二节 相对差异量

一、相对差异量的概念

第一节讲的绝对差异量都带有与原观测值相同的单位，它们对两种单位不同，或单位相同而两个平均数相差较大的资料，都无法比较差异的大小. 这时，必须用相对差异量(即差异系数)进行比较.

相对差异量定义为标准差与其算术平均值的百分比. 因而，它是一个没有单位的差异量数，一般用 CV 来表示，计算公式为

$$CV = (\sigma_X / \bar{X}) \times 100\% \tag{3.14}$$

可见，相对差异量就是以平均数为单位来衡量差异的程度. 相对差异量越大，表明离散程度越大；相对差异量越小，表明离散程度越小.

二、相对差异量的应用

1. 比较不同单位资料的差异程度

若某中学初中一年级学生的平均体重为 47kg，标准差是 3.7kg，平均身高 158cm，标准差为 6.2cm，问体重与身高的离散程度哪个大?

由于

$$CV_{体重} = (3.7/47) \times 100\% = 7.87\%；\quad CV_{身高} = (6.2/158) \times 100\% = 3.92\%$$

可见，体重的离散程度要比身高的离散程度大.

2. 比较单位相同而两个平均数相差较大的两组资料的差异程度

例如，1999 年招远市区两组女童的体重分别为：2 个月组平均值 5.45kg，标准差 0.62kg；6 岁组平均值 19.02kg，标准差 2.12kg. 问两组女童的体重离散程度哪个大?

容易计算

$$CV_{2个月} = (0.62/5.45) \times 100\% = 11.38\%$$

$$CV_{6岁} = (2.12/19.02) \times 100\% = 11.15\%$$

结果说明，两组女童的体重离散程度大体相同.

从理论上讲，只有对比率变量(如身高、体重、时间等)才可计算差异系数. 而一般学科成绩往往既不等距又无绝对零点，所以严格来讲对学科成绩不能计算差异系数. 但当测验编制得较好，两科成绩的平均数又相差较大时，也可以勉强使用差异系数进行比较.

思考与练习

1. 求原始数据 13，15，12，21，18，19，11 的平均差和标准差.
2. 求以下两组数据的全距和四分位距.

   ①14，2，17，9，22，13，1，7，11. ②1，26，11，9，14，13，7，17，22，2.
3. 求如表 3.2 所示资料的第 P_{80}、P_{60}、P_{40}、P_{20} 百分位数.

表 3.2 第 3 题用表

区间	140~	145~	150~	155~	160~	165~	170~	175~	180~	185~	190~	195~	总和
频数	1	3	2	4	4	6	10	8	5	4	2	1	50

4. 计算如表 3.3 所示资料的方差和标准差以及 P_{90} 与 P_{10} 的百分位距.

表 3.3 第 4 题用表

分数	50~	55~	60~	65~	70~	75~	80~	85~	90~	95~	总数
频数	2	4	6	11	24	37	19	12	9	4	128

5. 某班 47 名学生化学测验成绩的标准差为 7.8，求其离均差的平方和.
6. 计算第 3 题数据的平均差.
7. 1978 年测得我国 17 岁学生 400m 跑成绩为：男生平均成绩 92.5s，标准差 6.72s；女生平均成绩 117.0s，标准差 10.6s. 试比较男生、女生 400m 跑成绩离散程度的大小.

第四章　相关量数

在教育、心理等许多领域的研究与实际工作中，除了经常处理单个变量的情况(需用集中量、差异量等来描述数据的分布特征)之外，还常常遇到成对或多组测量数据构成的总体，这时常常关心变量间是否存在一定的关系．例如，同一组学生的两门学科如数学和物理成绩之间是否存在某种关联？数学成绩越高的学生物理成绩是否也越高？事实表明，像数学和物理这样两门学科之间确实存在一定的联系．实际上尽管考虑到学生学习精力的有限性，当在某学科投入过多精力，势必影响其他学科的学习，但依然能够辨识物理与数学学科间的这种微妙的相互促进与协同进步的趋向．但这种联系又没有确切到可以严格决定的程度，即不会出现一个数学成绩仅仅对应唯一一个物理成绩的状况，而是数学成绩相同的学生，其中有的学生物理成绩较高，也有的学生物理成绩却较低．因此，这样两门学科成绩之间并不存在严格的函数关系，意味着这样两个变量或多个变量间的关系不同于简单的因果关系，即不存在因为数学成绩高才有物理成绩高，也不会因为物理成绩好才有数学成绩好的情况．当然可能存在由于数学成绩差影响到物理正常学习的状况，于是两个变量间存在比因果关系更为复杂的关系．实际上两者间常常是表现为互为因果或有共同的因，即另外变量(或因素)的共同的果甚至多因多果的情境．如学生的物理和数学成绩就都受学生智力因素的影响，智力好的学生其物理和数学成绩往往都会较高，反之，智力低一些的学生其物理和数学成绩也往往都会偏低．互为因果的情形也比较明显，比如当数学成绩比较好时，为物理学习打下良好的基础，反过来物理良好的学习状态和成绩也会促进数学的学习和进步，成为学好数学的因．但无论数学与物理成绩间的关系多么复杂，两门功课之间总是存在某种程度的协同变化或共进退的倾向．这正是能够从统计学角度分析、把握两者间相互影响或协同变化程度的客观基础．

当分析上述这样成对或多组测量的数据时，若旨在寻求一些数量性指标以刻画有关变量之间关系的密切程度时，可以进行相关分析，并用相关系数来表示两个或多个变量之间关系的强弱．但在着重寻求变量间近似的函数关系时，则要进行回归分析．实质上相关分析与回归分析分别强调了同一问题的不同侧面，但由于相关系数与平均数和标准差一样，也是样本非常重要的一个统计量，因而在集中量数和差异量数的学习之后，本章将详细阐述相关系数的计算．鉴于相关系数的检验，需运用第五、六、七等章节的知识和方法，故相关系数检验部分放入第十章与回归方程的建立与检验一同讲述．

第一节 积差相关系数

一、相关的概念

实践中，在考察并不存在严格函数关系的两个(如 X，Y)或多个变量时，有时为了预测或其他目的，人们想用 X 的某个线性函数 $aX+b$ 来近似表达 Y，或者反过来用 Y 表达 X. 其中 a，b 均为待定常数. 那么，如何选择 a 和 b 才能使线性函数 $aX+b$ 表达 Y 的近似程度尽可能高呢？为此，人们考虑用 $\hat{Y}=aX+b$ ($\hat{Y}$ 称为回归值)来近似表达 Y 时的均方误差 $E[Y-(aX+b)]^2$. 显然，均方误差越小，用 $\hat{Y}=aX+b$ 来表达 Y 的误差就越小或效果越好. 现计算均方误差如下

$$
\begin{aligned}
E[Y-(aX+b)]^2 &= E[(Y-\bar{Y})-a(X-\bar{X})+(\bar{Y}-a\bar{X}-b)]^2 \\
&= E[(Y-\bar{Y})^2+a^2(X-\bar{X})^2+(\bar{Y}-a\bar{X}-b)^2-2a(Y-\bar{Y})(X-\bar{X}) \\
&\quad -2a(X-\bar{X})(\bar{Y}-a\bar{X}-b)+2(Y-\bar{Y})(\bar{Y}-a\bar{X}-b)] \\
&= E(Y-\bar{Y})^2+a^2E(X-\bar{X})^2+(\bar{Y}-a\bar{X}-b)^2-2aE(Y-\bar{Y})(X-\bar{X})
\end{aligned}
$$

其中利用了 $\sum(X-\bar{X})=0$ 和 $\sum(Y-\bar{Y})=0$. 若令

$$
r(X,Y)=E(Y-\bar{Y})(X-\bar{X})/(\sigma_X\sigma_Y) \tag{4.1}
$$

并注意到第一项为 Y 的方差，第二项中有 X 的方差，则均方误差可表示为

$$
\begin{aligned}
E[Y-(aX+b)]^2 &= \sigma_Y^2+a^2\sigma_X^2-2ar(X,Y)\sigma_X\sigma_Y+(\bar{Y}-a\bar{X}-b)^2 \\
&= \sigma_X^2[a-r(X,Y)\sigma_Y/\sigma_X]^2+\sigma_Y{}^2[1-r^2(X,Y)]+(\bar{Y}-a\bar{X}-b)^2
\end{aligned}
$$

由于均方误差 $E\left[Y-(aX+b)\right]^2\geqslant 0$，上式右边第一项和第三项都不小于零. 因此，当

$$
\begin{cases}
a=r(X,Y)\sigma_Y/\sigma_X \\
b=\bar{Y}-a\bar{X}
\end{cases} \tag{4.2}
$$

时，第一项和第三项分别为零，这时均方误差 $E\left[Y-(aX+b)\right]^2$ 有最小值，且

$$
E[Y-(aX+b)]^2=\sigma_Y^2[1-r^2(X,Y)] \tag{4.3}
$$

由于 a，b 总是按式(4.2)取定，因此均方误差总能够表示为式(4.3).

因为均方误差不小于零，所以式(4.3)右端的中括号内必不小于零，于是

$$r^2(X,Y) \leqslant 1$$

即

$$-1 \leqslant r(X,Y) \leqslant 1 \tag{4.4}$$

可见，当用 X 的某个线性函数 $aX+b$ 来代替 Y 时，若 a，b 按式(4.2)取值(一般均如此取值)，均方误差 $E[Y-(aX+b)]^2$ 取值为式(4.3). 这时，若 $|r(X,Y)|$ 越大越接近于 1，则该均方误差就会越小，说明用 $aX+b$ 来代替 Y 的误差就越小或效果越好；反之，当 $|r(X,Y)|$ 越小越接近于 0，则该均方误差就会越大，说明用 $aX+b$ 来代替 Y 的误差就越大或效果越差. 因此，$r(X, Y)$表示了变量 X 与 Y 之间线性关系的强烈程度. $|r(X,Y)|$ 越大，变量 X 与 Y 之间线性关系越强，反之，$|r(X,Y)|$ 越小，变量 X 与 Y 之间线性关系越弱. 人们就把 $r(X, Y)$定义为变量 X 与 Y 之间的**积差相关系数**，用来表征两个变量之间线性关系的密切程度，其计算公式为式(4.1).

同理可推得，当用 Y 的某个线性函数($\hat{X}=a'Y+b'$)来近似表达 X 时，有

$$\begin{cases} a' = r(Y,X)\sigma_X / \sigma_Y \\ b' = \bar{X} - a'\bar{Y} \end{cases} \tag{4.5}$$

其中，$r(Y,X)$ 与 $r(X,Y)$ 相同仍为变量 X 与 Y 间的积差相关系数，由式(4.1)决定.

二、相关的意义

1. 正相关

由上面的分析可知，$r(X, Y)$可正可负，这一点也可由式(4.1)看出. 当 $r(X, Y)$大于零时，$a>0$，说明两个变量的变化方向一致，即一个变量值变大时，另一个变量值也随之变大；一个变量值变小时，另一个变量值也随之变小. 这时两个变量之间的关系称为正相关. 例如，在非智力因素基本相同的情况下，智力与学习成绩的关系，就是正相关的关系.

2. 负相关

当 $r(X, Y)$小于零时，$a<0$，于是两个变量的变化方向相反，即一个变量值变大时，另一个变量值随之变小；一个变量值变小时，另一个变量值随之变大，这两个变量之间的关系称为负相关，如解题能力与解题所用时间长短的关系就是负相关关系.

3. 特例

(1) $r(X, Y)=0$. 这时由式(4.2)知，$a=0$，$b=\overline{Y}$，即 Y 的取值与 X 无关，且这时式(4.3)的均方误差也最大(等于变量 Y 的方差). 这说明用 Y 的平均值 $\overline{Y}$ 代替 Y 的效果最好，与变量 X 的取值无关. 这时两个变量之间的关系称为**零相关**，即两者之间无相关. 值得注意的是，相互独立的两个变量间一定是不相关的；但不相关的两个变量却不一定相互独立. 这是因为不相关仅仅说明两个变量间不存在线性关系，并不能保证它们之间不存在其他非线性关系. 不过，当两个变量都服从正态分布时，这两个变量相互独立与互不相关是等价的. 今后处理的大多数变量都是正态分布的变量，这样当两个变量不相关时，也就意味着两个变量相互独立.

(2) $|r(X, Y)|=1$. 这时均方误差为零，说明用 X 的线性函数 $aX+b$ 来代替 Y 没有误差. 另外，这时 $a=\pm 1\sigma_Y/\sigma_X$，$b=\overline{Y}-a\overline{X}$，于是

$$Y=\pm\sigma_Y(X-\overline{X})/\sigma_X+\overline{Y} \quad \text{或者} \quad (Y-\overline{Y})/\sigma_Y=\pm(X-\overline{X})/\sigma_X$$

也说明两个变量 X、Y 间存在严格的线性关系. 这时称两个变量**完全(正或负)相关**.

可见相关系数 $r(X, Y)$ 不仅能表征两变量之间线性关系的密切程度，也能说明两个变量变化方向上的关系. 但无论两个变量的变化方向是否一致，凡密切程度高的称为强相关或高度相关，密切程度一般的称为中度相关，密切程度弱的称为弱相关或低度相关.

总之，由以上分析可得出以下两点结论：

(1) 相关系数的数值范围在−1~+1，即 $-1\leqslant r\leqslant 1$. 由 r 的正、负号及绝对值的大小，可以表明两个变量之间变化的方向及密切程度. “+”号表示变化方向一致，即正相关；“−”号表示变化方向相反，即负相关. r 的绝对值表示两个变量之间线性关系的密切程度，绝对值越接近 1，表示两个变量之间线性关系越密切；越接近 0，表示两个变量之间线性关系越不密切. $r=1$ 表示两个变量为完全正相关；$r=-1$ 表示两个变量为完全负相关. 不过在教育研究中，这两种情况几乎是找不到的. 假如 $r_1=-0.6$，$r_2=0.3$，表明 r_1 为负相关，r_2 为正相关，且 r_1 表示的相关程度高于 r_2；又如，$r_3=-0.3$，虽然 r_3 为负相关，但 r_3 与 r_2 相关程度相同.

(2) 相关系数是一个比值，不具有等距性(不是等距量表)，不能直接作加、减、乘、除运算. 例如，对于上述 r_1，r_2，r_3，不能说 r_1 和 r_2 之和与 r_3 相等，也不能说在相关程度上 r_1 是 r_3 的两倍. 对于下面几节所介绍的其他类型的相关，这里所讨论的两个变量之间相关的意义与性质具有普遍性.

三、积差相关的使用范围

在应用积差相关系数公式研究两个变量之间的相关问题时，应注意以下要求：

(1) 两个变量都应为，由测量获得的连续性数据，且两个变量的总体都呈正态分布，或接近正态分布，至少是单峰对称分布(判断总体是否呈正态分布的方法很多，如偏态量与峰态量法及 χ^2 检验等).

(2) 必须是成对数据，且每对数据之间相互独立.

(3) 两个变量之间呈线性关系.

(4) 要排除共变因素的影响.

(5) 理论表明，样本容量 $n \geqslant 30$，计算出的积差相关系数才具有有效意义.

两个变量之间是否呈线性关系，可由相关散布图的形状来确定. 若在直角坐标系中，以横轴为 X，纵轴为 Y，根据两个变量成对的数据(X, Y)描点，即构成散布图. 相关散布图的形状有多种多样. 设以 $(\bar{X},\bar{Y})$ 为原点，若第一、第三象限的散点多于第二、第四象限，如图 4.1(a)，(c)所示，这时一个变量有随另一个变量的增加而成正比例增加的倾向. 因此，这两种情况都属于线性正相关的例子，不过图 4.1(c)表示两变量间相关的程度要偏高于图 4.1(a)所示的情况. 反之，若第二、第四象限的散点多于第一、第三象限，如图 4.1(b)所示，这时一个变量有随另一个变量的增加而线性减少的倾向，表明两个变量间为负相关. 如果用两个变量的标准分数(Z_X, Z_Y)绘制散布图(其中 $Z_X=(X-\bar{X})/\sigma_X, Z_Y=(Y-\bar{Y})/\sigma_Y$)，对两个变量的相关程度可反映得更加准确. 若四个象限的散点几乎相等，且分布较均匀，如图 4.1(d)所示，则为零相关，即两变量间没有关系，这时一个变量无论如何取值都不会影响另一个变量的取值情况. 若散点分布呈曲线形，为曲线相关，如图 4.1(e)，(f)，(g)，(h)所示的四种情况都属于曲线相关的例子. 曲线相关的例子有很多种，这里仅画出其中的四种. 但细心的读者可以发现这四种曲线相关的情况，散点均分布在一个规则的曲线区域内. 实际上，有些曲线相关的例子可以化为直线相关来处理，如图 4.1(e)，(f)，(g)，(h)所示的四种情况就都可以转化为直线相关来处理. 本书中仅讨论直线相关的情况，关于能化为直线相关的曲线相关的内容，有兴趣的读者可查阅有关数理统计书籍.

散布图的趋势若表明两个变量是线性关系，就可以计算积差相关系数. 另外，散布图也可以反过来帮助人们直观地理解积差相关系数的计算公式. 如以 $(\bar{X},\bar{Y})$ 为原点时，若各象限中分布的点数几乎相等(见图 4.1(d))，则 $E(Y-\bar{Y})(X-\bar{X})$ 或 $\sum(Y-\bar{Y})(X-\bar{X})/n$ 会非常小，显示无相关关系. 若大部分点分布在第一和第三象限，则 $(Y-\bar{Y})(X-\bar{X})$ 的正积占优势，$\sum(Y-\bar{Y})(X-\bar{X})/n$ 将为正；反之，若大部分点分布在第二和第四象限，则 $(Y-\bar{Y})(X-\bar{X})$ 的负积占优势，

$\sum(Y-\bar{Y})(X-\bar{X})/n$ 将为负. $\sum(Y-\bar{Y})(X-\bar{X})/n$ 的绝对值越大，表示 X 与 Y 之间的线性关系越强，说明这些点越接近一条直线. 可见，$\sum(Y-\bar{Y})(X-\bar{X})/n$ 揭示了 X 与 Y 之间线性关系的强弱. 但考虑到 X 与 Y 都是有单位的量，为了便于比较，可借助于标准分，将上述计算转换为 $\sum[(Y-\bar{Y})(X-\bar{X})/(\sigma_X\sigma_Y)]/n$，这就成为计算公式(4.1).

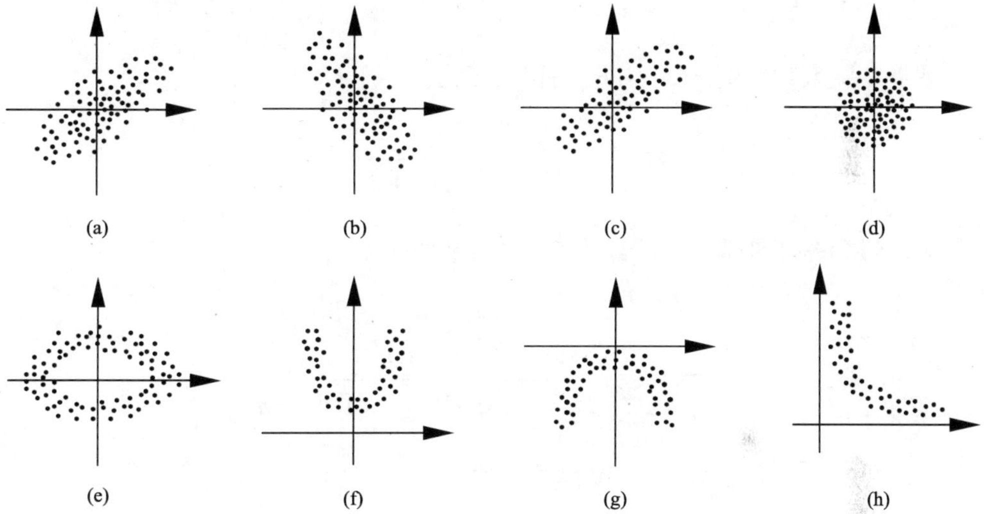

图 4.1 不同形态及不同程度的相关散布图

如以百分制分数记录的学生学科成绩可视为测量获得的连续性数据，当同一组学生的两门学科成绩均服从正态分布，且两者间呈线性关系时，可计算这两门学科成绩之间的积差相关系数. 但共变因素的影响必须排除. 因为，若两个变量都随着一个共同因素在变化，即便计算出的积差相关系数很高，也难以判断这两个变量之间存在着高度相关. 例如，在非智力因素基本相同的条件下，根据不同智力学生的学习成绩来考查两门学科之间的相关情况，因为两门学科成绩都随智力而变化，智力高者两门学科成绩都好，智力低者两门学科成绩都差. 因此难以将它们之间的高度相关都归因于这两门学科的关系，这时应去掉智力因素的影响，这就要计算两门学科成绩之间的偏相关系数. 有关偏相关系数的内容可参考有关数理统计书籍，这里不拟展开.

四、积差相关系数的其他计算方法

1. 协方差

协方差是两个变量离差乘积的平均值. 用公式可表示为

$$\operatorname{cov}(X,Y)=\frac{\sum(X-\bar{X})(Y-\bar{Y})}{n} \tag{4.6}$$

其中，cov(X，Y)表示两个变量的协方差；$(X-\bar{X})$ 和 $(Y-\bar{Y})$ 分别表示 X 和 Y 的离差.

2．积差相关系数的几个计算公式

积差相关系数的定义式(4.1)也可以表示为

$$r(X,Y)=\frac{\sum(Y-\bar{Y})(X-\bar{X})}{(n\sigma_X\sigma_Y)}$$

下面再介绍几种常用的计算积差相关系数的方法：

(1) 用原始数据计算时，有

$$r=\frac{\Sigma XY-(\Sigma X)(\Sigma Y)/n}{\sqrt{\Sigma X^2-(\Sigma X)^2/n}\sqrt{\Sigma Y^2-(\Sigma Y)^2/n}} \tag{4.7}$$

(2) 用 $\bar{X}$，$\bar{Y}$，σ_X，σ_Y，$\sum XY$ 计算，则

$$r=\frac{\sum XY-n\overline{X}\overline{Y}}{n\sigma_X\sigma_Y} \tag{4.8}$$

(3) 用 $\bar{X}$，$\bar{Y}$，S_X，S_Y，$\sum XY$ 计算，有

$$r=\frac{\sum XY-n\overline{X}\overline{Y}}{(n-1)S_XS_Y} \tag{4.9}$$

式(4.7)~式(4.9)可由积差相关系数的定义式直接推出，难度不大. 留给读者自己练习.

五、相关系数的等距转换及其合并

由于相关系数不是等距变量，不能直接进行代数运算，但是在教育研究中，往往需要计算几个相关系数的平均数，这时需要将几个相关系数进行合并. 例如，为了考查数学与物理两门学科成绩的相关程度，可随机地从全国各地抽取样本并分别计算相关系数. 然后将各样本相关系数合并，求出总的相关系数，作为两门学科成绩相关程度的度量.

例 1　从北京、天津、上海各随机抽取某年全国统一高考的数学与物理试卷，各样本容量如表 4.1 第(2)列所示．问这时数学与物理高考成绩的相关程度如何？

表 4.1　某年高考数学与物理成绩相关系数计算表

城市(1)	n(2)	n−3(3)	r(4)	Z_r(5)	$(n-3)Z_r$(6)
北京	113	113−3	0.515	0.570	62.700
天津	552	552−3	0.498	0.546	299.754
上海	80	80−3	0.563	0.637	49.049
总和		736			411.503

解　求相关系数平均值的步骤大致如下：

① 计算各样本相关系数，如表 4.1 中第(4)列所示．

② 将各相关系数 r 转换成标准分数 Z_r(如表 4.1 中第(5)列所示)．将相关系数 r 转换成 Z_r 值，可用统计学家费希尔的 Z_r 转换法，其转换公式为

$$Z_r = \frac{1}{2}\ln\left(\frac{1+r}{1-r}\right) \quad 或 \quad Z_r = 1.1513\lg\left(\frac{1+r}{1-r}\right) \tag{4.10}$$

Z_r 的抽样分布无论总体相关系数 ρ 的大小及样本容量 n 的大小如何，都近似呈正态分布，具有等距性．在实际应用中，为了减少工作量，将 r 转换成 Z_r 不必用式(4.10)计算，而可直接查 r 与 Z_r 转换表(附表 9)，根据 r 值寻找相应的 Z_r 值．如北京数学与物理高考成绩的相关系数 r=0.515，其 Z_r=0.570.

③ 求 Z_r 的平均数 $\overline{Z}_r$．其计算公式为

$$\overline{Z}_r = \frac{\sum(n-3)Z_r}{\sum(n-3)} \tag{4.11}$$

其中，Z_r 表示各相关系数 r 的标准分数；n 表示各样本容量．该例中

$$\overline{Z}_r = \frac{(113-3)\times 0.570 + (552-3)\times 0.546 + (80-3)\times 0.637}{(113-3)+(552-3)+(80-3)} = 0.559$$

④ 将 $\overline{Z}_r$ 转换成 $\bar{r}$．仍用 r 与 Z_r 转换表(附表 9)，在 Z_r 列中找到与 $\overline{Z}_r$ 最接近的值，其相对应的 r 值就是 $\bar{r}$．本例与 $\overline{Z}_r = 0.559$ 相对应的 $\bar{r} = 0.507$．所以，可用三个城市该年度高考数学与物理成绩相关系数的平均数 $\bar{r} = 0.507$，作为两门学科成绩相关程度的度量.

第二节　等级相关系数

当所获得的测量数据不满足积差相关的要求时，如数据不是连续变量，而是以等级次序表示的变量，或者数据是连续变量但其总体分布偏离正态等，这时考查两列或多列变量间的相关时，可求它们之间的等级相关系数. 等级相关仍属积差相关体系，即为线性相关的一种，但它对数据总体的分布形态不作要求，另外在积差相关适用的场合，若将连续性变量用等级次序表示也可以求等级相关系数. 所以等级相关系数的应用范围要比积差相关系数的大一些. 不过将连续性变量用等级次序表示，会失去原始数据所包含的一些信息，从而使同一组数据的等级相关系数不如其积差相关系数更精确. 因此，在可以应用积差相关系数时，不主张使用等级相关系数.

当测量获得的是两列数据时，用斯皮尔曼等级相关系数描述两个变量的线性相关程度；而在数据有两列以上时，要应用肯德尔等级相关系数来描述.

一、斯皮尔曼等级相关系数

1. 基本计算公式

斯皮尔曼等级相关系数一般用 r_R 表示，有

$$r_R = 1 - \frac{6\sum D^2}{n(n^2-1)} \tag{4.12}$$

其中，n 为成对数据的个数，即样本容量；D 为成对数据的等级之差.

例 2　对某学校同一年级平行班的 7 位相同学科任课教师的课堂教学效果进行评定的结果和 7 个相应班级该学科统一测验的平均成绩如表 4.2 所示. 求教师课堂教学效果与学生测验成绩之间的相关系数?

表 4.2　教师课堂教学效果与学生测验成绩相关分析表

班级	教师课堂教学效果得分		学生测验平均成绩		等级之差(D)	差数平方(D^2)
	X	等级	Y	等级		
1	4	4	72	2	2	4
2	2	6	54	6	0	0
3	7	1	80	1	0	0
4	3	5	63	5	0	0
5	6	2	69	3	−1	1
6	1	7	51	7	0	0
7	5	3	64	4	−1	1
总和						$\sum D^2 = 6$

解　应用式(4.12)，得教师课堂教学效果与学生测验成绩间的等级相关系数为

$$r_{\mathrm{R}}=1-\frac{6\sum D^2}{n(n^2-1)}=1-\frac{6\times 6}{7(7^2-1)}=0.893$$

这一结果，可作为教师课堂教学效果与学生测验成绩间相关程度的度量．但是否说明两者间存在高度正相关，还有待于进一步检验(见第十章第一节).

2. *有相同等级时计算等级相关系数的公式*

式(4.12)适用于数据中没有相同等级的情况，若数据中存在相同的等级，应用式(4.13)计算等级相关系数，即

$$r_{\mathrm{RC}}=\frac{\sum X^2+\sum Y^2-\sum D^2}{2\sqrt{\sum X^2\cdot\sum Y^2}} \tag{4.13}$$

其中

$$\sum X^2=(n^3-n)/12-\sum C_X\,,\qquad \sum Y^2=(n^3-n)/12-\sum C_Y$$

$$\sum C_X=\sum[m(m^2-1)/12]\,,\qquad \sum C_Y=\sum[m(m^2-1)/12]$$

n 仍为成对数据的数目或样本容量；m 表示变量 X、Y 中某一相同等级所含数据个数．当具有不止一个相同等级时，计算 $\sum C_X$ 或 $\sum C_Y$ 应对所有相同等级求和.

假如在例 2 中，教师的课堂教学效果评定结果和 7 个相应班级该学科统一测验的平均成绩如表 4.3 所示，则等级相关系数应用式(4.13)计算.

表 4.3　有相同等级时教师课堂教学效果与学生测验成绩相关分析表

班级	教师课堂教学效果得分		学生测验平均成绩		等级之差(D)	差数平方(D^2)
	X	等级	Y	等级		
1	4	4	72	2	2	4
2	2	5.5	51	6.5	−1	1
3	7	1	80	1	0	0
4	2	5.5	63	4	1.5	2.25
5	6	2	63	4	−2	4
6	1	7	51	6.5	0.5	0.25
7	5	3	63	4	−1	1
总和						$\sum D^2=12.5$

$$\sum C_X = \sum\left[\frac{m(m^2-1)}{12}\right] = \frac{2(2^2-1)}{12} = 0.5$$

$$\sum C_Y = \sum\left[\frac{m(m^2-1)}{12}\right] = \frac{2(2^2-1)}{12} + \frac{3(3^2-1)}{12} = 2.5$$

$$\sum X^2 = \frac{(n^3-n)}{12} - \sum C_X = \frac{7(7^2-1)}{12} - 0.5 = 27.5$$

$$\sum Y^2 = \frac{(n^3-n)}{12} - \sum C_Y = \frac{7(7^2-1)}{12} - 2.5 = 25.5$$

应用式(4.13)，得

$$r_{\mathrm{RC}} = \frac{\sum X^2 + \sum Y^2 - \sum D^2}{2\sqrt{\sum X^2 \cdot \sum Y^2}} = \frac{27.5 + 25.5 - 12.5}{2\sqrt{25.5 \times 27.5}} = 0.7647$$

比直接用式(4.12) $r_{\mathrm{R}} = 1 - \dfrac{6\sum D^2}{n(n^2-1)} = 1 - \dfrac{6 \times 12.5}{7(7^2-1)} = 0.7768$ 算得的结果偏小一些.

二、肯德尔等级相关系数

当测量所获得的数据多于两列时，讨论变量之间的关系要进行肯德尔等级相关分析. 肯德尔等级相关分析有多种方法，这里仅介绍肯德尔和谐系数(又叫 W 系数)的求法.

1. 无相同等级时肯德尔和谐系数的计算公式

多个变量的相关程度可用肯德尔和谐系数 r_{W} 来表示. 当对每一个变量评定的结果中均没有相同等级时，其计算公式为

$$r_{\mathrm{W}} = \frac{SS_{\mathrm{R}}}{k^2(n^3-n)/12} \tag{4.14}$$

其中，k 为数据列数；n 为样本容量或数据组数；$SS_{\mathrm{R}} = \sum R^2 - \left(\sum R\right)^2 \big/ n$；$R$ 为每组数据 k 个等级之和.

例 3　3 位教师对 4 名学生的某一作文，按等级次序评定的结果如表 4.4 所示. 问 3 位教师的评定结果是否一致?

解　$SS_{\mathrm{R}} = \sum R^2 - \left(\sum R\right)^2 \big/ n = 230 - 30^2/4 = 5$

应用式(4.14)，求得3位教师评定结果的相关程度为

$$r_{\mathrm{W}}=\frac{SS_{\mathrm{R}}}{k^2(n^3-n)/12}=\frac{5}{3^2(4^3-4)/12}=0.111$$

这一结果较小，是否说明3位教师的评定结果一致性较差？该问题留于读者学过第十章第一节后，自己进行肯德尔和谐系数的显著性检验，并得出结论.

表 4.4 学生作文评定结果相关性分析表

学生数 $n=4$	评定者(教师 $k=3$)			R	R^2
	1	2	3		
1	2	1	3	6	36
2	1	2	4	7	49
3	3	4	2	9	81
4	4	3	1	8	64
总和				$\sum R=30$	$\sum R^2=230$

2. 有相同等级时肯德尔和谐系数的计算公式

当数据中的某一列或某几列有相同等级时，要对肯德尔和谐系数进行校正，校正公式为

$$r_{\mathrm{W}}=\frac{SS_{\mathrm{R}}}{k^2(n^3-n)/12-k\sum T} \tag{4.15}$$

其中

$$T=\frac{\sum(m^3-m)}{12} \tag{4.16}$$

m 表示某列数据中某一个相同等级所含数据个数. 当有不止一个相同等级时，计算 T 应对所有相同等级求和，这就是式(4.16)中求和的意义. 而式(4.15)中校正量 $k\sum T$ 中的求和是对各列数据中的 T 求和. 其他量的含义和求法与式(4.14)相同.

例 4 同一位教师对6名学生语文试卷用等级先后评定3次，其结果如表4.5所示，问从总体上来说，3次评定是否一致?

解 由于

$$SS_{\mathrm{R}}=\sum R^2-\left(\sum R\right)^2/n=780-63^2/6=118.5,$$

$$T_1 = 0\ ,$$

$$T_2 = \sum (m^3 - m)/12 = (3^3 - 3)/12 = 2\ ,$$

$$T_3 = \sum (m^3 - m)/12 = (2^3 - 2)/12 + (2^3 - 2)/12 = 1\ ,$$

将以上各量代入式(10.15)，得这位教师 3 次评定结果的相关程度为

$$r_{\mathrm{W}} = \frac{SS_{\mathrm{R}}}{k^2(n^3 - n)\big/12 - k\sum T} = \frac{118.5}{3^2(6^3 - 6)/12 - 3\times(2+1)} = 0.798$$

对结果的检验见第十章第一节.

表 4.5　学生语文试卷评定结果相关性分析表

学生数 $n=6$	评定者(教师 $k=3$)			R	R^2
	1(等级)	2(等级)	3(等级)		
1	2(2)	2(1)	3(1.5)	4.5	20.25
2	1(1)	3(2)	4(3)	6	36
3	5(5)	5(5)	6(5.5)	15.5	240.25
4	3(3)	5(5)	3(1.5)	9.5	90.25
5	4(4)	4(3)	5(4)	11	121
6	6(6)	5(5)	6(5.5)	16.5	272.25
总和				$\sum R$=63	$\sum R^2$=780

第三节　质与量相关系数

在研究两个或多个变量间的相关关系时，若其中某变量为性质变量，则要进行质与量的相关分析，这主要包括二列相关、点二列相关和多系列相关三种分析方法.

一、二列相关系数

1. 适用范围

二列相关分析用于处理两个变量都是正态连续变量，但其中一个变量被人为地划分成两类性质变量的情况. 如学生成绩属于正态连续变量，但为了研究问题的需要，将成绩分为及格与不及格或通过与未通过等两类. 这时就要用二列相关分析，研究这一人为划分出的性质变量与另一个正态连续变量间的相关关系. 二列相关常用于表征测验项目或题目的区分度.

区分度表示测验对考生实际水平的区分程度，又叫鉴别力，是衡量一个测验

或测验项目是否有效的重要指标. 具有良好区分度的测验应是实际水平高的学生得高分，实际水平低的学生得低分. 因此，当某一个测验项目的区分度高时，学生在该项目上的得分应与测验的总得分间有较高的相关. 即实际水平高的学生在该项目上得分高，其测验总成绩也高，两者间呈较高程度的正相关.

如 15 名学生在数学测验中某个多项选择题(正确答案不止一个，因此学生得分多种多样，但人为将得分分为全对和不全对两类，全对记为 1，否则记为 0)与测验总成绩如表 4.6 所示，求该多项选择题的区分度.

表 4.6　数学测验某多项选择题得分与总成绩统计表

学生	1	2	3	4	5	6	7	8	9	10	11	12	13	14	15
测验总成绩	65	70	31	49	80	50	35	10	81	69	78	55	77	90	42
选择题得分	0	1	0	1	1	0	1	0	0	1	1	0	1	1	0

2. *计算方法*

上例中，多重选择题的区分度就可用该多重选择题得分与测验总成绩间的二列相关系数来表示，其计算公式为

$$r_{\mathrm{b}} = \frac{\bar{X}_p - \bar{X}_q}{\sigma_{\mathrm{t}}} \cdot \frac{pq}{Y} \tag{4.17}$$

或者

$$r_{\mathrm{b}} = \frac{\bar{X}_p - \bar{X}_{\mathrm{t}}}{\sigma_{\mathrm{t}}} \cdot \frac{p}{Y} \tag{4.18}$$

其中，p 表示性质变量中某一类别的频数比率；$q=1-p$；$\bar{X}_p$ 表示与该类别相对应的连续变量的平均数；$\bar{X}_q$ 是与另一类别相对应的连续变量的平均数；$\bar{X}_{\mathrm{t}}$ 表示连续变量的总平均数；σ_{t} 是连续变量的标准差；Y 表示正态曲线下与 p 相对应的纵线高度.

上例中，用 p 表示该多重选择题全做对的人数比率，则

$$p = 8/15 = 0.533, \qquad q = 1 - 0.533 = 0.467$$

$\bar{X}_p$ 表示该选择题全对的学生测验总成绩的平均数，$\bar{X}_q$ 是该选择题不全对的学生测验总成绩的平均数，$\bar{X}_{\mathrm{t}}$ 表示 15 名学生测验总成绩平均值，σ_{t} 是 15 名学生测验总成绩的标准差. 计算可得

$$\bar{X}_p = 68.5, \quad \bar{X}_q = 47.7, \quad \bar{X}_{\mathrm{t}} = 58.8$$

$$\sigma_{\mathrm{t}}=\sqrt{\frac{\sum X^2}{n}-\left(\frac{\sum X}{n}\right)^2}=\sqrt{\frac{58936}{15}-\left(\frac{882}{15}\right)^2}=21.72$$

由于 $p=0.533>0.5$，则由 0.533–0.5=0.033，从附表 1 的 P 列中寻找与 0.033 最接近的值，其相应的 $Y=0.3975$，于是该多重选择题的区分度为

$$r_{\mathrm{b}}=\frac{\bar{X}_p-\bar{X}_q}{\sigma_{\mathrm{t}}}\cdot\frac{pq}{Y}=\frac{68.5-47.7}{21.72}\cdot\frac{0.533\times 0.467}{0.3975}=0.600$$

$$r_{\mathrm{b}}=\frac{\bar{X}_p-\bar{X}_{\mathrm{t}}}{\sigma_{\mathrm{t}}}\cdot\frac{p}{Y}=\frac{68.5-58.8}{21.72}\cdot\frac{0.533}{0.3975}=0.599$$

两种计算结果基本一致，使用中可任意选择其中一个计算.

二、点二列相关系数

1. 适用范围

点二列相关系数也可用于计算测验项目或题目的区分度，它与二列相关系数适用范围的不同之处，在于两个变量中除一个仍为正态连续变量外，另一个不是人为划分成两个类别的性质变量，而是真正有两个类别的性质变量，如性别等，所以可用来研究学生成绩与性别之间的关系. 有时当性质变量为双峰分布时，如文盲与非文盲等，也可以计算点二列相关系数. 上面的例子中，若选择题不是多项选择题而是单项选择题，则该单项选择题的区分度应用点二列相关系数来表述，而不能用二列相关系数来表示.

2. 计算方法

设 p 表示性质变量中某一类别的频数比率，$\bar{X}_p$ 表示与该类别相对应的连续变量的平均数，q 为另一类别的频数比率，$q=1-p$，与其相对应的连续变量的平均数为 $\bar{X}_q$，则点二列相关系数的计算公式为

$$r_{pb}=\frac{\bar{X}_p-\bar{X}_q}{\sigma_{\mathrm{t}}}\cdot\sqrt{pq} \tag{4.19}$$

或者

$$r_{pb}=\frac{\bar{X}_p-\bar{X}_{\mathrm{t}}}{\sigma_{\mathrm{t}}}\cdot\sqrt{\frac{p}{q}} \tag{4.20}$$

其中，$\overline{X}_t$ 表示连续变量的总平均数；σ_t 是连续变量的标准差.

以表 4.6 中的数据为例，若为单项选择题，则其区分度计算如下

$$r_{pb}=\frac{\overline{X}_p-\overline{X}_q}{\sigma_t}\cdot\sqrt{pq}=\frac{68.5-47.7}{21.72}\cdot\sqrt{0.533\times0.467}=0.478$$

$$r_{pb}=\frac{\overline{X}_p-\overline{X}_t}{\sigma_t}\cdot\sqrt{\frac{p}{q}}=\frac{68.5-58.8}{21.72}\cdot\sqrt{\frac{0.533}{0.467}}=0.477$$

两者基本一致，应用中可任意选择其中一种方法进行计算.

三、多系列相关系数

1. 适用范围

分析有多个类别的性质变量与正态连续变量间的关系的方法，称为多系列相关分析. 多系列相关分析与二列相关分析类似，都是用于处理两个正态连续变量的情况，但多系列相关分析中一个变量不是被人为划分成两类而是被分成两类以上性质的变量. 当划分为三个类别时，为三系列相关分析，划分为四个类别时为四系列相关分析等.

如 55 名学生学业成绩及教师对其品德的评定结果为表 4.7 中所列，问学生学业成绩与学生的品德间是否相关?

表 4.7　学生学业成绩及品德评定结果统计表

测验分数 X	频数分布	评定等级		
		上	中	下
90~	3	3		
80~	11	7	4	
70~	21	2	17	2
60~	12	1	8	3
50~	7		3	4
40~	1			1
总 和	55	13	32	10
$p=f/n$		0.2364	0.5818	0.1818
cp		1	0.7636	0.1818
Y		0	0.3083	0.2641
Y_L-Y_H		0.3083	−0.0442	−0.2641
$\overline{X}$		83.73	71.38	60.5
$(Y_L-Y_H)\overline{X}$		25.81	−3.15	−15.98
$(Y_L-Y_H)^2/p$		0.402	0.003	0.384

2. 计算方法

多系列相关系数的计算公式为

$$r_{\mathrm{S}}=\frac{\sum[(Y_{\mathrm{L}}-Y_{\mathrm{H}})\bar{X}]}{\sigma_{\mathrm{t}}\sum[(Y_{\mathrm{L}}-Y_{\mathrm{H}})^2/p]} \tag{4.21}$$

其中，p 表示各类别的频数比率；Y_{L} 表示各类别比率对应正态曲线下面积的下限处纵线高度；Y_{H} 表示各类别比率对应正态曲线下面积的上限处纵线高度；$\bar{X}$ 表示与各类别相对应的连续变量的平均数；σ_{t} 为连续变量的标准差.

上例中，各量的计算结果如表 4.7 中所示. 表中 cp 为正态曲线下，从下等到上等各类别频数比率的累加值. Y 为与 cp 对应的纵线高度，查表时注意：当 $cp>0.5$ 时，要在附表 1 的 P 值列找与$(cp-0.5)$最相近的 p 值，其对应的 Y 值即为所要找的纵线高度. 当 $cp<0.5$ 时，要在附表 1 中找与$(0.5-cp)$相对应的 Y 值. 如下等的 $cp=0.1818<0.5$，在附表 1 中找与$(0.5-0.1818)=0.3182$ 相对应的 Y 值为 0.2641. 显然，该类别的 $Y_{\mathrm{L}}=0$，$Y_{\mathrm{H}}=0.2641$，$(Y_{\mathrm{L}}-Y_{\mathrm{H}})=-0.2641$. 而对于中等的$(Y_{\mathrm{L}}-Y_{\mathrm{H}})=0.2641-0.3083=-0.0442$，见表 4.7 中所示.

$$\sigma_{\mathrm{t}}=\sqrt{\frac{\sum fX^2}{n}-\left(\frac{\sum fX}{n}\right)^2}=\sqrt{\frac{294583.75}{55}-72.32^2}=11.22$$

将相应数据代入式(4.21)，求得学生学业成绩与学生品德间的相关系数为

$$r_{\mathrm{S}}=\frac{\sum[(Y_{\mathrm{L}}-Y_{\mathrm{H}})\bar{X}]}{\sigma_{\mathrm{t}}\sum[(Y_{\mathrm{L}}-Y_{\mathrm{H}})^2/p]}=\frac{25.81-3.15-15.98}{11.22(0.402+0.003+0.384)}=0.755$$

结果的检验见第十章第一节.

第四节　品质相关系数

当两个变量都是按性质分成几个类别时，研究两个变量间的关系要进行品质相关分析. 品质相关分析处理的数据一般具有点计性质而非测量数据，依分类项目不同又可分为四分相关、Φ 相关和列联相关分析几种情况.

一、四分相关系数的计算

若散点图显示有线性关系的两个正态连续变量，都被人为地分成有两种类型

的性质变量时，两个变量间的相关称为四分相关. 四分相关系数有多种计算方法，最常用的是皮尔逊的余弦π法，其计算公式为

$$r_{\mathrm{t}} = \cos\left(\frac{180°}{1+\sqrt{ad/bc}}\right) \tag{4.22}$$

其中 a，b，c，d 为两个变量各分成两种类型的实际频数. 例如，历史与地理测验成绩如表 4.8 所示，求二者间的相关系数.

表 4.8 历史与地理测验成绩统计

历 史	地 理		总 和
	及格	不及格	
及 格	124 (a)	85(b)	209(a+b)
不及格	68 (c)	100(d)	168(c+d)
总 和	192(a+c)	185(b+d)	377=N

历史和地理成绩都可看成正态连续变量，但由于都被人为地划分成及格和不及格两类，所以，它们之间的相关系数可用四分相关系数的计算公式来计算. 将有关数据代入式(4.22)，求得相关系数为

$$r_{\mathrm{t}} = \cos\left(\frac{180°}{1+\sqrt{ad/bc}}\right) = \cos\left(\frac{180°}{1+\sqrt{124\times100/(85\times68)}}\right) = \cos 73.031° = 0.2918$$

结果的检验见第十章第一节.

二、Φ 相关系数的计算

当两个变量都是具有两种类型的性质变量时，无论是真正的性质变量还是人为划分的性质变量，都可以用 Φ 相关系数表示它们之间的相关关系. 其计算公式为

$$r_{\Phi} = \frac{ad-bc}{\sqrt{(a+b)(a+c)(b+d)(c+d)}} \tag{4.23}$$

上例中若计算 Φ 相关系数，其结果为

$$r_{\Phi} = \frac{ad-bc}{\sqrt{(a+b)(a+c)(b+d)(c+d)}} = \frac{124\times100-85\times68}{\sqrt{209\times192\times185\times168}} = 0.1875$$

结果的检验见第十章第一节.

三、列联相关系数的计算

当两个变量均被分成两种以上类别或其中一个变量被分成两种以上类别时，两个变量间的相关应用列联相关系数来表示，其计算公式为

$$c=\sqrt{\frac{\chi^2}{(N+\chi^2)}} \tag{4.24}$$

例 5　108 名男女学生生物学科成绩如表 4.9 所示，求性别与生物成绩间的相关系数.

解　计算 χ^2 值如下

$$\chi^2=N\left(\sum\frac{f_0^2}{n_r n_c}-1\right)$$

$$=108\times\left(\frac{10^2}{58\times26}+\frac{32^2}{58\times61}+\frac{16^2}{58\times21}+\frac{16^2}{50\times26}+\frac{29^2}{50\times61}+\frac{5^2}{50\times21}-1\right)=6.7384$$

性别与生物成绩之间的相关用列联相关系数来表示，有

$$c=\sqrt{\frac{\chi^2}{(N+\chi^2)}}=\sqrt{\frac{6.7384}{(108+6.7384)}}=0.2423$$

结果的检验见第十章第一节.

表 4.9　生物成绩统计

性别	生物成绩			总和
	上	中	下	
男	10	32	16	58(n_{r1})
女	16	29	5	50(n_{r2})
总和	26(n_{c1})	61(n_{c2})	21(n_{c3})	108=N

思考与练习

1. 积差相关系数计算公式适用的条件是什么?
2. 怎样进行多个相关系数的合并?

3. 参加测验的 150 人中，对某题的回答合格与不合格的人数分布见表 4.10，问从总体上来说，该题与测验总分是否存在相关?

表 4.10 150 人的测验结果统计

测验分数	对某题的回答情况	
	合 格	不合格
10~		1
20~		4
30~	4	7
40~	11	12
50~	28	19
60~	20	8
70~	18	5
80~	9	1
90~	3	
总 和	93	57

4. 高等教育自学考试已婚与未婚学员的高等数学成绩如表 4.11 所示，问结婚状况与成绩是否存在相关?

表 4.11 高等教育自学考试已婚与未婚学员的高等数学成绩表

成 绩	72	81	64	93	67	70	78	83	79	71	77	82	80	76	58	66	72	67	74	78
已婚 1，未婚 0	1	0	0	0	0	1	0	1	1	1	0	0	1	1	1	1	1	1	1	0

5. 表 4.12 是平时两次考试的成绩，假设其分布为正态，分别用积差相关与等级相关分析方法计算相关系数，并说明就这份资料来看，用哪种分析方法更好?

表 4.12 两次考试的分数统计

被试	1	2	3	4	5	6	7	8	9	10
A	86	58	79	64	91	48	55	82	32	75
B	83	52	89	78	85	68	47	76	25	56

6. 表 4.13 中成绩与性别间是否存在相关?

表 4.13 成绩统计表

被试	1	2	3	4	5	6	7	8	9	10
性别	男	女	女	男	女	男	男	男	女	女
成绩 B	83	91	95	84	89	87	86	85	88	92

7. 某校高三毕业会考与高考成绩之间的相关系数，一班 40 人的相关系数为 0.60，二班 37 人的相关系数为 0.32，三班 42 人的相关系数为 0.40，求三个班毕业会考与高考成绩平均的相关系数.
8. 表 4.13 的成绩若改为另一种成绩 A(正态分布)的及格、不及格两类，且知 1，3，5，7，9 被试的成绩 A 为及格，2，4，6，8，10 被试的成绩 A 为不及格，请选用适当的方法计算相关系数，并给予合理解释.
9. 表 4.14 是某新编测验的分数与教师的评价等级，请问测验成绩与教师评定之间是否有一致性?

表 4.14 教师评定

测验分	频数分布	优	良	中	及格
90~	2	2			
80~	5	4	1		
70~	16	13	3		
60~	22	10	10	2	
50~	21	6	6	9	
40~	18	1	2	13	2
30~	13		1	7	5
20~	9		1	1	7
10~	5			1	4
0~	2				2

10. 高中入学考试男女学生英语成绩见表 4.15 中所示，问从总体上说，英语测验成绩与性别是否存在相关?
11. 现调查 236 人(其中 45 岁以上 118 人)，对某人的报告评价结果如表 4.16 中所示，问这个报告是否符合青年人的特点?

表 4.15 高中入学考试英语成绩

性别	中等以上	中等以下	总和
男	15	31	46
女	36	18	54
总和	51	49	100

表 4.16 对某人报告的评价结果统计

	好	一般	不好
45 岁以下	99	12	7
45 岁以上	45	23	50

第五章　概率与概率分布

前面几章在对实际观察数据进行初步整理的基础上，介绍了描述数据特征的各种特征量的概念及计算方法. 一般而言，它们只能实现对实得数据资料的一般性描述，故属于描述统计的内容. 但在科学研究中，仅仅描述一组数据资料的特征是远远不够的，常常需要根据这组数据资料所提供的信息，去推断所属总体的相应情况，这就属于推断统计的内容.

推断统计以概率理论为基础，是概率论的重要应用. 因此，在学习推断统计之前，需要了解概率论中最基本的概念和规律.

第一节　概率论中的基本概念

一、概率的概念

由前面的学习知道，就试验的某一可能结果或某一特定事件而言，它在一次试验中可能出现也可能不出现. 但在大量重复试验中，又呈现出某种内在的规律性，即在一次试验中，它出现的可能性的大小不以人的意志而变化，而且是可以度量的. 事件的概率，概括来说，就是用来描述事件出现可能性大小的数量指标，又叫几率，介于 0~1 之间.

因寻求的方法不同，一般概率有两种定义方法. 一种是古典概率，又叫先验概率；另一种是统计概率，又叫后验概率.

1. 先验概率(古典概率)的定义

人们最初是对一类非常简单的试验开始研究的，这类试验的特征是，试验的所有可能结果是有限的；每一种可能结果出现的可能性相同.

若所有可能结果的总数为 n，随机事件 A 包括 m 个可能结果，则定义事件 A 的概率为 m/n，记为 $P_{(A)}$，即

$$P_{(A)} = m/n \tag{5.1}$$

由于具有上述两个特征的试验称为古典概型的试验，所以称式(5.1)所定义的概率为古典概率，其定义称为古典定义. 例如，某年级一班共有 49 人，其中女生 19 人，则在该班中随机抽取 1 人，抽到女生的概率为 $P_{(A)} = m/n = 19/49$.

2. 后验概率(统计概率)的定义

在古典概率模型中，要求试验的所有可能结果是有限个，且每种可能结果出现的可能性相等. 但就一般试验而言，不能满足这种等可能性的要求. 以射击为例，射击手射中 1 环，2 环，…，10 环的可能性是不相同的. 假如他的平均成绩是 9 环，那么他射中 9 环的可能性比射中其他各环的可能性都要大些. 并且，这时结果也不是有限个. 因此，在这种情况下，需要对概率的定义做必要的拓展，为此我们引入统计概率的概念.

设随机事件 A 在 n 次试验中出现了 m 次，称 m 与 n 的比值为随机事件 A 出现的频率，记为 $w_{(A)}$，即

$$w_{(A)} = m/n \tag{5.2}$$

实践证明，当试验次数 n 无限增大时，随机事件 A 的频率 $w_{(A)}$将稳定于一个介于 0~1 之间的常数 P，这个常数 P 就定义为随机事件 A 出现的概率. 用公式表示为

$$P_{(A)} = P \approx m/n \tag{5.3}$$

注意，这里 n 是重复试验的总次数，m 是其中某一结果(如随机事件 A)出现的次数，即某一结果或随机事件 A 在 n 次重复试验中，出现 m 次；而式(5.1)中 n 为某一古典概率类型试验所有可能结果的总数，m 是某随机事件 A 所包括可能结果的数目. 可见，式(5.3)中 m 和 n 的意义与式(5.1)有所不同.

统计概率的思想可借助于下面的试验来理解. 如表 5.1 中列出的是历史上几位著名的统计学家抛掷一枚质地均匀硬币的试验结果. 由表中数据可见，正面朝上的频率随着 n 的增大而逐渐接近 0.5，表现出频率具有一定稳定性的特点. 频率的这种稳定性正是事物内部客观规律性的反映，是随机事件统计规律性的重要表现，也是能够定义统计概率的客观基础.

表 5.1　几位著名统计学家的试验结果

试验者	试验次数	正面出现次数	频率
德·摩根	2 048	1 061	0.5181
蒲　丰	4 040	2 048	0.5069
克里奇	10 000	5 067	0.5067
皮尔逊	12 000	6 019	0.5016
皮尔逊	24 000	12 012	0.5005
维　尼	30 000	14 994	0.4998

在上面两种概率的定义方法中，对问题的求解思路不同，m 和 n 的含义也都不一样. 但许多情况下，譬如投掷一枚质地均匀的硬币，按古典概率类型有两种可能结果，所以正面朝上的概率为 0.5；而若实际投掷 10 次，一般不会正好有 5 次正面朝上. 不过随着投掷次数 n 的逐渐增大，正面朝上的次数会逐渐稳定在次数 n 的一半左右，所以它的频率越来越接近古典概率，即统计概率的数值与古典概率一致. 这就是说，具有古典概率类型的试验，在大量的重复试验中，其统计概率与古典概率达到统一. 这是很自然的，因为事件的概率是客观存在的，不应因不同的定义与寻求方法而得到不同的结果，这正是理论正确或自恰性的重要表现.

另外，上面的事例也说明了定义统计概率的必要性. 因为，频率具有波动性，故不能直接用频率来表示一个事件发生的可能性大小. 即使在相同条件下重复作多个 n 次试验，其频率值也可能大不相同，但当 n 逐渐增加时，频率却逐渐稳定于某一个数值附近，这个数值就定义为该事件发生的概率. 当然，不同事件出现频率的稳定值一般不同，所以它们发生的概率也就不同. 例如，在射击的事例中，射中 7 环，8 环，9 环，…的概率是各不相同的. 不过，它们都可根据各自的频率近似求得. 这就是式(5.3)的含义.

二、概率的公理化定义

(1) 任何随机事件 A 的概率都是介于 0~1 之间的一个正数. 可写作 $0 \leqslant P_{(A)} \leqslant 1$. 概率越接近于 1，则事件发生的可能性越大，反之则越小.

(2) 不可能事件的概率为零，即 $P_{(V)}=0$. 例如，一个力无施力物体的可能性为零. 但概率为零的事件却不一定就是不可能事件，而只能说它出现的可能性极小，接近于零.

(3) 必然事件的概率等于 1，即 $P_{(U)}=1$. 例如，构成物质的分子在永不停息地做无规则热运动的概率为 1. 概率为 1 的某个事件也不能断定一定就是必然事件，只能说它出现的可能性极大.

不可能事件和必然事件其实已不再具有随机性，但为了方便，仍把它们视为随机事件，是随机事件的两个极端情况. 类似于匀速直线运动和匀变速直线运动是变速直线运动的两个特例一样.

练习：(1) 在玩扑克牌(一副)时，第一个抽牌(一次摸一张)的人第一次抽到梅花“A”的概率是多大?

(2) 比较古典概率类型与统计概率类型的区别与联系.

三、概率的加法与乘法

1. 概率的加法

1) 互不相容事件

互不相容事件又叫互斥事件，是指在一次试验中不可能同时出现的事件. 譬如，在某年级 5 个班的 300 名学生中，随机抽取一名学生，这一名学生或者属于一班，或者属于二班，…… 他不会同时属于两个班，而只能属于某一个班. 即属于一班与属于二班这样两种结果不可能在一次试验中同时出现，因此为互不相容事件.

2) 对立事件

若每次试验中事件 A 与事件 B 总有并且只有一个出现，则称事件 A 与事件 B 为对立事件或互逆事件. 这时常常说 A 是 B 的逆事件，或 B 是 A 的逆事件. A 的逆事件也常用 $\overline{A}$ (读作非 A)来表示，如 B 是 A 的逆事件，则 $\overline{A}=B$.

对立事件是互不相容事件的特例，两对立事件一定是互不相容事件，而互不相容事件却未必是对立事件. 例如，在上例中，属于一班与属于二班两个结果是互不相容事件，不是对立事件. 但如果这个年级只有两个班，在这两个班中随机抽取一名学生，则抽到一班与抽到二班学生，这样两种结果就既是互不相容事件又是对立事件.

3) 概率的加法定理

(1) 两个互不相容事件和的概率等于这两个事件概率之和. 用公式表示为

$$P_{(A+B)}=P_{(A)}+P_{(B)} \tag{5.4}$$

事件 A 与事件 B 的和事件是指 A，B 中至少有一个出现. 假如在上面的例子中，五个班的学生人数分别为 58，61，63，59，59，则随机抽取一名学生，结果为一班或二班学生的概率为

$$P_{(A+B)}=P_{(A)}+P_{(B)}=58/300+61/300=119/300$$

对于两个对立事件有 $P_{(A+\overline{A})}=P_{(A)}+P_{(\overline{A})}=1$.

(2) 有限个互不相容事件和的概率等于这些事件概率之和，即

$$P_{(A_1+A_2+\cdots+A_n)}=P_{(A_1)}+P_{(A_2)}+\cdots+P_{(A_n)} \tag{5.5}$$

式(5.4)可以从概率的古典定义直接得到证明. 事实上，若 A，B 是两个互斥事件，各包含 m_1 和 m_2 个可能结果，而试验共有 n 个可能结果，则 A，B 的和事

件共包含 m_1+m_2 个基本事件，根据古典概率的定义，这一和事件的概率应为

$$P_{(A+B)}=(m_1+m_2)/n=m_1/n+m_2/n=P_{(A)}+P_{(B)}$$

式(5.5)可做类似证明.

注意加法定理的适用条件——互斥事件. 其实，对与某一试验相联系的任意两个事件都可以求其和事件，这个事件和的含义是两个事件中至少有一个发生，这其中包括两个事件都发生的情况. 也就是说，和事件中应该包括三种情况，或有三种可能的结果，即只有 A 事件发生；只有 B 事件发生；A，B 事件都发生. 如在投掷一个质地均匀的骰子的试验中，若 A 表示掷出上面为偶数点{2，4，6}，B 表示上面为素数点{1，2，3，5}，则当掷出上面是 4 或 6 时，A 发生 B 不发生；上面点数是 1、3 或 5 时，B 发生 A 不发生；而当上面点数是 2 时，A，B 两个事件都发生. 这时 A，B 两个事件不是互斥事件，其重要表现就是它们所包含的可能结果中有交叉. 但对两个互斥事件，其和事件中只包含前两种情况，因为两个互斥事件所包含的结果中无交叉，故两个互斥事件不能同时发生. 也只有这时，其和事件的概率才等于各事件的概率之和. 这就是式(5.4)和式(5.5)的适用条件.

这里谈到，与某一试验相联系的任意两个事件的和事件中包括三种情况，或三种可能结果：只有 A 事件发生；只有 B 事件发生；A，B 事件都发生. 可以看到这三种结果是互斥的，也就是说，任意两个事件的和事件可以转化为这样三个互斥事件和的问题. 这事实上为人们提供了一个求任意两个事件和事件的概率的方法，它应等于这三个互斥事件的概率之和. 以 A，B 分别表示掷出上面为偶数点{2，4，6}和素数点{1，2，3，5}为例，只有 A 发生的概率为 2/6，它是 A 事件所包含的结果中去掉 A 与 B 公共部分后的结果{4，6}；只有 B 发生的概率为 3/6，同样是 B 事件所包含的结果中去掉 A 与 B 公共部分后的结果，为{1，3，5}；A，B 都发生的概率为 1/6，是 A 与 B 公共部分{2}所对应的概率. 于是，A，B 和事件的概率为 2/6+3/6+1/6=1. 从另一个角度看，A，B 事件所包含的结果中有交叉，所以 A，B 和事件的概率也可以用 A 与 B 事件的概率和减去 A，B 都发生时的概率获得，如在该例中为 3/6+4/6−1/6=1. 用公式表示为

$$P_{(A+B)}=P_{(A)}+P_{(B)}-P_{(AB)} \tag{5.6}$$

式(5.6)具有一般性，式(5.4)为式(5.6)的特例. 这是因为，当两个事件为互斥事件时，两个事件共同发生的概率为零，故这时两个事件和的概率等于它们独自发生时的概率之和.

两个事件都发生或共同发生，也说成两个事件同时发生. 这是下面所要讲的积事件概念，并有概率的乘法定理.

2. 概率的乘法

1) 积事件的概念

事件 A 与事件 B 同时发生所构成的事件，称为事件 A 与事件 B 的积，用 AB 来表示. 类似地，事件 $A_1, A_2, \cdots, A_n$ 同时发生所构成的事件，称为事件 $A_1, A_2, \cdots, A_n$ 的积，表示为 $A_1A_2\cdots A_n$. 前面以 A，B 分别表示掷出上面为偶数点{2，4，6}和素数点{1，2，3，5}的例子中，就有积事件 AB，并且这个积事件只包含一种可能结果，即上面出现“2”的情况.

2) 独立事件的概念

当事件 A 发生的概率不受事件 B 发生与否的影响，同样事件 B 发生的概率也不受事件 A 发生与否的影响时，称事件 A 与事件 B 相互独立，简称独立. 这时，说事件 A 与事件 B 是相互独立事件. 如在上面几个班级中随机抽取学生的试验中，若每一次抽取，记下学生名字之后再放回总体(称为放回抽样)，则前一次抽取不会影响后一次抽取的结果. 如前后抽取一班学生的概率是相同的. 这时前后抽取的结果互不影响、相互独立，构成独立事件. 说到独立事件，必然有两个以上(包括两个)的事件存在，它强调的是一个事件发生与否不会对另一个事件发生的概率产生影响. 反过来，当一个事件的发生影响另一个事件发生的概率时，比如使它更容易发生概率增大或者更不易发生概率减小，这时两个事件之间就不再相互独立. 如在抽取学生的试验中，若不放回抽样，当第一次抽得一班学生时，必然会使第二次抽得一班学生的概率减小. 可见，不放回抽样时，前面的抽样情况影响后面的抽取结果，所以，前后事件间是不独立的.

关于独立事件有下面的定理：

3) 概率的乘法定理

(1) 两个独立事件积的概率等于这两个事件概率的乘积，用公式表示为

$$P_{(AB)} = P_{(A)} \cdot P_{(B)} \tag{5.7}$$

这就是说，两个独立事件同时发生时的概率等于它们独自发生时的概率的乘积. 如在抽取学生的试验中，若放回抽样，前后抽取的结果为独立事件，则先后两次都抽到一班学生的概率为

$$P_{(AB)} = P_{(A)} \cdot P_{(B)} = (58/300)\times(58/300) = 0.0374$$

而第一次抽到一班学生，第二次抽到二班学生的概率为

$$P_{(AB)} = P_{(A)} \cdot P_{(B)} = (58/300)\times(61/300) = 0.0393$$

事实上，直接从概率的古典定义出发，也能求得相同的结果. 因为放回抽样

时，先后抽两次，共有 300×300 种可能的结果，而两次都是一班学生的情况中，共包括 58×58 种可能的结果．这里 $n = 300\times300$，$m = 58\times58$．故

$$P_{(AB)} = m/n = (58\times58)/(300\times300) = 0.0374$$

(2) 有限个独立事件积的概率等于这些事件的概率的乘积，用公式表示为

$$P_{(A_1A_2\cdots A_n)} = P_{(A_1)}\cdot P_{(A_2)}\cdot\cdots\cdot P_{(A_n)} \tag{5.8}$$

如在上例中，连续两次抽到同一位学生的概率为 $(1/300)^2 = 0.000011$；而连续四次抽到一班学生的概率为 $(58/300)^4 = 0.0014$．这两个事件的概率都很小，人们称之为“小概率事件”．小概率事件在一次试验中是几乎不可能发生的，即连续两次抽到同一个学生或者连续四次抽到一班学生的可能性几乎为零．

例 1　甲、乙两人同时向同一架敌机射击，已知甲击中敌机的概率为 0.6，乙击中敌机的概率为 0.5，求敌机被击中的概率．

解　分别用 A，B 表示甲、乙两人各自击中敌机，用 C 表示敌机被击中，则 $P_{(A)}=0.6$，$P_{(B)}=0.5$，求 $P_{(C)}$的大小．

显然 $P_{(C)}\neq P_{(A)} + P_{(B)}$．这是由于 A，B 不是互斥事件，更不是对立事件．但两事件是独立事件，即甲是否击中与乙是否击中之间没有关系．事实上，敌机被击中这一事件 C 就包括了甲单独击中敌机、乙单独击中敌机和甲乙两人同时击中敌机三种情况，并且这三种情况是互不相容的．因此，可以用三个结果的概率之和求得敌机被击中的概率，但甲单独击中敌机、乙单独击中敌机的概率都不知道．注意到甲击中敌机与乙击中敌机中都各自包含了甲乙同时击中的情况，因此，事件 C 的概率为

$$P_{(C)} = P_{(A)} + P_{(B)} - P_{(AB)} = P_{(A)} + P_{(B)} - P_{(A)}\cdot P_{(B)} = 0.6 + 0.5 - 0.6\times0.5 = 0.8$$

该问题也可以用另外的方法来解决．因为敌机被击中 C 与敌机不被击中 $\overline{C}$ 是对立事件，而敌机不被击中是指甲乙都没击中敌机的情况，是一个积事件．已证明，在 A 与 B 是独立事件时，它们各自的对立事件 $\overline{A}$ 与 $\overline{B}$ 也是独立事件．因此，敌机被击中的概率也可以如下计算，即

$$P_{(C)} = 1 - P_{(\overline{C})} = 1 - P_{(\overline{A}\overline{B})} = 1 - P_{(\overline{A})}\cdot P_{(\overline{B})} = 1-(1-P_{(A)})\cdot(1-P_{(B)})$$

$$=1-(1-0.6)\times(1-0.5)=0.8$$

例 2　设一个系统是由三个相同的元件串联组成(见图 5.1(a))，又设每个元件能导通的概率为 P，且各元件能导通是相互独立事件，求整个系统能导通

的概率. 若系统由这三个元件并联组成(见图 5.1(b)), 则系统能导通的概率是多少?

解 ① 串联时, 整个系统导通意味着三个元件均导通, 这是三个独立事件的积事件问题. 因此, $P_{(A)}=P_{(A_1A_2A_3)}=P_{(A_1)}P_{(A_2)}P_{(A_3)}=P^3$.

② 并联时, 可以利用整个系统导通与整个系统不导通是对立事件, 而整个系统不导通必是三个元件同时不导通的情况. 三个元件不导通是相互独立事件, 因此, 整个系统能导通的概率为

$$P_{(B)}=1-P_{(\overline{B})}=1-P_{(\overline{A}_1\overline{A}_2\overline{A}_3)}=1-P_{(\overline{A}_1)}P_{(\overline{A}_2)}P_{(\overline{A}_3)}=1-(1-P)^3$$

通过上面两个例子, 能够进一步理解对立事件、独立事件、事件和与事件积等概念. 对立事件是说每次试验的结果只能是事件 A 与事件 $\overline{A}$ 中的一个发生, 且只有一个发生, 它是互斥事件的一种特殊情况. 独立事件则是指事件发生的概率之间互不影响的情况. 事件和是指诸多事件中至少有一个发生. 而只有当这些事件是互斥事件时, 这些事件和的概率才等于这些事件各自发生的概率之和. 事件积是指诸多事件同时发生的情况, 在这些事件为独立事件时, 它们同时发生这一积事件的概率等于它们各自发生时概率的乘积.

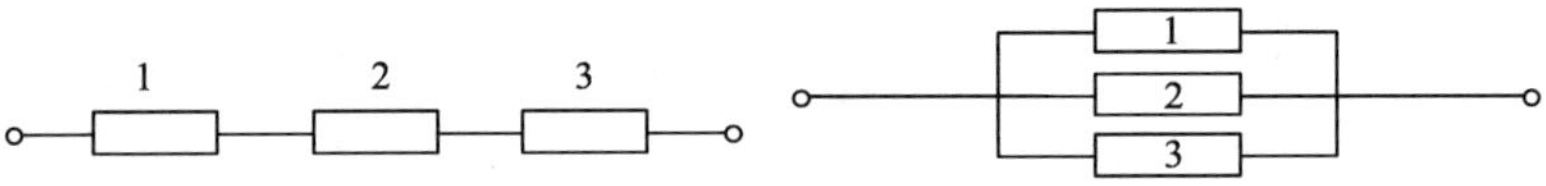

(a) 三个元件串联　　(b) 三个元件并联

图 5.1

四、随机变量的概率分布

在对概率概念有了基本的了解之后, 就可以进而研究概率的分布问题. 这正如绪论中所指出的, 随机变量的取值状况固然重要, 但更重要的是, 随机变量将分别以什么样的概率取这些值. 譬如人们不仅关心射击手能射中几环, 还关心他分别以多大的概率射中这些环数, 如射中 9 环的概率(可设为 $P_{(A)}=p$)、射中 8 环的概率、射中 6 环的概率……是多少? 再譬如, 学生的学业成绩可以用随机变量 X, Y 等来表示, 通常它们在 0~100 分连续变化. 就分析某一受教育群体水平的整体状况而言, 人们不仅关心个体的学业成绩 X 的数值或者 X 都取哪些值, 而且更关心 X 取某一数值 x 的人数占总人数的可能比例是多少, 即随机变量 X 取某一数值 x 的概率以及当 x 变化时概率的分布规律.

学生学业成绩是连续型的随机变量, 其概率分布属连续分布的情况. 但许

多情况下，随机变量 X 并不能连续取值，而只能取可数的多个不同的值，这时 X 称为离散型随机变量，其所有可能取值的概率分布属离散型随机变量的概率分布.

最常见的一种离散型随机变量概率分布是二项分布；最常见的一种连续型随机变量概率分布是正态分布．接下来的两节内容将分别讨论这两种分布的特点、规律及其应用.

第二节　二 项 分 布

一、二项试验与二项分布

在研究随机现象的统计规律时，常常需要在相同条件下进行多次独立重复的观察或试验．这时若每次试验只有两种可能结果，即只有事件 A 或 $\overline{A}$ 发生这两种可能，这是两个对立事件，有 $P_{(A)}=p$，$P_{(\overline{A})}=1-p=q$ (满足 $0<p<1$；$0<q<1$)．人们想知道在 n 次这样的重复试验中，事件 A 发生 $k(k=0, 1, 2, \cdots, n)$次的概率有多大．譬如，投掷一枚质地均匀的硬币，投掷 n 次中有 k 次正面朝上的概率是多大?

上述试验具有如下特点：

(1) 每次试验只有两种可能结果；

(2) 各次试验相互独立；

(3) 各次试验中事件 A 发生的概率都相等，即都有 $P_{(A)}=p$；当然，也都有 $P_{(\overline{A})}=q$；

(4) n 是试验次数，为一个预先给定的正整数．通常把满足上述条件的试验称为二项试验，又叫伯努利试验.

有时尽管一个试验具有两个以上的可能结果，但如果只关心其中一个可能结果或事件是否出现，则仍可把该试验看作二项试验．例如，射击试验本不属于二项试验，但是，如果仅关心射中 9 环这一事件是否出现，就可以把试验结果分成射中 9 环和没射中 9 环两种情况，这时试验可以当成二项试验来处理．再譬如，五选一的单项选择题，尽管有五种选择，五种可能结果，但总可以把所有可能的结果分成两类，一类是选择了正确答案，另一类是没选正确答案．因此，二项试验是很广泛的一类试验，在实践中具有广泛应用.

综上所述，二项分布讨论的问题，以射击为例，在 n 次独立重复的射击试验中 $k(k=0, 1, 2, \cdots, n)$次射中 9 环(或 8 环或其他环数)的概率是多大；就投掷质地均匀的硬币而言，重复投掷 n 次，k 次正面朝上的概率是多大．显然，这个概率随 k 的不同而有所变化．像这样，在 n 次二项试验中事件 A 发生 k 次的概率随 k 变化时的分布规律服从二项分布.

二、二项分布规律

1. 二项分布函数

由上面的分析可知，研究二项分布的中心问题，是寻找 n 次二项试验中事件 A 发生 k 次的概率．为此，做如下的推算．

当在 n 次二项试验中，事件 A 发生 k 次时，不妨设前 k 次试验中事件 A 均发生，则后 $n-k$ 次试验中事件 A 必都不发生．依据试验的相互独立性，这是 n 个独立事件的积事件，由概率的乘法定理，这 n 个独立事件的积事件，也就是前 k 次试验中事件 A 均发生，而后 $n-k$ 次试验中事件 A 都不发生的概率等于这 n 个独立事件的概率之积，即

$$P_{(A_1A_2\cdots A_k\bar{A}_{k+1}\bar{A}_{k+2}\cdots\bar{A}_n)}=P_{(A_1)}P_{(A_2)}\cdots P_{(A_k)}P_{(\bar{A}_{k+1})}\cdots P_{(\bar{A}_n)}=p^k(1-p)^{n-k}$$

其实，n 次二项试验中事件 A 发生 k 次，也可以是在 n 次试验中的其他 k 次里发生．因此，事件 A 在 n 次二项试验中发生 k 次共有 C_n^k 种不同的情况，每种情况的概率都是用上式表示．而且这 C_n^k 种情况是互不相容的，依据概率的加法定理，这 C_n^k 种互不相容的事件和的概率等于 C_n^k 个上述概率的和．于是，n 次二项试验中事件 A 发生 k 次的概率就是 C_n^k 个互不相容事件和的概率，叫做二项分布函数，为

$$P_{n(k)}=C_n^k p^k(1-p)^{n-k},\quad k=0，1，2，\cdots，n \tag{5.9}$$

就上面的射击试验而言，由于身体状态、心理状态的影响，每一次射击并不能保证射中 9 环的概率都是 $P_{(A)}=p$．但考虑到处理问题的方便，一般假设其相等，即射击手每次独立重复的射击试验中，射中 9 环的概率都是 $P_{(A)}=p$，所以有 $P_{(A_1)}=P_{(A_2)}=\cdots=P_{(A_n)}=P_{(A)}=p$，这由射击手本身的射击水平决定．由此，在 10 次中他 3 次射中 9 环的概率可用式(5.9)计算，即

$$P_{10(3)}=C_{10}^3p^3(1-p)^{10-3}=C_{10}^3p^3(1-p)^7$$

当 p=0.6 时

$$P_{10(3)}=C_{10}^3 0.6^3(1-0.6)^7=(10\times9\times8)/(3\times2\times1)\times0.6^3\times0.4^7=0.0425$$

在投掷质地均匀的硬币试验中，由于每次试验反面朝上的概率都是 1/2，因此，投掷 10 次，3 次反面朝上的概率为

$$P_{10(3)}=C_{10}^3\left(\frac{1}{2}\right)^3\left(1-\frac{1}{2}\right)^7=C_{10}^3\times\frac{1}{2^{10}}=\frac{10\times9\times8}{3\times2\times1}\times\frac{1}{2^{10}}=\frac{120}{2^{10}}=\frac{120}{1024}=0.117$$

若把该实例中 k 等于其他各数值时的概率都求出，则有

$$P_{10(0)}=C_{10}^{0}\left(\frac{1}{2}\right)^{0}\left(1-\frac{1}{2}\right)^{10}=C_{10}^{0}\times\frac{1}{2^{10}}=\frac{1}{2^{10}}=\frac{1}{1024}=0.001$$

$$P_{10(1)}=C_{10}^{1}\left(\frac{1}{2}\right)^{1}\left(1-\frac{1}{2}\right)^{9}=C_{10}^{1}\times\frac{1}{2^{10}}=\frac{10}{2^{10}}=\frac{10}{1024}=0.010$$

$$P_{10(2)}=C_{10}^{2}\left(\frac{1}{2}\right)^{2}\left(1-\frac{1}{2}\right)^{8}=C_{10}^{2}\times\frac{1}{2^{10}}=\frac{10\times 9}{2\times 1}\times\frac{1}{2^{10}}=\frac{45}{2^{10}}=\frac{45}{1024}=0.044$$

$$P_{10(4)}=C_{10}^{4}\left(\frac{1}{2}\right)^{4}\left(1-\frac{1}{2}\right)^{6}=C_{10}^{4}\times\frac{1}{2^{10}}=\frac{10\times 9\times 8\times 7}{4\times 3\times 2\times 1}\times\frac{1}{2^{10}}=\frac{210}{2^{10}}=\frac{210}{1024}=0.205$$

$$P_{10(5)}=C_{10}^{5}\left(\frac{1}{2}\right)^{5}\left(1-\frac{1}{2}\right)^{5}=C_{10}^{5}\times\frac{1}{2^{10}}=\frac{10\times 9\times 8\times 7\times 6}{5\times 4\times 3\times 2\times 1}\times\frac{1}{2^{10}}=\frac{252}{2^{10}}=\frac{252}{1024}=0.246$$

$$P_{10(6)}=C_{10}^{6}\left(\frac{1}{2}\right)^{6}\left(1-\frac{1}{2}\right)^{4}=C_{10}^{6}\times\frac{1}{2^{10}}=210\times\frac{1}{2^{10}}=\frac{210}{1024}=0.205$$

$$P_{10(7)}=C_{10}^{7}\left(\frac{1}{2}\right)^{7}\left(1-\frac{1}{2}\right)^{3}=C_{10}^{7}\times\frac{1}{2^{10}}=\frac{120}{2^{10}}=\frac{120}{1024}=0.117$$

$$P_{10(8)}=C_{10}^{8}\left(\frac{1}{2}\right)^{8}\left(1-\frac{1}{2}\right)^{2}=C_{10}^{2}\times\frac{1}{2^{10}}=\frac{45}{2^{10}}=\frac{45}{1024}=0.044$$

$$P_{10(9)}=C_{10}^{9}\left(\frac{1}{2}\right)^{9}\left(1-\frac{1}{2}\right)^{1}=C_{10}^{9}\times\frac{1}{2^{10}}=\frac{10}{2^{10}}=\frac{10}{1024}=0.010$$

$$P_{10(10)}=C_{10}^{10}\left(\frac{1}{2}\right)^{10}\left(1-\frac{1}{2}\right)^{0}=C_{10}^{10}\times\frac{1}{2^{10}}=\frac{1}{2^{10}}=\frac{1}{1024}=0.001$$

上述结果可归纳为表 5.2.

表 5.2　10 次投掷质地均匀的硬币试验中反面朝上不同次数的概率分布

反面朝上次数 k	0	1	2	3	4	5	6	7	8	9	10	总和
概率 $P(k)$	0.001	0.010	0.044	0.117	0.205	0.246	0.205	0.117	0.044	0.010	0.001	1

可见以下几个特点.

(1) k 取不同值时的概率不同，但把 k 取所有值时的概率加起来，有

$$P = P_{10(0)} + P_{10(1)} + \cdots + P_{10(10)} = 1$$

其实，对任意二项分布都有 $\sum_{k=0}^{n} C_n^k p^k q^{n-k} = (p+q)^n = 1$. 这一特点也是任意随机变量概率分布的基本性质. 就上例而言，由于 k 取不同的值是互斥事件，因而 k 取所有不同值时的概率为 k 取不同值时的概率之和，又由于 k 取所有不同的可能值是一个必然事件，所以其概率之和必然为 1. 概率分布函数就是给出全部概率 1 在其可能取值之间的分配. 具体到二项分布函数，则是给出全部概率 1 在 k 取所有可能值之间的分配.

(2) 投硬币的试验中，k 取任一可能值时，计算其概率都有类似形式：$P_{10(k)} = C_{10}^k / 2^{10}$. 分母 2^{10}=1024 正是 10 次投掷质地均匀的硬币试验中所有可能结果的数目，而分子 C_{10}^k 是 10 次投掷质地均匀的硬币试验中，k 次反面朝上的方式数目，即 k 次反面朝上共有 C_{10}^k 种不同情况. 比值 $C_{10}^k / 2^{10} = C_{10}^k / 1024$，正好等于按古典概率定义求得 10 次投掷质地均匀的硬币试验中，k 次反面朝上的概率. 计算结果还说明，尽管 10 次投掷硬币反面朝上的次数 k 可有多种不同的取值，但 k=5，即 5 次反面朝上的概率最大.

(3) 二项分布函数本身也说明，其之所以叫做“二项分布”的原因是二项分布函数的表达式正好与二项展开式 $(a+b)^n = \sum_{k=0}^{n} C_n^k a^k b^{n-k}$ 的通项形式相同. 因此，在利用二项分布函数计算概率时，可利用杨辉三角查得所对应的系数值 C_n^k (表 5.3).

表 5.3　二项展开式 n 次方的各项系数

$(a+b)^0$	1
$(a+b)^1$	1　1
$(a+b)^2$	1　2　1
$(a+b)^3$	1　3　3　1
$(a+b)^4$	1　4　6　4　1
$(a+b)^5$	1　5　10　10　5　1
$(a+b)^6$	1　6　15　20　15　6　1
$(a+b)^7$	1　7　21　35　35　21　7　1
$(a+b)^8$	1　8　28　56　70　56　28　8　1
$(a+b)^9$	1　9　36　84　126　126　84　36　9　1
⋮	⋮

练习：比较二项试验每次试验中事件 A 发生的概率 $P_{(A)}=p$ 与 n 次这样的重复试验中事件 A 发生 $k(k=0, 1, 2, \cdots, n)$次的概率有何不同. 说明二项试验的特点及二项分布的含义.

2. 二项分布图

二项分布规律除用函数表达式表示之外，还可以用图形表示，称为二项分布图. 以 10 次投掷质地均匀的硬币试验的情况为例，其概率分布如图 5.2 所示.

(1) 严格说来，由于二项分布是离散型分布，概率分布图应画为条形图更为合适(如图 5.2(a)所示)，但习惯上常常画成直方图 5.2(b)或图 5.2(c).

(2) 当 $p=q$ 时，如上例所示，概率分布图呈对称形式；当 $p\neq q$ 时，概率分布图呈偏态. 但是 $p<q$ 且 $np\geqslant 5$ 时，或者 $p>q$ 且 $nq\geqslant 5$ 时，二项分布即将出现向正态分布接近的趋势. n 很大时，二项分布接近正态分布，并且在 n 趋于无穷大时，二项分布以正态分布为极限.

(3) 二项分布图中，一般各矩形面积等于相应概率，且矩形面积之和为 1.

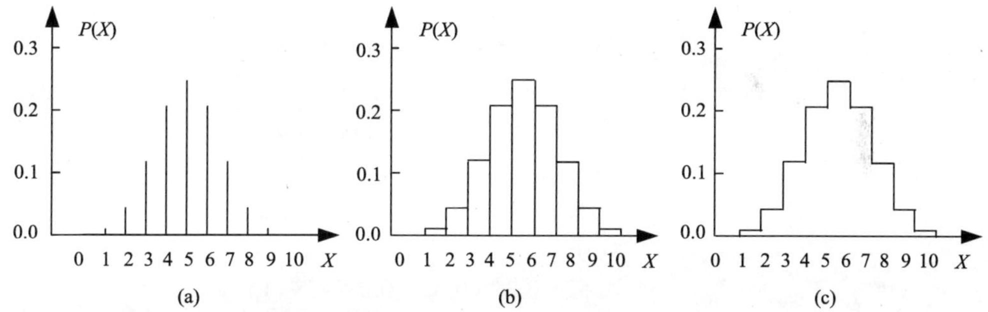

图 5.2　10 次投掷质地均匀的硬币试验中反面朝上不同次数的概率分布

3. 二项分布规律的应用

二项分布规律在教育研究中，常常用来判断试验结果的机遇性质.

例 3　有 10 道是非题. 问答题者答对几题才能认为他是真会，而不是出于猜测的因素?

解　该问题中做 10 道是非题，一般假设为相互独立，则属于二项试验的情况，可以用二项分布函数计算相应概率. 由于题目之间相互独立，对于是非题，若仅凭猜测，做对每道题的概率都是 1/2. 做对 8 道、9 道、10 道题的概率将分别是

$$P_{10(8)}=C_{10}^{8}p^{8}q^{2}=(10\times 9/2)\times 0.5^{8}\times 0.5^{2}=45/1024$$

$$P_{10(9)}=C_{10}^{9}p^{9}q^{1}=10/1024\text{，}\quad P_{10(10)}=C_{10}^{10}p^{10}=1/1024$$

根据概率加法，仅凭猜测答对 8 题(包括 8 题)以上的概率为

$$45/1024+10/1024+1/1024=56/1024=0.0547$$

这就是说，完全凭猜测，10 题中做对 8 题以上的概率只有 5%多一点．因此，有理由认为，答对 8 题以上就不是仅凭猜测，而是会答．当然得出此结论时，仍然有 5%犯错误的可能，或者说仅有大约 95%的把握．因为完全靠猜测时，毕竟还有 5%多的可能性答对 8 题以上．

例 4　在 10 道单项选择题中，每道题的 5 个备选答案只有一个正确．问答对几题就可以认为不是仅凭猜测的结果?

解　该题 n=10，p=0.2，q=0.8．与例 3 类似，用二项分布函数计算猜对各题数的概率如下：

$$P_{10(10)}=C_{10}^{0}p^{10}=1\times 0.2^{10}=0.000000102$$

$$P_{10(9)}=C_{10}^{1}p^{9}\ q^{1}=10\times 0.2^{9}\times 0.8^{1}=0.000004096$$

$$P_{10(8)}=C_{10}^{2}p^{8}\ q^{2}=45\times 0.2^{8}\times 0.8^{2}=0.000073728$$

$$P_{10(7)}=C_{10}^{3}p^{7}\ q^{3}=120\times 0.2^{7}\times 0.8^{3}=0.000786432$$

$$P_{10(6)}=C_{10}^{4}p^{6}\ q^{4}=210\times 0.2^{6}\times 0.8^{4}=0.005505024$$

$$P_{10(5)}=C_{10}^{5}p^{5}\ q^{5}=252\times 0.2^{5}\times 0.8^{5}=0.026424115$$

$$P_{10(4)}=C_{10}^{6}p^{4}\ q^{6}=210\times 0.2^{4}\times 0.8^{6}=0.088080384$$

根据以上所计算猜对各题数的概率，利用概率加法求得猜对 5 题以上(包括 5 题)的概率为 0.03279，不足 5%，故可以推论：答对 5 题以上者就算真会．做此论断时，犯错误的概率约为 3.3%.

4．二项分布的平均数和标准差

练习：利用表 5.2 中所提供的数据，依据平均数的求法

$$\overline{X}=\frac{f_1X_1+f_2X_2+\cdots+f_kX_k}{f_1+f_2+\cdots+f_k}=\frac{\sum fX}{N}=\sum pX$$

求：10 次投掷质地均匀的硬币试验中反面朝上的平均次数 $\overline{k}$．

更一般的情况，当各次试验中事件 A 发生的概率都相等 $P_{(A)}=p$ 时，n 次二项试验中事件 A 平均出现多少次？设在 n 次二项试验中事件 A 出现次数的平均数为 μ，则

$$\mu = E(k) = \sum_k kP_{n(k)} = \sum_{k=0}^{n} k \cdot \frac{n!}{k!(n-k)!} p^k (1-p)^{n-k}$$

$$= \sum_{k=1}^{n} \frac{n!}{(k-1)!(n-k)!} p^k (1-p)^{n-k}$$

$$= np \sum_{k-1=0}^{n-1} \frac{(n-1)!}{(k-1)![(n-1)-(k-1)]!} p^{k-1} (1-p)^{(n-1)-(k-1)}$$

$$= np[p+(1-p)]^{n-1} = np \tag{5.10}$$

设二项分布的标准差为σ，根据方差的计算方法，有

$$\sigma^2 = E(k-\mu)^2 = E(k^2) - \mu^2$$

由于

$$E(k^2) = E[k(k-1)+k] = E[k(k-1)] + E(k)$$

$$= \sum_{k=0}^{n} k(k-1) \frac{n!}{k!(n-k)!} p^k (1-p)^{n-k} + \mu$$

$$= \sum_{k=2}^{n} \frac{n!}{(k-2)!(n-k)!} p^k (1-p)^{n-k} + \mu$$

$$= n(n-1)p^2 \sum_{k-2=0}^{n-2} \frac{(n-2)!}{(k-2)![(n-2)-(k-2)]!} p^{k-2} (1-p)^{(n-2)-(k-2)} + \mu$$

$$= n(n-1)p^2[p+(1-p)]^{n-2} + \mu = n(n-1)p^2 + \mu$$

所以，二项分布的方差和标准差分别为

$$\sigma^2 = E(k^2) - \mu^2 = n(n-1)p^2 + \mu - \mu^2 = n(n-1)p^2 + np - n^2p^2$$

$$= np[(n-1)p + 1 - np] = np(1-p) = npq \tag{5.11}$$

$$\sigma = \sqrt{npq} \tag{5.12}$$

如例 3 中 $p=q=1/2$，即猜对和猜错的概率各为 0.5，$np \geqslant 5$，此二项分布接近正态分布，且有 $\mu=np=10\times0.5=5$；$\sigma = \sqrt{npq} = \sqrt{10\times0.5\times0.5} = 1.58$.

例 4 中 $p=0.2$； $q=0.8$， 有

$$\mu = np = 10\times 0.2 = 2\;;\qquad \sigma=\sqrt{npq}=\sqrt{10\times 0.2\times 0.8}=1.265$$

第三节　正 态 分 布

正态分布又叫高斯分布，是连续型随机变量概率分布的一种，是在理论上占有重要地位、实际中具有广泛应用的一种分布形态，也是应重点掌握的一种分布.

如学生的品德一般为正态分布，学生在各方面的能力也往往表现为正态分布，即是说极好的少，极差的也少，而中间的居多. 事实上，就教师的教学水平或教学能力而言，一般也呈正态分布. 还有学生的身高、体重等一般也遵从正态分布. 正态分布在实际问题中普遍存在，是因为当一个随机变量受许多个微小的、相互独立的因素影响时，这个变量一般表现为正态分布. 以学生的品德或学习能力为例，就受许多这样因素的影响，如学生的智力水平、家庭状况、自己的努力程度、社会环境、班风、校风、教师的教学水平、教学态度等. 并且在这诸多因素中，没有哪一个因素能对学生品德或学习能力起决定性作用，这时学生的品德或能力就往往表现为正态分布. 教师的教学水平或教学能力等也是一样，不是受一个或几个因素的影响，而是受多个这样微小又相互独立的因素的影响，这不仅有教师的努力程度、受教育水平、社会环境、家庭状况的影响，还有许多这样微小的不能起决定性作用的因素的影响. 因此，在实际的教学和教学管理工作中，人们将面对并处理大量遵从正态分布的变量.

一、正态分布的特点

1. 正态分布图

形如图 5.3 所示. 整个图形关于 $x=\mu$ 对称，并在这一点图线处于最高点；图形从最高点向左、右两侧无限延伸、缓慢下降，但永不与基线相交.

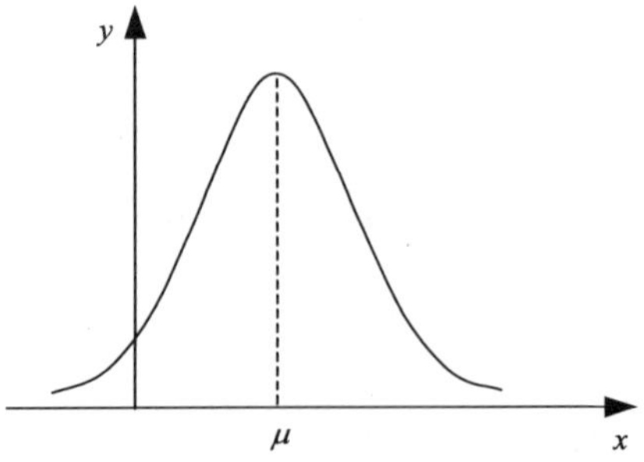

图 5.3　正态分布曲线

2. 正态分布函数

正态分布图的函数表达式有两种具体形式.

1) 频数密度函数

$$y=\frac{N}{\sigma\sqrt{2\pi}}e^{-\frac{(x-\mu)^2}{2\sigma^2}} \tag{5.13}$$

其中，N 为总频数；π为圆周率；e 为自然对数的底；x 为随机变量的取值；μ、σ为常数，可以证明，这两个常数恰好为正态分布的平均数和标准差；y 称为频数密度，是图形的高度(或纵坐标)，表示包括 x 点在内的一个无限小区间Δx 内的频数(如学生人数)Δf 与区间长度Δx 的比值，即平均每单位区间(如学生成绩的每 1 分)上的频数. y 与 x 点的对应，类似于物理上的瞬时速度与时刻的对应. 当频数密度 y 与相应的随机变量 x 之间的关系满足式(5.13)时，其分布属于正态分布.

由频数密度的含义可知，图 5.3 中所示曲线下的面积等于总频数，或者说 y 对变量 x 在整个空间上的积分为总频数.

2) 概率密度函数

在式(5.13)中，将函数除以总频数 N，得到函数

$$y=\frac{1}{\sigma\sqrt{2\pi}}e^{-\frac{(x-\mu)^2}{2\sigma^2}} \tag{5.14}$$

称为概率密度函数. 它的含义是，包括 x 点在内的一个无限小区间Δx 内的概率ΔP(如这一区间内的学生数Δf 占总人数 N 的比率)与Δx 的比值，即在 x 这一点上，平均每单位区间上的概率. 这时，对应曲线下的面积不再是总频数，而是总概率 1.

实际上，正态分布图中的纵坐标既可以用频数密度标度，也可以用概率密度标度. 但为了方便，尤其在比较总频数 N 不相同的正态分布时，纵坐标用概率密度标度有其独特的优点. 故后面章节中，正态分布图的纵坐标均标度为概率密度，其他形态的分布图做类似处理，以后不再特别说明.

容易看出，正态分布密度函数具有以下特点：

(1) $x=\mu$时，y 取最大值：$y_{max}=1/(\sigma\sqrt{2\pi})$，且关于 $x=\mu$ 对称.

(2) 不同的正态分布，σ一般不同. σ越大，y_{max} 就越小，正态分布图就越低阔，数据分布的范围越大；反之，σ越小，y_{max} 就越大，正态分布图就越陡峭，数据分布的范围越小(见图 5.4).

(3) μ不同时，图像将会发生平移.

(4) x 取某一特定值时的概率为零.

正态分布用符号 $N(\mu,\sigma^2)$ 表示，常写为 $X \sim N(\mu,\sigma^2)$.

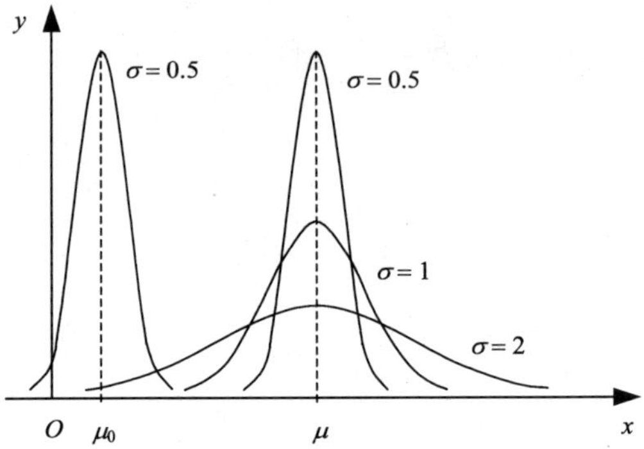

图 5.4　μ，σ不同的正态分布曲线

3. 累积频数和概率

由频数和概率密度函数不难写出累积频数和概率的表达式. 如低于某一数值 a 的频数(如学生人数)和概率，由概率的加法，应分别为

$$f(-\infty < x < a) = f(-\infty < x \leqslant a) = \int_{-\infty}^{a} \frac{N}{\sigma\sqrt{2\pi}} \mathrm{e}^{-\frac{(x-\mu)^2}{2\sigma^2}} \mathrm{d}x \tag{5.15}$$

$$p(-\infty < x < a) = p(-\infty < x \leqslant a) = \int_{-\infty}^{a} \frac{1}{\sigma\sqrt{2\pi}} \mathrm{e}^{-\frac{(x-\mu)^2}{2\sigma^2}} \mathrm{d}x \tag{5.16}$$

它们对应图 5.5 中阴影部分的面积. 类似地，可以写出任意数值间隔(如某分数段)上的频数和概率为

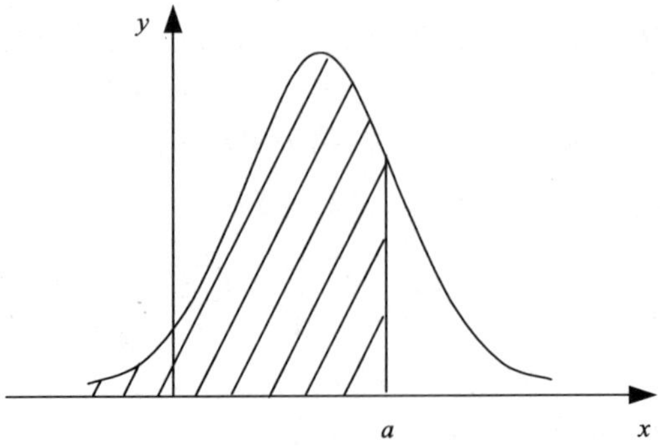

图 5.5　累积频数或概率

$$f(a<x<b)=f(a\leqslant x\leqslant b)=\int_a^b \frac{N}{\sigma\sqrt{2\pi}}\mathrm{e}^{-\frac{(x-\mu)^2}{2\sigma^2}}\mathrm{d}x$$

$$p(a<x<b)=p(a\leqslant x\leqslant b)=\int_a^b \frac{1}{\sigma\sqrt{2\pi}}\mathrm{e}^{-\frac{(x-\mu)^2}{2\sigma^2}}\mathrm{d}x$$

且容易验证

$$f(-\infty<x<+\infty)=\int_{-\infty}^{+\infty} \frac{N}{\sigma\sqrt{2\pi}}\mathrm{e}^{-\frac{(x-\mu)^2}{2\sigma^2}}\mathrm{d}x=N$$

$$p(-\infty<x<+\infty)=\int_{-\infty}^{+\infty} \frac{1}{\sigma\sqrt{2\pi}}\mathrm{e}^{-\frac{(x-\mu)^2}{2\sigma^2}}\mathrm{d}x=1$$

说明正态分布满足概率分布的基本条件.

从上面的分析可以知道，若已知数据资料呈正态分布，则经数据的初步整理以后，只要求出平均数和标准差，就可以利用上面的公式求出一系列有关的量，比如任意区间上的概率等. 但这将是一个积分问题，计算繁琐，不仅会给统计工作带来许多不必要的麻烦，也会造成时间上的浪费，使工作效率降低. 为此，制成统一的表格以供查阅(如附表 1). 但由于不同正态分布的两个参数 μ 和 σ 的数值一般不同，为了使用方便，附表 1 是按标准正态分布的形态编制而成的.

二、标准正态分布

1. 标准正态分布的概率密度函数

在式(5.16)中做代换

$$Z=\frac{X-\mu}{\sigma},\qquad \mathrm{d}Z=\frac{\mathrm{d}X}{\sigma}$$

有 $P(-\infty<X\leqslant a)=P\left(-\infty<Z\leqslant\frac{a-\mu}{\sigma}\right)=\int_{-\infty}^{\frac{a-\mu}{\sigma}}\frac{1}{\sqrt{2\pi}}\mathrm{e}^{-\frac{Z^2}{2}}\mathrm{d}Z=P\left(-\infty<Z<\frac{a-\mu}{\sigma}\right)$

这时，概率密度函数有形式

$$Y=\frac{1}{\sqrt{2\pi}}\mathrm{e}^{-\frac{Z^2}{2}} \tag{5.17}$$

具有式(5.17)形式的分布称为标准正态分布. 比较式(5.17)与式(5.14)两式，可见：

(1) 在正态分布式(5.14)中，令$\mu=0$，$\sigma=1$，便得到标准正态分布式(5.17). 所以，标准正态分布就是平均数$\mu=0$，标准差$\sigma=1$ 的正态分布.

(2) 不同正态分布μ和σ的数值不同，且μ，σ都是具有与 x 相同单位的绝对量. 因此，考虑作代换 $Z=(X-\mu)/\sigma$，实质上是以标准差σ为单位，重新度量原始数据 X. 这时 Z 作为横轴上的标度，不再具有单位，称为标准分数. 并且做这样的代换不会改变原来正态分布的形态和本质特征，也为正态分布的广泛应用带来极大方便.

2. 标准正态分布的图形及其特点

(1)关于 $Z=0$ 对称，并在 $Z=0$ 处取得最大值

$$Y_{\max}=1/\sqrt{2\pi}=0.3989$$

(2) 图形在$(\mu-\sigma)\leqslant x\leqslant(\mu+\sigma)$之间或$-1\leqslant Z\leqslant 1$ 时，向内弯曲；图形在 $x\leqslant\mu-\sigma$和 $x\geqslant\mu+\sigma$或 $Z\leqslant-1$ 和 $Z\geqslant 1$ 时，向外弯曲. 即 $x=\mu\pm\sigma$或 $Z=\pm1$ 是图形的两个拐点.

三、正态分布表的编制和使用

1. 正态分布表的编制

依据(标准)正态分布的密度函数，可直接计算 Z 为不同值时的密度函数 Y 值及 Z 在不同区间上取值时的概率. 正态分布表可以有不同的编制方法. 本书采用的编制方法，利用了正态分布的对称性. 如附表 1 所示，表中第三列所给出的 P 值(以 $Z>0$ 为例)，是 Z 在 0~z 取值时的概率(或如图 5.6 所示阴影面积). 如当学生成绩呈正态分布时，对应的标准分数在 0~z 之间的学生人数占总人数的比率就是 P. 由正态分布的对称性，Z 在 0~$-z$ 取值时，概率(或阴影面积)也为 P，如图 5.6 所示. 由于曲线下的总面积为概率 1，所以纵轴两侧曲线下面积或概率均为 0.5，这时，对应 $Z=\infty$或$-\infty$.

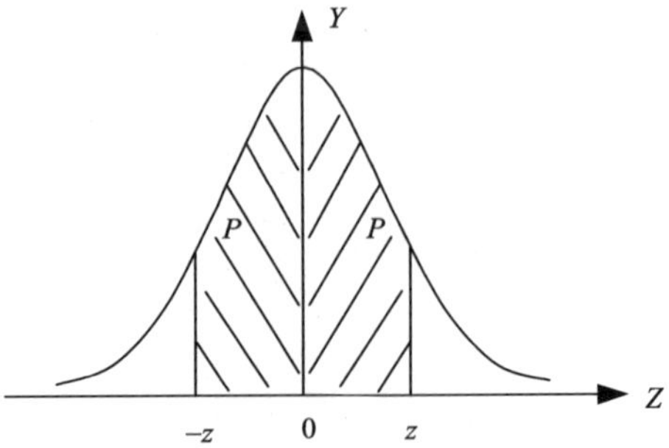

图 5.6 标准正态分布曲线

所以，在附表 1 中可以看到 P 值最大列到 0.49997，对应 Z=3.99. 这个数据也说明标准分数−3.99~3.99 或者平均数上下各 3.99σ之间几乎包括了所有的学生. 进一步查表发现，当 Z=3 时，P=0.49865，可见平均数上下各 3σ之间已包含了 $2P$≈99.7%的学生.

根据以上制表方法，当 $Z>z$(取 $z>0$)时，即比平均数高 $z\sigma$以上的学生比例为 $0.5-P$；比平均数至少低 $z\sigma$的学生比例也是 $0.5-P$. 而 $Z\leqslant z$ 的学生比例为 $0.5+P$；$Z\geqslant -z$ 的学生比例也是 $0.5+P$.

附表 1 中也给出了任一 Z 值对应的概率密度函数(或纵线高度)Y 值. 因此，根据正态分布表，只要知道 Z，Y 和 P 中任意一个，就可直接查表找到相对应的其他两个值. 但值得注意的是，不同书或资料上的正态分布表编制方法可能不同，如有的书正态分布表中的 P 值是指如图 5.5 中所示的阴影面积. 所以，在使用正态分布表时，要首先了解其编制方法，以免出现误用情况.

2. 正态分布表的使用

例5　设某次模拟考试成绩接近正态分布，算得其平均数和标准差分别为 $\overline{X}=68$，σ_X=7. 问在平均数上下多少分之间包括了 95%的学生?若要包括 99%的学生，这个分数区间有多大?

解　① 将 0.95÷2=0.475，作为正态曲线下平均数以上的面积 P. 查附表 1，寻找与之相对应的 Z=1.96.

② 平均数以下的成绩：$X_1=\overline{X}-Z\sigma_X=68-1.96\times 7=54.28$.

③ 平均数以上的成绩：$X_2=\overline{X}+Z\sigma_X=68+1.96\times 7=81.72$.

所以，在 54.28~81.72 分之间包括 95%的学生. 同理可求得包括 99%学生的分数区间为：(68−2.58×7)~(68+2.58×7)，即 49.94~86.06.

练习：(1) 在例 5 的题设条件下，多少分以下包括了 95%的学生?

(2) 同上题，多少分以上包括了 95%的学生?

例 6　某次测验的平均成绩为 79 分，标准差为 8，假如该测验分数呈正态分布，那么从理论上说 80~90 分之间应当有多少人? (参加该测验的总人数为 500).

解　① 将原始分数转换为标准 Z 分数.

$$Z_1=(X_1-\overline{X})/\sigma_X=(80-79)/8=0.125$$

$$Z_2=(X_2-\overline{X})/\sigma_X=(90-79)/8=1.375$$

② 查附表 1，找与 Z_1、Z_2 相对应的 P，得 P_1=0.0497，P_2=0.4154.

③ 求 Z_1 和 Z_2 之间所包含的学生比率：P_2-P_1=0.3657.

④ 求 80~90 分之间的人数，得 500×0.3657=183 人.

例 3 中已求出，当做对 8 题以上(包括 8 题)时，就可看作是真会，而不是仅凭猜测的结果. 依据是仅凭猜测时，做对 8 道题及 8 题以上的概率仅约为 5%，这是一个不大的概率，猜 100 次(每次都是 10 道题)，仅有 5 次是猜对 8 道题或 8 题以上. 当然做出这一结论时，犯错误的概率也就是这个概率 5%. 从而知道这个概率是猜对 8 道题、9 道题、10 道题的概率之和，正好是图 5.2(b)中最右边三个矩形(由于猜对 10 道题的概率很小，图中难以标出，故实际上是右边两个矩形)面积之和，这相当于正态分布中右端面积 0.5–*P*. 第二节最后还求出，该题的平均数和标准差分别为

$$\mu = np = 10 \times 0.5 = 5\ ,\quad \sigma = \sqrt{npq} = \sqrt{10 \times 0.5 \times 0.5} = 1.58$$

由于 $p=q=1/2$，猜对和猜错的概率各为 0.5，$np=nq\geqslant 5$，故此二项分布接近正态分布(参考图 5.2). 所以，可用$\mu=5$，$\sigma=1.58$ 的正态分布近似处理该问题.

根据正态分布规律，当 $Z=1.645$ 时，$P=0.45$，则右端面积是 0.05，表示 $Z>1.645$ 或原始分数大于某个数值时的概率. 那么猜对几道题以上(或原始分数大于多少)的概率为 0.05?由原始分数与标准分数之间的关系，可求得原始分数是

$$\mu + 1.645\sigma = 5 + 1.645 \times 1.58 = 7.6 \approx 8\ (\text{题})$$

即猜对 8 道题(包括 8 题)以上的概率为 0.05. 与用二项分布规律求得的结果相同，但要比那时计算简单得多. 另外，也说明仅凭猜测，原始分在(3.42~6.58)≈(3~7)，即平均数上下各一个标准差之间的学生人数，大概为学生总人数的 68%.

概率 0.05 是一个非常重要的概念，在统计理论中，人们常把发生概率为 0.05 的事件就称为小概率事件. 常用的数值还有 0.01 等.

若第二节例 4 中题数增加到 30 题，就有 $np = 6 > 5$，则也可用正态分布的规律计算

$$\mu = np = 30 \times 0.2 = 6$$

$$\sigma = \sqrt{npq} = \sqrt{30 \times 0.2 \times 0.8} = 2.191$$

$$X = \mu + 1.645\sigma = 6 + 1.645 \times 2.191 = 9.6 \approx 10$$

因此可得结论，答对 10 题或 10 题以上，才能被认为是真会. 此论断与事实不符的概率是 5%，或者说此论断正确的把握只有 95%. 毕竟猜对 10 题及 10 题以上的概率有 5%.

如果想使推断错误的概率降为 1%，则根据正态分布可求得此时的 $Z=2.33$. 使用相同的计算方法，只将 2.33 代替 1.645 即可求得临界分数(或答对的题数). 读者可自己完成相应的运算.

四、正态分布在测验记分方面的应用

正态分布在实际中应用广泛，这里介绍几种它在测验记分方面的应用.

1. *将原始分数转换为标准分数*

前面在将正态分布转化为标准正态分布时，是以标准差σ为单位重新记分，将X转化为$Z=(X-\bar{X})/\sigma$，把X叫做原始分数，而把Z叫做标准分数. 与原始分数X相比，标准分数Z不仅是一个相对量，没有量纲，而且它的每一单位都是等值的，即它还具有等距量表的特征. 这就是说，Z=1 代表分数在平均数之上一个标准差，而Z=2 代表分数在平均数之上两个标准差，它的每一个单位都是相等的，都等于一个标准差的距离. 查附表 1 可得，Z=1 对应P=0.34134≈0.34，即标准分数在 0~1 或者说成绩在平均数到比平均数高一个标准差之间的学生人数约占总人数的 34%. 由此可知，比平均数高一个标准差以上的学生占总人数的比率约为 16%. 所以，若某个学生成绩比平均数高一个标准差，则意味着只有 16%的学生比这个学生成绩高，而 84%的学生成绩都要比这个学生成绩低. 由此可见，标准分数揭示了其在所属团体中的地位. 这也是标准分数有重要应用的原因之一.

例如，甲、乙两名考生在某选拔性考试中，各科成绩如表 5.4 所示. 可见，若以原始分数作为录取依据，当录取分数线是 300 分时，应录取甲生(306 分)，而乙生(297 分)未录取. 但将甲、乙两名考生各科考试的原始分数转化成标准分数以后，则结果恰好相反.

表 5.4　甲、乙两名考生考试成绩统计

考试科目	原始分数		全体考生		标准分数			
					Z		$T=10Z+50$	
	甲	乙	平均成绩 $\bar{X}$	标准差 σ_X	甲	乙	甲	乙
语文	75	79	74	6	0.17	0.83	51.7	58.3
数学	59	51	50	12	0.75	0.08	57.5	50.8
英语	63	72	61	5	0.40	2.20	54.0	72.0
物理	55	45	43	9	1.33	0.22	63.3	52.2
化学	54	50	45	10	0.90	0.50	59.0	55.0
总和	306	297			3.55	3.83	285.5	288.3

之所以会出现这种情况，原因在于：第一，原始分数的每一单位，不仅不同学科不同，甚至同一学科的每一分值一般也不等值. 因此，直接将原始分数相加是不科学的. 第二，原始分数不能体现在考分总体中的位置. 例如，甲生英语成绩的标准分数为 0.40，意味着比甲生的英语成绩高的考生占 34.46%；而乙生英语成绩的标准分数为 2.20，说明比这一分数高的考生仅占 1.39%. 标准分数正是通

过每个考分在全体考分中的位置来比较优劣的. 所以，也称它为相对分数. 正因为这样，采用标准分数录取才能真正达到择优录取的目的.

由于 Z 分数一般在–3~+3 之间，有正有负，且不符合人们的记分习惯. 所以，由 Z 分数演化来的其他形式的标准分数，一般表示为 $aZ+b$，其中 a，b 为常数. 如比较常见的 T 分数为：$T=10Z+50$. 它是平均数为 50，标准差为 10 的一个等距量表.

练习：(1) 收集我国高考使用标准分数录取考生的相关信息并给出适当分析.

(2) 某高一学生第一学期期末考试数学、物理、化学成绩分别为 82 分、90 分、85 分（满分均为 100 分），已知全年级三科的平均成绩分别是 70 分、65 分、75 分，标准差是 15 分、12 分、10 分. 该生哪科的成绩更好些？为什么？

2. 确定录取分数线

在规模较大的选拔性考试中，往往在录取工作开始之前就划定了一个分数线，譬如高考录取工作中文、理科的投档线等. 这一般都是正态分布在实际中的应用，现以事例说明它的具体操作方法.

例如，要在参加某竞赛初赛的 2000 名考生中选择 360 名进入决赛，考试分数接近正态分布，平均分为 67 分，标准差为 10 分. 为了能保证最优秀的考生进入决赛，可利用正态分布的规律，并将初赛录取人数的比率放在正态分布的最上端. 由此在附表 1 中找到相应的 Z 值，再由 $Z=(X-\bar{X})/\sigma_X$，就可求得对应的 X 值. 具体做法如下：

(1) 求出录取率：$360/2000=0.18$.

(2) 由 0.5–0.18=0.32，查附表 1，在 P 栏找到与 0.32 最接近的 P 值为 0.32121，其 Z 值为 0.92.

(3) 计算 $X=\bar{X}+Z\sigma_X=67+0.92\times10=76.2$. 确定录取分数线为 76.2 分.

3. 确定等级评定人数

在教育教学管理中，经常要对学生的思想品德，教师的综合素质等作出评定，若最后评定的结果分为五个等级，则每个等级的人数如何确定?

学生的思想品德或教师的综合素质等一般呈正态或接近正态分布. 由于 $Z=3$ 与 $Z=-3$ 之间的总概率为 0.9973，所以将 $Z=\pm3$ 之间，6 个标准差的距离(常称为“3σ”原则)分成相等的五份. 查附表 1，确定各段人数比率，然后确定各等级的人数. 例如，学生总人数为 1000 时，各段对应的标准分数区间如图 5.7 所示，计算结果如表 5.5 所示.

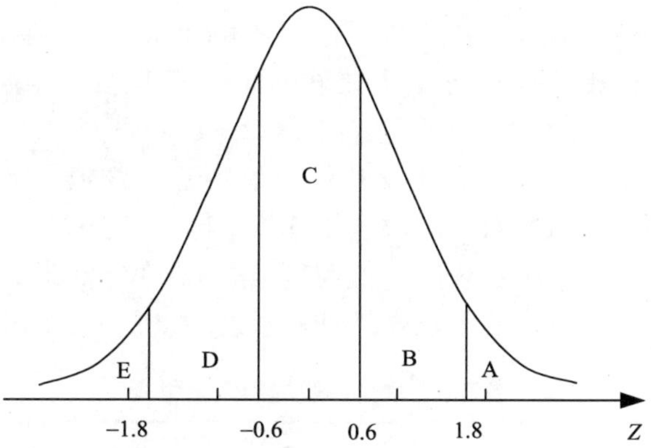

图 5.7　3σ原则

表 5.5　各等级评定人数结果统计

等级	各等级 Z 值分界点	百分比	百分比 × N	应占人数
A	Z=1.8 以上	0.5−0.464 07	35.93	36
B	Z=0.6~1.8	0.464 07−0.225 75	238.32	238
C	Z=−0.6~0.6	0.225 75+0.225 75	451.5	452
D	Z=−1.8~−0.6	0.464 07−0.225 75	238.32	238
E	Z=−1.8 以下	0.5−0.464 07	35.93	36

注意：各等级人数之和应等于总人数.

4. 品质评定数量化

等级成绩和数量成绩是两种不同的评定记录结果，这两种类型的成绩在实际应用中都很好地发挥了各自的评价作用，但同时又各有局限性. 例如，等级成绩往往应用于如学生品德这样不易也不必具体到某一具体分数的情况. 事实上，等级分数在这些方面也确实能更客观地反映学生的品德高低，同时，等级分数操作方便，简单易懂，在实践中有广泛的应用. 但等级分数不能进行代数运算，不便于对数据作进一步的处理与分析. 所以，在实际应用中经常碰到需要将等级成绩数量化，并将数量成绩再换算回等级的问题.

1) 等级成绩的数量化

先看下面的例子.

三位教师对 200 名学生品质的评定结果如表 5.6 所示. 这时学生的最终成绩将如何确定?因为学生成绩的分布一般为正态分布，所以可按下列相应步骤处理.

① 计算三位教师评定的各等级人数比率(参考表 5.7 中第 2，5，8 列)，如图 5.8 所示.

② 计算本组 1/2 的面积与本组以下面积之和(如表 5.7 中第 3，6，9 列).

③ 计算本组面积的评分点至 Z=0 之间的面积，即算出步骤②中的结果与 0.5 差值的大小.

④ 在正态分布表中找到与步骤③中结果最接近的 P 值，则与这一 P 值相对应的 Z 值就是各等级中点所对应的数量化分数，称为 Z 分数，这就是表 5.7 中的第 4、7、10 列(若这一概率比 0.5 小，Z 值为负；这一概率比 0.5 大，则 Z 值为正). 可得各教师所定等级对应的数量化分数，即 Z 分数，如表 5.7 所示.

表 5.6　学生品质的评定结果

等级	评定教师		
	甲	乙	丙
A	10	20	40
B	50	40	50
C	80	80	70
D	50	40	30
E	10	20	10
总数		200	

表 5.7　化等级评定为 Z 分数

等级	教师甲			教师乙			教师丙		
	各等级人数比率	比率中点以下累加	Z	各等级人数比率	比率中点以下累加	Z	各等级人数比率	比率中点以下累加	Z
A	0.05	0.975	1.96	0.10	0.95	1.65	0.20	0.90	1.28
B	0.25	0.825	0.94	0.20	0.80	0.84	0.25	0.675	0.45
C	0.40	0.50	0	0.40	0.50	0	0.35	0.375	−0.32
D	0.25	0.175	−0.94	0.20	0.20	−0.84	0.15	0.125	−1.15
E	0.05	0.025	−1.96	0.10	0.05	−1.65	0.05	0.025	−1.96

某个学生的数量化分数，是三位教师所给等级相应 Z 分数的算术平均值. 比如其中三名学生的平均 Z 分数可如表 5.8 所示求出.

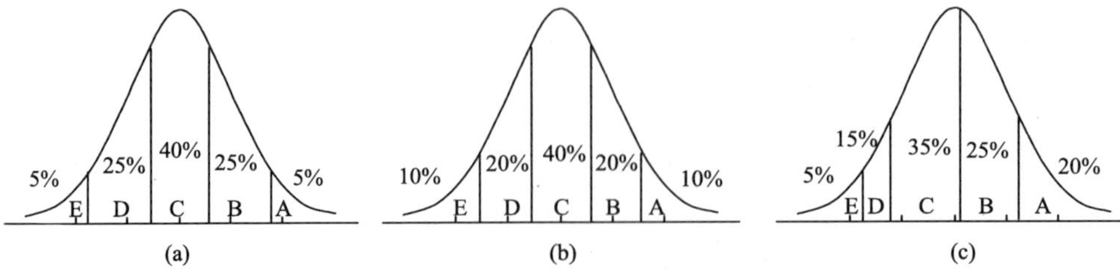

图 5.8　三位教师评定各等级人数比率

从平均 Z 分数可以比较不同学生之间成绩的优劣. 就学生 1，2，3 三者之间比较，显然学生 3 最差，因为他的 Z 分数为–0.42，意味着比他成绩差的学生仅占总数的 34%. 同样查正态分布表可知比学生 1 差的占 90%，比学生 2 差的占 91%. 这表明，尽管学生 1 和学生 2 所得的等级都是两个 A 一个 B，但由于比学生 2 差的学生更多一些，所以学生 2 的成绩优于学生 1. 那么，若要将学生成绩记入档案，该如何记录呢?

表 5.8　三名学生的平均 Z 分数

学生	教师评定等级	平均成绩 Z
1	B A A	(0.94+1.65+1.28)/3 =1.29
2	A B A	(1.96+0.84+1.28)/3 =1.36
3	D C C	(–0.94+0–0.32)/3= –0.42

2) 将数量成绩换算回等级

先分析一下表 5.6 中三位教师对学生成绩的评定结果，可以看到三位教师的评定结果有很大不同. 就 A 等而言，甲教师评定了 10 个，乙教师评定了 20 个，而丙教师却评定了 40 个. 出现这种结果的原因，是由于三位教师在评定学生成绩时掌握的标准不相同，甲教师掌握的标准较严，丙教师的标准则最宽松. 事实上，学生成绩在品德方面也往往是呈正态分布的，依照一般的做法，若将学生成绩分为五等的话，按照 3 个标准差的原则，将 6σ五等分，可得五个等级所对应的 Z 分数分别为：A(Z=1.8~)；B(Z=0.6~1.8)；C(Z=–0.6~0.6)；D(Z=–1.8~–0.6)；E(Z=~–1.8). 这样，A 等的人数比例约为 4%；B 等为 24%；C 等为 44%；D 等为 24%；E 等为 4%. 可见，甲教师的评定结果与此比例较接近，而丙教师的评定标准明显宽松得多，因为他定为 A 等的人数比例 20%远远超过了 4%.

在把学生的平均分数 Z 换算回等级成绩时，可能首先想到的就是看一看某学生的平均分数 Z 落入上述五个区间的哪一个，落入哪个区间就定为哪个等级. 譬如，学生 1 所得平均分数 Z 为 1.29，正好落入 B 等的相应区段，所以学生 1 的平均成绩定为 B 等. 但是，这种方法所得结果是否可靠呢?且看三位教师对某学生的评定成绩均为 A 的情况. 这时，他的平均分数 Z 为：(1.96+1.65+1.28)/3=1.63. 根据上述思路，这个 Z 分数落入 B 等区间，因此按上述方法，这个学生的最终成绩应定为 B 等. 但这显然是三位教师都不能接受的. 那么问题出在哪里呢?

稍加注意就会发现，由于三位教师评定学生成绩时掌握的标准不同，尤其是丙教师的标准明显宽松，造成了即使被三位教师都评定为 A 的学生，其平均分数 Z 也仅为 1.63. 这表明就平均结果而言，教师们在评定学生成绩时所掌握的标准还是宽松了一些. 其实，这也正启发我们思考，能否将三位教师评定学生成绩时的平均标准确定下来，并进而把平均分数 Z 再换算回等级成绩呢?

上述想法是可行的. 依据表 5.7 中的计算结果，可以算出各等级的平均 Z 分数：A 等 Z=(1.96+1.65+1.28)/3=1.63，B 等 Z=(0.94+0.84+0.45)/3=0.743，同理，C 等 Z=−0.107，D 等 Z=−0.978，E 等 Z=−1.86. 这实际上是各等级人数比率中点所对应的 Z 值，由此 Z 值可查出该点到 Z=0 点之间的面积 P. 上述例子中从 A 到 E 的五个等级 Z 值所对应的 P 分别为 0.44845, 0.27035, 0.0438, 0.33646, 0.46856. 这就可以算得该点以下所占的人数比率，并进而求得各等级人数比率，确定出各等级人数. 如 E 等人数比率中点以下的人数比率为 0.5−0.46856=0.03144，于是 E 等人数比率为 0.06288. D 等的人数比例为 2[(0.5−0.33646)−0.06288]=0.20132. 同样可求得 C 等人数比例为 0.384. B 等的人数比例为 2[(0.5+0.27035)−(0.06288+0.20132+0.384)]=0.2443. 最后 A 等的人数比例为 0.1119. 这样，按照上面所求得各等级人数所占的比例，再把全部学生的平均分数 Z 从高到低取，最好的 11.19%为 A 等，依此类推，就可以确定所有学生的最终成绩(等级).

在将数量成绩换算回等级时，也可以先求出各等级间 Z 分数的分界点或各等级相应的用 Z 分数表示的区间，如 E 等为 Z=(~−1.53)，D 等 Z=(−1.53~−0.63)，C 等 Z=(−0.63~0.38)，B 等 Z=(0.38~1.24)，A 等 Z=(1.24~). 然后再根据学生平均分数 Z 落入的区间情况确定等级.

五、偏态量和峰态量

在统计分析中，许多方法是建立在数据总体分布是正态的基础之上，这时就需要知道数据总体的分布是否为正态分布. 判断一个分布是否为正态的方法很多，比如以后要学习的卡方检验，就可用来判断一个分布是否为正态分布. 这里介绍的偏态量和峰态量法，是较简单地判断分布与正态分布差异程度大小的方法.

一般情况下，人们是从两个方面考察一个分布与正态分布的偏差情况. 一种情况如第二章图 2.1 所表示的那样，另一种情况如图 5.9 所示. 偏态量用来描述图 2.1 中分布偏离正态分布的程度大小，而峰态量则用来描述如图 5.9 所示曲线 1 偏离正态分布曲线 2 的程度.

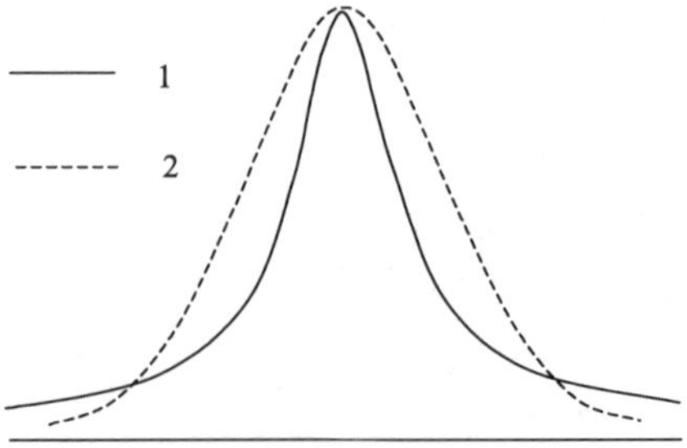

图 5.9　偏差情况

1. 偏态量

偏态量有两种定义方法.

1) 皮尔逊偏态量数法

皮尔逊根据所发现的频数分布各种形态中三个集中量数，即算术平均数($\bar{X}$)、中位数(Md)和众数(Mo)三者之间的大小关系，给出偏态量的定义式为

$$SK=\frac{(\bar{X}-Mo)}{\sigma_X} \tag{5.18}$$

其中，SK 是偏态量；$\bar{X}$ 是算术平均数；Mo 是众数；σ_X是标准差.

当分布为正态分布时，上述三个集中量数重合，有偏态量 $SK=0$；反之，$SK=0$ 时，分布呈正态分布. 而把 $SK>0$ 时的分布称为正偏态；$SK<0$ 时的分布称为负偏态. 这就是为什么把图 2.1 中(b)，(c)两图分别称为正偏态和负偏态的原因.

考虑到众数 Mo 具有不稳定、不确定性，故可用中位数及算术平均数来表示众数. 利用公式(2.13)，偏态量又可表示为

$$SK=\frac{\bar{X}-(3Md-2\bar{X})}{\sigma_X}=\frac{3(\bar{X}-Md)}{\sigma_X} \tag{5.19}$$

2) 偏度系数法

用α_3表示偏度系数，有定义

$$\alpha_3=\frac{\sum(X-\bar{X})^3/N}{\sigma_X^3} \tag{5.20a}$$

若数据已整理成频数分布表，则式(5.20a)变为

$$\alpha_3=\frac{\sum f(X-\bar{X})^3/N}{\sigma_X^3} \tag{5.20b}$$

当$\alpha_3=0$ 时，分布对称；$\alpha_3>0$ 时，分布呈正偏态；$\alpha_3<0$ 时，分布呈负偏态. 实践表明，当 $N>200$ 时，计算出的偏度系数才较可靠. 所以，在用偏度系数法判断分布的形态时，要注意数据个数 N 的大小.

2. 峰态量

峰态量也有两种计算方式.

1) 用百分位距计算

用 Ku 表示峰态量，定义为第 75 和第 25 的百分位距与 2 倍的第 90 和第 10 的百分位距之比，即分布中央部位 50%个频数之间的距离与中间 80%个频数距离 2 倍的比值. 用公式表示为

$$Ku = \frac{P_{75} - P_{25}}{2(P_{90} - P_{10})} \tag{5.21}$$

其中 P_{75}，P_{25}，P_{90}，P_{10} 分别为第 75，25，90，10 百分位数.

实践表明，当 $Ku=0.263$ 时，分布呈正态峰；$Ku<0.263$，分布呈高狭峰；$Ku>0.263$，分布呈低阔峰.

2) 用峰度系数计算

利用原始数据计算时，用α_4表示峰度系数，有定义

$$\alpha_4 = \frac{\sum (X-\bar{X})^4 / N}{\sigma_X^4} - 3 \tag{5.22a}$$

利用频数分布表时，用α_4表示峰度系数，有定义

$$\alpha_4 = \frac{\sum f(X-\bar{X})^4 / N}{\sigma_X^4} - 3 \tag{5.22b}$$

可以证明，当分布呈正态时，峰度系数$\alpha_4 = 0$；同样，$\alpha_4 = 0$ 说明分布呈正态；$\alpha_4>0$ 时，分布呈高狭峰；$\alpha_4<0$ 时，分布呈低阔峰. 且当 $N>1000$ 时，计算出的峰度系数才比较可靠.

人们可借助于图 5.9 更深入地理解上面两种定义的含义. 图 5.9 中的两条分布曲线高度一样，而且还可以使两分布曲线的标准差都为 1. 这样与正态分布 2 比起来，由于分布 1 较高狭，故在平均数附近包含数据频数的比率较少，这样分布 1 的两尾必然要比正态分布 2 的两尾更厚一些，使得用式(5.22)计算的峰度系数α_4比正态分布的偏大. 同时，分布 1 中央部位的频数越多，相应的数据分布范围比分布 2 大得越多. 因此，分布 1 中央部位 50%的频数距离与中央部位 80%的频数距离 2 倍的比值，小于正态分布的情况. 所以，用式(5.21)计算分布 1 的峰态量 Ku 比正态时偏小，即分布 1 是一个高狭峰.

练习：(1) 以第二章思考与练习第 2 和 3 题的数据为例，计算其分布的偏态量. 要求用两种方法进行计算，并讨论所得出的结果.

(2) 以第二章思考与练习第 1 题的数据为例，计算其分布的峰态量. 要求用两种方法进行计算，并讨论所得出的结果.

思考与练习

1. 什么是二项分布？写出二项分布函数并说明其意义.
2. 一次测验共有 4 题，每题均有 5 个答案，且只有一个是正确答案. 如果一个学生完全凭猜测来选择答案，那么：
   (1) 平均能猜对多少题？
   (2) 标准差是多少？
   (3) 猜对 3 题的概率是多少？
3. 有 30 道四择一选择题，考生全凭猜测答题，问：
   (1) 猜对 15 题的概率是多少？
   (2) 猜对 20 题的概率是多少？
   (3) 猜对 15 题到 20 题的概率是多少？
   (4) 全部猜对的概率是多少？
   (5) 至少猜对 25 题的概率是多少？
   (6) 答对多少题才能被认为不是仅凭猜测答题？
4. 写出正态分布函数并说明其意义及正态分布曲线的特点.
5. 简述正态分布表的编制.
6. 求下列各组在正态曲线下的面积：(1) $Z=0\sim Z=1.5$；(2) $Z=0.3\sim Z=1.6$；(3) $Z=-1.2\sim Z=0$；(4) $Z=-3\sim Z=-2$；(5) $Z=-1.96\sim Z=1.96$.
7. 某班 36 名学生的数学测验平均分为 80，标准差为 11.5，则理论上应有多少人分布在 70~90 分之间？占全班的百分比为多少？
8. 某市拟对参加物理竞赛的 1200 人中前 150 名予以奖励，考试的平均分为 75，标准差为 11，问授奖的分数线应是多少？
9. 600 名学生阅读能力呈正态分布，拟将其分成 A，B，C，D，E，F 六个等距的等级，问各等级应有多少人？

第六章　抽样分布及总体平均数的推断

本章将开始学习推断统计的内容. 推断统计是根据样本信息推断总体的相应参数. 它包括两种不同的形式：一种是总体参数的估计；另一种是假设检验. 就本章而言，是关于总体平均数的推断. 当然，这首先要涉及抽样问题. 通常只有先获得一个样本，然后才能依据样本所提供的信息，推断其所属总体的平均数. 抽样问题以后将专门讨论. 这里暂且认为已经获得了一个合适的样本，问题是怎样利用这一样本，推得总体的平均数？或许有人会立即想出一个办法来，那就是用这个样本的平均数 $\overline{X}$ 来代替总体平均数μ. 这个办法值得考虑，但是否可行？如果可行的话，应该注意到，若又抽得一个样本，又算得一个平均数 $\overline{X}$ ，若前、后两个样本的平均数不相同，那么用哪个样本平均数代替总体的平均数？为了有效地解决这类及更多相关问题，下面先学习关于抽样分布的理论.

第一节　抽 样 分 布

一、抽样分布的概念

首先区分三种分布：第一，总体分布，即总体内数据的频数或概率分布；第二，样本分布，即样本中数据的频数或概率分布；第三，抽样分布，即某一统计量的频数或概率分布.

在绪论中已经指出，统计量是根据样本数据所计算出来的一些量，如平均数、标准差等，可用来描述这组数据的特征. 统计量与样本相对应，是样本上的数字特征. 样本不同统计量就不同，统计量由样本决定，是样本的函数. 在平面坐标系中，用横轴标度样本某一统计量的各种数值，用纵轴标度该统计量取每一个值时样本个数或比率，就构成该统计量的抽样分布. 例如，将某省 3000 名学生的物理奥赛成绩作为一个总体，其频数分布是总体分布；若从中随机抽取 50 个考分作为样本，这 50 个考分的频数分布就是样本分布；而抽样分布是指(做放回抽样)，一切可能个 n=50 的样本统计量的频数分布. 当样本统计量是平均数时，将一切可能个 n=50 样本的平均数算出，可得到大量的样本平均数，当考察这些样本平均数的频数分布时，就要看看平均数为 $\bar{x}$ 的样本有多少……这样就得到样本平均数 $\overline{X}$ 的频数分布，称为平均数的抽样分布. 同样也可以得到标准差的抽样分布，它实际上是样本标准差的频数分布. 不同统计量的抽样分布往往有不同的形态，它们都是统计推断的理论依据.

应当指出，任何统计量的抽样分布是一个理论的概率分布，但实际上，人们往往无法得到这样一个真正的抽样分布. 如前面的例子中，在3000个考分中抽取50个考分作为样本，理论上可获得样本总个数是$(3000)^{50}$个(放回抽样)，这在实际操作中是难以实现的. 所以，在实践中人们仅能根据一定数目的样本得到经验的抽样分布，不过一般情况下可以认为经验分布与理论分布是很接近的.

关于平均数的抽样分布，有以下定理.

二、平均数抽样分布的定理

定理 1　平均数抽样分布以总体平均数μ为中心，即从总体中随机抽取所得容量为n的一切可能样本的平均数之平均数等于总体平均数μ. 用公式表示为

$$E(\bar{X})=\mu \tag{6.1}$$

定理 2　平均数抽样分布的标准差，等于总体标准差除以样本容量n的方根，即

$$\sigma_{\bar{X}}=\sigma/\sqrt{n} \tag{6.2}$$

定理 3　从正态总体中随机抽取的容量为n的一切可能样本，其平均数的分布也是正态分布.

定理 4　虽然总体不呈正态分布，但如果样本容量较大，则反映总体μ和σ的样本平均数的抽样分布接近于正态分布.

以上几条定理，给出了样本平均数抽样分布的形态及其特征.

应该指出，尽管容量为n的这一切可能个样本均是从同一个总体中抽出，但由于抽样误差的缘故，样本平均数各不相同，且与总体平均数之间存在差异，并最终使所有容量为n的样本平均数形成一个分布. 但正如定理3和定理4所说，这一分布一般呈正态分布或接近正态分布.

定理1指出，容量为n的一切可能样本的平均数之平均数等于总体平均数μ，即样本平均数抽样分布的平均数等于总体平均数. 这便提供了一个推断总体平均数的方法，那就是把容量为n的一切可能样本的平均数求出后，再求其平均. 然而很明显，这种方法是行不通的. 实际上，人们不可能抽取一切可能样本，也没必要这样做，而是随机抽取一个样本，并根据这一个样本提供的信息推断总体的平均数. 但是上面已经指出，由于抽样误差的存在，使得样本平均数与总体平均数一般不同，且不同样本有不同的平均数. 那么在什么情况下或满足什么条件时，推得的总体平均数才更可靠呢?

根据定理2，平均数抽样分布的标准差$\sigma_{\bar{X}}$等于总体标准差除以样本容量n的方根. $\sigma_{\bar{X}}$代表了样本平均数$\bar{X}$以总体平均数μ为中心的分散程度，也表征了抽样

误差的大小，即$\sigma_{\bar{X}}$越大，抽样误差越大，样本平均数在总体平均数两侧分散的范围越大；$\sigma_{\bar{X}}$越小，抽样误差越小，样本平均数越集中在总体平均数附近. 所以，当$\sigma_{\bar{X}}$较小时，任意一个样本平均数对总体平均数，都有较好的代表性，这时用样本平均数推断总体平均数，有较大的可靠度. 可见，$\sigma_{\bar{X}}$是抽样误差大小的量度，也是表征统计推断可靠度的一个重要指标. 所以，人们又把抽样分布的标准差$\sigma_{\bar{X}}$叫做标准误. 平均数抽样分布的标准差叫做平均数的标准误；标准差抽样分布的标准差叫做标准差的标准误.

一般而言，由上面的分析可知，只要样本容量n>1，就有$\sigma_{\bar{X}} < \sigma$，即平均数标准误小于总体标准差. 这时用样本平均数估计总体平均数，总比用从总体中随机抽取的一个数据估计总体平均数好一些，且$\sigma_{\bar{X}}$越小越好. 但在σ一定时，要使$\sigma_{\bar{X}}$减小，只能增加样本容量n，这是选择较大容量样本的重要原因之一. 但是不是样本容量越大越好？关于这一问题的详细讨论将在第十二章中进行，但有一点是肯定的，那就是并非n越大越好. 这不难理解，因为n等于总体容量N时，即整个总体作为一个样本，这时n最大，但显然这时抽样已无实际意义. 另外，理论上也已证明，统计推断的可靠度和准确性的提高与样本容量的增加不呈正比关系. 当样本容量增加到一定程度时，可靠性和准确度提高的速度开始放慢. 所以，抽取一个容量n合适的样本是必要的. 不过，在接下来的几章里，所涉及的问题一般都是样本容量n已恰当确定的情况. 所以，暂不考虑样本容量n的选择问题.

下面先学习总体平均数的估计.

第二节　总体平均数的估计

一、总体平均数的点估计

1. 点估计的基本原理

用某一样本平均数来估计总体平均数的值，就是总体平均数的点估计. 直接把样本平均数作为总体平均数的点估计值，是总体平均数的估计中最简单的一种方法. 当然点估计方法也往往用于总体其他参数的估计，譬如直接把样本标准差作为总体标准差的点估计值等.

这种方法的缺陷也是显而易见的，它不能指出样本平均数对总体平均数的代表性或者用样本平均数代替总体平均数的可靠性有多大. 尽管如此，鉴于点估计方法的普遍应用，这里有一些准则来判断一个点估计值的优良与否.

2. 一个良好点估计值应满足的条件

(1) 无偏性. 针对用样本统计量估计总体参数时一定有误差存在，无偏性是指如果用多个样本的统计量作为总体参数的估计值时，有的偏大，有的偏小，但若偏差的平均数为 0，这个统计量就是总体相应参数的无偏估计量．否则为有偏估计量. 如样本平均数 $\bar{X}$ 就是总体平均数μ的无偏估计量，因为有 $E(\bar{X}-\mu)=0$ (该式的证明可参考式(6.1)).

(2) 有效性．总体参数的无偏估计量往往不止一个，如样本的平均数 $\bar{X}$ 、中位数 Md、众数 Mo 就都是总体平均数μ的无偏估计量．但只有样本平均数 $\bar{X}$ 的抽样分布方差最小．像这样，当一种估计量的抽样分布的方差较小时，这种估计量就是总体相应参数的效率比较高的估计量．样本平均数 $\bar{X}$ 就是总体平均数μ的最有效的估计量.

(3) 一致性．当样本容量无限增大时，若估计量的值能越来越接近它所估计的总体参数，则这种估计量是总体参数的一致性估计量．如样本平均数 $\bar{X}$ 也是总体平均数 μ 的一致性估计量.

(4) 充分性．当样本统计量能充分反映样本中全部 n 个数据所反映总体的信息时，这种统计量对总体相应参数估计的充分性强．例如，与 Md，Mo 相比，样本平均数 $\bar{X}$ 对总体平均数 μ 估计的充分性最高.

二、总体平均数的区间估计

1. 总体标准差σ 已知的情况

平均数抽样分布定理指出：在呈正态分布的总体中随机抽取的容量为 n 的一切可能样本平均数的频数分布，即平均数抽样分布也以总体平均数为中心呈正态分布．因而，标准记分 $Z=\dfrac{\bar{X}-\mu}{\sigma/\sqrt{n}}$ 呈标准正态分布．所以，由附表 1 知样本平均数标准记分在 $Z=\pm1.96$之间的概率为 95%，其表达式为

$$P\left(-1.96<\frac{\bar{X}-\mu}{\dfrac{\sigma}{\sqrt{n}}}<1.96\right)=0.95$$

上式对应样本平均数 $\bar{X}$ 的变动范围是，$\mu-\dfrac{1.96\sigma}{\sqrt{n}}<\bar{X}<\mu+\dfrac{1.96\sigma}{\sqrt{n}}$．因此，样本平均数在范围 $\mu-\dfrac{1.96\sigma}{\sqrt{n}}<\bar{X}<\mu+\dfrac{1.96\sigma}{\sqrt{n}}$ 内的概率也是 95%，可以表示为

$$P\left(\mu-\frac{1.96\sigma}{\sqrt{n}}<\bar{X}<\mu+\frac{1.96\sigma}{\sqrt{n}}\right)=0.95$$

这又等价于总体平均数 μ 在范围 $\bar{X}-\frac{1.96\sigma}{\sqrt{n}}<\mu<\bar{X}+\frac{1.96\sigma}{\sqrt{n}}$ 内的概率为 95%. 这正好达到依据一个样本的信息推断所属总体参数的目的. 于是，用公式表示为

$$P\left(\bar{X}-\frac{1.96\sigma}{\sqrt{n}}<\mu<\bar{X}+\frac{1.96\sigma}{\sqrt{n}}\right)=0.95$$

即总体平均数μ在 $\bar{X}\pm\frac{1.96\sigma}{\sqrt{n}}$ 范围的可能性为 95%，而不在这个范围的可能性为 5%. 所以，就有 95%的把握认定总体平均数μ在 $\bar{X}\pm\frac{1.96\sigma}{\sqrt{n}}$ 范围内，即作出这种结论的可靠度为 95%，而犯错误的概率不会超过 5%.

人们把区间$\left(\bar{X}-\frac{1.96\sigma}{\sqrt{n}},\ \bar{X}+\frac{1.96\sigma}{\sqrt{n}}\right)$称为总体平均数相应于 0.95 概率的置信区间. 其中 $\bar{X}-\frac{1.96\sigma}{\sqrt{n}}$ 称为置信下限；$\bar{X}+\frac{1.96\sigma}{\sqrt{n}}$ 称为置信上限. 1.96 叫做临界值；0.95 概率称为置信度，又叫置信水平；而 0.05 叫显著性水平，用α表示. 因此，0.95 的置信区间相应于 0.05 显著性水平(α=0.05)的置信区间；0.99 的置信区间相应于 0.01 显著性水平(α=0.01)的置信区间.

这样利用平均数抽样分布呈正态，其标准记分 $Z=\frac{\bar{X}-\mu}{\sigma/\sqrt{n}}$ 呈标准正态分布的特点，只要由给定的置信度确定出临界值，就可以方便地求出总体平均数在该置信度下的置信区间.

例如，某小学 10 岁全体女童身高历年来标准差为 6.25cm，现从该校随机抽取 27 名 10 岁女童，测得平均身高为 134.2cm，试估计该校 10 岁全体女童平均身高的 95%和 99%置信区间.

实践表明，儿童身高一般呈正态分布. 因此，依据以上分析，该校 10 岁全体女童平均身高的 95%置信区间为

$$\left(\bar{X}-\frac{1.96\sigma}{\sqrt{n}},\ \bar{X}+\frac{1.96\sigma}{\sqrt{n}}\right)=\left(134.2-\frac{1.96\times 6.25}{\sqrt{27}},\ 134.2+\frac{1.96\times 6.25}{\sqrt{27}}\right)$$

$$=(131.842,\ 136.558)$$

同理，99%置信区间为

$$\left(\bar{X}-\frac{2.58\sigma}{\sqrt{n}},\ \bar{X}+\frac{2.58\sigma}{\sqrt{n}}\right)=\left(134.2-\frac{2.58\times 6.25}{\sqrt{27}},\ 134.2+\frac{2.58\times 6.25}{\sqrt{27}}\right)$$

$$=(131.097,\ 137.303)$$

在总体呈正态分布时，无论样本容量 n 多大，抽样分布呈正态分布．所以，标准差σ已知的情况下，总体平均数的置信区间按上述方法计算．在标准差σ已知，但总体不呈正态分布的情况下，由平均数抽样分布的定理 4 知，这时只要样本容量较大(一般取 n>30)，仍然用正态分布近似处理，方法同上．

2．总体标准差σ 未知的情况

总体标准差σ 已知时，样本平均数的标准记分 $Z=\dfrac{\bar{X}-\mu}{\sigma/\sqrt{n}}$ 呈标准正态分布，这样查正态分布表，找一定置信度所对应的临界值，就可方便地求出总体平均数在一定置信度下的置信区间．但当总体标准差σ未知时，要首先估计σ值．数理统计证明，样本方差 σ_X^2 的 $n/(n-1)$ 倍正好是总体方差σ^2 的无偏估计量(注意：样本标准差σ_X的 $\sqrt{n/n-1}$ 倍却不是总体标准差σ的无偏估计量)，通常用 S^2 来表示，即

$$S^2=\frac{n\sigma_X^2}{n-1}$$

开平方后，有

$$S=\sqrt{\frac{n}{n-1}}\,\sigma_X \tag{6.3}$$

当样本方差 σ_X^2 用原始数据来表示时，式(6.3)又可表示为

$$S=\sqrt{\frac{n}{n-1}}\sqrt{\frac{\sum(X-\bar{X})^2}{n}}=\sqrt{\frac{\sum(X-\bar{X})^2}{n-1}}=\sqrt{\frac{\sum X^2-(\sum X)^2/n}{n-1}} \tag{6.4}$$

这时 $\sigma_{\bar{X}}=\dfrac{\sigma}{\sqrt{n}}$ 变成

$$S_{\bar{X}}=\frac{S}{\sqrt{n}}=\frac{\sigma_X}{\sqrt{n-1}}=\sqrt{\frac{\sum(X-\bar{X})^2}{n(n-1)}}=\sqrt{\frac{\sum X^2-(\sum X)^2/n}{n(n-1)}} \tag{6.5}$$

1908 年，戈塞特(W.S.Gossett)以笔名“学生”在生物统计杂志上发表论文，文中指出：当总体标准差σ用估计值 S 来代替时，统计量$\dfrac{\bar{X}-\mu}{S_{\bar{X}}}$不再呈标准正态分布，而是呈 t 分布．这时用 t 表示，即

$$t=\frac{\bar{X}-\mu}{S_{\bar{X}}} \tag{6.6}$$

1) t 分布

(1) t 分布图形和特点. t 分布也是抽样分布中非常典型的一种分布，它的形态如图 6.1 所示. 与标准正态分布相比，t 值的取值范围也是$-\infty\sim+\infty$；平均数为 0；曲线呈单峰对称，在平均数处最高，向两侧逐渐下降，无限延伸，永不与基线相交等. 其区别在于，t 分布随自由度($df=n-1$；其意义稍后揭示)的不同而呈一簇分布不同的曲线，而(标准)正态分布只有一条. t 分布的峰狭窄尖峭，比正态分布峰低，但尾长比正态分布翘得高，在基线上分布的范围广. 从图形上看，自由度越小，峰越低，尾翘得越高，曲线分布范围越广；自由度增大时，t 分布逐渐接近正态分布，当自由度趋于无限大时，t 分布与正态分布重合.

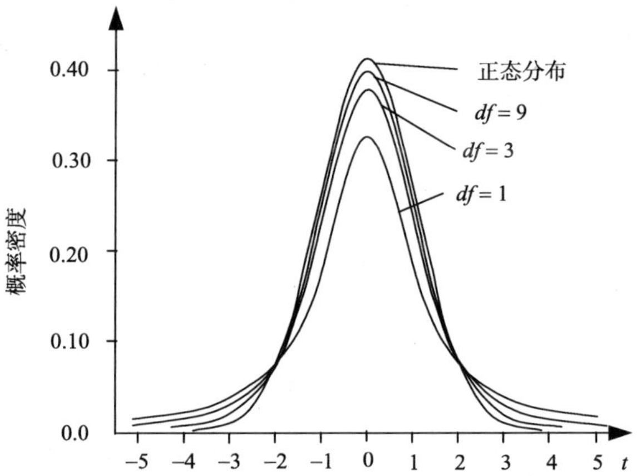

图 6.1　正态曲线与 $df=1$，3，9 的 t 分布曲线比较

为什么 t 分布会有这样独特的性质呢？比较 t 和 Z 两个统计量的形态，便不难找到答案. 当总体σ已知时，$Z=(\bar{X}-\mu)\big/(\sigma/\sqrt{n})$，由于$\mu$，$\sigma$，$n$ 都是常数，故样本平均数 $\bar{X}$ 的标准记分 Z 仅随 $\bar{X}$ 变化；而$t=(\bar{X}-\mu)\big/(S/\sqrt{n})$ 中有两个变量 $\bar{X}$ 和 S(也是样本的函数，由样本决定)，即 t 值不仅随 $\bar{X}$ 变化，还随 S 的变化而变化. 从 S 的表达式

$$S=\sqrt{\frac{n}{n-1}}\sigma_X=\sqrt{\frac{n}{n-1}}\sqrt{\frac{\sum(X-\bar{X})^2}{n}}=\sqrt{\frac{\sum(X-\bar{X})^2}{n-1}}$$

来看，S 受因子(n–1)的制约. 其实表达式中的变量，即分子上样本的 n 个离差$(X-\bar{X})$，正是只有(n–1)个可以独立变化. 像这样，在对总体参数(如总体标准差)进行估计时，参数估计量的表达式中变量值独立变化的个数，统计学上称为自由度，一般用 df 来表示. 如在用估计量 S 来代替σ时，样本平均数 $\bar{X}$ 的抽样分布就

遵从自由度 $df=n-1$ 的 t 分布.

自由度数并不总是等于 $n-1$，在以后的学习中还会遇到自由度等于 $n-2$，$n-3$ 的情况，这取决于在总体参数估计量的表达式中变量值独立变化的个数，这也是求 t 分布自由度的最基本方法. 另外，还可以根据对总体参数估计时受到限制的个数，受到几个限制，变量值独立变化的个数就是 n 减去几，自由度也就是 n 减去几. 如在总体标准差的估计中，受到 $\sum(X-\bar{X})=0$ 一个限制，所以自由度就是 $n-1$. 实际上，这一点往往在参数估计量的表达式中有反映. 如在上面 S 的表达式中，分母中就有$(n-1)$这个因子.

也有人用另外的方法求自由度，即看总体参数估计量中用了几个样本统计量，则自由度等于样本容量减几. 例如，在总体参数σ的估计量 $S=\sqrt{\sum(X-\bar{X})^2/(n-1)}$ 中，用了一个样本统计量 $\bar{X}$，则自由度等于样本容量 n 减去 1.

(2) t 分布表的编制. 从 t 值表的编制(附表 2)来看，与附表 1(正态分布表)有很大不同，这正是 t 分布与自由度有关的突出体现. 正态分布只一条，而 t 分布是一簇. 另外，t 值表的上端横行标了 $P_{(1)}$、$P_{(2)}$两种情况，这其实不是 t 分布所特有的. 在样本平均数 $\bar{X}$ 的抽样分布是正态分布时，就说总体平均数μ在 $\bar{X}\pm\dfrac{1.96\sigma}{\sqrt{n}}$ 范围的可能性为 95%，而不在这个范围的可能性为 5%；或者说有 95%的把握认定总体平均数μ在 $\bar{X}\pm\dfrac{1.96\sigma}{\sqrt{n}}$ 范围内，即作出这种结论的可靠度为 95%，犯错误的概率为 5%. 其中 0.95 概率称为置信水平，0.05 叫显著性水平. 1.96 为临界值，是说样本平均数 $\bar{X}$ 对应的标准记分 Z 在-1.96~$+1.96$ 区间内的概率为 95%. 若取形如这样的区间$-\infty<Z<$临界值或临界值$<Z<+\infty$，则临界值为多大时，Z 在这一区间的概率为 95%，而不在这一区间的概率为 5%?

寻找这样一个临界值是不困难的，只要用 0.5−0.05=0.45，然后在正态分布表的 P 值栏里找到与 0.45 最接近的数值为 0.4495，其对应的 Z 值为 1.64. 因此，就一个样本而言，其平均数的标准记分 Z 值在$-\infty<Z<1.64$ 或$-1.64<Z<+\infty$区间内的概率为 95%，而不在这一区间的概率为 5%.

寻找临界值 1.64 与 1.96 的不同在于，寻找 1.64 的时候，是用 0.5 直接减去显著性水平 0.05 求 P 值，然后在正态分布表中查找与这个 P 值相对应的 Z 值；而在找 1.96 时，是用 0.5 减去 0.025(即 0.05/2)求得 P 值，再从正态分布表中查找 Z 值的. 这从图形上看(如图 6.2 所示)表现为，在寻找 1.64 时，是把 0.05(显著性水平)放在了分布的一端(左端或右端)；而在寻找 1.96 时，是把 0.05 平均分开，放在分布的左、右两侧. 这样对不同的问题，可有不同的应用方法. 像这样，把显著性水平α值分置在分布两端的情况，在统计上叫做将α值分置于双侧；置于一端的情况叫做将α值置于单侧. t 值表中上端横行的 $P_{(1)}$就是对应α值置于单侧，$P_{(2)}$

对应α值分置于双侧的情况. 所以，在使用 t 值表时，除确定其自由度外，还要明确α值的放置是单侧还是双侧.

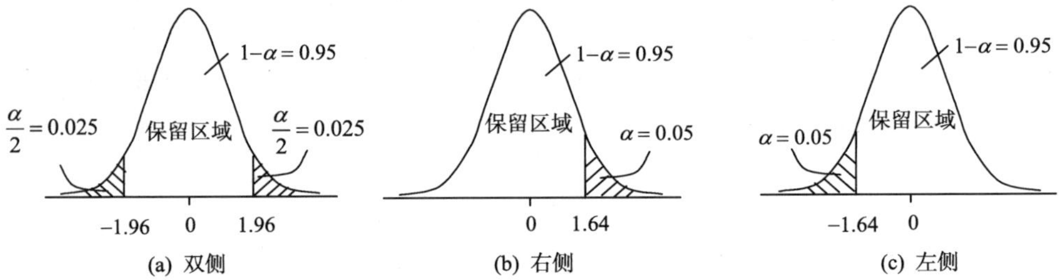

图 6.2 正态抽样分布上$\alpha = 0.05$拒绝区域(阴影部分)的三种不同位置

练习:(1) 样本平均数的标准记分Z大于(小于)多少时的概率为 99%?画图表示.

(2) 正确理解并说明将α值置于单侧或者双侧的含义.

(3) t 值表的查阅. 以α值双侧放置为例，可以看到这时显著性水平α值(即$P_{(2)}$)取相同值时的临界值随自由度的不同而变化. 如当α=0.05，即$P_{(2)}$=0.05 时，df为 1，2，5，9，30，35，40，90，500 时的临界值分别为 12.706，4.303，2.571，2.262，2.042，2.030，2.021，1.987，1.965. 可见，随着自由度df的逐渐增大，临界值逐渐减小，直到df趋于无穷大时，临界值为 1.96，与正态分布$\alpha = 0.05$时的临界值 1.96 相同. $P_{(2)}$=0.05，df=2 时，临界值为 4.303，意味着样本平均数$\overline{X}$的t值在区间(–4.303，4.303)内的概率为 95%，而作出这一判断时，犯错误的概率不会超过 5%.

当α值置于单侧时，t的临界值可以表示成$t_{(df)\alpha}$，而当α值置于双侧时则表示为$t_{(df)\alpha/2}$. 抽样分布是正态分布时，Z的临界值在α值置于单侧时可表示为Z_{α}，在α 值置于双侧时可表示为$Z_{\alpha/2}$.

2) σ未知时总体平均数的区间估计

σ未知时，总体平均数区间估计的基本原理同σ 已知时类似. 以α值分置于双侧时为例，根据

$$P\left(-t_{(df)\alpha/2} < \frac{\overline{X}-\mu}{S_{\overline{X}}} < t_{(df)\alpha/2}\right) = 1-\alpha$$

即

$$P(\overline{X} - t_{(df)\alpha/2} S_{\overline{X}} < \mu < \overline{X} + t_{(df)\alpha/2} S_{\overline{X}}) = 1-\alpha$$

可推得总体平均数在置信度或置信水平为(1−α)时的置信区间为

$$(\overline{X} - t_{(df)\alpha/2} S_{\overline{X}},\ \overline{X} + t_{(df)\alpha/2} S_{\overline{X}})$$

例如，由 $P(\bar{X}-t_{(df)0.01/2}S_{\bar{X}}<\mu<\bar{X}+t_{(df)0.01/2}S_{\bar{X}})=0.99$，可推得总体平均数 99%的置信区间为

$$(\bar{X}-t_{(df)0.01/2}S_{\bar{X}},\ \bar{X}+t_{(df)0.01/2}S_{\bar{X}})$$

例 1　从某中学初中二年级随机抽取 12 名学生，英语阅读能力得分分别为 28，32，36，22，34，30，33，25，31，33，29，26. 试估计该校初中二年级学生英语阅读能力总体平均数 95%和 99%置信区间.

解　该题中，样本容量为 12，总体标准差未知，故样本平均数的抽样分布为 t 分布，其自由度为 $df=n-1=12-1=11$. 查 t 值表，寻找自由度为 11，$P_{(2)}=0.05$ 和 $P_{(2)}=0.01$ 时的临界值分别为：$t_{(11)0.05/2}=2.201$，$t_{(11)0.01/2}=3.106$. 另外，由本例原始数据算得

$$\bar{X}=29.917,\ S=4.100,\ \sigma_X=3.926$$

因此求得该校初中二年级学生英语阅读能力总体平均数 95%和 99%置信区间分别为

$$(\bar{X}-t_{(11)0.05/2}S_{\bar{X}},\ \bar{X}+t_{(11)0.05/2}S_{\bar{X}})=(27.312,\ 32.522)$$

$$(\bar{X}-t_{(11)0.01/2}S_{\bar{X}},\ \bar{X}+t_{(11)0.01/2}S_{\bar{X}})=(26.241,\ 33.593)$$

例 2　从某年中考的物理试卷中随机抽取 102 份作为样本，算得实验题平均数是 26，标准差是 1.5，试估计实验题总体平均数的 95%和 99%置信区间.

解　由于总体标准差未知，样本容量 $n=102$，$df=101$. 查 t 值表得 $df=100$，$P_{(2)}=0.05$ 和 $P_{(2)}=0.01$ 时的临界值分别为 $t_{(100)0.05/2}=1.984$，$t_{(100)0.01/2}=2.626$. $df=101$ 时的临界值还要相应小些，对比 $Z_{0.05/2}=1.96$，$Z_{0.01/2}=2.58$. 可见这时若用正态分布来近似代替 t 分布，计算结果误差不大. 因此，该题用正态分布完成下面的计算.

由于 n 较大，$S_{\bar{X}}=\dfrac{\sigma_X}{\sqrt{n-1}}\approx\dfrac{\sigma_X}{\sqrt{n}}$，故总体平均数的 95%置信区间是

$$(\bar{X}-1.96S_{\bar{X}},\ \bar{X}+1.96S_{\bar{X}})=\left(\bar{X}-\frac{1.96\sigma_X}{\sqrt{n}},\ \bar{X}+\frac{1.96\sigma_X}{\sqrt{n}}\right)$$

$$=\left(26-1.96\times\frac{1.5}{\sqrt{102}},\ 26+1.96\times\frac{1.5}{\sqrt{102}}\right)$$

$$=(25.709,\ 26.291)$$

同理，总体平均数的 99%置信区间为

$$\left(\overline{X}-\frac{2.58\sigma_X}{\sqrt{n}},\ \overline{X}+\frac{2.58\sigma_X}{\sqrt{n}}\right)$$

$$=\left(26-2.58\times\frac{1.5}{\sqrt{102}},\ 26+2.58\times\frac{1.5}{\sqrt{102}}\right)$$

$$=(25.617,\ 26.383)$$

分析以上两题，例 1 中，样本容量 $n=12$，$P_{(2)}=0.05$ 和 $P_{(2)}=0.01$ 时的临界值分别为 $t_{(11)0.05/2}=2.201$ 和 $t_{(11)0.01/2}=3.316$，分别与正态分布时的临界值 $Z_{0.05/2}=1.96$，$Z_{0.01/2}=2.58$ 相差较大；而在例题 2 中临界值 $t_{(100)0.05/2}=1.984$，$t_{(100)0.01/2}=2.626$ 分别与 $Z_{0.05/2}=1.96$，$Z_{0.01/2}=2.58$ 相差较小. 因此，在例 2 中可以用正态分布代替 t 分布近似处理，但例 1 必须用 t 分布解答. 一般当样本容量 $n>30$ 时，t 分布接近正态分布，可用正态分布代替 t 分布近似处理.

练习：在上面两例题中，求总体平均数的单侧置信区间，并说明含义.

在上面的分析中，可以看到总体平均数的估计分为点估计和区间估计. 对总体其他参数的估计与对总体平均数的估计类似，也分为点估计和区间估计，方法原理基本相同. 点估计的实质是用一个数值去估计未知参数的真值. 它以误差的存在为前提，也不能指出正确估计的概率. 而区间估计是以样本统计量的抽样分布为依据，按一定的概率要求，推断总体相应参数所在的范围.

从总体平均数区间估计的基本原理来看，在一定可靠度上推断总体参数所在的区间时，第一，要知道与所要估计的参数相对应的样本统计量值及其抽样分布的形态；第二，求出该抽样分布的标准差，即该种统计量的标准误；第三，明确对总体参数进行估计的可靠度，并在相应形态的概率分布表中寻找与一定可靠度相对应的临界值；最后，计算出总体参数的置信区间.

在推断总体参数的置信区间时，人们当然希望置信区间小些，可靠度大些. 但在样本容量一定的情况下，这两者间是此消彼长的关系，即要想估计的把握性大点，区间就要相应变长. 若要置信区间小，而可靠度又大，只能增大样本容量，减小样本统计量抽样分布的标准差，即该统计量标准误，才能在达到一定可靠度的前提下，缩短置信区间的长度.

第三节　总体平均数的假设(显著性)检验

一、假设检验的基本问题及原理

假设检验是统计推断的另一个重要内容，它是利用样本信息，根据一定概率对总体参数或总体分布的某一假设作出是否为真的决断. 总体参数的假设检验就是对总体分布中的未知参数提出某种假设，然后利用样本所提供的信息对所提出的假设进行检验，并作出判断的过程. 它的基本问题模型，例如，某食品厂用自动打包机包装某种食品，每包质量服从平均数μ_0=100，方差σ^2=0.5 的正态分布. 某天开工后随机抽取 9 包测量，结果(单位：g)为 99.3，98.7，100.5，101.2，98.3，99.7，99.5，102.1，100.5. 问这一天自动打包机所包装的该食品每包平均质量μ是否为μ_0=100?

假设检验在解决这类问题时的基本思想是：先假设$\mu=\mu_0$，记为 H_0：$\mu=\mu_0$，称为原假设或零假设. 当然原假设可能成立也可能不成立，当原假设不成立时，μ 所能取的值称为备择假设或研究假设. 如本例中的备择假设是$\mu\neq\mu_0$，记为 H_1：$\mu\neq\mu_0$. 因此，我们提出了两个对立的假设，即 H_0：$\mu=\mu_0$，H_1：$\mu\neq\mu_0$.

在总体标准差已知时，样本平均数抽样分布的标准差 $\sigma_{\bar{X}}=\sigma/\sqrt{n}$. 因此，与总体分布比起来样本平均数更好地集中在总体平均数附近. 另外，与其他的无偏估计量相比，$\bar{X}$ 是μ的最有效的无偏估计量. 所以，通常 $\bar{X}$ 与μ应很接近，即$|\bar{X}-\mu|$通常应很小.当原假设成立时，$\mu=\mu_0$，因此$\left|\bar{X}-\mu_0\right|$也应很小. $Z=(\bar{X}-\mu_0)/(\sigma/\sqrt{n})$ 也不会很大.

从图 6.3 来看，$|\bar{X}-\mu_0|$ 很小时，即使两端阴影面积之和较大，$Z=(\bar{X}-\mu_0)/(\sigma/\sqrt{n})$ 也能落入中间空白区域(称为保留区域). 说明在平均数为 μ_0 的总体中，随机抽到平均数为 $\bar{X}$ 的样本概率较大；而当$|\bar{X}-\mu_0|$较大时，即使两端阴影面积之和较小，$Z=(\bar{X}-\mu_0)/(\sigma/\sqrt{n})$ 也落入阴影区域. 说明在平均数为 μ_0 的总体中，随机抽到平均数为 $\bar{X}$ 的样本概率较小. 这时就拒绝零假设，接受备择假设. 意思是，若总体平均数 μ 确实等于 μ_0 的话，样本平均数 $\bar{X}$ 与 μ_0 间的绝对误差$|\bar{X}-\mu_0|$不可能很大，或者说，若总体平均数 μ 确实等于 μ_0 的话，抽到平均数为 $\bar{X}$ 的样本概率不可能很小. 既然在平均数为 μ_0 的总体中，一次试验中就出现了像 $\bar{X}$ 这样的样本，它与 μ_0 的误差$|\bar{X}-\mu_0|$是如此之大，这只能说明总体平均数 μ 不等于假设值 μ_0. 这是说，对于一个发生概率很小的事件，通常认为一次试验中不会出现. 但当一次试验就出现$|\bar{X}-\mu_0|$很大或出现概率很小的 $\bar{X}$ 样本时，只能认为 $\mu=\mu_0$ 的零假设不成立.

误差$\left|\bar{X}-\mu_0\right|$多大算大？对应不同的问题有不同的规定，最常见的情况是以两端的阴影面积之和为 0.05 或 0.01 时为界限，则当$\left|\bar{X}-\mu_0\right|$大到使 $\bar{X}$ 落入阴影区域，即当抽到一个出现概率比 0.05 或者比 0.01 还要小的样本时，就拒绝零假设，接受备择假设. 因此，阴影部分又常称为拒绝区域，简称拒绝域. 而阴影面积即拒绝零假设的概率又称为显著性水平，用α表示. 因此，最常用的显著性水平有两种：α=0.05 和α=0.01. 比如，若取α=0.05，当样本平均数落入拒绝域时，则拒绝零假设，接受备择假设，得出这一结论时的可靠度是 95%，而犯错

误的概率不超过 5%. 之所以会犯错误，是因为在一次试验中出现概率比 0.05 甚至比 0.01 还要小的样本出现的概率尽管很小，但毕竟不为零. 当总体平均数确实为μ_0，而又在一次试验中确实抽到出现概率很小的样本时，依据上述规则是要拒绝零假设. 这显然就犯了错误. 所以，这里犯错误与主观因素毫无关系，无法克服. 但由于在一次试验中，抽到出现概率如此之小或$|\bar{X}-\mu_0|$如此之大的样本概率不大于阴影面积或显著性水平，也就小于 0.05 或者 0.01. 因此，犯错误的概率就不会超过 5%或者 1%.

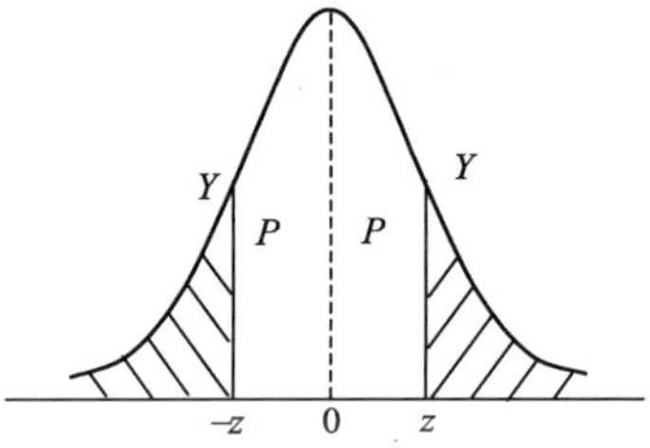

图 6.3　两端阴影面积与 Z 的关系

通常把"$\bar{X}$落入阴影区域"这样的结果(或事件)叫做小概率事件，且它发生的概率不超过α. 当$\bar{X}$落入阴影区域时，就说小概率事件发生了，这时要拒绝零假设，接受备择假设，而且可以说样本所来自的总体平均数μ与假设的总体平均数μ_0之间差异显著，即样本平均数$\bar{X}$与假设的总体平均数μ_0之间有这样大的误差或差异不是抽样误差所致，而是存在着本质差异. 或者说样本平均数$\bar{X}$与假设的总体平均数μ_0之间差异过大，从而，不能提供足够的证据证明总体平均数$\mu=\mu_0$.

应当指出，统计上所说的相等，如在零假设成立时，$\mu=\mu_0$，其确切的含义是指两者之间的差异不显著. 所以，对$\mu=\mu_0$是否成立的推断过程，实质上是对μ与μ_0间差异的显著性进行检验. 当α值越小时，样本平均数$\bar{X}$落入拒绝域，意味着样本平均数与假设的总体平均数μ_0之间的差距$|\bar{X}-\mu_0|$越大. 这时，平均数落入阴影区域的样本出现的概率越小，也就越难以拒绝零假设. 所以，这时若零假设被拒绝，则意味着样本所来自的总体平均数μ与假设的总体平均数μ_0之间的差异越显著或者差异的显著性越强. 这时可以说检验的显著性水平较高；反之，α值越大时，差异的显著性越低. 这正是将α值称为显著性水平的原因.

在零假设和备择假设这样两个对立的假设中，检验后所得的结果是接受其中一个，而且只能是其中一个，这说明这两个结果是对立事件. 在统计中具体来作推断工作时，不是平等地对待这样两个假设，而是以零假设为目标，在零假设无法接受或不得不放弃零假设时，才接受备择假设. 另外，在证明零假设的真实性的统计推断的工作中，事实上用的是反证法，或者说是一种证伪的思想方法. 与证实的思想方法中，证实了则接受，不能证实则抛弃不同，证伪是企图找反例

否定，只有不能找到反例否定时，才不得不接受下来，但保留继续找反例否定的可能. 就是说，是看零假设是否能被否定掉，当它不能被否定时，就不得不接受它；而在它被否定时，就接受备择假设. 具体方法就是看随机抽到的样本平均数 $\bar{X}$ 是否落入以假设的总体平均数 μ_0 为中心的抽样分布上的拒绝域内，当样本平均数 $\bar{X}$ 落入拒绝域时，则拒绝零假设，接受备择假设. 它的意思是说，若零假设果真成立的话，误差 $\left|\bar{X}-\mu_0\right|$ 应较小，样本平均数 $\bar{X}$ 不应落入拒绝域，但事实若在一次抽样中就抽到了误差 $\left|\bar{X}-\mu_0\right|$ 如此之大的样本，就只能认为零假设不成立. 可见，在检验 μ 与 μ_0 差异的显著性时，是通过考察误差 $\left|\bar{X}-\mu_0\right|$ 的大小来实现的，基本思想是 $\bar{X}$ 与 μ 通常很接近，这样 $\mu=\mu_0$ 成立，则 $\left|\bar{X}-\mu_0\right|$ 就应很小.

二、假设检验的基本步骤

根据以上分析，可以把假设检验的基本步骤归纳如下.

(1) 提出假设：H_0: $\mu=\mu_0$ (或 $\mu \geqslant \mu_0$；$\mu \leqslant \mu_0$)，H_1: $\mu \neq \mu_0$ (或 $\mu<\mu_0$；$\mu>\mu_0$).

(2) 将样本平均数放入以假设的总体平均数 μ_0 为中心的抽样分布上，考察 $\left|\bar{X}-\mu_0\right|$ 的大小，一般是计算以平均数标准误为单位的标准记分. 当总体标准差已知时，标准记分或统计量为 $Z=(\bar{X}-\mu_0)/\sigma_{\bar{X}}=(\bar{X}-\mu_0)/(\sigma/\sqrt{n})$，呈标准正态分布，这时假设检验称为 Z 检验. 否则，统计量 $t=(\bar{X}-\mu_0)/S_{\bar{X}}=(\bar{X}-\mu_0)/(S/\sqrt{n})$ 的抽样分布为 t 分布，检验称为 t 检验.

(3) 明确显著性水平 α 的数值及 t 分布自由度，确定相应拒绝区域的边界，即临界值.

(4) 根据实际求出统计量 Z 或 t 值是否落入拒绝域，做出接受或拒绝零假设的决断.

值得注意的是，显著性水平 α 值可以分置在两端，也可以放在一端，但对应的临界值是不同的. 实际中究竟应将 α 值分置在两端还是放在一端，要看假设检验的具体问题. 如上例中，人们只关心 μ 是否等于 μ_0，至于是大于还是小于 μ_0 并不在意. 这是说，大不能太大，小也不能太小，才会认为 μ 与 μ_0 差距不大，或者说 $\mu=\mu_0$. 这时就应把显著性水平 α 值分置在抽样分布的两端，称为双侧检验. 若把显著性水平 α 值放在一侧时，则称为单侧检验. 单侧检验又分为左侧检验和右侧检验. 至于什么时候应用左侧检验，什么时候应用右侧检验，都与检验的实际问题有关. 下面将结合具体问题详细讨论.

三、总体平均数的显著性检验

1. σ已知情况下总体平均数的显著性检验

例 3 设某异常区域磁场强度服从平均数为 56，标准差为 20 的正态分布. 现用一台新型仪器，对该区进行测量，抽测了 41 个点，其平均数 $\overline{X}=61.1$. 在显著性水平$\alpha=0.05$下，试问此仪器测出的结果是否符合要求？

解 ① 提出假设

$$H_0:\ \mu=\mu_0(=56),\qquad H_1:\ \mu\neq\mu_0$$

② 选择检验统计量，计算其值

$$Z=\frac{\overline{X}-\mu_0}{\sigma_{\overline{X}}}=\frac{\overline{X}-\mu_0}{\sigma/\sqrt{n}}=\frac{61.1-56}{20/\sqrt{41}}=1.633$$

③ 确定检验形式. 采用双侧检验. 根据显著性水平查相应的理论概率分布表，寻找相应的临界值.

本例如果在 0.05 显著性水平上作决断，正态分布两尾上的面积各为 0.025，根据 0.5–0.025=0.475 查附表 1，得左、右两侧的临界值为 $Z_{0.05/2}=\pm1.96$；如果在 0.01 显著性水平上作决断，正态分布两尾上的面积各为0.005，根据 0.5–0.005=0.495 查附表 1，得左、右两侧的临界值为 $Z_{0.01/2}=\pm2.58$.

④ 统计决断. 将实际计算出的检验统计量的值与查表寻找出来的临界值相比较，再根据统计决断规则对零假设作出保留或拒绝的决断. 双侧 Z 检验统计决断规则如表 6.1 所示，如果实际计算出的$|Z|<1.96$，表明样本统计量的值未落入拒绝区域，即等于及大于(或小于)样本统计量的概率 $P>0.05$. 其检验结果是保留零假设而拒绝备择假设. 意思是说，样本所属的总体平均数与假设的总体平均数无显著性差异. 或者说，证据不足以否定零假设.

表 6.1 双侧 Z 检验统计决断规则

$\|Z\|$与临界值的比较	P 值	检 验 结 果
$\|Z\|<1.96$	$P>0.05$	保留 H_0，拒绝 H_1
$1.96\leqslant\|Z\|<2.58$	$0.01<P\leqslant0.05$	在 0.05 显著性水平上拒绝 H_0，接受 H_1
$\|Z\|\geqslant2.58$	$P\leqslant0.01$	在 0.01 显著性水平上拒绝 H_0，接受 H_1

如果实际计算出的 $1.96\leqslant|Z|<2.58$，表明样本统计量的值在 0.05 显著性水平上落入了拒绝区域，而在 0.01 显著性水平上未落入拒绝区域，即等于及大于(或小于)样本统计量的概率 $0.01<P\leqslant0.05$. 其检验结果是在 0.05 显著性水平上拒绝零假设

而接受备择假设. 意思是说，样本所属的总体平均数与假设的总体平均数有显著性差异，下这一结论的可靠度为 95%. 常在实得的 Z 值右上角打一个星号“*”表示. 如果实际计算出的 $|Z|\geqslant 2.58$，表明样本统计量的值在 0.01 显著性水平上落入拒绝区域，即等于及大于(或小于)样本统计量的概率 $P\leqslant 0.01$. 其检验结果是在 0.01 显著性水平上拒绝零假设而接受备择假设. 意思是说，样本所属的总体平均数与假设的总体平均数有极其显著性差异，下这一结论的可靠度为 99%. 常在实得的 Z 值右上角打两个星号“**”表示.

本例实际计算出的 $|Z|=1.633<1.96$，则 $P>0.05$. 于是，在 0.05 显著性水平上保留零假设，而拒绝备择假设. 其结论为新仪器测出的结果符合要求.

例 4　某地区中考数学平均分数为 68 分，标准差为 8.6 分. 其中某所中学参加此次考试的 46 名学生的平均分数为 63 分. 过去的资料表明，该校数学成绩低于全市平均水平，问此次考试该校数学平均分数是否低于全市的平均分数?

解　①提出假设

$$H_0:\ \mu\geqslant 68,\qquad H_1:\ \mu<68.$$

②选择检验统计量并计算其值

$$Z=\frac{\bar{X}-\mu_0}{\sigma_{\bar{X}}}=\frac{\bar{X}-\mu_0}{\sigma/\sqrt{n}}=\frac{63-68}{8.6/\sqrt{46}}=-3.943$$

③确定检验形式. 由于过去的资料表明该校数学成绩低于全市平均水平，故采用左侧检验.

④统计决断. 根据表 6.2 所列的单侧 Z 检验统计决断规则，本例实际计算出的 $|Z|=3.943^{**}>2.33$，则 $P<0.01$. 于是，在 0.01 显著性水平上拒绝零假设，而接受备择假设. 其结论为，该校中考的数学平均分数确实低于全市的平均分数.

表 6.2　单侧 Z 检验统计决断规则

$\|Z\|$与临界值的比较	P 值	检验结果
$\|Z\|<1.64$	$P>0.05$	保留 H_0，拒绝 H_1
$1.64\leqslant\|Z\|<2.33$	$0.01<P\leqslant 0.05$	在 0.05 显著性水平上拒绝 H_0，接受 H_1
$\|Z\|\geqslant 2.33$	$P\leqslant 0.01$	在 0.01 显著性水平上拒绝 H_0，接受 H_1

比较单侧检验与双侧检验，可总结出以下几点.

(1) 对双侧检验而言，其零假设为 H_0：$\mu=\mu_0$(备择假设 H_1：$\mu\neq\mu_0$)，一般用于判断样本所来自的总体平均数 μ 与 μ_0 之间的差异是否显著，而不关心是大还是小. 具体方法就是看从该总体中抽得样本的平均数 $\bar{X}$ 与 μ_0 之间的关系，只要 $\bar{X}$ 与

μ_0之间的差距不是很大，就可以接受总体平均数μ与μ_0之间差异不显著的假设. 这是由于$|\bar{X}-\mu|$通常应很小. 当原假设成立时，$\mu=\mu_0$，$|\bar{X}-\mu_0|$也应很小. 比如，当$-1.96<(\bar{X}-\mu_0)/\sigma_{\bar{X}}<1.96$时，就在 0.05 显著性水平上接受零假设，认为总体平均数μ与μ_0之间没有显著差异.

在这里，判断平均数$\bar{X}$与μ_0之间关系时，人们并不关心$\bar{X}$比μ_0大还是小. 事实上，无论是大还是小，都有总体平均数μ与μ_0之间差异不显著的可能，只是要求大不能大于某一限度，小也不能小于某一限度，即依据小概率事件在一次试验中几乎不能发生的事实，若平均数与μ_0相差这么大的样本在一次抽样中出现，就认为样本所来自的总体平均数不是所假设的μ_0，或者说样本所来自的总体平均数μ与μ_0之间有显著差异.

(2) 对于单侧检验，以 H_0：$\mu \geqslant \mu_0$(这时 H_1：$\mu<\mu_0$)为例，这时用左侧检验，因为若零假设确实成立，则样本平均数也应有更大的可能比μ_0大. 但这时若抽得的样本平均数不仅比μ_0小，而且还小于一定限度，这时就会否定零假设. 它是说，如果零假设果真成立，能抽到这样一个平均数比μ_0小这么多的样本吗?这里注意到即使抽得样本平均数$\bar{X}$比μ_0小，都有可能接受零假设，即认为样本所来自的总体平均数不比μ_0低. 只是当样本平均数$\bar{X}$比μ_0小得多时，才会得出否定零假设的结论. 比如，当$Z=(\bar{X}-\mu_0)/\sigma_{\bar{X}} \leqslant -2.33$时，就在 0.01 显著性水平上拒绝零假设，接受备择假设，即样本所属总体平均数μ确低于μ_0.

(3) 至于在单侧检验时，用左侧检验还是右侧检验往往要看题目所提供的信息. 如在上面例 4 中，某地区中考数学平均分数为 68 分，其中某中学参加此次考试的 46 名学生的平均分数仅为 63 分，比全市平均水平低，且过去的资料显示该校数学成绩低于全市平均水平，本次抽样就是想检验此次成绩是否依然低于全市平均水平. 一般把直接想检验的问题放在备择假设 H_1 中，如本例提出的假设为：H_0：$\mu \geqslant 68$；H_1：$\mu<68$. 这样，证伪 H_0 只能采用左侧检验.

当然，若此次考试该校数学平均分数低于全市的平均分数，则从该校抽得样本的平均数有较大的可能比全市的平均分数低，但能否根据上述样本平均数比全市的平均分数低，就能判断此次考试该校数学平均分数低于全市的平均分数呢?这还要看上述 46 名学生的平均分数是否比该地区中考数学平均分数小很多，当小很多时，就从实际可能性上否定此次考试该校数学平均分数高于全市平均分数的结论. 而认为此次考试该校数学平均分数低于全市的平均分数. 这是说，若此次考试该校数学平均分数高于全市平均分数的话，能在一次抽样中就抽到平均数比全市平均分数低这样多的样本吗?

假设检验的反证法或证伪方法的特点体现在两个层面，一是从假设的设置来看，H_1 作为备择假设正是实际上欲证实的，是企图通过否定或证伪 H_0 来达到间

接证实 H_1 的目的，因为 H_0 与 H_1 是一对对立事件，两者中有且只有一个成立；二是在考察 H_0 能否成立时，仍然是采用了反证法或证伪方法，这就是看随机抽得的样本 $\bar{X}$ 是否落入拒绝域。当一次抽样结果就有 $\left|\bar{X}-\mu_0\right|$ 落入拒绝域时，就从实际可能性上拒绝零假设 $\mu=\mu_0$ 而接受备择假设 H_1，从而间接证实了 H_1。反之，当 $\left|\bar{X}-\mu_0\right|$ 落入保留区域，或者证据不足以否定或证伪零假设时，则接受 $\mu=\mu_0$.

2. σ未知时总体平均数的显著性检验

1) 小样本情况

例 5　某区初三物理统一测验平均分为 65，该区某校 20 份试卷的分数为：85，70，75，61，72，76，68，78，62，59，64，74，87，83，54，76，56，66，68，62. 问该校初三物理平均分与全区是否一样？

解　①提出假设

$$H_0:\ \mu=65,\qquad H_1:\ \mu\neq 65$$

②选择检验统计量并计算其值. 由于样本容量 $n=20<30$，在题设条件下，样本平均数与总体平均数的离差统计量呈 t 分布. 于是检验统计量为 $t=(\bar{X}-\mu_0)/S_{\bar{X}}$. 下面用平均数标准误估计量的三种不同形式分别计算 t 值. 由本例原始数据计算出的 $\bar{X}=69.8$，$\sigma_X=9.234$，$S=9.474$.

用 S 计算

$$t=\frac{\bar{X}-\mu_0}{S/\sqrt{n}}=\frac{69.8-65}{9.474/\sqrt{20}}=2.266$$

用σ_X计算

$$t=\frac{\bar{X}-\mu_0}{\sigma_X/\sqrt{n-1}}=\frac{69.8-65}{9.234/\sqrt{20-1}}=2.266$$

用原始数据计算

$$\sum X=1396,\qquad \sum X^2=99146$$

$$t=\frac{\bar{X}-\mu_0}{\sqrt{\dfrac{\sum X^2-(\sum X)^2/n}{n(n-1)}}}=\frac{69.8-65}{\sqrt{\dfrac{99146-1396^2/20}{20(20-1)}}}=2.266$$

三种方法计算结果完全相同. 应用时可根据情况任选一种.

③ 确定检验形式. 由于没有资料表明该校初三物理成绩是高于还是低于全区的平均水平，故采用双侧检验.

④ 统计决断. 根据 $df=n-1=19$，查附表 2，$t_{(19)0.05/2}=2.093$，$t_{(19)0.01/2}=2.861$，由于 $2.093<2.266^{*}<2.861$，按表 6.3 所示的 t 检验统计决断规则，$0.01<P<0.05$. 于是，在 0.05 显著性水平上拒绝零假设，而接受备择假设. 可在实得的 t 值右上角打一个星号“*”表示. 其结论为该校初三物理平均分与全区平均分有本质区别，或者说，它不属于平均分为 65 的总体，要比全区平均成绩高.

表 6.3　t 检验统计决断规则(双侧检验)

$\|t\|$与临界值的比较	P 值	检 验 结 果
$\|t\|<t_{(df)0.05/2}$	$P>0.05$	保留 H_0，拒绝 H_1
$t_{(df)0.05/2}\leqslant\|t\|<t_{(df)0.01/2}$	$0.01<P\leqslant0.05$	在 0.05 显著性水平上拒绝 H_0，接受 H_1
$\|t\|\geqslant t_{(df)0.01/2}$	$P\leqslant0.01$	在 0.01 显著性水平上拒绝 H_0，接受 H_1

例 6　某校上一届初一学生自学能力平均分数为 38 分，这一届初一 24 名学生自学能力平均分数为 42 分，标准差为 5.7 分，假定这一届初一学生的学习条件与上一届相同，问这一届初一学生的自学能力是否高于上一届？

解　①提出假设

$$H_0:\ \mu\leqslant 38,\qquad H_1:\ \mu>38$$

② 选择检验统计量并计算其值. 由于样本容量 $n=24<30$，在此条件下，样本平均数与总体平均数的离差统计量呈 t 分布. 其检验统计量为

$$t=\frac{\bar{X}-\mu_0}{\sigma_X/\sqrt{n-1}}=\frac{42-38}{5.7/\sqrt{24-1}}=3.365$$

③ 确定检验形式. 由题意，应采取右侧检验. 这是因为样本的 $\bar{X}$ 比 $\mu_0=38$ 低得越多越能支持 H_0. 只有 $\bar{X}$ 比 $\mu_0=38$ 不仅不低，反而还高很多时，比如高于右侧临界值时，才可能否定或证伪 H_0.

④ 统计决断. 根据 $df=n-1=23$，查附表 2 $P_{(1)}$，$t_{(23)0.05}=1.714$，$t_{(23)0.01}=2.50$，由于 $|t|=3.365^{**}>t_{(23)0.01}=2.50$，则 $P<0.01$. 于是，在 0.01 显著性水平上拒绝零假设，而接受备择假设. 在实得的 t 值右上角打两个星号“**”表示. 其结论为该校这一届初一学生的自学能力极显著地高于上一届.

2) 大样本情况

例 7　某年高考中，某市数学平均分为 60 分，现从参加此次考试的文科学生中，随机抽取 94 份试卷，算得平均分数为 58 分，标准差为 9.2 分. 问文科数学成绩与全市考生是否相同?

解　①提出假设

$$H_0:\ \mu=60,\qquad H_1:\ \mu\neq 60$$

② 选择检验统计量并计算其值. 文科学生数学高考分数假定是从正态总体抽取的样本，而总体标准差未知，样本平均数与总体平均数离差统计量呈 t 分布，但由于样本容量较大，n=94>30，t 分布接近于正态分布，故可用正态分布近似处理，即 $t=(\bar{X}-\mu_0)/S_{\bar{X}}\approx Z=(\bar{X}-\mu_0)/S_{\bar{X}}$，平均数标准误的估计量 $S_{\bar{X}}=\sigma_X\big/\sqrt{n-1}$ 中，由于样本容量较大，$n-1\approx n$.

$$Z=\frac{\bar{X}-\mu_0}{\sigma_X\big/\sqrt{n}}=\frac{58-60}{9.2\big/\sqrt{94}}=-2.108$$

③ 确定检验形式. 由于没有资料表明文科学生数学成绩是高于还是低于全市平均水平，故采用双侧检验.

④ 统计决断. 根据表 6.1 所示的双侧 Z 检验统计决断规则，由于 $1.96<2.108^*<2.58$，则 $0.01<P<0.05$. 于是，在 0.05 显著性水平上拒绝零假设，而接受备择假设. 其结论为，该市文科学生高考平均分数与全市平均分数有本质区别，或者说，它不属于平均数为 60 的总体.

在上面的推断过程中，根据问题的不同，选择了不同的检验方式，即单侧检验或双侧检验，而这又与检验中可能犯的两类错误有关.

四、统计决断的两类错误及其控制

1. 统计决断的错误类型特点

当α值确定后，若样本平均数落入拒绝域，则拒绝零假设，接受备择假设. 得出这一结论时的可靠度为$(1-\alpha)$，而犯错误的概率不会超过α. 且不会将犯错误的概率降到零. 因为，这是把小概率事件的发生作为拒绝零假设的依据，即把在一次试验中出现概率极小，但确实又在一次试验中发生了的事件，作为拒绝零假设的依据. 通常认为在一次试验中小概率事件出现的可能性是极小的，几乎是不可能出现的，所以，当随机抽取一个样本，并确实抽到了一个出现概率极小的样本时，只能认为零假设不成立. 当零假设是$\mu=\mu_0$时，结论是说总体平均数不等于假设的总体平均数μ_0，或者说该样本不是来自于平均数为μ_0的总体；认为样本所来自的总体平均数与假设的总体平均数之间差异显著；也说明该样本平均数与假设的总体平均数μ_0之间的差异，不是由抽样误差所致，而是存在着本质的差别.

由前面的分析知道，尽管小概率事件在一次试验中发生的可能性极小，但它发生的概率毕竟不为零. 因此，当小概率事件发生时，尽管$\mu=\mu_0$成立的可能性很小，但概率毕竟不为零或者果真是在一次试验中抽到了出现概率极小的样本呢?所以，当拒绝零假设时，有可能把确实为真的零假设拒绝掉，得出错误结论，而犯错误. 这种拒绝确实为真的零假设时所犯的错误，称为 I 型错误. 由于落入拒绝域的样本概率为α, 即当α值确定以后小概率事件发生的概率不会超过α, 所以，犯 I 型错误的概率也不会超过α. 因此，I 型错误又称为α型错误.

同样，接受一个不真实的零假设也会得出错误结论，而犯错误. 通常把接受一个不真实的零假设时，所犯的错误叫做 II 型错误，由于这时犯错误的概率用β来表示，故 II 型错误又叫做β型错误. 以$\mu<\mu_0$时为例，β的大小可用图 6.4 中虚线下阴影部分的面积来表示. 可见，$\alpha+\beta$可以大于 1，可以小于 1，也可以等于 1. 等于 1 时对应总体平均数μ与μ_0相等的情况. 由于计算检验统计量时，例如$Z=(\bar{X}-\mu_0)/\sigma_{\bar{X}}$，表明检验是以$\mu_0$为中心的抽样分布为依据，这时犯Ⅱ型错误的概率为$\beta$. 这是说保留区域是实曲线下的空白区域(以图 6.4 中(b)图为例，就是实曲线下除去两端阴影区域α之后的部分)，但由于实际总体的$\mu<\mu_0$，故能落入该保留区域的样本概率不会超过虚曲线下的阴影面积β. 这意味着，接受一个不真实的零假设或者犯Ⅱ型错误的概率不会超过β. 另外，比较图 6.4 中的三种情况易于发现，当$\mu<\mu_0$作为备择假设H_1时，选择左侧检验即(a)图，能在α相同的情况下，使β最小，即这时犯Ⅱ型错误的概率最小. 这与前面例 4 中选择左侧检验的分析相吻合.

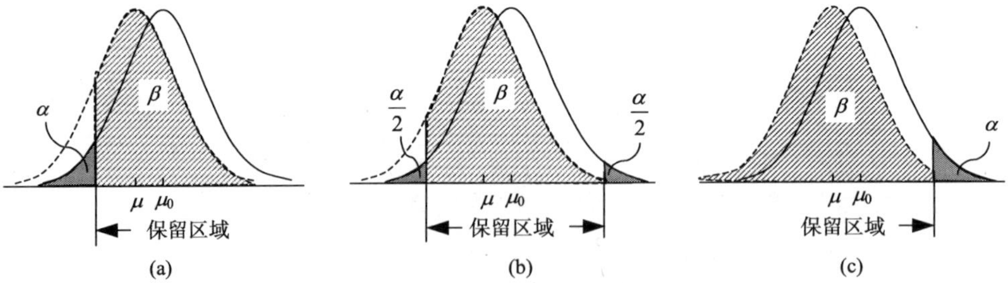

图 6.4　当$\mu<\mu_0$时α放置在单侧和双侧时带来β错误大小的不同

由于β表示接受一个不真实零假设时的概率，则$(1-\beta)$代表了拒绝一个不真实零假设的能力，人们称之为统计检验能力.

2. 控制两类错误的方法

统计推断工作中，在两类错误均无法避免的情况下，人们希望把犯两类错误的概率都降到最低. 但从图 6.4 中可见，当样本容量一定时，若α减小，β则会相应地增大，即在减小拒绝真实的零假设的机会时，则会同时增加接受不真实的零假设的可能性. 所以，同时减少犯两类错误的概率是有困难的. 但比较图 6.4 中所示的三种情况，可以发现，在事先知道μ与μ_0的大小关系时，可以通过选择合适的单侧检验方式，达到控制α和β的目的. 比如，在$\mu<\mu_0$时，采用左侧检验，就可以在α不变的情况下，减小β的数值.

当样本容量可以增大时，可通过增大样本容量达到对犯两类错误的控制. 如图 6.5 所示，当样本容量从 25 增加到 100 时，在α不变的情况下，β的数值明显减小. 而关于α值的选取，一般根据所研究问题的实际情况确定. 当拒绝一个真实的零假设后果不是太严重时，例如，应聘的人中优秀者很多，拒绝掉一些不是太优秀的关系不大，但接受一个不很优秀的则后果严重，这时可以选择较大的α值，即较低的显著性水平，以便选出那些最优秀者，同时β减小也能降低接受一个不真正优秀人选的概率. 反之，当应聘人数不够多时，应安排α小一些，使拒绝一个真实的零假设比较难，这时，接受一个不很理想的人选却会比较容易. 不过，在人才匮乏的情况下，保留下来并非十分出色的应聘者，也是不得已之举. 从某种程度上说，α小而β较大的情况，就是宁可接受一个不真实的零假设，只要别把真的错过即可. 如$\alpha=0.05$，$\alpha=0.01$等；反之，若拒绝一个真实的零假设后果十分严重时，则选择较小的α值，即较高的显著性水平，如$\alpha=0.005$，$\alpha=0.001$等.

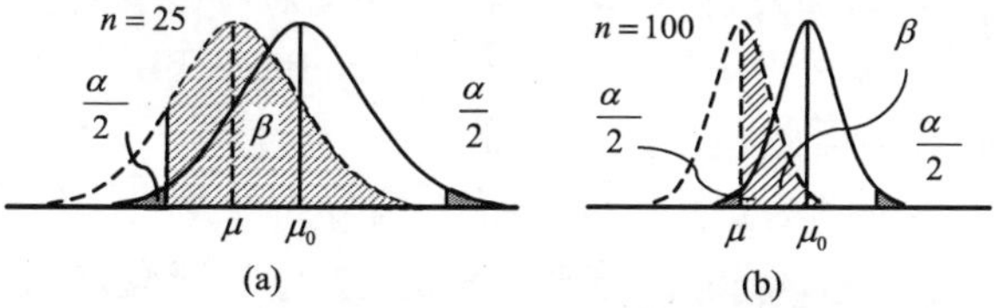

图 6.5　样本容量 n 对β错误概率的影响($\alpha=0.05$)

从本章总体平均数的推断可以看出，总体参数区间估计和假设检验都是对总体参数的统计推断. 其不同之处在于，区间估计对总体参数事先并不提出任何假设，而假设检验对总体参数事先提出一个假设值，最后看其被拒绝的机会如何，得出结论.

思考与练习

1. 举例说明什么是抽样分布. 关于平均数的抽样分布有哪些定理？
2. 什么是标准误？一组数据的标准差与平均数标准误有何区别？平均数标准误与总体标准差、样本容量有何关系？
3. 什么是总体参数的点估计和区间估计？说明两者的优、缺点.
4. t 分布和正态分布的形态有何异同点？

5. 某中学二年级语文同一试卷测验分数历年来的标准差为 10.6 分，现从今年的测验中随机抽取 10 份试卷，算得平均分为 72 分，求平均数标准误，并求此次测验 95%置信区间.
6. 某校举行一次物理测试，已知标准差$\sigma=6$，从中抽取 35 名学生，经计算得到该样本平均成绩为 81 分，试求该物理测试的平均成绩的 95%和 99%置信区间.
7. 从某市的小学四年级数学测验中抽取 52 份试卷，算得平均分数为 71.4 分，标准差为 11.3 分，求平均数标准误，并估计全市此次测验的 99%置信区间.
8. 某校随机抽取 20 名 14 岁的学生测量体重，经测算，这 20 名学生平均体重为 48.5kg，标准差为 4kg，试求该校 14 岁学生总平均体重的 95%置信区间.
9. 简述总体参数假设检验的基本原理.
10. 某校 13 岁男童跑 1000m 的平均时间为 4min 15s，三年之后该校 40 名 13 岁男童跑 1000m 的平均时间为 4min 13s，标准差为 33s，假定三年后与三年前的条件相同，问三年之后该校 13 岁男童跑 1000m 的平均时间与三年前相比是否有所提高？
11. 某市全体 7 岁男童体重平均数为 21.61kg，标准差为 2.21kg. 某小学 70 名 7 岁男童体重的平均数为 22.9kg，问该校 7 岁男童体重与该市是否一样？
12. 某区英语统一测验平均分为 67.2 分，本区重点学校 12 名学生的英语总分$\sum X=842$ X=842，$\sum X^2=63208$，根据过去的成绩知道该校英语高于全区的平均水平，问此次英语测验该校成绩是否优于全区？
13. 已知某地化学统考成绩为正态分布，总平均分为 72 分，从该市某校随机抽取学生 20 名，他们的化学统考成绩平均分为 82 分，标准差为 11 分，试问该校化学统考成绩是否明显高于该市平均成绩？
14. 对某校学生伙食费用进行调查，从中随机抽取 12 名学生，发现平均每人每星期伙食费 38.90 元，标准差为 9.75 元. 若支出服从正态分布，在α=0.01 下，问平均每名学生每星期伙食费是否为 38 元？
15. 从α和β两类错误的关系分析，为什么α与β的和不一定等于 1?
16. 影响β错误的因素有哪些?什么叫统计检验能力?
17. 简述同时控制α和β型错误的方法.

第七章　平均数差异的显著性检验

第六章里曾根据一个样本平均数，检验该样本所来自的总体平均数与假设的总体平均数之间差异的显著性．它的判断，是以从总体随机抽得样本平均数与假设的总体平均数之差，在以假设的总体平均数为中心的抽样分布上出现的概率大小为依据．这一章将根据两个样本的平均数之差来检验两相应总体平均数之差的显著性，称为总体平均数差异的显著性检验．它的判断以两个总体假设平均数相等为出发点，检验两样本平均数之差的显著性．其依据是看两样本平均数之差，在以两总体假设平均数之差(即0)为中心的两样本平均数差的抽样分布上出现的概率大小．另外，还可以根据两个样本其他统计量的差异，检验两个相应总体参数差异的显著性，统称为差异的显著性检验．

第一节　平均数差异显著性检验的基本原理

一、平均数差异假设检验的原理

平均数差异的显著性检验与总体平均数的显著性检验有相同之处．比如，当两总体平均数呈正态时，从这两个总体中随机抽出的一切可能样本平均数之差的抽样分布也呈正态分布；还可以证明这一切可能样本平均数之差的平均数等于两总体平均数之差．因此，样本平均数之差的抽样分布以两总体平均数之差为中心形成正态分布．这样，第六章的许多思想和方法这一章仍然可以使用，比如检验的统计量就仍然是 Z 或 t 统计量．但现在毕竟涉及两个总体、两个样本．两个总体或者两个样本间可能有某种关联，也可能相互独立．当两个样本相互独立时，两个样本容量可能相等，也可能不相等；两个总体方差可能一致，也可能不一致．因此，与总体平均数的显著性检验相比，平均数差异的显著性检验需要考虑的条件更多也更复杂一些．

在平均数差异的显著性检验中，人们经常面临的问题是：两个总体平均数是否相等或者它们之间的差异是否显著．如许多时候，我们并不关心两所学校的确切水平，而只想知道这两所学校的水平是否相当或差异不大．所以，这里提出的假设，是两总体平均数没有差别的零假设和有差别的备择假设，记为

$$H_0: \mu_D = \mu_1 - \mu_2 = 0\ (\text{或}\ \mu_1 = \mu_2), \qquad H_1: \mu_D = \mu_1 - \mu_2 \neq 0\ (\text{或}\ \mu_1 \neq \mu_2)$$

因此，具体的推断工作是，在以 $\mu_D = 0$ 为中心的两样本平均数差的抽样分布上考察 $\left|(\bar{X}_1 - \bar{X}_2) - 0\right|$ 的大小. 因为 $(\bar{X}_1 - \bar{X}_2) - (\mu_1 - \mu_2)$ 的绝对值通常很小，所以，当零假设成立时，$\left|(\bar{X}_1 - \bar{X}_2) - 0\right|$ 通常也应很小，即 $(\bar{X}_1 - \bar{X}_2)$ 以较大的概率集中在 0 附近两侧. 于是，当 $\left|(\bar{X}_1 - \bar{X}_2)\right|$ 较大时，该样本平均数差值在其抽样分布上出现的概率较小. 当它超过事先规定的某一界限时，上述概率小于某一个临界值，就可以依据小概率事件从实际可能性上否定零假设的成立. 认为两总体平均数有本质差异，或者说样本平均数之差不是来自于两个总体平均数之差为零的总体. 这时两个样本平均数之间的显著差异是由两个相应总体的平均数不同所致，而不是抽样误差的缘故.

二、平均数之差的抽样分布及其标准误

平均数之差的抽样分布随着两个总体方差已知或未知分别有不同的形态，应分别计算不同的统计量 Z 或 t. 并且平均数之差标准误的形式，也与两样本是相关还是独立有关. 因此，在进行平均数差异的显著性检验之前，有必要对平均数之差的标准误形式作一般性讨论. 两样本独立是指相应的两个变量之间没有关系，不互相影响. 两样本相关是指相应的两个变量间存在某种程度的线性关系，并用相关系数表示这种相关的程度. 就一般而言，两个变量独立必定不相关；但两个不相关的变量未必相互独立. 因为两个变量不相关，是指它们间不存在线性关系，但可存在其他类型的关系. 不过，当两个变量都是正态变量时，两个变量不相关和独立是等价的. 下面就两个总体方差已知或未知两种情况，分别推导标准误的表达式.

1. σ_1^2 和 σ_2^2 已知

第三章方差性质(3)曾指出：X 和 Y 是任意两个随机变量时，有

$$\sigma^2(X \pm Y) = \sigma^2(X) + \sigma^2(Y) \pm 2E[(X - \bar{X})(Y - \bar{Y})]$$

当变量 X 和 Y 相互独立时，$E[(X - \bar{X})(Y - \bar{Y})] = E(X - \bar{X})E(Y - \bar{Y}) = 0$，有

$$\sigma^2(X \pm Y) = \sigma^2(X) + \sigma^2(Y)$$

所以，对两样本平均数之差 $\bar{X}_1 - \bar{X}_2$，有

$$\sigma^2(\bar{X}_1 - \bar{X}_2) = \sigma^2(\bar{X}_1) + \sigma^2(\bar{X}_2) - 2E[(\bar{X}_1 - \mu_1)(\bar{X}_2 - \mu_2)]$$

当两个变量 X_1 和 X_2 相互独立时

$$E[(\bar{X}_1-\mu_1)(\bar{X}_2-\mu_2)]=E(\bar{X}_1-\mu_1)\ E(\bar{X}_2-\mu_2)=0,$$

则

$$\sigma^2(\bar{X}_1-\bar{X}_2)=\sigma^2(\bar{X}_1)+\sigma^2(\bar{X}_2)=\sigma_1^2/n_1+\sigma_2^2/n_2 \tag{7.1}$$

(参考第六章抽样分布定理 2)其中σ_1^2和σ_2^2分别为两个样本所属总体的方差. 若令$D=X_1-X_2$，$\bar{D}=\bar{X}_1-\bar{X}_2$. 则两个样本平均数之差的抽样分布的标准差即平均数之差的标准误可表示为$\sigma_{\bar{D}}$，对独立样本有

$$\sigma_{\bar{D}}=\sigma(\bar{X}_1-\bar{X}_2)=\sqrt{\sigma_1^2/n_1+\sigma_2^2/n_2} \tag{7.2}$$

当样本相关时，令$\mathrm{cov}=E[(X_1-\mu_1)(X_2-\mu_2)]$，称为变量$X_1$和$X_2$间的协相关，则当$\sigma_1$，$\sigma_2$存在时，称$r=E[(X_1-\mu_1)(X_2-\mu_2)]/\sigma_1\sigma_2$为变量$X_1$和$X_2$间的相关系数. 与此类似，称$\mathrm{cov}=E[(\bar{X}_1-\mu_1)(\bar{X}_2-\mu_2)]$为变量$\bar{X}_1$和$\bar{X}_2$间的协相关，则当$\sigma_1$，$\sigma_2$存在时，称

$$r=\frac{E[(\bar{X}_1-\mu_1)(\bar{X}_2-\mu_2)]}{\left(\sigma_1/\sqrt{n_1}\right)\left(\sigma_2/\sqrt{n_2}\right)}$$

为两样本平均数$\bar{X}_1$和$\bar{X}_2$间的相关系数. 这时，标准误的形式为

$$\sigma_{\bar{D}}=\sigma(\bar{X}_1-\bar{X}_2)=\sqrt{\frac{\sigma_1^2}{n_1}+\frac{\sigma_2^2}{n_2}-2r\frac{\sigma_1}{\sqrt{n_1}}\frac{\sigma_2}{\sqrt{n_2}}} \tag{7.3}$$

2. σ_1^2和σ_2^2未知

σ_1^2和σ_2^2未知时，σ_1^2和σ_2^2应分别用它们的无偏估计量S_1^2和S_2^2来代替. 因此，两样本平均数之差的标准误在样本独立和样本相关时分别为

$$S_{\bar{D}}=\sqrt{\frac{S_1^2}{n_1}+\frac{S_2^2}{n_2}} \tag{7.4}$$

$$S_{\bar{D}}=\sqrt{\frac{S_1^2}{n_1}+\frac{S_2^2}{n_2}-2r\frac{S_1}{\sqrt{n_1}}\frac{S_2}{\sqrt{n_2}}} \tag{7.5}$$

若用$\sigma_{X_1}^2$和$\sigma_{X_2}^2$分别表示两样本的方差，n_1，n_2为两样本容量，则

$$\sigma_{X_1}^2=\frac{\sum(X_1-\bar{X}_1)^2}{n_1}=\frac{\sum X_1^2}{n_1}-\left(\frac{\sum X_1}{n_1}\right)^2$$

$$\sigma_{X_2}^2=\frac{\sum(X_2-\bar{X}_2)^2}{n_2}=\frac{\sum X_2^2}{n_2}-\left(\frac{\sum X_2}{n_2}\right)^2$$

利用公式(6.3)和式(6.4)，则式(7.4)与式(7.5)又可分别表示为

$$S_{\bar{D}}=\sqrt{\frac{S_1^2}{n_1}+\frac{S_2^2}{n_2}}=\sqrt{\frac{\sigma_{X_1}^2}{n_1-1}+\frac{\sigma_{X_2}^2}{n_2-1}}=\sqrt{\frac{\sum X_1^2-\left(\sum X_1\right)^2/n_1}{n_1(n_1-1)}+\frac{\sum X_2^2-\left(\sum X_2\right)^2/n_2}{n_2(n_2-1)}} \tag{7.6}$$

$$S_{\bar{D}}=\sqrt{\frac{S_1^2}{n_1}+\frac{S_2^2}{n_2}-2r\frac{S_1}{\sqrt{n_1}}\frac{S_2}{\sqrt{n_2}}}=\sqrt{\frac{\sigma_{X_1}^2}{n_1-1}+\frac{\sigma_{X_2}^2}{n_2-1}-2r\frac{\sigma_{X_1}\sigma_{X_2}}{\sqrt{n_1-1}\sqrt{n_2-1}}} \tag{7.7}$$

由于两个变量独立时，协方差等于 0，即

$$\mathrm{cov}=E[(X_1-\mu_1)(X_2-\mu_2)]=E(X_1X_2)-\mu_1\mu_2=E(X_1)E(X_2)-\mu_1\mu_2=0$$

所以，相关系数 $r=0$. 但是由 $r=0$ 却不能保证两个变量相互独立. 实际上，相关关系只表征两个变量之间是否存在线性关系，而相互独立是说两个变量之间不仅不存在线性关系，而且也不存在任何非线性关系.

第二节　相关样本平均数差异的显著性检验

就一般而言，相关样本是指在两变量成线性关系的总体中，随机抽取个体所组成的样本. 这里所说的相关样本一般是指以下两种特殊情况之一：

(1) 用同一组测试项目对同一组被试在实验处理前、后进行两次测验，所获得的两组测验结果. 前、后两组测验数据成对出现.

(2) 根据某些条件基本相同的原则，把被试一一匹配成对，然后将每对被试随机地分入实验组和对照组，对两组被试施行不同的实验处理之后，用同一组测试项目所获得的测验结果. 因为实验组和对照组中的每对被试，各方面条件基本相同，可以近似看作同一个被试. 对它们施行不同的实验处理之后，对同一个测验的得分，类似于同一个被试在实验前、后对同一组测试项目的两次得分. 因此，这时所获得的样本也视为相关样本.

今后在提到相关样本时，均指这两种情况之一. 因此，我们所处理的相关样本，两样本数据都是成对出现，即总有两样本容量相等：$n_1=n_2$. 实践表明，这时，两变量 X_1 和 X_2 间的相关系数与两个样本平均数 $\bar{X}_1$ 和 $\bar{X}_2$ 间的相关系数一样. 于是，式(7.3)、式(7.5)和式(7.7)可分别简化为

$$\sigma_{\bar{D}}=\sqrt{\frac{\sigma_1^2}{n}+\frac{\sigma_2^2}{n}-2r\frac{\sigma_1\sigma_2}{n}} \tag{7.8}$$

$$S_{\bar{D}}=\sqrt{\frac{S_1^2}{n}+\frac{S_2^2}{n}-2r\frac{S_1S_2}{n}} \tag{7.9}$$

$$S_{\bar{D}}=\sqrt{\frac{\sigma_{X_1}^2}{n-1}+\frac{\sigma_{X_2}^2}{n-1}-2r\frac{\sigma_{X_1}\sigma_{X_2}}{n-1}} \tag{7.10}$$

其中 r 为两变量 X_1 和 X_2 间的相关系数.

一、两个总体方差 σ_1^2 和 σ_2^2 均已知的情形

例 1　某幼儿园在儿童入园时对 45 名儿童进行了比奈(A.Binet，1857~1911)智力测验($\sigma=16$)，结果平均智商 $\bar{X}_1=104$ ，一年后再对同组被试施测，结果 $\bar{X}_2=110$. 已知两次测验结果的相关系数 r=0.72，问能否说随着年龄增长和一年的教育，儿童智商有了显著提高?

解　①提出假设

$$H_0:\ \mu_2-\mu_1(=\mu_D)\leqslant 0\,(\mu_2\leqslant\mu_1);\ H_1:\ \mu_2-\mu_1(=\mu_D)>0\,(\mu_2>\mu_1).$$

② 计算统计量. 由于前、后两次智力测验的标准差均为 $\sigma=16$，且儿童智商分布服从正态分布，故用 Z 统计量，具体计算如下：

$$\sigma_{\bar{D}}=\sqrt{\frac{\sigma_1^2}{n}+\frac{\sigma_2^2}{n}-2r\frac{\sigma_1\sigma_2}{n}}=\sqrt{\frac{16^2+16^2-2\times 0.72\times 16^2}{45}}=1.78$$

$$Z=\frac{\bar{D}-\mu_D}{\sigma_{\bar{D}}}=\frac{(\bar{X}_2-\bar{X}_1)-0}{\sigma_{\bar{D}}}=\frac{110-104}{1.78}=3.37$$

③ 确定检验形式. 根据题意，选择单侧检验的形式，并用右侧检验.

④ 统计决断. 查得显著性水平 α=0.01 时的临界值为 $Z_{0.01}$=2.33，本题结果 $Z=3.37^{**}>2.33$，则 $P<0.01$. 因此，在 0.01 显著性水平上拒绝零假设，接受备择假设，认为一年后儿童智商有了极显著的提高.

二、两个总体方差 σ_1^2 和 σ_2^2 均未知的情形

当两个总体方差 σ_1^2 和 σ_2^2 均未知时，除用式(7.9)或式(7.10)来计算标准误以外，又由于

$$\sigma_D^2=E[(X_1-X_2)-(\bar{X}_1-\bar{X}_2)]^2=\sigma_{X_1}^2+\sigma_{X_2}^2-2r\sigma_{X_1}\sigma_{X_2}$$

$$=E(D-\bar{D})^2=E(D^2)-\bar{D}^2=\sum D^2/n-\left(\sum D/n\right)^2$$

所以，利用(6.3)和(6.5)两式可得两样本平均数差的标准误

$$S_{\bar{D}}=\sqrt{\frac{\sum D^2-\left(\sum D\right)^2/n}{n(n-1)}} \tag{7.11}$$

这里把平均数差 $D=X_1-X_2$ 看作整体，当作一个变量处理，从而在两样本数据成对出现的情况下，使问题大为简化. 另外用式(7.11)计算标准误还可以避免计算两变量间的相关系数. 今后处理的相关样本均属于两样本数据成对出现的情况，故式(7.11)是一个十分重要的计算样本平均数之差标准误的公式.

例 2　为了确定物理教学中两种教学方法是否有显著性差异，根据学生的知识基础、努力程度、智力水平等因素基本相同的原则，将学生配成 15 对，然后把每对学生随机地分入实验组和对照组. 实验组施行实验探究式教学法，而对照组施行课堂演示实验的讲授方式进行教学，后期统一测验结果如表 7.1 所示. 问两种教学方法教学效果有无显著性差异?

表 7.1　两种教学方法测验分数差异的检验

序号	实验组 X_1	对照组 X_2	差数值 $D=X_1-X_2$	差数值平方 D^2
1	89	82	7	49
2	65	52	13	169
3	70	72	−2	4
4	93	76	17	289
5	72	74	−2	4
6	91	80	11	121
7	81	63	18	324
8	77	62	15	225
9	84	85	−1	1
10	73	64	9	81
11	90	86	4	16
12	78	69	9	81
13	63	72	−9	81
14	82	81	1	1
15	89	67	22	484
总和	$1197=\sum X_1$	$1085=\sum X_2$	$112=\sum D$	$1930=\sum D^2$

解　若两种教学方法没有本质区别或者教学效果相同，则每对学生的测验分数之差 $D=X_1-X_2$ 的总体平均数应当等于 0. 这时若两组测验分数的差数不等于 0，则仅仅是由于抽样误差所致. 于是，两种教学方法差异的显著性检验如下.

① 提出假设

$$H_0: \mu_1 = \mu_2 \quad (\text{或} \mu_D = 0)$$

$$H_1: \mu_1 \neq \mu_2 \quad (\text{或} \mu_D \neq 0)$$

② 计算统计量. 两种教学方法的测验得分可假定是从两个正态总体中抽出的相关样本，它们差数的总体也呈正态分布. 但由于两个总体的标准差未知，且样本容量 n=15<30，为小样本，于是样本平均数之差的标准误可用式(7.11)计算，有

$$S_{\bar{D}} = \sqrt{\frac{\sum D^2 - \left(\sum D\right)^2 / n}{n(n-1)}} = \sqrt{\frac{1930 - 112^2/15}{15(15-1)}} = 2.282$$

其检验统计量为

$$t = \frac{\bar{D} - \mu_D}{S_{\bar{D}}} = \frac{\bar{D} - 0}{S_{\bar{D}}}$$

由表中数据可得，$\bar{D} = \sum D / n = 112/15 = 7.47$ ，所以

$$t = \frac{\bar{D} - \mu_D}{S_{\bar{D}}} == \frac{7.47 - 0}{2.282} = 3.273$$

③ 确定检验形式. 由题意，采用双侧检验.

④ 统计决断. 根据自由度 $df=n-1=15-1=14$，查 t 值表(附表 2)双侧界限 $P_{(2)}$ 得：$t_{(14)0.05/2}=2.145$，$t_{(14)0.01/2}=2.977$. 由于实际计算出来的 $t=3.273^{**}>2.977=t_{(14)0.01/2}$，则 $P<0.01$. 根据 t 检验统计决断规则，在 0.01 显著性水平上拒绝零假设，而接受备择假设. 可得出结论：实验探究式教学方法与讲授式教学方法有极显著的差异. 由于实验探究式教学方法的平均分数高于讲授式教学方法的平均分数，所以，实验探究式教学方法要优于讲授式教学方法(为什么)？.

例 3 由 32 名初二学生组成的物理课外活动小组，经过一个月的课外活动训练，活动前后对其动手能力和实验设计操作能力进行综合测验，结果如表 7.2 所示. 问一个月的课外活动训练有无显著效果?

解 ①提出假设

$$H_0: \mu_1 \geqslant \mu_2 \quad (\mu_D \geqslant 0); \qquad H_1: \mu_1 < \mu_2 \quad (\mu_D < 0)$$

② 计算检验统计量. 活动前、后测验得分假定是从两个正态总体中抽出的相

关样本，那么差数的总体也呈正态分布，而两个总体的标准差未知，但因 n=32>30，故可用 Z 分布近似处理，计算其值为

$$Z=\frac{\overline{D}-0}{\sqrt{\frac{\sum D^2-\left(\sum D\right)^2/n}{n(n-1)}}}$$

代入数据计算得

$$Z=\frac{(-69)/32}{\sqrt{\frac{345-(-69)^2/32}{32(32-1)}}}=-4.848$$

③ 确定检验形式. 根据题意选择单侧检验，并用左侧检验.

④ 统计决断. 查附表 1，得 $Z_{0.05}$=1.64，$Z_{0.01}$=2.33. 该题中，$|Z|=4.848^{**}>2.33$，则 $P<0.01$. 于是，在 0.01 显著性水平上拒绝零假设，而接受备择假设. 或者说一个月的活动有极显著的效果.

表 7.2　学生物理课外活动训练效果的检验

序号	活动前 X_1	活动后 X_2	差数 $D=X_1-X_2$	差数平方 D^2	序号	活动前 X_1	活动后 X_2	差数 $D=X_1-X_2$	差数平方 D^2
1	79	80	−1	1	17	65	67	−2	4
2	67	71	−4	16	18	83	82	1	1
3	82	89	−7	49	19	76	79	−3	9
4	74	72	2	4	20	84	87	−3	9
5	90	94	−4	16	21	66	70	−4	16
6	81	80	1	1	22	88	86	2	4
7	87	85	2	4	23	81	81	0	0
8	73	78	−5	25	24	74	77	−3	9
9	76	79	−3	9	25	62	64	−2	4
10	69	73	−4	16	26	77	78	−1	1
11	84	87	−3	9	27	79	79	0	0
12	60	64	−4	16	28	80	86	−6	36
13	68	69	−1	1	29	85	90	−5	25
14	79	78	1	1	30	89	91	−2	4
15	86	88	−2	4	31	91	90	1	1
16	72	77	−5	25	32	71	76	−5	25
总和	$\sum X_1$=2478		$\sum X_2$=2547		总和	$\sum D$=−69		$\sum D^2$=345	

讨论：该题用 t 分布直接处理时，查附表2，得 $t_{(31)0.05}=1.696$，$t_{(31)0.01}=2.453$. $|t|=4.848^{**}>2.453$，同样有 $P<0.01$. 所以，结论与用 Z 分布处理时结论相同. 说明当样本容量大于 30 时，用 Z 分布代替 t 分布近似处理问题是可行的.

第三节　独立样本平均数差异的显著性检验

一、两个总体方差 σ_1^2 和 σ_2^2 均已知的情形

两个总体方差均已知时，无论样本容量大小，用 Z 统计量，并用式(7.2)计算标准误.

例 4　从某地区的六岁儿童中随机抽取男生 30 人测量身高，平均为 $\bar{X}_1=114\text{ cm}$；抽取女生 27 人平均身高 $\bar{X}_2=112.5\text{ cm}$，根据以往积累资料，该地区六岁男童身高的标准差 $\sigma_1=5\text{ cm}$，女童身高的标准差 $\sigma_2=6.5\text{ cm}$，能否根据这一次抽样测量的结果得出“该地区六岁男女儿童身高有显著差异”的结论?

解　①提出假设

$$H_0:\mu_1=\mu_2\ ,\quad H_1:\mu_1\neq\mu_2$$

② 计算统计量，根据式(7.2)

$$\sigma_{\bar{D}}=\sqrt{\frac{\sigma_1^2}{n_1}+\frac{\sigma_2^2}{n_2}}=\sqrt{\frac{5^2}{30}+\frac{6.5^2}{27}}=1.55$$

$$Z=\frac{\bar{X}_1-\bar{X}_2}{\sigma_{\bar{D}}}=\frac{114-112.5}{1.55}=0.97$$

③ 确定检验形式. 用双侧检验.

④ 统计决断. 由于实际 $Z=0.97<1.96$，$P>0.05$. 说明：该地区男女儿童身高差异不显著.

二、两个总体方差 σ_1^2 和 σ_2^2 均未知的情形

1. 大样本

如果两个总体方差均未知，则样本平均数之差的标准误用式(7.4)或式(7.6)计算. 考虑大样本时，样本容量是否减 1 对结果影响不大，故有

$$S_{\bar{D}}=\sqrt{\frac{\sigma_{X_1}^2}{n_1-1}+\frac{\sigma_{X_2}^2}{n_2-1}}\approx\sqrt{\frac{\sigma_{X_1}^2}{n_1}+\frac{\sigma_{X_2}^2}{n_2}}\tag{7.12}$$

而检验统计量用 Z，为

$$Z=\frac{\overline{X}_1-\overline{X}_2}{S_{\overline{D}}}$$

例 5 高一学生语文测验成绩如表 7.3 所示，问男、女生语文测验成绩有无显著性差异?

表 7.3 高一男女生语文测验结果

性别	人数 n	平均数 $\overline{X}$	总体标准差估计 S	样本标准差 σ_X
男	180	76.2	11.53	11.50
女	160	78.2	10.53	10.50

解 ①提出假设

$$H_0:\mu_1=\mu_2\,; \qquad H_1:\mu_1\neq\mu_2$$

②计算统计量．根据式(7.4)得

$$S_{\overline{D}}=\sqrt{\frac{S_1^2}{n_1}+\frac{S_2^2}{n_2}}=\sqrt{\frac{11.53^2}{180}+\frac{10.53^2}{160}}=1.196$$

$$Z=\frac{\overline{X}_1-\overline{X}_2}{S_{\overline{D}}}=\frac{76.2-78.2}{1.196}=-1.672$$

③采用双侧检验形式.

④统计决断．根据双侧 Z 检验统计决断规则，本例实际计算出的 $|Z|=1.672<1.96$，则 $P>0.05$．于是，在 0.05 显著性水平上保留零假设而拒绝备择假设．其结论为高一男女生语文测验成绩无显著性差异.

2．小样本

1) σ_1^2 和 σ_2^2 未知，但相等($\sigma_1^2=\sigma_2^2=\sigma^2$)时

若两总体方差未知，但经方差齐性检验(参考本章第四节)表明两总体方差一致时，平均数之差的标准误用式(7.4)计算，有

$$S_{\overline{D}}=\sqrt{\frac{S_1^2}{n_1}+\frac{S_2^2}{n_2}}=\sqrt{S^2\left(\frac{1}{n_1}+\frac{1}{n_2}\right)} \tag{7.13}$$

其中 S^2 为两总体方差 σ^2 的估计量，可用两个样本的汇合方差来计算，表示为

$$S^2 = \frac{(n_1-1)S_1^2+(n_2-1)S_2^2}{(n_1-1)+(n_2-1)} = \frac{(n_1-1)S_1^2+(n_2-1)S_2^2}{n_1+n_2-2} \tag{7.14}$$

或者

$$S^2 = \frac{n_1\sigma_{X_1}^2+n_2\sigma_{X_2}^2}{(n_1-1)+(n_2-1)} = \frac{n_1\sigma_{X_1}^2+n_2\sigma_{X_2}^2}{n_1+n_2-2} \tag{7.15}$$

用原始数据时，有

$$S^2 = \frac{\sum(X_1-\bar{X}_1)^2+\sum(X_2-\bar{X}_2)^2}{(n_1-1)+(n_2-1)} = \frac{\sum X_1^2-\left(\sum X_1\right)^2\Big/n_1+\sum X_2^2-\left(\sum X_2\right)^2\Big/n_2}{n_1+n_2-2} \tag{7.16}$$

这时的检验统计量用 t

$$t = \frac{\bar{X}_1-\bar{X}_2}{S_{\bar{D}}} \tag{7.17}$$

上面的计算中应注意以下两点：

(1) 两个总体方差齐性，又叫一致，有时也说成相等，但这里的相等一般不是严格意义上的一点不差，或是都等于同一个数值. 实际上，当两个总体方差没有显著差异时，通常就说两个总体方差齐性或者两个总体方差一致或者两个总体方差相等. 也正因为这样，我们才用汇合方差来表示两个总体的所谓共同的方差 S^2. 因为尽管两个总体方差齐性，可以用 S_1^2，S_2^2 中的任何一个来代替 S^2，但由于一般 S_1^2 与 S_2^2 并不严格相等，用 S_1^2，S_2^2 中的任何一个来代替 S^2 时，都不一定能产生较小的误差，所以，用汇合方差来表示两个总体的共同方差 S^2 最为合理. 从式(7.14)容易看出，汇合方差实质上是 S_1^2，S_2^2 分别以自由度(n_1−1)和(n_2−1)为权重的加权平均.

(2) 当两个样本容量较大，而方差相差不大时，在平均数差异显著性检验之前不必对两个总体方差进行齐性检验，可以直接用公式(7.4)或式(7.6)计算平均数之差的标准误，然后用 Z 统计量进行平均数差异显著性检验. 但当两个样本容量较小时，在平均数差异显著性检验之前，先要对两个总体方差进行齐性检验. 若检验结果为齐性，才可用汇合方差求平均数之差的标准误.

例 6　从高一年级随机抽取两个小组，在物理教学中实验组和对照组分别采用两种内容相当及各方面要求基本一致的教材，后期统一测验结果如表 7.4 所示，问两种教材对学生成绩是否有显著性差异?

表 7.4 以原始数据检验实验组和对照组物理平均分数差异显著性用表

序号	实验组 X_1	对照组 X_2	X_1^2	X_2^2
1	64	60	4096	3600
2	58	59	3364	3481
3	65	57	4225	3249
4	56	41	3136	1681
5	58	38	3364	1444
6	45	52	2025	2704
7	55	46	3025	2116
8	63	51	3969	2601
9	66	49	4356	2401
10	69		4761	
总和	599	453	36321	23277

解 ①提出假设

$$H_0: \mu_1 = \mu_2 , \qquad H_1: \mu_1 \neq \mu_2$$

② 计算统计量．两组物理测验分数假定是从两个正态总体随机抽出的独立样本，而两个相应总体标准差为未知，经方差齐性检验(如第四节例 8 所示)两个总体方差相等，两个样本容量都小于 30，故采用 t 检验．根据式(7.16)、式(7.13)及式(7.17)得

$$S^2 = \frac{\sum X_1^2 - \left(\sum X_1\right)^2 / n_1 + \sum X_2^2 - \left(\sum X_2\right)^2 / n_2}{n_1 + n_2 - 2}$$

$$= \frac{36321 - 599^2/10 + 23277 - 453^2/9}{10 + 9 - 2} = 53.9353$$

$$t = \frac{\bar{X}_1 - \bar{X}_2}{S_{\bar{D}}} = \frac{\bar{X}_1 - \bar{X}_2}{\sqrt{S^2(1/n_1 + 1/n_2)}} = \frac{599/10 - 453/9}{\sqrt{53.9353(1/10 + 1/9)}} = 2.836$$

③ 确定检验形式．采用双侧检验．

④ 统计决断 $df=n_1+n_2-2=10+9-2=17$，查 t 值表 $P_{(2)}$ 得 $t_{(17)0.01/2}=2.898$，$t_{(17)0.05/2}=2.110$．由于实际计算出：$2.110<|t|=2.836^{*}<2.898$，即 $0.01<P<0.05$．所以，根据表 7.5 所列的 t 检验统计决断规则，在 0.05 显著性水平上拒绝零假设而接受备择假设．其结论为：高一物理的两种教材对学生成绩有显著差异．

表 7.5　双侧 t 检验统计决断规则

$\|t\|$与临界值的比较	P 值	显著性
$\|t\|<t_{(df)0.05/2}$	$P>0.05$	不显著
$t_{(df)0.05/2}\leqslant\|t\|<t_{(df)0.01/2}$	$0.01<P\leqslant0.05$	显著(*)
$\|t\|\geqslant t_{(df)0.01/2}$	$P\leqslant0.01$	极其显著(**)

2) σ_1^2 和 σ_2^2 未知又不等($\sigma_1^2 \neq \sigma_2^2$)时

当两个总体方差未知且不相等时，总体平均数差异的显著性要用校正的 t' 统计量来检验，它是柯克兰(Cochran)与柯克斯(Cox)于 1957 年介绍的，在这一条件下最常用的一种检验方法. 具体步骤如下：

(1) 计算 t' 统计量

$$t' = \frac{\bar{X}_1 - \bar{X}_2}{\sqrt{\dfrac{S_1^2}{n_1} + \dfrac{S_2^2}{n_2}}} = \frac{\bar{X}_1 - \bar{X}_2}{\sqrt{\dfrac{\sigma_{X_1}^2}{n_1 - 1} + \dfrac{\sigma_{X_2}^2}{n_2 - 1}}} \tag{7.18}$$

或者用原始数据来表示为

$$t' = \frac{\bar{X}_1 - \bar{X}_2}{\sqrt{\dfrac{\sum X_1^2 - \left(\sum X_1\right)^2 / n_1}{n_1(n_1 - 1)} + \dfrac{\sum X_2^2 - \left(\sum X_2\right)^2 / n_2}{n_2(n_2 - 1)}}} \tag{7.19}$$

(2) 计算 t' 在显著性水平为 α 时的临界值，以单侧检验为例，则

$$t'_\alpha = \frac{(S_1^2/n_1)\cdot t_{(df_1)\alpha} + (S_2^2/n_2)\cdot t_{(df_2)\alpha}}{S_1^2/n_1 + S_2^2/n_2} \tag{7.20}$$

这实际上又是一个加权平均的例子.

(3) 最后，据 t' 统计检验的规则得出结论.

例 7　现有 25 名学生年龄相同，其中 18 人属父母常年在外打工的所谓留守子女，7 人属有父母或者父母一方在家的子女，他们学习成绩得分如表 7.6 所示，问留守子女与有父母在家或父母一方在家学生的学习成绩间是否有显著差异?

表 7.6　留守和有父母在身边子女成绩差异显著性检验

序号	X		X^2	
	留守子女	有父母在身边子女	留守子女	有父母在身边子女
1	19	33	361	1089
2	24	28	576	784
3	10	30	100	900
4	32	34	1024	1156
5	6	29	36	841
6	21	36	441	1296
7	20	33	400	1089
8	26		676	
9	12		144	
10	3		9	
11	25		625	
12	27		729	
13	14		196	
14	22		484	
15	23		529	
16	8		64	
17	11		121	
18	27		729	
总和	330	223	7244	7155

解 ①提出假设

$$H_0: \mu_1 = \mu_2, \qquad H_1: \mu_1 \neq \mu_2$$

② 计算统计量. 两部分学生学习成绩得分，可以假定是从两个正态总体随机抽出的独立样本，经方差齐性检验(第四节例 9)，两个总体方差不相等，则需用矫正的 t'统计量进行检验. 将留守子女得分的 $S_1 = 8.381$，和有父母在身边学生的 $S_2 = 2.911$，以及表 7.6 中的有关数据代入公式(7.19)得

$$t' = \frac{330/18 - 223/7}{\sqrt{\dfrac{7244 - 330^2/18}{18(18-1)} + \dfrac{7155 - 223^2/7}{7(7-1)}}} = -5.981$$

③ 统计决断. 根据式(7.20)计算 0.05 显著性水平 t'临界值(双侧)的近似值：

$$t'_{0.05/2}=\frac{(S_1^2/n_1)\cdot t_{(df_1)0.05/2}+(S_2^2/n_2)\cdot t_{(df_2)0.05/2}}{S_1^2/n_1+S_2^2/n_2}$$

由于 $df_1=n_1-1=18-1=17$，$df_2=n_2-1=7-1=6$，查 t 值表，分别找到 $t_{(17)0.05/2}=2.110$，$t_{(6)0.05/2}=2.447$，将有关数据代入上式，得 $t'_{0.05/2}=2.190$. 再计算 0.01 显著性水平 t' 临界值的近似值(双侧). 查 t 值表，分别找到 $t_{(17)0.01/2}=2.898$，$t_{(6)0.01/2}=3.707$，所以

$$t'_{0.01/2}=\frac{(S_1^2/n_1)\cdot t_{(df_1)0.01/2}+(S_2^2/n_2)\cdot t_{(df_2)0.01/2}}{S_1^2/n_1+S_2^2/n_2}=3.090$$

根据表 7.7 所示的 t'检验统计决断规则，由于$|t'|=5.981^{**}>3.090=t'_{0.01/2}$，即 $P<0.01$. 于是，在 0.01 显著性水平上拒绝零假设而接受备择假设. 其结论为：有父母在身边的学生学习成绩优于留守子女，差异达到极其显著性水平.

表 7.7　t′ 检验统计决断规则(双侧检验)

$\lvert t'\rvert$与临界值的修正值比较	P 值	显著性
$\lvert t'\rvert < t'_{0.05/2}$	$P>0.05$	不显著
$t'_{0.05/2} \leqslant \lvert t'\rvert < t'_{0.01/2}$	$0.01<P\leqslant 0.05$	显著(*)
$\lvert t'\rvert \geqslant t'_{0.01/2}$	$P\leqslant 0.01$	极其显著(**)

就独立样本平均数差异的显著性检验而言，两个样本的容量可以各取大小不同的数值. 但尽管这样，由前面的分析计算可知，当两样本容量相等时，能使数据的处理过程大大简化，使结果的准确性增加. 所以，在可以取两样本容量相等时，应尽量取两样本容量相等，这在第十二章抽样设计基础中确定样本容量时，一般也都是取两样本容量相等. 另外，在对多个样本平均数差异进行显著性检验(如第八章方差分析)时，也一般取样本容量相等(指独立样本. 因为相关样本容量总是相同)，以便使数据处理过程简化，使结果准确性增加.

第四节　方差的齐性检验

在实际研究中，除了检验两种数据集中趋势的差异状况以外(如样本平均数差异的显著性检验)，还常常关心两组数据离散程度是否有显著不同. 这时，就需要对两种数据的方差进行齐性检验. 所谓方差的齐性检验就是对两个总体方差差异的显著性进行检验. 当两个总体方差的差异不显著时，就说两个总体方

差齐性或一致或相等. 具体检验方法分成两种情况：一种是对两个相关样本的方差进行齐性检验，要用 t 检验；另一种是对两个独立样本方差是否齐性进行检验，要用 F 检验.

一、两个相关样本方差的齐性检验

有时在检验两种数据集中趋势的差异状况以外，还需要了解两组数据离散程度差异的显著性. 譬如，有教师认为小学生算术成绩随着年级的增长，彼此之间的差距会越来越大(即方差越来越大). 随机抽取 62 名学生在三年级时测得算术成绩(标准化考试)的方差 $\sigma_{X_1}^2=122.56$，到六年级时又进行算术的标准化考试，方差 $\sigma_{X_2}^2=163.89$，两次考试成绩相关系数 r=0.59，试问六年级的成绩是否比三年级时更不整齐?

这时，需要对三年级和六年级时的两次测验的方差进行齐性检验，由于前、后两次测验是相关样本，对两个相关样本的方差进行齐性检验时，用 t 检验，其统计量的计算表达式为

$$t=\frac{\sigma_{X_1}^2-\sigma_{X_2}^2}{\sqrt{\frac{4\sigma_{X_1}^2\sigma_{X_2}^2(1-r^2)}{n-2}}} \tag{7.21}$$

其中，$\sigma_{X_1}^2$ 与 $\sigma_{X_2}^2$ 分别表示两个相关样本的方差；r 为两个样本变量之间的相关系数；n 为样本容量.

本例中，由于样本容量 n=62，方差 $\sigma_{X_1}^2=122.56$，$\sigma_{X_2}^2=163.89$，两次考试成绩相关系数 r=0.59，将所有数据代入式(7.21)得

$$t=\frac{122.56-163.89}{\sqrt{4\times122.56\times163.89\times(1-0.59^2)/(62-2)}}=-1.40$$

因为，本例中想了解的是六年级的成绩是否比三年级时更不整齐，即 σ_2^2 是否比 σ_1^2 显著增大，故检验的假设应为：$H_0:\sigma_1^2\geqslant\sigma_2^2, H_1:\sigma_1^2<\sigma_2^2$. 检验形式为单侧检验，并用左侧检验. 查 t 值表，df=62−2=60 对应的 $t_{(60)0.05}$=1.67. 由于 $|t|=1.40<1.67$，即 P>0.05. 因此，不能接受该教师的说法，或者说六年级的成绩不比三年级时更不整齐.

二、两个独立样本方差的齐性检验

1. F 分布

F 分布也是抽样分布的一种重要形态. 当从方差相同的两个正态总体中，随机抽取两个容量分别为 n_1、n_2 的样本，求出它们相应总体方差的无偏估计值及它们的比值以后，放回总体，再随机抽取这样的两个独立样本，……如此反复，直到抽出一切可能的上述容量的样本，计算出一切可能的总体方差的无偏估计值以及两个总体方差无偏估计值的比值，有 $F = S_1^2 / S_2^2$，则根据一切可能的两个独立样本信息求出的 F 比值做频数分布，就形成 F 比值的抽样分布，服从 F 分布.

F 分布的形态如图 7.1 所示. 从图中可见，F 分布呈正偏态，且随 df_1 和 df_2 的变化形成一簇分布，当 df_1 和 df_2 逐渐增大时，F 分布逐渐趋近正态分布，且分布的峰值也逐渐趋向比值 1 处，因此，当两个样本容量或自由度 df_1 和 df_2 足够大时，两个总体方差无偏估计值的比值逐步趋向集中在 1 的两侧附近.

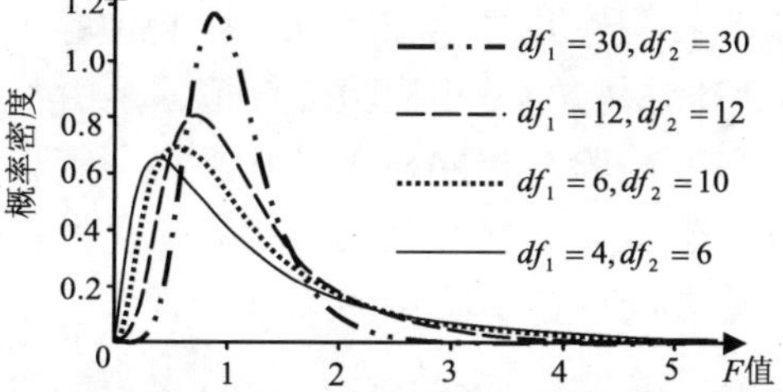

图 7.1　自由度的四种不同组合对应的 F 分布

F 值表的编制如附表 3 所示(单侧检验)，它的最上端横行表示 F 比值中分子的自由度(df_1)，最左端纵列表示分母的自由度，用 df_2 表示. 附表 3 分别表示了显著性水平为 0.05 和 0.01 的 F 临界值. 可见，在使用 F 值表时，应确定显著性水平 α 的数值，然后明确 F 比值中分子和分母的自由度及检验形式(单侧检验还是双侧检验).

2. F 检验的基本原理

从上面分析可知，当从方差相同的两个正态总体中随机抽取两个独立样本，然后根据样本提供的信息推算两个相应总体方差的无偏估计值及其比值时，这样一切可能比值的频数分布形成 F 分布. 意味着，虽然是从方差相同的两个正态总体中随机抽取的两个独立样本，但是根据它们估算的两个总体的方差无偏估计值却不一定相同. 实际上，由于抽样误差的存在，根据随机抽取的这样两个样本估算的两个总体的方差值一般并不相同，即 F 值一般并不等于 1，而是围绕 1 形成一个分布，即 F 分布.

这正为人们提供了一个检验两独立样本所属总体方差是否齐性的方法. 当对两个总体方差是否齐性进行检验时，通常以两个总体方差一致为前提，也就是说，把实际算出的 F 值放在相应的抽样分布 F 分布上，根据它在 F 分布上出现的概率大小，得出两个总体方差一致还是不一致的结论. 当 F 值过大或过小，以至于超过事先确定的某一显著性水平在一定自由度组合下所对应的临界值时，就拒绝两个总体方差一致的零假设，接受两个总体方差不一致的备择假设.

与前面 Z 检验和 t 检验类似，F 检验也有双侧检验(如附表 4 所示)和单侧检验两种选择，实际中要用哪种检验仍然取决于所研究的问题，当并不确知一个总体方差比另一个总体方差大或小时，用双侧检验，反之用单侧检验. 当采用单侧检验时，通常又用右侧检验，即在计算 F 值时，人们把两个总体方差估计值中较大的一个作为分子，这样所得 F 值总是在 1 和大于 1 的范围之内，此时若 F 值大于事先确定的某一显著性水平在一定自由度组合下所对应的临界值时，就拒绝两个总体方差一致的零假设，接受两个总体方差不一致的备择假设. 附表 3 的 F 值表中所提供的正是单侧检验右侧检验时的临界值. 在 F 检验中，之所以强调单侧检验的右侧检验临界值或单侧检验的左侧检验临界值，是由于 F 检验表现出来的偏态性，也就是说，同为单侧检验，相同显著性水平在一定自由度组合下所对应的左侧和右侧临界值不同. 但数学上已经证明，相同显著性水平时，在一定自由度组合下左侧和右侧临界值之间存在着确定的关系，有

$$F_{1-\alpha}(df_2,df_1)=1/F_{\alpha}(df_1,df_2) \tag{7.22}$$

若用 $F_{\alpha}(df_1,\ df_2)$ 表示右侧临界值，则左侧临界值可用 $F_{1-\alpha}(df_1,df_2)$ 表示，且 $F_{1-\alpha}(df_1,\ df_2)=1/F_{\alpha}(df_2,\ df_1)$. 因此，一定显著性水平在一定自由度组合下所对应的左侧临界值可通过相应右侧临界值的倒数来获得. 但为了避免倒数运算，也为了简化 F 值表的编制，F 值表中仅提供一定显著性水平在一定自由度组合下所对应的右侧临界值. 因此，在采用单侧检验时，通常用右侧检验. 当采用双侧检验时，由于 $F>F_{\alpha/2}(df_1,\ df_2)$ 与 $F<F_{1-\alpha/2}(df_1,\ df_2)$ 的概率之和为 α，即当 $F>F_{\alpha/2}(df_1,\ df_2)$ 或者 $F<F_{1-\alpha/2}(df_1,\ df_2)$ 时，拒绝两个总体方差一致的零假设，接受两个总体方差不一致的备择假设，并且这时犯错误的概率不会超过 α. 由式(7.22)可知

$$F_{1-\alpha/2}(df_1,df_2)=1/F_{\alpha/2}(df_2,df_1)$$

因此，即使对双侧检验，F 值表也仅提供一定显著性水平在一定自由度组合下所对应的右侧临界值. 在进行 F 检验时，把两个总体方差无偏估计值中较大的

一个作为分子，使 F 值总是在 1 和大于 1 的范围之内，把实际计算的 F 值与右侧临界值相比较，当 $F > F_{\alpha/2}(df_1, df_2)$ 时，拒绝两个总体方差一致的零假设，接受两个总体方差不一致的备择假设.

练习:(1) 在0.05显著性水平下,查附表4寻找双侧(右侧)临界值 $F_{\alpha/2}(df_1, df_2)$，其中 $df_1 = 16, df_2 = 21$．并计算相对应的左侧临界值 $F_{1-\alpha/2}(df_1, df_2)$．

(2) 在 0.01 显著性水平下，查附表 3 寻找单侧(右侧)临界值 $F_{\alpha}(df_1, df_2)$，其中 $df_1 = 27, df_2 = 19$．并计算相应的左侧临界值 $F_{1-\alpha}(df_1, df_2)$．

3. 两个独立样本所属总体方差齐性的显著性检验

例 8　根据上一节例 6 中所列数据(见表 7.4)资料，检验用两种不同教材时的学生测验分数总体方差是否齐性?

解　①提出假设

$$H_0 : \sigma_1^2 = \sigma_2^2 ; \qquad H_1 : \sigma_1^2 \neq \sigma_2^2$$

② 计算统计量. 实验组和对照组物理测验分数假如是从两个正态总体随机抽出的独立样本，那么，两个相应总体方差估计值比值的抽样分布呈 F 分布. 于是，可以用 F 值作为检验两个总体方差齐性的统计量. 用 S 来计算，根据表 7.4 计算出实验组的 $S_1 = 6.999$，对照组的 S_2=7.714，将两个 S 值代入公式计算 F 时，S 较大的作为分子，较小的作为分母.

$$F = S_2^2 / S_1^2 = 7.714^2 / 6.999^2 = 1.215$$

③ 统计决断. 这是一个双侧检验的例子，由分子自由度 $df_1=n_1-1=9-1=8$，分母自由度 $df_2=n_2-1=9$，查附表 4，得 $F_{(8,9)0.05/2}=4.10$，由于实际计算出的 $F=1.215<4.10=F_{(8,9)0.05/2}$，所以，$P>0.05$. 根据表 7.8 所示的 F 检验统计决断规则，在 0.05 显著性水平上保留零假设而拒绝备择假设. 其结论为：用两种不同教材时的两种测验分数的总体方差齐性，即两个样本方差来自于同一个总体.

表 7.8　F 检验统计决断规则(双侧检验)

F 值与临界值的比较	P 值	显著性
$F<F_{(df_1,df_2)0.05/2}$	$P>0.05$	不显著
$F_{(df_1,df_2)0.05/2} \leqslant F < F_{(df_1,df_2)0.01/2}$	$0.01<P\leqslant0.05$	显著(*)
$F \geqslant F_{(df_1,df_2)0.01/2}$	$P\leqslant0.01$	极其显著(**)

例 9　根据第三节例 7 中所列数据(见表 7.6)资料，检验留守子女与有父母在

身边的同龄学生学习成绩的总体方差是否齐性?

解 ①提出假设

$$H_0:\sigma_1^2=\sigma_2^2;\qquad H_1:\sigma_1^2\neq\sigma_2^2$$

② 计算统计量. 两组学生学习成绩假定是从两个正态总体随机抽出的独立样本，那么，两个相应总体方差估计值比值的抽样分布呈 F 分布，故可以用 F 比值作为检验两个总体方差齐性的统计量. 用 S 来计算，根据表 7.6，计算出留守子女得分的 $S_1=8.381$，有父母在身边的同龄学生得分的 $S_2=2.911$，将两个 S 值代入公式计算 F 时，S 较大的作分子，较小的作分母.

$$F=S_1^2/S_2^2=8.381^2/2.911^2=8.29$$

③ 统计决断. 这仍然是一个双侧检验的例子，由分子自由度 $df_1=n_1-1=17$，分母自由度 $df_2=n_2-1=6$，查附表 4，得 $F_{(17,6)0.05/2}=5.23$，$F_{(17,6)0.01/2}=9.72$，而实际计算出：$5.23<F=8.29^*<9.72$，所以 $0.01<P<0.05$. 于是，在 0.05 显著性水平上拒绝零假设而接受备择假设. 其结论为：留守子女与有父母在身边的同龄学生学习成绩的方差不齐，有显著差异.

例 10 测定 20 位老年男性教师和 20 位青年男性教师的血压值，经计算得老年教师血压方差 $S_1^2=937.7$，而青年教师血压方差 $S_2^2=193.4$，取 $\alpha=0.05$，问老年人血压个体间波动是否显著高于青年人?

解 人类的血压值是服从正态分布的随机变量. 用 X_1 表示老年教师的血压值，$X_1\sim N(\mu_1,\sigma_1^2)$，即服从平均数$\mu_1$方差$\sigma_1^2$的正态分布；$X_2$表示青年教师的血压值，$X_2\sim N(\mu_2,\sigma_2^2)$，即服从平均数$\mu_2$方差$\sigma_2^2$的正态分布. 上述两个样本是独立抽取的，对给定的$\alpha=0.05$，检验步骤如下：

① 提出假设 $H_0:\sigma_1^2\leqslant\sigma_2^2, H_1:\sigma_1^2>\sigma_2^2$.

因为老年人血压值在个体间的波动，只会大于青年人，故如上设置备择假设.

② 根据前面的讨论，选检验统计量 $F=S_1^2/S_2^2$ ($F\sim F_{(n_1-1,n_2-1)}$，服从自由度组合 $df_1=n_1-1$，$df_2=n_2-1$ 的 F 分布). 计算其值:

$$F=S_1^2/S_2^2=937.7/193.4=4.8485$$

③ 确定检验形式. 用单侧检验.

④ 统计决断. 对 $\alpha=0.05$，查 F 分布表(附表 3)，得

$$F_{(19,19)0.05}=2.17,\quad F_{(19,19)0.01}=3.02<F=4.8485^{**}$$

于是，$P<0.01$. 结论：老年人血压个体间波动极显著高于青年人.

如上所述，除检验两种数据集中趋势的差异状况以外，常常还需要研究两组数据离散程度差异的显著性，这就要进行两组数据方差差异的显著性检验，如进行 F 检验. 它是几种最重要的假设检验方法之一. 尤其在根据两个独立样本平均数之差来检验两相应总体平均数之差的显著性时，若样本容量较小，且总体方差 σ_1^2 和 σ_2^2 未知，就要首先进行 F 检验，然后根据两总体方差是否齐性，选择合适的检验统计量进行 t 检验或者 t′ 检验. 另外，第八章的方差分析就主要是用 F 检验.

思考与练习

1. 两个平均数差异的显著性检验比一个平均数显著性检验增多了哪些前提条件?
2. 测得甲、乙两所小学二年级学生的身高如表 7.9 所示，试问这两所小学二年级学生的身高是否有显著差异?

表 7.9　思考与练习 2 用表

校别	人数(n)	平均身高(X)	标准差(σ_X)
甲	100	136	15.4
乙	120	128	14.0

3. 40 人英语测验中的听力和阅读分数的方差分别为 7 和 9，两部分满分分数相等，平均分数相近，相关系数为 0.52，问听力与阅读分数的方差是否齐性?

第八章　方差分析

第七章讨论了根据两个样本平均数，判断它们所来自的总体平均数差异的显著性．在实际工作中，往往需要对两个以上的平均数进行比较．当然，为什么要对平均数之间的差异是否显著作出判断，可能有不同的研究目的．比如，在测量中经常要对多份考察内容相同的试卷是否等值作出判断，这时常常使用的方法，就是对多个测验平均数间差异的显著性进行检验．当这多个测验的平均数差异不显著时，可认为它们是平均数相等的复本或等值测验．当然，也有时候并不是以检验平均数的差异为最终目的，而是要根据平均数间有无差异，进一步判断引起这种差异的原因可能是什么．譬如，从小学一、三、五年级，分别随机抽取 n_1、n_2、n_3 名学生，向他们呈现一组词汇，然后根据他们识记词汇的成绩判断这三个年级的平均识记水平有无显著差异．就一般而言，这$(n_1+n_2+n_3)$名学生的成绩是参差不齐，各不相同的，并且引起这种差异的原因也有许多，但年龄是否为这里的主要原因呢？为此，可把这三个年级学生成绩的平均数做一比较(即按年龄分组，比较不同年龄组间成绩差异的显著性)，当三个年级平均数差异显著时，意味着年龄的确是影响学生识记词汇成绩的主要原因．这里涉及三个平均数之间差异的显著性检验，其目的是分析年龄是否为引起$(n_1+n_2+n_3)$名学生成绩参差不齐的主要原因．上面两个例子说明，尽管研究的目的可能有所不同，但都是以检验多组平均数间差异是否显著为依据．

对于多个平均数差异显著性的检验，若仍采用第七章的方法，即两两进行差异检验，不仅会造成人力物力的浪费，也会使检验的可靠度大大降低．因此，在比较多组平均数差异的显著性时，人们常用方差分析这一综合推断的方法．实际上，方差分析的目的不在于分析方差，而是通过对方差的分析达到对多组平均数差异的显著性，一劳永逸进行检验的目的．

第一节　方差分析的基本原理

一、方差分析的基本问题

在上面分析年龄是否为影响学生成绩的主要原因的例子中，可以把学生成绩叫做因变量，而把影响学生成绩的种种原因叫做因素或自变量．正如上面对影响学生成绩的主要因素提出猜测一样，在教育研究中，人们经常会对影响某种结果的因素提出各种各样的假设．譬如，学生成绩就不仅会有年龄、智力、基础等因素的影响，而且还会受家庭和社会方面的影响．但在这诸多因素中，哪一个是影响学生成绩的主要因素？具体到上例，哪一种因素是影响学生识记词汇成绩的主要原因呢？人们或许很自然地想到年龄因素，但在得到确凿的证据之前，是不能随意下结论的．为了分析年龄是否为影响学生成绩的主要因素，可以把随机抽取的所有学生按年级(即按年龄)分成三组，通过比较三个不同年龄组平均数的差异状况，判断三个年级学生识记词汇的水平是否有显著差异，当差异显著时，意味着年龄，也就是实验研究者所操纵的实验因素，的确是影响学生识记词汇水平的主要因素．

那么，怎样综合地或者一劳永逸地判断多组平均数差异的显著性呢?首先作如下分析．假如，在上面的例子中，n_1，n_2，n_3 均为 3，即从一年级、三年级、五年级中各抽取 3 名学生，若把这 9 名学生的成绩绘成图，则会出现各种各样的情况，图 8.1 至图 8.4 中所描述的情况仅是其中的四种．比较这四种情况，从中可发现图 8.2 最能支持“年龄是影响学生识记词汇水平的主要因素”这一假设．这是因为，一方面图 8.2 中各组分数之间的差异最明显；另一方面图 8.2 中各小组内个体分数的差异又较小．而图 8.4 中情况恰恰相反，一方面它的组间分数差异最小，但组内分数差异又最大．于是，可得到这样一个认识：当各组分数之间的差异较大，而各小组内分数差异又较小时，各组平均数的差异显著．这时按年龄分组教学就十分必要和科学，也意味着自变量(年龄)对因变量(成绩)的影响较大．

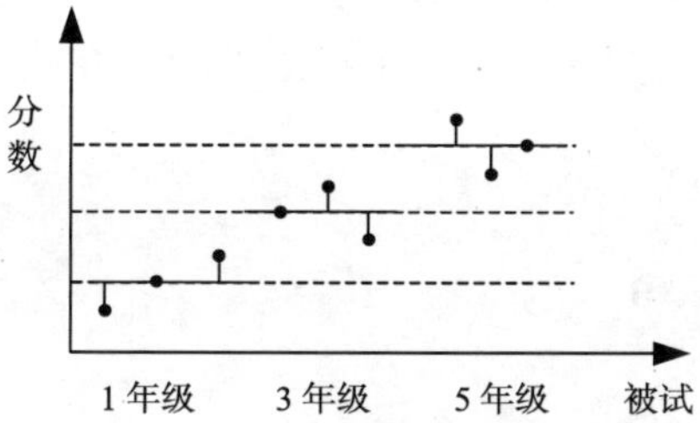

图 8.1　学生成绩情况(一)

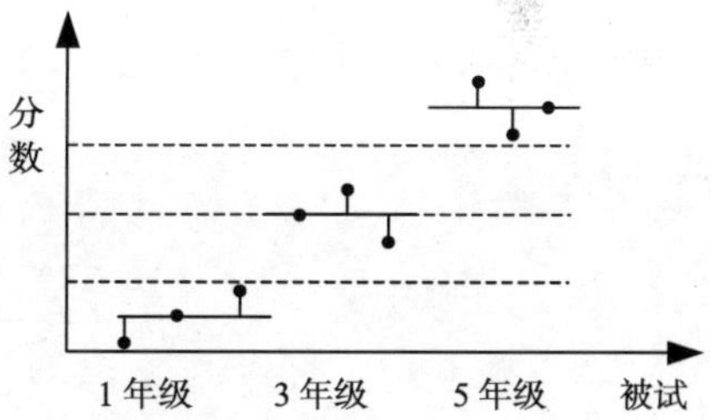

图 8.2　学生成绩情况(二)

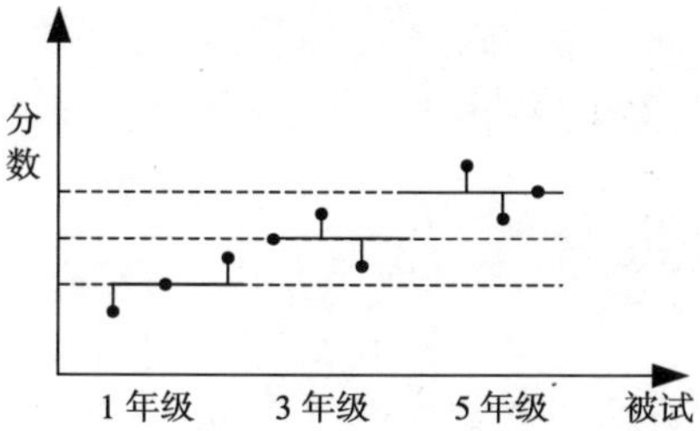

图 8.3　学生成绩情况(三)

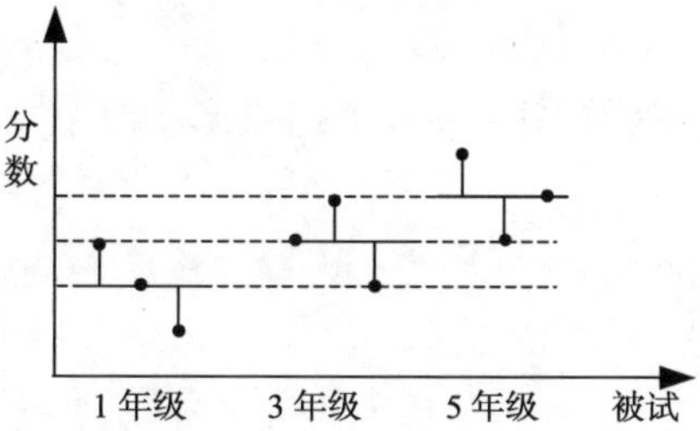

图 8.4　学生成绩情况(四)

以上分析表明，各年龄组成绩之间的差异，实际上表现在两个方面，一是各组分数之间的差异，二是各组内分数的差异. 当组内差异越小，组间差异越大时，各组成绩差异越显著. 统计学中，把各组分数之间的差异称为组间差异，用组间方差来表示；而各小组内分数之间的差异称为组内差异，用组内方差来表示. 可以证明组间方差与组内方差的比值服从 F 分布，所以用 F 表示组间方差与组内方差的比值. 并可用 F 检验，通过对组间方差与组内方差之间大小关系的比较，判断各组平均数差异的显著性或实验研究者分组所依据的因素对实验结果影响的重要性. 显然，当 F 值越大，并超过一定自由度下某一显著性水平的临界值时，人们便接受组间方差与组内方差有显著差异的备择假设，这时可以说，各组平均数之间有显著差异，或者说，分组所依据的因素对实验结果影响显著.

二、方差分析的基本原理

方差分析基本原理的关键在于求出组间方差与组内方差的比值，具体推算如下.

假设被试总数为 N，当各组容量都为 n 时，组数 $k=N/n$. 若用 X_{ij} 表示第 j 组第 i 个被试的分数；$\bar{X}_j$ 表示第 j 组平均数，$\bar{X}_j=\sum_{i=1}^{n}X_{ij}/n$. 由平均数性质式(2.3)，有

$$\sum_{i=1}^{n}(X_{ij}-\bar{X}_j)=0$$

用 $\bar{X}_{\mathrm{t}}$ 表示总平均数，则 $\bar{X}_{\mathrm{t}}=\sum_{j=1}^{k}\sum_{i=1}^{n}X_{ij}/nk=\sum_{j=1}^{k}\bar{X}_j/k$. 同样由平均数性质式(2.3)，有

$$\sum_{j=1}^{k}\sum_{i=1}^{n}(X_{ij}-\bar{X}_{\mathrm{t}})=0$$

以及

$$\sum_{j=1}^{k}(\bar{X}_j-\bar{X}_{\mathrm{t}})=0$$

由于 $X_{ij}-\bar{X}_{\mathrm{t}}=(X_{ij}-\bar{X}_j)+(\bar{X}_j-\bar{X}_{\mathrm{t}})$，所以第 j 组内

$$\begin{aligned}\sum_{i=1}^{n}(X_{ij}-\bar{X}_{\mathrm{t}})^2&=\sum_{i=1}^{n}[(X_{ij}-\bar{X}_j)+(\bar{X}_j-\bar{X}_{\mathrm{t}})]^2\\&=\sum_{i=1}^{n}[(X_{ij}-\bar{X}_j)^2+2(X_{ij}-\bar{X}_j)(\bar{X}_j-\bar{X}_{\mathrm{t}})+(\bar{X}_j-\bar{X}_{\mathrm{t}})^2]\\&=\sum_{i=1}^{n}(X_{ij}-\bar{X}_j)^2+\sum_{i=1}^{n}2(X_{ij}-\bar{X}_j)(\bar{X}_j-\bar{X}_{\mathrm{t}})+\sum_{i=1}^{n}(\bar{X}_j-\bar{X}_{\mathrm{t}})^2\end{aligned}$$

由 $\sum_{i=1}^{n}(X_{ij}-\bar{X}_j)=0$ ，注意到在第 j 组内 $(\bar{X}_j-\bar{X}_t)$ 为常数，得 $\sum_{i=1}^{n}(X_{ij}-\bar{X}_t)^2=\sum_{i=1}^{n}(X_{ij}-\bar{X}_j)^2+n(\bar{X}_j-\bar{X}_t)^2$. 对所有 N 个数据或在 k 个组内，有

$$\sum_{j=1}^{k}\sum_{i=1}^{n}(X_{ij}-\bar{X}_t)^2=\sum_{j=1}^{k}\sum_{i=1}^{n}(X_{ij}-\bar{X}_j)^2+\sum_{j=1}^{k}n(\bar{X}_j-\bar{X}_t)^2 \tag{8.1}$$

式(8.1)左边是所有数据与总平均数的离差平方和，称为总平方和，用 SS_t 来表示. 可见，总平方和被成功分离为两部分，其中右边第一项是所有数据与所在组平均数的离差平方和，表征了各组内分数的离散程度，用 SS_w 表示，称为组内平方和. 第二项是各组平均数与总平均数之间的离差平方和，表征了各组分数之间的差异状况，用 SS_b 表示，称为组间平方和. 这样式(8.1)可简化为

$$SS_t=SS_w+SS_b \tag{8.2}$$

其中

$$SS_t=\sum_{j=1}^{k}\sum_{i=1}^{n}(X_{ij}-\bar{X}_t)^2 \tag{8.3}$$

$$SS_w=\sum_{j=1}^{k}\sum_{i=1}^{n}(X_{ij}-\bar{X}_j)^2 \tag{8.4}$$

$$SS_b=\sum_{j=1}^{k}n(\bar{X}_j-\bar{X}_t)^2 \tag{8.5}$$

由于 $\sum_{j=1}^{k}(\bar{X}_j-\bar{X}_t)=0$ ，故 k 个 $\bar{X}_j$ 中只有$(k-1)$个独立，即组间自由度

$$df_b=k-1 \tag{8.6}$$

同理，由于各组内均有 $\sum_{i=1}^{n}(X_{ij}-\bar{X}_j)=0$ ，故当各组容量分别为 n_1，n_2，…，n_k时，组内总自由度为

$$df_w=(n_1-1)+(n_2-1)+\cdots+(n_k-1)=n_1+n_2+\cdots+n_k-k=N-k \tag{8.7a}$$

当各组容量相等时

$$df_w=N-k=k(n-1) \tag{8.7b}$$

对所有 N 个数据，由于 $\sum_{j=1}^{k}\sum_{i=1}^{n}(X_{ij}-\bar{X}_{t})=0$，所以，总自由度

$$df_{t}=N-1 \tag{8.8}$$

可见，总自由度等于组间自由度加组内自由度．表达式为

$$df_{t}=df_{b}+df_{w} \tag{8.9}$$

这样，组间方差和组内方差分别定义为

组间方差 $$MS_{b}=SS_{b}/df_{b} \tag{8.10}$$

组内方差 $$MS_{w}=SS_{w}/df_{w} \tag{8.11}$$

而两者的比值服从分子和分母自由度分别为 df_{b} 和 df_{w} 的 F 分布，用 F 表示为

$$F=MS_{b}/MS_{w} \tag{8.12}$$

求出 F 值以后，与一定显著性水平下分子和分母自由度分别为 df_{b} 和 df_{w} 的 F 分布的临界值作比较．然后，得出多组平均数之间差异显著或者不显著的结论．

由以上分析可见，方差分析在于比较多组平均数之间差异的显著性，而最终目的常常是借以推断引起这多组平均数之间有显著差异的主要原因．具体做法，就是比较组间差异与组内差异间的大小关系．当组间差异显著大于组内差异，即组间方差与组内方差的比值大于一定自由度组合下某一显著性水平的 F 分布的临界值时，通常认为分组所依据的因素是影响结果的主要原因．这就是说，仅组间方差大，还不足以说明分组所依据的因素是影响结果的主要原因，因为当组间方差大，组内方差也大时，各组成绩之间就没有显著差异，只有在组间方差大，而组内方差小时(如图 8.2 所示)，才能得出上述结论．这也说明了为什么在推断多组平均数之间差异显著性的时候，可借助于方差，而且利用 F 分布的道理．实际上，能把总平方和分成组间平方和与组内平方和，并进而计算组间方差与组内方差两部分(一般称为变异的可加性或可分解性)，是方差分析得以进行的前提．

若把这里的分析与第七章中方差齐性检验作一比较，会发现方差分析中 F 值可以大于 1，也可以小于 1，这里不能把方差大者作为分子，而只能把组间方差作为分子，即用组内方差作为量尺，看组间方差是否显著大于组内方差．并且当 $F\leqslant 1$ 时，可直接得出各组平均数之间无显著差异的结论，只有在 F 值大到一定程度时，才可认为各组平均数之间有显著差异，或者实验者分组所依据的因素，是影响各组成绩显著不同的主要原因．因此，这里的 F 检验必定用(单侧)右侧检验，且当得出组间方差与组内方差有显著差异或各组平均数之间有显著差异的结论时，犯 I 型错误的概率不会超过显著性水平 α．

三、方差分析中的几个重要概念

实验中的自变量称为因素．只有一个自变量的实验称为单因素实验．有两个或两个以上自变量的实验称为多因素实验．某一个因素的不同情况称为因素的“水平”，包括量差或质别两类情况，按各个“水平”条件进行的重复实验称为各种处理．如在判断多个测验卷是否为平均数相等的复本测验时，测验卷或试卷就是因素，有几份试卷，试卷这一因素就有几个“水平”．再如，要比较三种教学方法是否有显著区别，可将 30 名学生分成三组，每组 10 人，对每组学生分别施以 A，B，C 三种不同的教学方法．当把教学方法看作实验中唯一的自变量时，称为单因素实验．A，B，C 三种具体的教学方法是教学方法这单一因素的三种不同“水平”．对每组 10 个学生的施教可看作 10 次重复实验，并有三种不同处理方式．假如要研究两种教材及三种教学方法对学生学习成绩的影响，则实验是双因素实验．一个因素是教材，它有两种“水平”；另一个因素是教学方法，它有三种“水平”．这个实验称为 2×3 的实验设计，共有 6 种不同的组合处理方式．因此，若一个实验为 2×2×2 设计，则表示该实验有三个因素，每个因素有两种水平，共有 8 种不同的组合处理方式．

用方差分析法检验某单一因素对因变量的作用，称为单因素方差分析，检验某几个因素对因变量的作用，称为多因素方差分析．这里重点讨论单因素方差分析，并在单因素方差分析中，介绍完全随机设计及随机区组设计的方差分析两种方法．在这一章的最后对多因素方差分析将做一简单介绍．

第二节　完全随机设计的方差分析

实践中根据不同的实验目的，往往采用不同的分组方式．为了检验某一个因素多种不同水平间差异的显著性，常常采用完全随机设计的方差分析．这种方法的实质是随机性，即把从同一个总体中随机抽取的被试随机地分入各实验组，再对各实验组随机施以各种不同实验处理．这里每个实验组分别接受一种实验处理，所以，有几种实验处理就应把被试分成几组．

除随机性之外，这种方法还有一个特点就是重复性，也即有 k 种实验处理，把被试分成 k 组．若用 $n_i(i=1，2，\cdots，k)$表示第 i 组的人数，这时 $n_i>1$，即每个组的人数都多于一个．这样做的原因是由于影响实验结果的除实验者所操纵的实验处理，也即主要因素之外，还会有其他一些偶然因素的影响．比如，在比较几种教学方法之间是否存在不同时，每组采用一种教学方法，但或许由于学生间的差异太大，学生成绩之间的显著不同并不能说明一种教学方法比另一种教学方法的优与劣．因此，每个实验组的人数多于一个，能在某种程度上减少偶然因素对实验结果的影响．实际上，也只有这时才可能对偶然因素的影响作出估计，这就是第一节中的 SS_{W}，并以它作为尺度去度量组间的差异. 只有与偶然因素对实验结果产生的影响比起来，各种实验处理之间的差异大到一定程度时，才能显示主要因素的重要意义.

而随机性的要求在于，尽管在随机抽取被试的时候，力求做到各被试间条件均匀，但被试间的差异总是难免. 如果某种教学方法所在实验组的被试各方面条件明显好于其他实验组，则即使效果好，也难以断定该种教学方法就优于其他教学方法. 因此，随机抽样、随机分组可以在某种程度上减少由于人为因素造成的偏向，从而增加实验结果的可靠性. 其实，力求减少偶然因素造成的影响(即减小SS_w)，还可以增加这种分析方法的鉴别力. 因为与较小的SS_w(或MS_w)比起来，组间较小的差异就相对比较大，反之当SS_w(或MS_w)较大时，只有较大的组间差异才会被鉴别出来. 另外，由于是随机抽样、随机分组，所以所获得的样本是独立样本. 像这样设计实验的方法称为完全随机设计，并把用方差分析对上述获得的多个独立样本平均数差异的显著性进行检验的过程，称为完全随机设计的方差分析. 其具体检验步骤分下面三种情况来讨论.

一、各实验处理样本容量相等的情况

各实验处理样本容量相等时，由(3.4)与(3.6)两式可推知$\sum(X-\overline{X})^2 = \sum X^2 - \dfrac{(\sum X)^2}{n}$，则组间平方和(为书写简单，公式中省略求和的上、下标)为

$$SS_b = n\sum(\overline{X}_j - \overline{X}_t)^2 = \sum\left[\frac{\left(\sum X\right)^2}{n}\right] - \frac{\left(\sum\sum X\right)^2}{nk} \tag{8.13}$$

组内平方和

$$SS_w = \sum\sum(X-\overline{X}_j)^2 = \sum\sum X^2 - \sum\left[\frac{\left(\sum X\right)^2}{n}\right] \tag{8.14}$$

总平方和

$$SS_t = \sum\sum(X-\overline{X}_t)^2 = \sum\sum X^2 - \frac{\left(\sum\sum X\right)^2}{nk} \tag{8.15}$$

公式的推导[以式(8.13)为例，式(8.14)和式(8.15)可作类似处理]，利用$\overline{X}_t = \dfrac{\sum \overline{X}_j}{k}$，有

$$SS_b = n\sum(\overline{X}_j - \overline{X}_t)^2 = n\left[\sum \overline{X}_j^2 - \frac{\left(\sum \overline{X}_j\right)^2}{k}\right]$$

$$=n\left[\sum\left(\frac{\sum X}{n}\right)^2-\left(\sum\frac{\sum X}{n}\right)^2\Big/k\right]$$

$$=\sum\frac{\left(\sum X\right)^2}{n}-\frac{\left(\sum\sum X\right)^2}{nk}$$

例 1　为研究不同科目的教师当班主任，对学生某一学科的学习是否有影响，把 40 名学生随机分派到 5 名教不同科目的班主任负责的班级中，经过一段时间以后对这 40 名学生进行数学考试，结果见表 8.1. 用方差分析的方法检验 5 组不同班主任的学生数学成绩是否有显著性差异(其中 A 组的班主任教数学，B 组的班主任教语文，C 组的班主任教生物，D 组的班主任教地理，E 组的班主任教物理).

表 8.1　40 名学生进行数学考试结果统计

	A	B	C	D	E	
	83	64	69	61	74	
	72	67	69	65	69	
	71	83	71	71	72	
	79	76	73	68	71	
	72	70	73	68	67	
	65	67	69	65	79	
	78	72	70	69	76	
	76	73	62	69	84	
$\sum X$	596	572	556	536	592	$\sum\sum X=2852$
$\left(\sum X\right)^2/n$	44402	40898	38642	35912	43808	$\left[\left(\sum X\right)^2/n\right]=203662$
$\sum X^2$	44624	41152	38726	35982	44024	$\sum\sum X^2=204508$

解　①计算各平方和.

$$SS_{\mathrm{w}}=\sum\sum X^2-\sum\left[\frac{\left(\sum X\right)^2}{n}\right]=204508-203662=846$$

$$SS_{\mathrm{b}}=\sum\left[\frac{\left(\sum X\right)^2}{n}\right]-\frac{\left(\sum\sum X\right)^2}{nk}=203662-\frac{2852^2}{40}=314.4$$

② 计算各自由度.

$$df_{\mathrm{b}}=k-1=5-1=4,\qquad df_{\mathrm{w}}=k(n-1)=5(8-1)=35$$

③ 计算方差及 F 值.

$$MS_b = SS_b / df_b = 314.4/4 = 78.6, \qquad MS_w = SS_w / df_w = 846/35 = 24.17$$

$$F = MS_b / MS_w = 78.6/24.17 = 3.252$$

④ 统计决断，列方差分析表(见表 8.2).

查 F 分布表(附表 3)得 $F_{(4,35)0.05} = 2.64$，$F_{(4,35)0.01} = 3.91$，由于 $2.64 < F = 3.252^* < 3.91$，所以 $0.01<P<0.05$. 结论：在教不同科目班主任的班级中数学成绩有显著不同. 作这一结论时，犯错误的概率大于 0.01，但小于 0.05.

表 8.2　方差分析表

差异来源	平方和	自由度	方差	F	$F_{0.05}$; $F_{0.01}$
组间差异	314.4	4	78.6	3.252*	2.64; 3.91
组内差异	846	35	24.17		
总 差 异	1160.4	39			

二、各实验处理样本容量不相等的情况

容易证明，各实验处理样本容量不相等时，组间平方和

$$SS_b = \sum n(\bar{X}_j - \bar{X}_t)^2 = \sum\left[\frac{\left(\sum X\right)^2}{n}\right] - \frac{\left(\sum\sum X\right)^2}{\sum n} \tag{8.16}$$

总平方和

$$SS_t = \sum\sum(X - \bar{X}_t)^2 = \sum\sum X^2 - \left(\sum\sum X\right)^2 \Big/ \sum n \tag{8.17}$$

组内平方和计算公式与样本容量相等时一样.

例 2　从某校同一年级中随机抽取 19 名学生，再将他们随机分成 4 组，在两周内 4 组学生均用 120min 复习同一组英语单词，A 组每逢星期一复习 60min；B 组每逢星期一、三各复习 30min；C 组每逢星期二、四、六各复习 20min；D 组除周日外每天复习 10min. 复习之后相隔两个月再进行统一测验，其结果如表 8.3 的上半段所示，问四种复习方法的学生学习成绩有无显著性差异?

表 8.3 4 组学生英语单词测验结果统计

序号	X_A	X_B	X_C	X_D	
1	24	29	30	27	
2	26	25	28	31	
3	20	21	32	32	
4	28	27	30	33	
5		28	26		
6		30			
n	4	6	5	4	$\sum n=19$
$\sum X$	98	160	146	123	$\sum\sum X=527$
$\bar{X}$	24.5	26.67	29.2	30.75	
$\sum X^2$	2436	4320	4284	3803	$\sum\sum X^2=14843$
$\left(\sum X\right)^2/n$	2401	4266.67	4263.2	3782.25	$\sum\left[\left(\sum X\right)^2/n\right]=14713.12$

解 ①计算各平方和.

$$SS_w=\sum\sum X^2-\sum\left[\frac{\left(\sum X\right)^2}{n}\right]=14843-14713.12=129.88$$

$$SS_b=\sum\left[\frac{\left(\sum X\right)^2}{n}\right]-\frac{\left(\sum\sum X\right)^2}{\sum n}=14713.12-\frac{527^2}{19}=95.80$$

② 计算各自由度.

$$df_b=k-1=4-1=3,\qquad df_w=\sum n-k=19-4=15$$

③ 计算方差及 F 值.

$$MS_b=SS_b\ /\ df_b=95.8/3=31.93$$

$$MS_w=SS_w\ /\ df_w=129.88/15=8.66$$

$$F=MS_b\ /\ MS_w=31.93/8.66=3.69$$

④ 统计决断，列方差分析表(见表 8.4).

查F分布表(附表3)得 $F_{(3,15)0.05}=3.29$，$F_{(3,15)0.01}=5.42$，由于 $3.29<F=3.69^*<5.42$，所以 $0.01<P<0.05$. 结论：复习时间的间隔不同，对学习效果有显著影响.

表 8.4 方差分析表

差异来源	平方和	自由度	方差	F	$F_{0.05}$	$F_{0.01}$
组间差异	95.80	3	31.93	3.69*	3.29	5.42
组内差异	129.88	15	8.66			
总 差 异	225.68	18				

三、运用 n、$\overline{X}$、S(或σ_X)进行组间与组内方差的 F 检验

当无法获得原始数据时，也可直接运用样本的 n、$\overline{X}$、σ_X(或 S)进行组间与组内方差的 F 检验，这时平方和的计算如下，由式(6.3)、式(6.4)可推知：$\sum(X-\overline{X})^2=(n-1)S^2=n\sigma_X^2$，则

$$SS_{\text{w}}=(n_1-1)S_1^2+(n_2-1)S_2^2+\cdots+(n_k-1)S_k^2 \tag{8.18}$$

或者

$$SS_{\text{w}}=n_1\sigma_{X_1}^2+n_2\sigma_{X_2}^2+\cdots+n_k\sigma_{X_k}^2 \tag{8.19}$$

$$SS_{\text{b}}=n_1(\overline{X}_1-\overline{X}_{\text{t}})^2+n_2(\overline{X}_2-\overline{X}_{\text{t}})^2+\cdots+n_k(\overline{X}_k-\overline{X}_{\text{t}})^2 \tag{8.20}$$

例 3 某校三个平行班(三个班的条件基本相同)的物理课程分别由三位教师任教，期末统一测验结果如表 8.5 所示．问三位教师这学期的教学效果有无显著性差异?

表 8.5 三个班期末测验物理成绩统计

班别	人数(n)	平均分数 ($\overline{X}$)	总体标准差的估计值(S)	样本标准差(σ_X)
1	36	73.4	5.6	5.522
2	40	75.2	4.9	4.838
3	38	74.8	6.4	6.315

解 解: ① 计算各平方和，由 $\overline{X}_t=\dfrac{\sum\limits_{j=1}^{k}\overline{X}_j}{k}=\dfrac{73.4+75.2+74.8}{3}=74.5$

$$SS_{\text{b}}=n_1(\overline{X}_1-\overline{X}_{\text{t}})^2+n_2(\overline{X}_2-\overline{X}_{\text{t}})^2+\cdots+n_k(\overline{X}_k-\overline{X}_{\text{t}})^2$$

$$=36\times(73.4-74.5)^2+40\times(75.2-74.5)^2+38\times(74.8-74.5)^2=66.58$$

$$SS_{\text{w}}=(n_1-1)S_1^2+(n_2-1)S_2^2+\cdots+(n_k-1)S_k^2$$

$$=(36-1)5.6^2+(40-1)4.9^2+(38-1)6.4^2=3549.51$$

② 计算各自由度.

$$df_{\text{b}}=k-1=3-1=2$$

$$df_{\text{w}}=\sum n-k=36+40+38-3=111$$

③ 计算方差及 F 值.

$$MS_b = SS_b / df_b = 66.58/2 = 33.29, \qquad MS_w = SS_w / df_w = 3549.51/111 = 31.98$$

$$F = MS_b / MS_w = 33.29/31.98 = 1.04$$

④ 统计决断，列方差分析表(见表 8.6).

查 F 分布(附表 3)得 $F_{(2,111)0.05} = 3.08$，由于 $F = 1.04 < 3.08$，所以 $P > 0.05$. 结论：三位物理教师的教学效果无显著性差异.

表 8.6 方差分析表

差异来源	平方和	自由度	方差	F	$F_{0.05}$
组间差异	66.58	2	33.29	1.04	3.08
组内差异	3549.51	111	31.98		

总结完全随机设计的方差分析不难发现，由于这种方法在各实验组实施不同的实验处理，即每种实验处理只在一个实验组实施. 所以，不同的实验处理所实施的实验组是不同的. 这样在以组内方差 MS_w 作为尺度去度量组间方差时，组内方差中总有一部分是由于被试间的差异所造成的，而这个差异又不能从组内差异中分离出来，从而降低了对组间方差鉴别的效率. 这是这种方法本身所无法解决的，解决这一问题需要讨论随机区组设计的方差分析.

第三节 随机区组设计的方差分析

一、随机区组设计的概念

这里将首先引入区组的概念，但在引入这个概念之前，首先来看下面的例子.

为了判定三套物理中考模拟试题是否为平均数相当的复本测验，现从某学校初三年级抽取 8 名学生，先后做三套试题，其成绩如表 8.7 中所示，试分析数据，得出结论.

表 8.7 8 名学生三套试题得分

学生序号	X_{i1}	X_{i2}	X_{i3}
1	78	80	82
2	71	66	73
3	69	70	72
4	64	71	70
5	70	72	75
6	73	68	71
7	72	73	67
8	62	69	65

这里每一个学生就构成一个区组，所以在这个例子中共有 8 个区组. 实际上，区组数目多少不限，但为了计算的方便，这里仅取了 8 个区组. 另外，每个同学都同时完成了三份试卷，由于试卷是要考察的因素，故试卷这个因素共有三个水平，这也就相当于在每一个区组内都施行了因素的所有水平.

实际上，区组的构成完全可以多于 1 个学生. 一般而言，区组中被试的数目可以为 1 或者因素水平数目的整数倍，当然这里的 1 可以是一个被试也可以是一个班集体或者一个小组. 当区组内被试数目不止 1 个时，要控制各被试尽可能同质，即条件相同. 所以，**区组**也就是一组条件尽可能相同的实验单元. 当区组中被试数目为因素水平数目的整数倍时，比如 1 倍，在这个例子中就应是三个学生. 当然这三个学生条件要尽可能相同，这时三个学生每人做一套试题，至于哪个学生做哪套试题，则随机分配，这也正是随机区组设计这一方法中随机的含义，即在区组内随机. 不过在这一例子中随机的性质没有表现出来. 这一方法的另一个优点是在每一个区组内实现被试条件基本一致要比控制所有的被试各方面条件基本相同(完全随机设计的情况就应这样)容易一些.

尽管在每一区组内，若有三个学生的话，每个学生做一套试题，但因素的所有水平在每个区组内还是施行了一遍. 而且就因素的所有水平而言，所实施的被试条件基本相同，这一点与完全随机设计的方差分析不同. 也正是因为这样，就因素的每个水平而言，这里的样本不再是独立样本，而是相关样本. 在这个例子中，三套试题的三个样本之间的相关性就表现得更强，因为它是由相同的学生来完成的.

二、随机区组设计方差分析的原理

依据本章第一节分析，这里仍把总平方和记为 $SS_{\mathrm{t}}=\sum_{i=1}^{n}\sum_{j=1}^{k}(X_{ij}-\bar{X}_{\mathrm{t}})^2$，其中 k 为实验因素的水平数目，即处理数；n 为区组数目；X_{ij} 为第 i 个区组元素的第 j 个水平的数据. 在上面的例子中 $n=8$，$k=3$，X_{23} 是第二个学生做第三套试卷的得分.

用 $\bar{X}_{\cdot j}=\sum_{i=1}^{n}\frac{X_{ij}}{n}$ 表示所有区组在因素第 j 个水平的平均数，$\bar{X}_{i\cdot}=\sum_{j=1}^{k}\frac{X_{ij}}{k}$ 表示第 i 个区组在因素所有水平上的平均数. 则该例中 $\bar{X}_{\cdot 1}$ 就是 8 名同学做第一套试卷的平均成绩，$\bar{X}_{1\cdot}$ 为第一位同学做三套试卷的平均得分. 容易证明

$$\bar{X}_{\mathrm{t}}=\frac{\sum_{i,j}X_{ij}}{nk}=\frac{\sum_{j}\bar{X}_{\cdot j}}{k}=\frac{\sum_{i}\bar{X}_{i\cdot}}{n} \tag{8.21}$$

于是

$$\begin{cases}\sum\limits_{i,j}(X_{ij}-\bar{X}_{\mathrm{t}})=0\\ \sum\limits_{i=1}^{n}(\bar{X}_{i\cdot}-\bar{X}_{\mathrm{t}})=0\\ \sum\limits_{j=1}^{k}(\bar{X}_{\cdot j}-\bar{X}_{\mathrm{t}})=0\end{cases}\tag{8.22}$$

$$\sum_{i=1}^{n}(X_{ij}-\bar{X}_{i\cdot}-\bar{X}_{\cdot j}+\bar{X}_{\mathrm{t}})=\sum_{j=1}^{k}(X_{ij}-\bar{X}_{i\cdot}-\bar{X}_{\cdot j}+\bar{X}_{\mathrm{t}})=0\tag{8.23}$$

记 $X_{ij}-\bar{X}_{\mathrm{t}}=(\bar{X}_{i\cdot}-\bar{X}_{\mathrm{t}})+(\bar{X}_{\cdot j}-\bar{X}_{\mathrm{t}})+(X_{ij}-\bar{X}_{i\cdot}-\bar{X}_{\cdot j}+\bar{X}_{\mathrm{t}})$，则

$$SS_{\mathrm{t}}=\sum_{i=1}^{n}\sum_{j=1}^{k}(X_{ij}-\bar{X}_{t})^2=\sum_{i=1}^{n}\sum_{j=1}^{k}[(\bar{X}_{i\cdot}-\bar{X}_{\mathrm{t}})+(\bar{X}_{\cdot j}-\bar{X}_{\mathrm{t}})+(X_{ij}-\bar{X}_{i\cdot}-\bar{X}_{\cdot j}+\bar{X}_{\mathrm{t}})]^2$$

$$=k\sum_{i=1}^{n}(\bar{X}_{i\cdot}-\bar{X}_{\mathrm{t}})^2+n\sum_{j=1}^{k}(\bar{X}_{\cdot j}-\bar{X}_{\mathrm{t}})^2+\sum_{i=1}^{n}\sum_{j=1}^{k}(X_{ij}-\bar{X}_{i\cdot}-\bar{X}_{\cdot j}+\bar{X}_{\mathrm{t}})^2\tag{8.24}$$

在式(8.24)的推导中，所有的交叉项都为零. 结果中第一项表示各区组在所有水平上的平均数与总平均数之间的差异，称为区组平方和，用 SS_{r} 来表示；第二项表示因素的各水平在所有区组的平均数与总平均数之间的差异，称为组间平方和，仍用 SS_{b} 来表示；最后一项表示了偶然因素(已除去被试间的差异 SS_{r})的影响，称为误差平方和，有时也称为误差项，用 SS_{e} 表示. 所以式(8.24)可简记为

$$SS_{\mathrm{t}}=SS_{\mathrm{b}}+SS_{\mathrm{r}}+SS_{\mathrm{e}}\tag{8.25}$$

其中，

$$SS_{\mathrm{b}}=n\sum_{j=1}^{k}(\bar{X}_{\cdot j}-\bar{X}_{\mathrm{t}})^2=\sum_{j=1}^{k}\left[\frac{\left(\sum\limits_{i=1}^{n}X_{ij}\right)^2}{n}\right]-\frac{\left(\sum\limits_{i}\sum\limits_{j}X_{ij}\right)^2}{nk}\tag{8.26}$$

$$SS_{\mathrm{r}}=k\sum_{i=1}^{n}(\bar{X}_{i\cdot}-\bar{X}_{\mathrm{t}})^2=\sum_{i=1}^{n}\left[\frac{\left(\sum\limits_{j=1}^{k}X_{ij}\right)^2}{k}\right]-\frac{\left(\sum\limits_{i}\sum\limits_{j}X_{ij}\right)^2}{nk}\tag{8.27}$$

$$SS_t = \sum_i \sum_j (X_{ij} - \bar{X}_t)^2 = \sum_i \sum_j X_{ij}^2 - (\sum_i \sum_j X_{ij})^2 / nk \tag{8.28}$$

$$SS_e = SS_t - SS_b - SS_r \tag{8.29}$$

而组间自由度 $df_b = k - 1$，区组自由度 $df_r = n-1$，总自由度 $df_t = nk - 1$. 可以证明，误差自由度

$$df_e = df_t - df_r - df_b = nk - n - k + 1 = (n-1)(k-1) \tag{8.30}$$

组间方差为 $MS_b = SS_b / df_b$，区组方差为 $MS_r = SS_r / df_r$，误差方差为

$$MS_e = \frac{SS_e}{df_e} \tag{8.31}$$

检验组间差异的统计量 F 为

$$F = \frac{MS_b}{MS_e} \tag{8.32}$$

以表 8.8 所列数据为例，检验步骤如下：

表 8.8　8 名学生做三套试题得分统计表

学生序号	X_{i1}	X_{i2}	X_{i3}	$\sum_j X_{ij}$	$\left(\sum_j X_{ij}\right)^2$
1	78	80	82	240	57600
2	71	66	73	210	44100
3	69	70	72	211	44521
4	64	71	70	205	42025
5	70	72	75	217	47089
6	73	68	71	212	44944
7	72	73	67	212	44944
8	62	69	65	196	38416
n	8	8	8	$\sum_j n = 24$	
$\sum_i X_{ij}$	559	569	575	$\sum_j \sum_i X_{ij} = 1703$	
$\sum_i X_{ij}^2$	39239	40595	41517	$\sum_j \sum_i X_{ij}^2 = 121351$	
$\frac{\left(\sum_i X_{ij}\right)^2}{n}$	39060	40470	41328	$\frac{\sum_j \left(\sum_i X_{ij}\right)^2}{n} = 120858$	
$\bar{X}_{\cdot j}$	69.875	71.125	71.875	$\sum_i \left(\sum_j X_{ij}\right)^2 = 363639$	

(1) 提出假设

$$H_0: \mu_1 = \mu_2 = \mu_3$$

H_1：至少有两套试题所属总体平均数不同

(2) 计算统计量.

① 各自由度

总自由度

$$df_{\mathrm{t}} = nk - 1 = 23$$

组间自由度

$$df_{\mathrm{b}} = k - 1 = 2$$

区组自由度

$$df_{\mathrm{r}} = n - 1 = 7$$

误差自由度

$$df_{\mathrm{e}} = (n-1)(k-1) = 14$$

② 各平方和

$$SS_{\mathrm{t}} = \sum_i \sum_j X_{ij}^2 - \frac{\left(\sum_i \sum_j X_{ij}\right)^2}{nk} = 121351 - \frac{1703^2}{24} = 509$$

$$SS_{\mathrm{b}} = \sum_{j=1}^{k}\left[\left(\sum_{i=1}^{n} X_{ij}\right)^2 \Big/ n\right] - \left(\sum_i \sum_j X_{ij}\right)^2 \Big/ nk = 120858 - \frac{1703^2}{24} = 16$$

$$SS_{\mathrm{r}} = \sum_{i=1}^{n}\left[\left(\sum_{j=1}^{k} X_{ij}\right)^2 \Big/ k\right] - \left(\sum_i \sum_j X_{ij}\right)^2 \Big/ nk = \frac{363639}{3} - \frac{1703^2}{24} = 371$$

$$SS_{\mathrm{e}} = SS_{\mathrm{t}} - SS_{\mathrm{b}} - SS_{\mathrm{r}} = 509 - 16 - 371 = 122$$

③ 各方差

$$MS_{\mathrm{b}} = SS_{\mathrm{b}} \ / \ df_{\mathrm{b}} = 16/2 = 8$$

$$MS_{\mathrm{r}} = SS_{\mathrm{r}} \ / \ df_{\mathrm{r}} = 371/7 = 53$$

$$MS_{\mathrm{e}} = SS_{\mathrm{e}} \ / \ df_{\mathrm{e}} = 122/14 = 8.714$$

④ 计算统计量

$$F = MS_{\mathrm{b}} \ / \ MS_{\mathrm{e}} = 8/8.714 = 0.918$$

(3) 统计决断．查 F 分布表(附表 3)，$F_{(2,14)0.05}=3.74$，$F_{(2,14)0.01}=6.51$，F=0.918<3.74，则 P>0.05．因此，接受零假设，即认为三套试题可以作为平均数相等的复本测验．

在完全随机设计的方差分析中，推断工作至此将全部结束．即使在随机区组设计的方差分析中，也完全可以对区组之间的差异不予理睬，因为这时是用误差方差作尺度来衡量组间方差的大小程度，与区组间的差异大小没有关系，所以区组差异不会影响组间差异的显著程度．但若是要考察区组划分是否必要、是否成功，则还可以对区组间差异的显著性作出检验．其检验步骤与组间差异的显著性检验类似，如在该例中也是首先提出假设：H_0：$\mu_1=\mu_2=\cdots=\mu_8$；H_1：至少有两个区组所属总体平均数不相等．这时 F 统计量为 $F=MS_r/MS_e=53/8.714=6.082$(见表 8.9)，查 F 分布表(附表 3)，得 $F_{(7,14)0.05}=2.76$，$F_{(7,14)0.01}=4.28$．由于 $4.28<F=6.082^{**}$，故 P<0.01．因此，区组间的差异极其显著，划分区组十分必要．若检验结果为区组间的差异不显著，则意味着各区组的被试本来就基本同质，因此没必要划分区组，或者是区组的划分不成功．

表 8.9　方差分析表

差异来源	平方和	自由度	方差	F
组间差异	16	2	8	0.918
区组差异	371	7	53	6.082^{**}
误差差异	122	14	8.714	
总 差 异	509	23		

(4) 列方差分析表．结论：8 个区组有极显著差异，说明划分区组是必要的；组间差异不显著，说明三套试卷可以作为平均数相等的复本测验．

对比完全随机设计的方差分析与随机区组设计的方差分析，可以发现，完全随机设计中的组内平方和 SS_w 等于随机区组设计的方差分析中区组平方和 SS_r 与误差平方和 SS_e 之和，因此随机区组设计成功地把被试之间的差异与误差项区分开来，即把 SS_r 从组内平方和 SS_w 中分离出来．这样用误差项作尺度去衡量组间差异时，可以大大增强检验的效率．

数理统计理论证明，方差分析的方法是建立在各实验处理内的方差彼此无显著差异的基础之上．所以，在方差分析之前应对各实验处理内的方差进行齐性检验．这一点将在本章第五节中专门讨论．

另外，若方差检验的结果为否定零假设，即至少有两组平均数不相等，但这时并不意味着各组平均数之间均有显著差异．究竟哪些平均数之间有差异，又有哪些平均数之间差异不显著，还要进行进一步的检验．

第四节 各个平均数差异的显著性检验

上面方差分析综合说明了几组平均数间差异的显著性. 若检验结果为保留零假设，即几组平均数之间没有显著性差异，这时，没必要再作进一步分析. 但当检验结果拒绝零假设时，还要进一步检验究竟是哪几对平均数之间差异显著，哪几对平均数之间无显著差异. 检验方法是采用 Newman-Keul 提出的 q 检验法(或称 N-K 法). 下面分完全随机设计和随机区组设计两种情况讨论.

一、完全随机设计各平均数差异的比较

完全随机设计的情况，各组平均数差异的显著性检验如下：

(1) 各组容量相等时，检验统计量为

$$q=\frac{\bar{X}_1-\bar{X}_2}{\sqrt{\frac{MS_w}{n}}} \tag{8.33}$$

其中，$\bar{X}_1$和$\bar{X}_2$分别表示每对样本的平均数；MS_w表示组内方差；n表示各组样本容量.

(2) 各组容量不相等时，检验统计量为

$$q=\frac{(\bar{X}_1-\bar{X}_2)}{\sqrt{\frac{MS_w}{2}\left(\frac{1}{n_1}+\frac{1}{n_2}\right)}} \tag{8.34}$$

其中 n_1 和 n_2 分别表示两个样本容量.

q 检验的具体步骤大致如下：

①计算比较等级数 a. 把要比较的各个平均数从小到大作等级排列，如 5 个平均数从小到大顺序是 $\bar{X}_C$，$\bar{X}_B$，$\bar{X}_A$，$\bar{X}_E$，$\bar{X}_D$，则等级排列顺序为

等级：	1	2	3	4	5
平均数：	$\bar{X}_C$	$\bar{X}_B$	$\bar{X}_A$	$\bar{X}_E$	$\bar{X}_D$

则两个平均数的比较等级数a等于这两个平均数之间包含的组数(包括被比较的两个组在内)，如 $\bar{X}_C$ 和 $\bar{X}_E$ 的比较等级数 $a=4$.

②根据组内方差的自由度(df_w)及显著性水平，查 q 值表(附表 5)，找 q 临界值.

③计算统计量 q 值.

④统计决断，并列表表示各对平均数之间的比较结果.

例4 对本章第二节例 1 中 5 组平均数进行多重比较. 其中 $\bar{X}_A=74.5$，$\bar{X}_B=71.5$，

$\overline{X}_C=69.5$，$\overline{X}_D=67$，$\overline{X}_E=74$. 方差分析结果：$MS_w=24.17$，$df_w=35$.

解　①计算比较等级数 a. 把 5 个平均数从小到大排序

等级：　1　2　3　4　5

平均数　$\overline{X}_D$　$\overline{X}_C$　$\overline{X}_B$　$\overline{X}_E$　$\overline{X}_A$

② 根据组内自由度 $df_w=35$，查 q 值表，找 a 为各可能值时的 q 临界值，如表 8.10 所示.

表 8.10　五组平均数间比较的 q 临界值

等级数	q 临界值	
	$q_{0.05}$	$q_{0.01}$
2	2.875	3.855
3	3.465	4.41
4	3.82	4.75
5	4.07	4.99

③ 利用式(8.33)计算各对平均数之差的检验统计量 q，并与相应的 q 临界值相比较，其结果列于表 8.11 中. q 检验的统计决断规则仍与 Z 检验和 t 检验类似，即当$|q|$小于相应的 0.05 显著性水平的临界值时，表示两个平均数之间的差异不显著；当$|q|$大于相应的 0.01 显著性水平的临界值时，表示两个平均数之间的差异极其显著；或者仅在 0.05 显著性水平上差异显著.

④ 统计决断，并列表表示各对平均数之间的比较结果. 统计结果表明，只有 $\overline{X}_D$ 与 $\overline{X}_E$ 和 $\overline{X}_D$ 与 $\overline{X}_A$ 两对平均数之间有显著差异，也就是说地理老师当班主任与数学或者物理老师当班主任对学生学习成绩有不同影响.

表 8.11　五组平均数间的比较

	$\overline{X}_A$	$\overline{X}_B$	$\overline{X}_C$	$\overline{X}_D$
$\overline{X}_B$	1.7259			
$\overline{X}_C$	2.8765	1.1506		
$\overline{X}_D$	4.3148*	2.5889	1.4383	
$\overline{X}_E$	0.2877	1.4383	2.5889	4.0271*

当各组容量不相同时，多组平均数之间差异的比较除统计量 q 值的计算要用式(8.34)之外，其他步骤与各组容量相同时一样，读者自己练习.

二、随机区组设计各个平均数差异的比较

这时仍用 q 检验，其检验统计量为

$$q = \frac{\overline{X}_1 - \overline{X}_2}{\sqrt{MS_e / n}} \tag{8.35}$$

其中，MS_e为误差方差；n表示区组数. 检验步骤与完全随机设计时基本相同，不再赘述.

第五节 多组方差的齐性检验

前面指出，数理统计已经证明，方差分析的 F 检验，以各实验处理的组内方差一致为前提. 要求正态变量数据、变异的可分解性以及各处理方差一致是方差分析的三个基本条件. 所以，在方差分析之前，理应对各种处理的组内方差先进行齐性检验. 如果方差为齐性，而经 F 检验几种处理的平均数差异显著，这时才可以将各种处理平均数的差异，归因于相应来源总体平均数不同所致；如果不能判断几个总体方差是否齐性，那么，经 F 检验所得各种处理的平均数差异显著的结果，可能有一部分归因于各种处理的方差不同所致. 但是，方差齐性检验可以在 F 检验结果为各种处理的平均数差异显著的情况下进行，因为 F 检验之后，如果各种处理的平均数差异不显著，则不必再进行方差齐性检验.

两组方差齐性检验可采用第七章第四节的 F 检验，多组方差的齐性检验可用哈特莱(Hartley)所提出的最大 F 值检验法进行齐性检验. 其检验统计量为

$$F_{max} = \frac{S_{max}^2}{S_{min}^2} \tag{8.36}$$

其中，S_{max}^2表示各种处理的最大方差；S_{min}^2表示各种处理的最小方差.

一、各组容量相等的情况

以表 8.1 所提供的数据为例. 这 5 组方差的齐性检验步骤如下：

(1) 提出假设

H_0：$\sigma_A^2 = \sigma_B^2 = \sigma_C^2 = \sigma_D^2 = \sigma_E^2$；$H_1$：至少有两个总体方差不相等

(2) 计算各组方差

$$S_A^2 = \frac{\sum X_A^2 - (\sum X_A)^2 / n}{n-1} = \frac{44624 - 44402}{7} = 31.71$$

同理可求得

$$S_B^2 = 36.29\text{，}\quad S_C^2 = 12\text{，}\quad S_D^2 = 10\text{，}\quad S_E^2 = 30.86$$

(3) 计算统计量

$$F_{max} = \frac{S_{max}^2}{S_{min}^2} = \frac{36.29}{10} = 3.629$$

(4) 统计决断. 查附表 6 所示的 F_{max} 界值表需事先确定：①方差组数 k；②自由度 $df = n-1$；③显著性水平. 检验统计决断的规则与 F 检验相同. 本例中 $k = 5$，$df = 7$，则 $F_{max0.05} = 9.7$，$F_{max0.01} = 16.5$. $F_{max} = 3.629 < 9.7$，故 $P > 0.05$. 结论为，5 组方差一致，前面方差分析结果是可靠的.

二、各组容量不相等的情况

各组容量不相等时方差的齐性检验，步骤与容量相等时基本相同，只是在查附表 6 所示 F_{max} 界值表找临界值时，自由度的计算式 $df = n-1$ 中，n 应是各组容量中的最大值(为什么?). 读者根据表 8.3 所提供的数据，自己完成 4 组方差的齐性检验.

第六节　多因素方差分析简介

前面介绍了单因素方差分析的原理和方法. 但教育现象一般受多个因素影响，因此，单因素的实验设计之所以可能，是实验者对影响因变量变化的因素加以控制的结果. 例如，在考察几种教学方法是否有显著差异时，可使各组被试在智力水平、知识基础、努力程度、学习内容、授课时数及教师教学效果等条件基本一致，从而观察教学方法这一单一因素的作用. 有时需要同时考察几个因素对因变量的影响，尤其是因素间的不同组合对因变量发生交互作用的显著性，这时人们往往直接进行多因素的方差分析. 事实上，多因素方差分析既可以检验各个因素对因变量作用的显著性，也可以检验因素与因素间不同组合对因变量交互作用的显著性.

与单因素方差分析类似，多因素方差分析也有完全随机设计和随机区组设计等方法，本书仅以双因素完全随机设计的方差分析为例，说明多因素方差分析的基本思想和方法，为进一步研究较为复杂的多因素方差分析奠定基础.

一、双因素完全随机设计方差分析的基本问题

作为例子，假设要研究高中一年级两种内容相当、各方面要求基本相同的教材与两种不同的教学方法对学生学习成绩的影响. 现从高一年级中随机抽取 16 名学生，随机分为 4 组(每组 4 人)，各组分别接受一种教材和一种教法，后期统一测验结果如表 8.12 所示. 表中数据表示统一测验分数，每方格下端括号内数字

表示该组分数总和．表格下端及右侧数字分别表示 a_1，a_2，b_1，b_2 分数之和．右下角数字表示所有分数之和．

该实验有 A(教材)和 B(教法)两种因素，每一种因素又有两种水平，称为 2×2 完全随机设计．下面要对 A 因素、B 因素以及 A 与 B 因素交互作用，对学生学习成绩影响的显著性进行检验，这就是双因素完全随机设计方差分析的基本问题．

表 8.12　高一两种教材及两种教法的实验结果

		A 因素（教材）		总和
		a_1	a_2	
B 因素（教法）	b_1 (实验探究)	64 62 70 60　(256)	67 71 70 68　(276)	532
	b_2 (课堂讲授)	89 76 81 92　(338)	82 73 78 77　(310)	648
总　和		594	586	1180

二、双因素完全随机设计方差分析的基本方法

当实验有 A，B 两个因素，A 和 B 两因素又分别有 a_1，a_2 和 b_1，b_2 两种水平时，一般要对 A 因素、B 因素以及 A 与 B 因素交互作用对实验结果影响的显著性进行检验，这时检验步骤如下：

(1) 提出假设．共有三种假设：

①H_{a0}：$\mu_{a1}=\mu_{a2}$；H_{a1}：$\mu_{a1}\neq\mu_{a2}$．

H_{a0} 是说 A 因素对实验结果无影响，即 A 因素两种水平的总体平均数相等．H_{a1} 是说 A 因素对实验结果有影响，即 A 因素两种水平的总体平均数不相等．

②H_{b0}：$\mu_{b1}=\mu_{b2}$；H_{b1}：$\mu_{b1}\neq\mu_{b2}$．

H_{b0} 是说 B 因素对实验结果无影响，即 B 因素两种水平的总体平均数相等．H_{b1} 是说 B 因素对实验结果有影响，即 B 因素两种水平的总体平均数不相等．

③H_0：A，B 两个因素交互作用不显著；H_1：A，B 两个因素交互作用显著．

(2) 确定检验统计量．A 因素的检验统计量为

$$F = MS_{\mathrm{A}} \,/\, \mathrm{MS_w} \tag{8.37}$$

其中，MS_{A} 表示 A 因素的组间方差；MS_{w} 表示组内方差．B 因素的检验统计量为

$$F = MS_{\mathrm{B}} \,/\, \mathrm{MS_w} \tag{8.38}$$

其中，MS_B 表示 B 因素的组间方差. A 和 B 交互作用的检验统计量为

$$F = MS_{A\times B} \ / \ MS_w \tag{8.39}$$

其中，$MS_{A\times B}$ 表示 A、B 交互作用的组间方差.

为了计算上述各方差，需做如下推算.

①先将总平方和分解. 2×2 完全随机设计的总平方和可分解为 A 因素、B 因素、A×B 交互作用的组间平方和及组内平方和. 用公式表示为

$$SS_t = SS_A + SS_B + SS_{A\times B} + SS_w$$

由上式可见，双因素与单因素完全随机设计平方和的不同之处在于，组间平方和被分解成 A 因素、B 因素和 A×B 交互作用三种平方和，即

$$SS_b = SS_A + SS_B + SS_{A\times B}$$

(a) 计算 SS_t，SS_b，SS_w. 计算时把 a_1b_1，a_1b_2，a_2b_1，a_2b_2 看作单因素完全随机设计的四组分数，所以有：

总平方和

$$SS_t = \sum\sum X^2 - \left(\sum\sum X\right)^2 \Big/ nk$$

组间平方和

$$SS_b = \sum\left[\left(\sum X\right)^2 \Big/ n\right] - \left(\sum\sum X\right)^2 \Big/ nk$$

组内平方和

$$SS_w = SS_t - SS_b$$

(b) 计算 SS_A、SS_B、$SS_{A\times B}$. 检验 A 因素和 B 因素影响的显著性与单因素方差分析类似. 如在计算 A 因素组间平方和时，是将 16 名学生只按 A 因素分组，每组共 8 人，于是

A 因素组间平方和

$$SS_A = \sum\left[\left(\sum X_a\right)^2 \Big/ n_a\right] - \left(\sum\sum X_a\right)^2 \Big/ n_a k_a$$

同理，B 因素组间平方和

$$SS_B = \sum\left[\left(\sum X_b\right)^2 \Big/ n_b\right] - \left(\sum\sum X_b\right)^2 \Big/ n_b k_b$$

A×B 的组间平方和

$$SS_{A\times B}=SS_b-SS_A-SS_B$$

②计算自由度.

总自由度

$$df_t=nk-1$$

组间自由度

$$df_b=k-1$$

组内自由度

$$df_w=k(n-1)$$

组间自由度又可分解为 A、B、A×B 三部分，即 $df_{A\times B}=df_b-df_A-df_B$.

③计算 A、B、A×B 的方差及 F 值.

$$MS_A=SS_A/df_A\text{，}\quad MS_B=SS_B/df_B$$

$$MS_{A\times B}=SS_{A\times B}/df_{A\times B}\text{，}\quad MS_w=SS_w/df_w$$

则 A 因素

$$F_A=MS_A/MS_w$$

B 因素

$$F_B=MS_B/MS_w$$

A×B

$$F_{A\times B}=MS_{A\times B}/MS_w$$

(3) 统计决断. 根据表 7.8 所列的 F 检验统计决断规则进行 F 检验，其方法与前面相同.

对表 8.12 给出的测验结果进行检验.

(1) 提出假设.

① H_{a0}：$\mu_{a1}=\mu_{a2}$；H_{a1}：$\mu_{a1}\neq\mu_{a2}$.

H_{a0} 是说教材对学习效果无显著影响，即两种教材的总体平均数相等. H_{a1} 是说教材对学习效果有显著影响，即两种教材总体平均数不相等.

②H_{b0}：$\mu_{b1}=\mu_{b2}$；H_{b1}：$\mu_{b1}\neq\mu_{b2}$.

H_{b0} 是说教法对学习效果无影响，即实验探究法和传统讲授法总体平均数相等. H_{b1} 是说教法对学习效果有显著影响，即实验探究法和传统讲授法总体平均数不相等.

③H_0：教材与教法对学习效果交互作用不显著.

H_1： 教材与教法对学习效果交互作用显著.

(2) 计算检验统计量.

由总平方和 $$SS_{\mathrm{t}}=\sum\sum X^2-\frac{\left(\sum\sum X\right)^2}{nk}=88282-\frac{1180^2}{(4\times4)}=1257$$

组间平方和 $$SS_{\mathrm{b}}=\sum\left[\frac{\left(\sum X\right)^2}{n}\right]-\frac{\left(\sum\sum X\right)^2}{nk}$$

$$=\frac{(256^2+338^2+276^2+310^2)}{4}-\frac{1180^2}{(4\times4)}=989$$

组内平方和 $$SS_{\mathrm{w}}=SS_{\mathrm{t}}-SS_{\mathrm{b}}=1257-989=268$$

以及 A 因素组间平方和

$$SS_{\mathrm{A}}=\sum\left[\frac{\left(\sum X_a\right)^2}{n_a}\right]-\frac{\left(\sum\sum X_a\right)^2}{n_a k_a}$$

$$=\frac{(594^2+586^2)}{8}-\frac{1180^2}{(8\times2)}=4$$

B 因素组间平方和 $$SS_{\mathrm{B}}=\sum\left[\frac{\left(\sum X_{\mathrm{b}}\right)^2}{n_b}\right]-\frac{\left(\sum\sum X_b\right)^2}{n_b k_b}$$

$$=\frac{(532^2+648^2)}{8}-\frac{1180^2}{(8\times2)}=841$$

故 A×B 的组间平方和

$$SS_{\mathrm{A\times B}}=SS_{\mathrm{b}}-SS_{\mathrm{A}}-SS_{\mathrm{B}}=989-4-841=144$$

另外，总自由度

$$df_{\mathrm{t}}=nk-1=4\times4-1=15$$

组间自由度

$$df_{\mathrm{b}}=k-1=4-1=3$$

组内自由度

$$df_w = k(n-1) = 4(4-1) = 12$$

组间自由度又可分解为 A、B、A×B 三部分，即

$$df_A = k_a - 1 = 2-1 = 1, \quad df_B = k_b - 1 = 2-1 = 1, \quad df_{A\times B} = df_b - df_A - df_B = 3-1-1 = 1$$

则 A，B，A×B 的方差

$$MS_A = \frac{SS_A}{df_A} = \frac{4}{1} = 4, \quad MS_B = \frac{SS_B}{df_B} = \frac{841}{1} = 841$$

$$MS_{A\times B} = \frac{SS_{A\times B}}{df_{A\times B}} = \frac{144}{1} = 144, \quad MS_w = \frac{SS_w}{df_w} = \frac{268}{12} = 22.33$$

最后，F 值分别为

A 因素

$$F_A = \frac{MS_A}{MS_w} = \frac{4}{22.33} = 0.18$$

B 因素

$$F_B = \frac{MS_B}{MS_w} = \frac{841}{22.33} = 37.66$$

A×B

$$F_{A\times B} = \frac{MS_{A\times B}}{MS_w} = \frac{144}{22.33} = 6.45$$

(3) 统计决断. 根据 A，B，A×B 组间自由度 1 和组内自由度 $df_w = 12$，查附表 3，找到 $F_{(1,12)0.05} = 4.75$，$F_{(1,12)0.01} = 9.33$，将实际计算出的 F 值与临界值相比较，有

A 因素

$$F_A = 0.18 < 4.75 = F_{(1,12)0.05}$$

B 因素

$$F_B = 37.66^{**} > 9.33 = F_{(1,12)0.01}$$

A×B

$$F_{(1,12)0.05} = 4.75 < F_{A\times B} = 6.45^{*} < 9.33 = F_{(1,12)0.01}$$

根据 F 检验统计决断规则，在 0.05 显著性水平上保留关于 A 因素(教材)对学习效果无显著影响的零假设，而拒绝 A 因素(教材)对学习效果有显著影响的备择假设；在 0.01 显著性水平上拒绝 B 因素(教法)对学习效果无显著影响的零假设，

而接受 B 因素(教法)对学习效果有显著影响的备择假设；在 0.05 显著性水平上拒绝 A×B(教材与教法)对学习效果交互作用不显著的零假设，而接受 A×B(教材与教法)对学习效果交互作用显著的备择假设.

有时需要进一步检验 A 因素的两种水平 a_1 和 a_2 在 B 因素 b_1 或 b_2 水平上差异的显著性，或者检验 B 因素的两种水平 b_1 和 b_2 在 A 因素 a_1 或 a_2 水平上差异的显著性，仍可采用 F 检验法，其简要步骤如下：

①求平方和. A 因素在 b_1 水平上的平方和为

$$SS_{\mathrm{A}(b_1)}=\sum\left[\frac{\left(\sum X_{a(b_1)}\right)^2}{n_{a(b_1)}}\right]-\frac{\left(\sum\sum X_{a(b_1)}\right)^2}{n_{a(b_1)}k_{a(b_1)}}$$

$$=\frac{(256^2+276^2)}{4}-\frac{532^2}{(4\times 2)}=50$$

A 因素在 b_2 水平上的平方和为

$$SS_{\mathrm{A}(b_2)}=\sum\left[\frac{\left(\sum X_{a(b_2)}\right)^2}{n_{a(b_2)}}\right]-\frac{\left(\sum\sum X_{a(b_2)}\right)^2}{n_{a(b_2)}k_{a(b_2)}}$$

$$=\frac{(338^2+310^2)}{4}-\frac{648^2}{(4\times 2)}=98$$

B 因素在 a_1 水平上的平方和为

$$SS_{\mathrm{B}(a_1)}=\sum\left[\frac{\left(\sum X_{b(a_1)}\right)^2}{n_{b(a_1)}}\right]-\frac{\left(\sum\sum X_{b(a_1)}\right)^2}{n_{b(a_1)}k_{b(a_1)}}$$

$$=\frac{(256^2+338^2)}{4}-\frac{594^2}{(4\times 2)}=840.5$$

B 因素在 a_2 水平上的平方和为

$$SS_{\mathrm{B}(a_2)}=\sum\left[\frac{\left(\sum X_{b(a_2)}\right)^2}{n_{b(a_2)}}\right]-\frac{\left(\sum\sum X_{b(a_2)}\right)^2}{n_{b(a_2)}k_{b(a_2)}}$$

$$=\frac{(276^2+310^2)}{4}-\frac{586^2}{(4\times 2)}=144.5$$

②计算自由度

$$df_{A(b_1)}=df_{A(b_2)}=df_{B(a_1)}=df_{B(a_2)}=2-1=1$$

③求方差

$$MS_{A(b_1)}=\frac{SS_{A(b_1)}}{df_{A(b_1)}}=\frac{50}{1}=50$$

$$MS_{A(b_2)}=\frac{SS_{A(b_2)}}{df_{A(b_2)}}=\frac{98}{1}=98$$

$$MS_{B(a_1)}=\frac{SS_{B(a_1)}}{df_{B(a_1)}}=\frac{840.5}{1}=840.5$$

$$MS_{B(a_2)}=\frac{SS_{B(a_2)}}{df_{B(a_2)}}=\frac{144.5}{1}=144.5$$

④求 F 值

$$F_{A(b_1)}=\frac{MS_{A(b_1)}}{MS_w}=\frac{50}{22.33}=2.24$$

$$F_{A(b_2)}=\frac{MS_{A(b_2)}}{MS_w}=\frac{98}{22.33}=4.39$$

$$F_{B(a_1)}=\frac{MS_{B(a_1)}}{MS_w}=\frac{840.5}{22.33}=37.64$$

$$F_{B(a_2)}=\frac{MS_{B(a_2)}}{MS_w}=\frac{144.5}{22.33}=6.47$$

⑤统计决断.

根据 $df_{A(b_1)}=df_{A(b_2)}=df_{B(a_1)}=df_{B(a_2)}=1$ 及 $df_w=12$，查 F 值(附表 3)，找到 $F_{(1,12)0.05}$=4.75，$F_{(1,12)0.01}$=9.33. 将实际计算出的 F 值与临界值相比较，按 F 检验统计决断规则确定其显著性，并把检验结果列入方差分析表 8.13 中. 可见，本例中当两种教材均采用不同教学方法时，都会对学生成绩产生不同影响，尤其是 a_1 教材在采用两种不同教法时，对学生成绩的影响差异极为显著.

表 8.13　两种教材与两种教法对测验成绩影响的方差分析表

差异来源		平方和(*SS*)	自由度(*df*)	方差(*MS*)	*F*	$F_{0.05}$	$F_{0.01/2}$
A因素	在 b_1 水平	50	1	50	2.24	4.75	9.33
	在 b_2 水平	98	1	98	4.39		
B因素	在 a_1 水平	840.5	1	840.5	37.64^{**}		
	在 a_2 水平	144.5	1	144.5	6.47^{*}		
组内		268	12	22.33			

思考与练习

1. 方差分析的功能及其基本假定条件有哪些?
2. 试比较完全随机设计与随机区组设计的优、缺点.
3. 多因素方差分析与单因素方差分析的最重要的区别是什么?
4. 试概括出方差分析的几个主要步骤.
5. 某高校四个专业二年级英语阅读能力如表 8.14 所示，问四个专业的学生成绩是否有显著差异?

表 8.14　四个班的英语成绩统计

班别	人数(n)	平均数	总体标准差的估计值(S)
一	42	39	3.8
二	44	36	5.4
三	39	31	5.8
四	41	28	3.4

6. 为了考察批评和表扬对小学三年级完成算术四则运算题的影响，随机抽取男生 10 人，女生 10 人，随机将男、女生各分为两组，在作业开始之前，对一组男生及一组女生进行批评，对另一组男生及另一组女生进行表扬，作业成绩如表 8.15 所示，问对男女生批评与表扬的作用如何?

表 8.15　作业成绩统计

		A因素		总和
		a_1(批评)	a_2(表扬)	
B因素(性别)	b_1 男	18 30 22 24 20　(114)	27 31 30 27 30　(145)	259
	b_2 女	49 36 41 55 50　(231)	42 33 38 35 39　(187)	418
总和		345	332	677

第九章　点计数据的统计推断

前面所讲的总体平均数及方差的统计推断，都是在由测量而获得的正态变量的数据情况下进行的. 在教育研究中经常通过问卷调查，获得由点计而来的间断变量的数据或比率. 这类数据是按性质划分的各类别的个体数目或比率. 例如，男女学生获得奖学金的人数或比率等. 某些情况下，由于研究的需要，也将本来属于测量获得的正态连续变量的数据，按一定标准划分成不同类别. 例如，将学生考试成绩划分成及格和不及格的人数及比率；将参加高考的学生划分成录取和未录取的人数及比率等.

对这类点计数据的统计推断，不能采用前面阐述的统计推断方法，而应采用总体比率的推断方法或χ^2检验. 若事物仅被划分成两类，则可用总体比率进行统计推断；若事物被划分成两类以上时，则需用χ^2检验进行统计推断. 当然χ^2检验也适用于仅有两种类别的资料.

第一节　总体比率的推断

一、比率的抽样分布及标准误

在一个二项分布的总体中，若具有某种属性的事件(可称为成功事件)出现的概率为p'，则不具有这种属性的事件(称为失败事件)出现的概率为$q'=1-p'$. 现从中随机抽取一个容量为n(即进行n次重复试验)的样本，算得成功事件出现的比率$p=X/n$(X表示n次重复试验中成功事件出现的次数)之后，将其还回总体中，再从中随机抽取一个容量为n的样本，又可以算得一个成功事件出现的比率p. 这样反复抽下去，就可以获得一切可能个样本，将这一切可能个样本的p值进行频数分布，就形成比率的抽样分布. 比率的抽样分布也是二项分布.

比率在抽样分布上的标准差称为比率的标准误，用σ_p表示. 计算公式为

$$\sigma_p=\frac{\sigma}{n}=\frac{\sqrt{np'q'}}{n}=\sqrt{\frac{p'q'}{n}} \tag{9.1}$$

其中，p'为总体具有某种属性的事件出现的概率；$q'=1-p'$；n是样本容量(试验重复次数).

当总体概率已知时，比率的标准误即为公式(9.1). 当总体概率未知时，可用

样本比率 $p=X/n$ 作为总体概率 p' 的点估计．这时，比率的标准误为

$$S_p = \sqrt{\frac{pq}{n}} \tag{9.2}$$

其中，S_p 是比率标准误的估计量；p 是样本中具有某种属性事件出现的比率；$q=1-p$；n 是样本容量.

二、总体比率的区间估计

根据一定概率的要求估计总体比率的所在范围，称为总体比率的区间估计. 例如，从某区随机抽取 100 名中学生，查得正常视力有 65 人．根据一定概率要求，估计全区中学生正常视力比率的所在范围，严格来讲，应当采用 $(p+q)^{100}=(0.65+0.35)^{100}$ 的二项展开式来求得．但这样直接计算是很复杂的，尤其是当 n 较大的情况．下面介绍两种简单的方法.

1．正态近似法

从第五章知道，当 $p=q$ 时，无论 n 多大，二项分布呈对称形；即便 $p\neq q$，只要 np 及 nq 中最小的频数不小于 5，二项分布已经接近正态分布．本例 $nq = 35>5$，则二项分布接近于正态分布，故可用正态分布近似处理．其统计量为

$$Z = \frac{(p-p')}{\sqrt{pq/n}} \tag{9.3}$$

令 Z 在-1.96~1.96 变动，在此区间的概率为 95%，即

$$P(-1.96 < (p-p')/\sqrt{pq/n} < 1.96) = 0.95$$

上式等价于

$$P(p-1.96\sqrt{pq/n} < p' < p+1.96\sqrt{pq/n}) = 0.95 \tag{9.4}$$

于是，总体比率 95%的置信下限为 $p-1.96\sqrt{pq/n}$，置信上限为 $p+1.96\sqrt{pq/n}$.

令 Z 在-2.58~2.58 变动，在此区间的概率为 99%，即

$$P(-2.58 < (p-p')/\sqrt{pq/n} < 2.58) = 0.99$$

上式也可写为

$$P(p-2.58\sqrt{pq/n} < p' < p+2.58\sqrt{pq/n}) = 0.99 \tag{9.5}$$

于是，总体比率 99%的置信下限为 $p-2.58\sqrt{pq/n}$，置信上限为 $p+2.58\sqrt{pq/n}$.

上例中，计算的总体比率 95%的置信区间为

$$P(0.65-1.96\sqrt{0.65\times0.35/100}<p'<0.65+1.96\sqrt{0.65\times0.35/100})=0.95$$

即 $P(0.557<p'<0.743)=0.95$，置信下限为 0.557，置信上限为 0.743.

如果用百分比来表示，可将上、下限分别乘以 100%，于是置信下限为 55.7%，置信上限为 74.3%. 这就是说，该区中学生正常视力比率有 95%的可能在 0.557~0.743 的范围内. 或者说，有 95%的可能在 55.7%~74.3%的范围内，即总体比率小于 55.7%或者大于 74.3%的可能性分别为 0.025.

总体比率 99%的置信区间为

$$P(0.65-2.58\sqrt{0.65\times0.35/100}<p'<0.65+2.58\sqrt{0.65\times0.35/100})=0.99$$

即 $P(0.527<p'<0.773)=0.99$，置信下限为 0.527，置信上限为 0.773.

用百分比表示：置信下限为 52.7%，置信上限为 77.3%. 就是说，该区中学生正常视力的比率，有 99%的可能在 0.527~0.773 的范围内. 或者说，有 99%的可能在 52.7%~77.3%的范围内.

若用二项分布规律来解，就需要用 $P_{100(k)}=C_{100}^{k}0.65^{k}\times0.35^{100-k}$ 计算 k 取若干可能数值时的概率，如 k=50 时，$P_{100(50)}=0.000713$. 然后计算 $\sum_{k=0}^{k=n_1}P_{100(k)}$ 及 $\sum_{k=n_2}^{k=100}P_{100(k)}$.可以验证，$n_1$=55，$n_2$=75 时，$\sum_{k=0}^{k=n_1}P_{100(k)}<0.025$，$\sum_{k=n_2}^{k=100}P_{100(k)}<0.025$，但又分别接近 0.025，这就意味着，总体比率有 95%的可能在 $n_1/n=55/100=0.55$ 到 $n_2/n=75/100=0.75$ 之间.

2. 查表法

当 p 在 0 或 1 附近，或者样本容量 n 较小，二项分布与正态偏离较多，一般不能用正态近似法估计总体比率的置信限，这时可采用查表法.

附表 7 已将 $1\leqslant n\leqslant1000$，$p\geqslant1\%$的二项分布置信限列入其中. 只要知道试验的次数 n 和二项分布成功事件出现的绝对频数 X，就可根据此表查出总体比率 95%或 99%的置信限. 特别是当 n 较小，p 接近 0 或 1，不能用正态分布近似处理时，更需要使用此表.

例 1　从某中学初中二年级随机抽取 24 名学生，其中取得计算机一级证书的有 5 人，试估计该校二年级学生此次计算机等级考试取得一级证书的百分比是多少？

解　根据 n=24，X=5，查百分率的可信限表(附表 7)，找到 95%的置信下限为 7%，置信上限为 42%；查附表 7，找到 99%的置信下限为 5%，置信上限为 49%.

这就是说，该校初中二年级计算机考试取得一级证书的有 95%的可能在 7%~42%范围内. 换另一种说法就是，该校初中二年级计算机考试取得一级证书的比率在 7%~42%，这一结论正确的概率为 95%. 同样，取得一级证书的有 99%的可能在 5%~49%.

例 2　某校向 53 名高二学生家长调查是否赞成高二走读学生上晚自习的意见，其中表示赞成者有 23 人，试估计赞成上晚自习的家长总体比率 95%及 99%的置信区间.

解　如果根据 n=53，X=23，查附表 7 不能直接找到相应总体百分比的置信限. 因为附表 7 中，n 的数值从 50 开始以 10 递增，因此，需用内插法求置信限.

首先查出与 n=50，X=23 相对应 95%的置信限为 32，61；以及与 n=60，X=23 相对应 95%的置信限为 26，52；设所要求的 95%置信下限为 p_1，上限为 p_2，则

$$(50-60):(53-60)=(32-26):(p_1-26)，得置信下限\ p_1=30.2$$

又

$$(50-60):(53-60)=(61-52):(p_2-52)，得置信上限\ p_2=58.3$$

于是 95%的置信下限为 30.2%，置信上限为 58.3%. 以同样方法求得 99%的置信下限为 26.5%，置信上限为 62.3%. 就是说，赞成上晚自习的家长总体比率 95%的可能在 30.2%~58.3%范围内， 99%的可能在 26.5%~62.3%范围内.

三、总体比率的假设检验

1. 正态近似法

若 $p=q$，或者 np 和 nq 中较小的那个频数不小于 5，则二项分布近似于正态分布，可以用统计量 Z 检验总体比率的显著性.

例 3　某综合性大学，教师中具有硕士以上学历的比率为 0.60，现从某学院随机抽取 75 名教师，其中硕士以上学历的教师有 48 人，问该学院教师硕士以上学历的比率与全校教师硕士以上学历的比率，是否有显著性差异?

解　①提出假设. $H_0: p'=0.60$；$H_1: p'\neq 0.60$.

② 选择检验统计量并计算其值. 本例属于二项分布，p=48/75=0.64，q=0.36. 但由于最小频数 nq=27>5，其二项分布接近正态分布，故可选择 Z 作为检验统计量.

$$Z=(p-p')/\sqrt{p'q'/n} \tag{9.6}$$

计算可得

$$Z = (0.64 - 0.60) / \sqrt{0.60 \times 0.40 / 75} = 0.707$$

③ 统计决断. 用双侧检验. 由于 Z=0.707<1.96，则 P>0.05. 于是在 0.05 显著性水平上保留零假设，而拒绝备择假设. 其结论为该学院教师硕士以上学历的比率与全校教师硕士以上学历的比率没有显著差异. 也可以说，该学院教师硕士以上学历的样本比率 0.64 是来自于比率为 0.60 的总体.

本例也可以不用比率(相对频数)而用绝对频数进行 Z 检验，即将公式(9.6)等号右边分子和分母同乘以 n，则

$$Z = (np - np') / \sqrt{np'q'} \tag{9.7}$$

将数据代入式(9.7)，得 $Z = (48 - 75 \times 0.60) / \sqrt{0.60 \times 0.40 \times 75} = 0.707$. 可见结果相同.

2. *查表法*

当二项分布偏离正态时，一般不能用正态分布进行总体比率的假设检验. 这时，可采用查表法.

例 4　某高校专升本录取率为 0.25，其中某系 28 名毕业生中有 4 人被录取，问该系与全校专升本录取率是否有显著差异?

解　①提出假设. $H_0 : p' = 0.25$；$H_1 : p' \neq 0.25$.

② 查附表 7 寻找总体比率的临界值. 由于最小频数 np =4<5 的二项分布呈偏态，对于总体比率的显著性检验不能用正态分布处理，可通过查百分率的可信限表(附表 7)，求二项分布的两端临界值加以解决. 本例中 n=28，X=4，找到总体比率 95%的置信区间为 4%~33%.

③ 统计决断. 由于假设的总体比率落在样本所来自的总体比率 95%的置信区间，即 0.04<0.25<0.33. 故应保留零假设，而拒绝备择假设. 其结论为：该系专升本录取率与全校专升本录取率没有显著差异.

第二节　两个总体比率差异的显著性检验

一、两个独立样本比率差异的显著性检验

用样本比率估计总体比率时，两个独立样本比率之差的标准误为

$$S_{p_1 - p_2} = \sqrt{\frac{p_1 q_1}{n_1} + \frac{p_2 q_2}{n_2}} \tag{9.8}$$

其中，p_1是第一个样本成功事件比率；p_2是第二个样本成功事件比率；$q_1=1-p_1$；$q_2=1-p_2$；n_1和n_2分别为第一个和第二个样本的容量.

在检验两个独立样本比率差异的显著性时，常碰到的问题是检验两个样本所来自总体比率差异的显著性，这时以两个样本比率来自同一个总体为前提，即提出两总体比率无差异的零假设，并且用两个样本比率的加权平均作为总体比率的估计量，即

$$\overline{p}=\frac{n_1p_1+n_2p_2}{n_1+n_2}, \quad \overline{q}=\frac{n_1q_1+n_2q_2}{n_1+n_2}$$

将$\overline{p}$和$\overline{q}$代入式(9.8)，于是，两个独立样本比率之差的标准误有两种情况：

当$n_1 \neq n_2$时，为

$$S_{p_1-p_2}=\sqrt{\frac{\overline{pq}}{n_1}+\frac{\overline{pq}}{n_2}}=\sqrt{\overline{pq}\left(\frac{n_1+n_2}{n_1n_2}\right)}=\sqrt{\frac{(n_1p_1+n_2p_2)(n_1q_1+n_2q_2)}{n_1n_2(n_1+n_2)}} \tag{9.9}$$

当$n_1=n_2$时，为

$$S_{p_1-p_2}=\sqrt{\frac{2\overline{pq}}{n}}=\sqrt{\frac{(p_1+p_2)(q_1+q_2)}{2n}} \tag{9.10}$$

如果两个独立样本的最小频数都不小于 5，两个样本比率之差的抽样分布也接近于正态，于是可用统计量 Z 检验两个比率之差的显著性. 其检验统计量为

$$Z=\frac{(p_1-p_2)}{\sqrt{\frac{(n_1p_1+n_2p_2)(n_1q_1+n_2q_2)}{n_1n_2(n_1+n_2)}}} \tag{9.11}$$

例 5 关于某一化学实验的教学，在实验组预习教材以后先看该实验正确操作的录像，再进行实际操作. 在对照组预习教材后只看该实验正确操作的录像不进行实际的实验操作. 实验结束后立即进行测验，结果如表 9.1 所示，问两种实验教学方法的效果是否有显著差异?

表 9.1 例 5 用表

组 别	及格人数	不及格人数	总 和
实验组	70	30	$100=n_1$
对照组	24	36	$60=n_2$
总 和	$94=n_{c1}$	$66=n_{c2}$	$160=N$

解　①提出假设. H_0： $p_1' = p_2'$ ； H_1： $p_1' \neq p_2'$.

② 选择检验统计量并计算其值. 由于实验组和对照组为两个独立样本，两组的最小频数 $n_1q_1 = 100 \times 0.30 = 30$，$n_2p_2 = 60 \times 0.4 = 24$，均大于 5，于是两个样本比率之差的抽样分布接近于正态，故可用公式(9.11)对两个比率差异进行显著性检验. 表 9.1 中 $n_1p_1 + n_2p_2 = n_{c1}$，$n_1q_1 + n_2q_2 = n_{c2}$，$n_1 + n_2 = N$，则公式(9.11)可以变成一种简单的形式

$$Z = \frac{(p_1 - p_2)}{\sqrt{\dfrac{(n_1p_1 + n_2p_2)(n_1q_1 + n_2q_2)}{n_1n_2(n_1 + n_2)}}} = \frac{(p_1 - p_2)}{\sqrt{\dfrac{n_{c1}n_{c2}}{n_1n_2N}}} \tag{9.12}$$

将本例有关数据代入式(9.12)，得 $Z = 3.73$.

③ 统计决断. 用双侧 Z 检验. 由于 $Z=3.73^{**} > 2.58$，则 $P<0.01$. 于是，在 0.01 显著性水平上拒绝零假设，而接受备择假设. 其结论为两种实验教学法的效果有极显著差异. 实验组教学方法优于对照组预习教材后只看录像的情况.

二、两个相关样本比率差异的显著性检验

如果检验两个相关样本比率之差，如检验同一组对象实验前、后两个比率之差，或者两个配对组比率之差，可不必计算比率之差的标准误，而采用一种简单的方法处理.

例 6　某校 120 名学生期末数学测验以后，让他们在寒假里到校补习功课若干次，开学时进行与期末数学测验同类题目的测验，两次测验的结果见图 9.1(a)所示的频数表，问补习功课对提高数学成绩是否有显著效果？

解　从图 9.1(b)所示的符号表可以看出，两次测验成绩良好的比率之差，只涉及两次测验成绩发生变化的频数 b 和 c，不涉及两次成绩无变化的 a 和 d. 两次测验良好成绩的比率之差为

$$p_1 - p_2 = (a+b)/n - (a+c)/n = (b-c)/n$$

若补习功课对提高数学成绩无显著效果，则两个比率无显著性差异，即应有 $b = c$.

现假设另外有一个成绩发生变化的二项分布的总体，从中随机抽取容量为 $n' = b + c$ 的样本. 根据两个总体比率无显著性差异的假设，b 和 c 出现的概率应为 1/2，即第一次测验为良，而第二次测验为非良者，在总体中出现的概率为 $p' = 1/2$；第一次测验为非良，而第二次测验为良者，在总体中出现的概率为 $q' = 1 - p' = 1 - 1/2 = 1/2$. 于是第一次为良，第二次为非良的总体平均数为 $n'p' = (b+c)/2$，标准差为 $\sqrt{n'p'q'} = \sqrt{(b+c)}/2$. 现可用公式(9.7)对第一次为良而

第二次为非良的总体平均数进行 Z 检验．其检验统计量为

$$Z=\frac{(n'p-n'p')}{\sqrt{n'p'q'}}=\frac{(b-c)}{\sqrt{b+c}} \tag{9.13}$$

本例

$$Z=\frac{(14-22)}{\sqrt{14+22}}=-1.33$$

根据双侧 Z 检验统计决断的规则，$|Z|=1.33<1.96$，则 $P>0.05$．于是，在 0.05 显著性水平上保留零假设，而拒绝备择假设．其结论为，补习功课对提高数学成绩无显著效果.

		第二次测验 良	第二次测验 非良	
第一次测验	良	48	14	62
	非良	22	36	58
		70	50	

(a) 频数表

		第二次测验 良	第二次测验 非良		
第一次测验	良	a	b	$a+b$	$(a+b)/n=p_1$
	非良	c	d	$c+d$	$(c+d)/n=q_1$
		$a+c$	$b+d$		
		$\frac{a+c}{n}=p_2$	$\frac{b+d}{n}=q_2$		

$n=a+b+c+d$

(b) 符号表

图 9.1　例 6 用图

第三节　χ^2　分　布

对总体分布是否服从某种理论分布或某种假设分布所作的假设检验，常用 χ^2 检验，它是根据样本的频数分布来推断总体的分布形态．所以，χ^2 检验的数据所来自的总体分布是未知的．并且，χ^2 检验在多数情况下是对总体分布的假设检验，因此属于自由分布的非参数检验.

比率和比率之差的假设检验，处理的是一个因素分成两个类别，或者是两个因素，每个因素都分为两个类别的资料，最多只能同时比较两组比率的差异．但 χ^2 检验可以同时处理一个因素分为多种类别，或多种因素各有多种类别的资料．所以，凡是可以应用比率进行检验的资料，都可以用 χ^2 检验．例如，从某校随机抽取 50 名学生，其中男生 27 人，女生 23 人，问该校男女生人数是否相同?这一问题就可以用比率差异显著性的检验方法，也可以用 χ^2 检验.

一、χ^2分布及检验统计量

上例中检验该校男、女生人数是否相同，实际上等同于检验男生或女生的比率是否为 1/2. 所以，可用前面介绍的总体比率的检验方法. 也可以用 χ^2 检验的方法. 统计学家皮尔逊曾提出并证明式(9.14)右端的统计量服从一个新的分布，他称为χ^2(读作卡方)分布，并用符号χ^2表示这个统计量，即

$$\chi^2 = \sum \frac{(f_0 - f_t)^2}{f_t} \tag{9.14}$$

其中，f_0表示实际频数；f_t表示理论频数；$\sum$表示求和.

如在上例中，根据男、女生人数相同的假设，男女生理论频数应为50/2=25. 于是有

$$\chi^2 = \sum \frac{(f_0 - f_t)^2}{f_t} = \frac{(27-25)^2}{25} + \frac{(23-25)^2}{25} = 0.32$$

也可以列表计算χ^2值，如表 9.2 所示.

表 9.2　男、女学生人数的χ^2值计算表

	实际频数 f_0	理论频数 f_t	差数 f_0-f_t	差数平方 $(f_0-f_t)^2$	差数平方与理论频数之比 $(f_0-f_t)^2/f_t$
男生	27	25	2	4	4/25=0.16
女生	23	25	−2	4	4/25=0.16
总和	50	50			χ^2=0.32

在上例中，若将上述所抽取的 50 名学生还回总体之中，再从中随机抽取 50 名学生，又可以计算出一个样本χ^2值. 这样反复抽下去，就会有一切可能个样本χ^2值. 这一切可能个样本χ^2值的频数分布，就形成χ^2的抽样分布，简称为χ^2分布. 其形态如图 9.2 所示.

χ^2分布有以下两个特点：

(1) χ^2分布呈正偏态，右侧无限伸延，但永不与基线相交.

(2) χ^2 分布随自由度的变化而形成一簇分布图线. 这里自由度是指实际频数与理论频数差数中，能够独立变化的个数. 上例实际频数与理论频数的差数有两个，因为受到$\sum(f_0-f_t)=0$的限制，其中只有一个可以独立变化，则自由度 $df=1$.

自由度越小，χ^2分布偏斜度越大；自由度越大，分布形态越趋于对称.

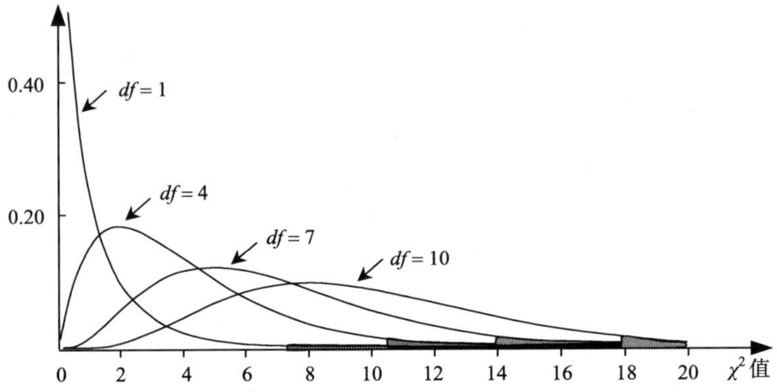

图 9.2　四种不同自由度的χ^2分布

二、χ^2检验的基本原理

由式(9.14)可见，χ^2值有以下几个特点：

(1) χ^2值具有可加性. 如男生χ^2值为 0.16，女生χ^2值也为 0.16，总的χ^2值为

$$\chi^2 = 0.16 + 0.16 = 0.32$$

(2) χ^2值永远是正值.

(3) χ^2 值的大小随实际频数与理论频数差的大小而变化. 二者之差越小，即样本分布与假设的理论分布越相一致时，χ^2值越小；二者之差越大，样本分布与假设的理论分布越不相一致时，χ^2值越大.

上述特点决定了χ^2检验采用(单侧)右侧检验，当χ^2值落入图 9.2 所示阴影区域(即拒绝域)时，则从实际可能性上否定总体的实际分布与假设的理论分布一致的零假设. 附表 8 所列的χ^2值表给出了自由度在 1~100，阴影面积从 0.005 增加到 0.995 时，所对应的χ^2临界值. 这里拒绝域即常用到的显著性水平α仍为 0.05 或 0.01 等.

由附表 8 查得$\alpha = 0.05$ 或 0.01，自由度为 1 时，对应的χ^2临界值分别为 3.84 和 6.63. 而上例中$\chi^2 = 0.32 < 3.84$，于是，可得出结论：该校男、女生人数没有显著性差异.

若用比率的检验方法，有

$$Z = \frac{(np - np')}{\sqrt{np'q'}} = \frac{(27 - 25)}{\sqrt{50 \times 0.5 \times 0.5}} = 0.566 < 1.96(\text{用双侧检验})$$

所以，两种方法结果相同. 这种情况下，可任意选择一种方法检验.

第四节　单向表的χ^2检验

把实得的点计数据按一种分类标准编制成的表称为单向表. 对单向表的数据所进行的χ^2检验就是单向表的χ^2检验，也叫做单因素的χ^2检验. 例如，把学生的学习成绩按优、良、中、差分为四个不同的等级，对于这类数据所进行的χ^2检验就是单向表的χ^2检验.

一、按一定比率决定理论频数的χ^2检验

例 7　对某地区乡村小学师资状况进行调查，现随机抽取 54 位教师，其中 50 岁以上者有 30 人，35~49 岁之间的有 16 人，34 岁以下的有 8 人，问该地区乡村小学教师三个年龄段人数比率是否为 3∶2∶1?

解　①提出假设. H_0：三个年龄段人数比率为 3∶2∶1；

H_1：三个年龄段人数比率不是 3∶2∶1.

② 计算χ^2值. 根据零假设，三个年龄段的理论频数分别为

$$f_t = 54 \times 1/2 = 27\,,\quad f_t = 54 \times 1/3 = 18\,,\quad f_t = 54 \times 1/6 = 9$$

然后根据式(9.14)求χ^2值(也可以列表计算χ^2值)

$$\chi^2 = \frac{(30-27)^2}{27} + \frac{(16-18)^2}{18} + \frac{(8-9)^2}{9} = 0.67$$

③ 统计决断. 由于$\sum(f_0 - f_t) = 0$，故单向表χ^2的自由度一般等于组数减 1，即 $df=k-1$. 本例中 $df=k-1=3-1=2$，查χ^2 值表(附表 8)，找到$\chi^2_{(2)0.05}=5.99$. 由于$\chi^2=0.67<5.99=\chi^2_{(2)\,0.05}$，则 $P>0.05$. 按照表 9.3 所示的χ^2检验统计决断的规则，应在 0.05 显著性水平上保留零假设，而拒绝备择假设. 其结论为：该地区乡村小学教师三个年龄段人数比率是 3∶2∶1. 或者说还没有足够的证据证明该人数比率不是 3∶2∶1.

表 9.3　χ^2检验统计决断规则

χ^2值与临界值的比较	P值	显著性
$\chi^2<\chi^2_{(df)\,0.05}$	$P>0.05$	不显著
$\chi^2_{(df)\,0.05}\leqslant\chi^2<\chi^2_{(df)\,0.01}$	$0.01<P\leqslant0.05$	显著(*)
$\chi^2\geqslant\chi^2_{(df)\,0.01}$	$P\leqslant0.01$	极其显著(**)

二、一个自由度的χ^2检验

1. 各组$f_t \geqslant 5$的情况

例 8 从某中学随机抽取 76 名学生，其中有条件经常上网的有 50 人，不能经常上网的有 26 人，问该校学生有条件经常上网和不能经常上网的人数是否相等?

解 ①提出假设. H_0：有条件经常上网和不能经常上网的人数相等；

H_1：有条件经常上网和不能经常上网的人数不相等.

② 计算χ^2值. 本例$df=1$，两组的理论频数均为$f_t=38>5$，计算χ^2值如表 9.4 所示.

表 9.4　有条件经常上网和不能经常上网的人数χ^2值计算表

	实际频数 f_0	理论频数 f_t	差数 f_0-f_t	差数平方 $(f_0-f_t)^2$	差数平方与理论频数之比 $(f_0-f_t)^2/f_t$
经常上网	50	38	12	144	144/38=3.79
不经常上网	26	38	−12	144	144/38=3.79
总　和	76	76			χ^2=7.58

③ 统计决断. 根据$df=k-1=2-1=1$，查χ^2值附表 8，找到$\chi^2_{(1)\ 0.01}=6.63$，由于$\chi^2=7.58^{**}>\chi^2_{(1)0.01}$，则$P<0.01$，按照$\chi^2$检验统计决断的规则，应在 0.01 显著性水平上拒绝零假设，而接受备择假设. 其结论为：该校有条件经常上网和不能经常上网的人数不相等，并有极其显著的差异.

2. 某组$f_t<5$的情况

当$df=1$，其中只要有一组$f_t<5$，就要运用亚茨(Yates)连续性校正法，即

$$\chi^2=\sum\frac{(|f_0-f_t|-0.5)^2}{f_t} \tag{9.15}$$

连续性校正的原因，在于由点计数据求得的χ^2值具有间断性，当$df=1$，$f_t<5$时，其间断性尤为明显. 而χ^2分布实际上是一条连续的光滑曲线. 且χ^2值表上的理论值也是用连续量表表示的. 因此，当$df=1$，有某组$f_t<5$时，为了使估计误差较小，需要做上述校正，即在每个小于理论频数的实际频数上加 0.5，而在大于理论频数的实际频数上减去 0.5.

例 9 某地区中学教师具有本科以上学历的比率为 0.8，现从该地区某中学随机抽取 20 名教师(见表 9.5)，其中本科以上学历者 12 人，该校本科以上学历的比率与全区是否一致?

解 ①提出假设. H_0：该校本科以上学历教师的比率与全区一致；

H_1：该校本科以上学历教师的比率与全区不一致.

② 计算χ^2值. 根据零假设，该校本科以上学历的教师 $f_t = 20\times0.8=16$，其他$f_t=20\times0.2=4$，由于本例 $df=1$，有一个组的 $f_t=4<5$，在计算χ^2值时需要进行亚茨连续性校正(见表 9.5 所示).

③ 统计决断. 根据 $df=1$，查χ^2值表(附表 8)，$\chi^2_{(1)0.05}=3.84$，由于实际计算出的$\chi^2=3.83<\chi^2_{(1)0.05}$，则 $P>0.05$，于是在 0.05 显著性水平上保留零假设，而拒绝备择假设. 其结论为：该校本科以上学历的教师比率与全区一致，或者说没有显著性差异.

表 9.5　检验某中学本科以上学历教师比率是否与全区一样的χ^2值计算表

	f_0 (1)	f_t (2)	$\lvert f_0-f_t\rvert$ (3)	$\lvert f_0-f_t\rvert-0.5$ (4)	$(\lvert f_0-f_t\rvert-0.5)^2$ (5)	$(\lvert f_0-f_t\rvert-0.5)^2/f_t$ (6)
本科以上	12	16	4	4−0.5=3.5	12.25	12.25/16=0.77
其他	8	4	4	4−0.5=3.5	12.25	12.25/4=3.06
总　和	20	20				χ^2=3.83

三、频数分布正态性的χ^2检验

频数分布正态性的χ^2检验，就是用χ^2检验方法通过样本推断总体是否呈正态分布.

例 10　120 名 11 岁男生身高的频数分布如表 9.6 第(6)列所示，问其总体是否呈正态分布？($\bar{X}=139.9\,\text{cm}$，$\sigma_X=7.5\,\text{cm}$)

表 9.6　120 名 11 岁男生身高频数分布正态性χ^2值计算表

身高 (1)	各组限的 Z 值(2)	平均值至各组限的面积(3)	各组的正态面积(4)	各组理论频数 f_t (5)	实际频数 f_0 (6)	f_0-f_t (7)	$(f_0-f_t)^2$ (8)	$(f_0-f_t)^2/f_t$ (9)
−∞	−∞	0.5000	0.0071	0.852	0			
122~	−2.45	0.4929	0.0203	2.436 } 9.876	4 } 13	3.124	9.759	0.988
126~	−1.92	0.4726	0.0549	6.588	9			
130~	−1.39	0.4177	0.1154	13.848	10	−3.848	14.807	1.069
134~	−0.85	0.3023	0.1768	21.216	22	0.784	0.615	0.029
138~	−0.32	0.1255	0.2087	25.044	33	7.956	63.298	2.527
142~	0.21	0.0832	0.1902	22.824	20	−2.824	7.975	0.349
146~	0.75	0.2734	0.1263	15.156	11	−4.156	17.272	1.140
150~	1.28	0.3997	0.0652	7.824	6			
154~	1.81	0.4649	0.0257	3.084 } 12.036	4 } 11	1.036	1.073	0.089
158~	2.35	0.4906	0.0094	1.128	1			
+∞	+∞	0.5000						
总和			1.0000	120.00	120			χ^2=6.191

解　①提出假设. H_0：样本所属的总体呈正态分布；

H_1：样本所属的总体不呈正态分布.

② 计算χ^2值. 按照样本所属的总体呈正态分布的零假设，运用正态曲线下面积的有关知识，首先求各组的理论频数，其步骤如下：

将表 9.6 第(1)列各组的上、下限(精确值)转换成标准分数 Z 值. 如 154~158 这组下限的 $Z=(X-\bar{X})/\sigma_X$ =(153.5−139.9)/7.5=1.81，上限的 Z=(157.5−139.9)/7.5=2.35. 其他各组上、下限的 Z 值见表 9.6 中第(2)列.

据各组上、下限 Z 值查附表 1，寻找各组上、下限 Z 值至 Z=0 之间的面积. 如 154~158 这一组下限 Z=1.81 至 Z=0 之间的面积为 0.4649，上限 Z=2.35 至 Z=0 之间的面积为 0.4906，其他各组上、下限 Z 值至 Z=0 之间的面积见表 9.6 第(3)列.

计算各组的面积. 如 154~158 这组的面积为 0.4906−0.4649=0.0257，其他各组的面积见表 9.6 第(4)列. 这里需要注意：138~142 这组的面积应等于 Z=−0.32 至 Z=0 的面积 0.1255 和 Z=0.21 至 Z=0 的面积 0.0832 之和，即为 0.1255+0.0832 =0.2087. 这是因为该组上、下限 Z 值的符号相反，它们之间的面积应等于它们至 Z =0 面积之和.

求出各组的理论频数，即各组的面积与总频数相乘. 如 154~158 这组的理论频数为 0.0257×120=3.084，其他各组理论频数见表 9.6 第(5)列.

在计算实际频数与理论频数差数之前，两端若有任何一组的理论频数小于 5，就要进行校正，即把 f_t<5 这组的理论频数与相邻组的理论频数合并. 如果合并后的理论频数仍小于 5，则可再行合并，直至大于 5 为止. 例如，表 9.6 上端三组合并成一组，下端三组合并成一组，然后将相应组的实际频数也进行合并，最后再根据公式(9.14)求χ^2值. 结果为χ^2=6.191.

③ 统计决断. 正态性χ^2 检验的自由度 $df=k-3$. 这是因为它是单向表的χ^2 检验，受到$\sum(f_0-f_t)=0$的限制，除此之外，在应用公式$Z=(X-\bar{X})/\sigma_X$计算理论频数时，运用了$\bar{X}$ 和σ_X两个样本统计量，又受到两重限制，所以一共减少了 3 个自由度. 在计算自由度时应当注意的是：这里的组数 k 是指合并后的组数 k=7，所以 df=7−3=4. 然后根据 df=4 查χ^2 值表(附表 8)，找到 $\chi^2_{(4)0.05}=9.49$. 由于实际计算出的χ^2=6.191<$\chi^2_{(4)\,0.05}$， 则 P>0.05. 按照表 9.3 所列的χ^2 检验统计决断规则，应在 0.05 显著性水平上保留零假设，而拒绝备择假设. 其结论为 11 岁男生的身高在 95%的可靠度上是呈正态分布的.

第五节　双向表的χ^2 检验

把实得的点计数据按两种分类标准编制成的表就是双向表. 对双向表的数据

所进行的χ^2检验就是双向表的χ^2检验，也叫做双因素的χ^2检验. 例如，对于同一批学生既把他们按学习成绩分成优、良、中、差，又把他们按思想品德表现分成甲、乙、丙、丁，对这类数据所进行的χ^2检验就是双向表的χ^2检验.

假如把双向表中横行分组数目用 r 表示，把纵列分组数目用 c 表示，那么，双向表的χ^2检验也称为$r \cdot c$表的χ^2检验. 上例 r=4，c=4，如果对其进行χ^2检验，就是 4×4 的χ^2检验.

一、独立性χ^2检验

在双向表的χ^2检验中，如果要判断两种分类特征，即两个因素之间是否有依从关系，这种χ^2检验称为独立性χ^2检验.

例 11　家庭经济状况属于上、中、下的高三毕业生，对于是否愿意报考军事院校有三种不同的态度(愿意、不愿意、未定)，其人数分布如表 9.7 中括号外面的数据(表中括号内的数据为理论频数)所示. 问学生对报考军事院校的态度是否与家庭经济状况有关?

表 9.7　学生对报考军事院校的态度与家庭经济状况之间关系的双向表

家庭经济状况	对于报考军事院校的态度			总和
	愿意	不愿意	未定	
上	18(20.53)	27(19.43)	10(15.03)	55=n_{r1}
中	20(22.03)	19(20.85)	20(16.13)	59=n_{r2}
下	18(13.44)	7(12.72)	11(9.84)	36=n_{r3}
总和	56=n_{c1}	53=n_{c2}	41=n_{c3}	150=N

解　由于 r=3，c=3，可进行 3×3 表的独立性χ^2检验.

① 提出假设.

H_0：学生对报考军事院校的态度与家庭经济状况无关；

H_1：学生对报考军事院校的态度与家庭经济状况有关.

② 计算χ^2值. 为了计算χ^2值，首先要计算各组的理论频数. 根据经济状况与报考军事院校的态度无关的零假设，计算双向表理论频数的公式为

$$f_{\mathrm{t}} = n_r \cdot n_c / N \tag{9.16}$$

其中，n_r 表示横行各组实际频数总和；n_c 表示纵列各组实际频数总和；N 表示样本容量的总和. 例如，经济状况上等而又愿意报考军事院校的理论频数为

$$f_{\mathrm{t}11} = n_{r1} \cdot n_{c1} / N = 56 \times 55 / 150 = 20.53$$

意思是说，根据报考军事院校的态度与经济状况无关的零假设，在 150 人中愿意报考军事院校的比率为 56/150=0.3733，按这一比率，在经济状况属于上等的 55 人中，应当有 f_{t11}=55×56/150=20.53(人)愿意报考军事院校. 经济状况属于中等和下等的人中愿意报考军事院校的理论频数，做类似计算.

计算出各组理论频数之后，根据公式(9.14)，χ^2 值为

$$\chi^2 = \frac{(18-20.53)^2}{20.53} + \frac{(27-19.43)^2}{19.43} + \cdots + \frac{(11-9.84)^2}{9.84} = 10.48$$

$r \cdot c$ 表的 χ^2 值除用理论频数方法计算外，还可以用式(9.17)由实际频数直接求得，即

$$\chi^2 = N\left(\sum \frac{f_0^2}{n_r n_c} - 1\right) \tag{9.17}$$

其中，f_0 表示 $r \cdot c$ 表中每格的实际频数；n_r 表示横行各组实际频数总和；n_c 表示纵列各组实际频数总和；N 表示样本容量的总和.

式(9.17)可由式(9.14)，并利用式(9.16)直接证得. 由式(9.14)

$$\chi^2 = \sum \frac{(f_0 - f_t)^2}{f_t} = \sum \frac{f_0^2 - 2f_0 f_t + f_t^2}{f_t} = \sum \frac{f_0^2}{f_t} - 2\sum f_0 + \sum f_t$$

注意到 $\sum f_0 = \sum f_t = N$ 及式(9.16)，则上式可简化为

$$\chi^2 = \sum \frac{f_0^2}{n_r \cdot n_c} N - N = N\left(\sum \frac{f_0^2}{n_r \cdot n_c} - 1\right)$$

将表 9.7 括号外面的数据代入上式，得

$$\chi^2 = 150\left(\frac{18^2}{56\times 55} + \frac{27^2}{53\times 55} + \frac{10^2}{41\times 55} + \frac{20^2}{56\times 59} + \frac{19^2}{53\times 59} + \frac{20^2}{41\times 59} + \frac{18^2}{56\times 36} + \frac{7^2}{53\times 36} + \frac{11^2}{41\times 36} - 1\right)$$

$$= 10.47$$

两种方法计算出的 χ^2 值基本相等，应用时可任选一种.

③ 统计决断. $r \cdot c$ 表的自由度为

$$df = (r-1)(c-1) \tag{9.18}$$

这里，r 表示双向表中横行的组数，c 表示双向表中纵列的组数.

根据 df=(3−1)(3−1)=4，查 χ^2 值表(附表 8)，$\chi^2_{(4)\,0.05}$=9.49，$\chi^2_{(4)\,0.01}$=13.28，由于

9.49<10.47*<13.28，则 $0.01<P<0.05$. 按照表 9.3 所列的 χ^2 检验统计决断规则，应在 0.05 显著性水平上拒绝零假设，而接受备择假设. 其结论为：学生对报考军事院校的态度与家庭经济状况有关.

二、同质性 χ^2 检验

在双向表 χ^2 检验中，如果是判断几次重复实验的结果是否相同，这种 χ^2 检验称为同质性检验.

例 12　从某大学的甲、乙、丙三个学院随机抽取三组学生，他们考研录取和未录取的人数如表 9.8 括号外面的数据(表中括号内的数据为理论频数)所示. 问三个学院该年度考研录取率是否相同?

表 9.8　三个学院考研录取率的双向表

	录　取	未录取	总　和
甲	24(17.68)	10(16.32)	$34=n_{r1}$
乙	15(18.20)	20(16.80)	$35=n_{r2}$
丙	13(16.12)	18(14.88)	$31=n_{r3}$
总和	$52=n_{c1}$	$48=n_{c2}$	$100=N$

解　由于 $r=3$，$c=2$，可进行 3×2 表的 χ^2 检验.

① 提出假设. H_0：三个学院该年度考研录取率相同；

H_1：三个学院该年度考研录取率不相同.

② 计算 χ^2 值. 根据三个学院该年度考研录取率无显著性差异的零假设，利用公式(9.16)计算各组的理论频数，并根据式(9.14)计算 χ^2 值.

$$\chi^2=\frac{(24-17.68)^2}{17.68}+\frac{(10-16.32)^2}{16.32}+\cdots+\frac{(18-14.88)^2}{14.88}=7.14$$

3×2 表的 χ^2 值也可以用公式(9.17)来计算.

$$\chi^2=N\left(\sum\frac{f_0^2}{n_r n_c}-1\right)$$

$$=100\left(\frac{24^2}{52\times 34}+\frac{10^2}{48\times 34}+\frac{15^2}{52\times 35}+\frac{20^2}{48\times 35}+\frac{13^2}{52\times 31}+\frac{18^2}{48\times 31}-1\right)$$

$$=7.14$$

两种方法计算出的χ^2值相等，应用时可任选一种.

③ 统计决断. 根据 $df=(r-1)(c-1)=(3-1)(2-1)=2$，查$\chi^2$值表，找到$\chi^2_{(2)\,0.05}=5.99$，$\chi^2_{(2)0.01}=9.21$，由于 $5.99<7.14^*<9.21$，则 $0.01<P<0.05$，按照表 9.3 所列的χ^2检验统计决断规则，应在 0.05 显著性水平上拒绝零假设，而接受备择假设. 其结论为：三个学院该年度考研录取率不相同.

双向表的独立性χ^2检验和同质性χ^2检验，只是检验的意义不同，而方法完全相同. 对于同一组数据所进行的χ^2检验，有时既可以理解为独立性检验，又可以理解为同质性检验. 尽管理解有所不同，但χ^2检验的过程完全相同.

如果$r\cdot c$表的χ^2检验所作的结论为差异显著，但这并不意味着各组之间的差异都显著. 如果需要进一步了解哪几组之间差异显著，哪几组之间差异不显著，还需进行四格表的χ^2检验.

三、四格表的χ^2检验

1. 独立样本四格表的χ^2检验

独立样本四格表的χ^2检验，就是双向表中 2×2 表的χ^2检验. 它既可以用缩减公式由实际频数直接计算χ^2值，又可以用上述求理论频数的方法计算χ^2值.

1) 缩减公式χ^2值的计算

独立样本四格表χ^2值的缩减公式为

$$\chi^2=\frac{(ad-bc)^2\cdot N}{(a+b)(a+c)(b+d)(c+d)} \tag{9.19}$$

其中，a、b、c、d 分别表示四格表中的实际频数. 如表 9.9(a)所示. 式(9.19)的证明如下：

由公式(9.17)，有

$$\begin{aligned}\chi^2&=N\left(\sum\frac{f_0^2}{n_r n_c}-1\right)\\&=N\left(\frac{a^2}{(a+c)(a+b)}+\frac{c^2}{(a+c)(c+d)}+\frac{b^2}{(b+d)(a+b)}+\frac{d^2}{(b+d)(c+d)}-1\right)\\&=N\frac{a^2(c+d)(b+d)+c^2(a+b)(b+d)+b^2(c+d)(a+c)+d^2(a+c)(a+b)}{(a+c)(a+b)(c+d)(b+d)}-N\\&=\frac{(ad-bc)^2\cdot N}{(a+c)(a+b)(c+d)(b+d)}\end{aligned}$$

在例 12 中，三个学院该年度考研录取率综合而言差异显著，现对乙、丙两学院录取率的差异进行显著性检验.

例 13　为了运用缩减公式计算χ^2值，可将表 9.8 中乙、丙两学院录取和未录取的实际频数用 a，b，c，d 表示，见表 9.9(a).

表 9.9(a)　乙、丙两学院录取率的四格表

组别	录　取	未录取	总　和
乙	a=15	b=20	$a+b$=35
丙	c=13	d=18	$c+d$=31
总和	$a+c$=28	$b+d$=38	N=66

解　①提出假设.

H_0：乙、丙两学院录取率无本质差别；

H_1：乙、丙两学院录取率有本质差别.

② 计算χ^2值. 将表 9.9(a)中的数据代入公式(9.19)，则

$$\chi^2=\frac{(15\times18-20\times13)^2\times66}{28\times38\times35\times31}=0.006$$

本例也可以用理论频数的方法计算χ^2值，即用式(9.16)求各组的理论频数，并列入表 9.9(b)所示的括号内，再用式(9.14)计算χ^2值.

$$\chi^2=\sum\frac{(f_0-f_t)^2}{f_t}=\frac{(15-14.85)^2}{14.85}+\frac{(20-20.15)^2}{20.15}$$

$$+\frac{(13-13.15)^2}{13.15}+\frac{(18-17.85)^2}{17.85}=0.006$$

两种方法计算出的χ^2值相同.

表 9.9(b)　乙、丙两学院录取率的四格表

组别	录　取	未录取	总和
乙	a=15(14.85)	b=20(20.15)	35=n_{r1}
丙	c=13(13.15)	d=18(17.85)	31=n_{r2}
总和	28=n_{c1}	38=n_{c2}	66=N

③ 统计决断. 根据 df=1，查χ^2值表，得$\chi^2_{(1)\,0.05}$=3.84，由于χ^2=0.006<$\chi^2_{(1)\,0.05}$，则 P>0.05. 按照表 9.3 所示的χ^2检验统计决断规则，应在 0.05 显著性水平上保留

零假设，而拒绝备择假设．其结论为：乙、丙两学院录取率无显著性差异．

事实说明，当 $r \cdot c$ 表 χ^2 检验结果差异显著时，并不等于每两组的差异都显著．

2) 校正 χ^2 值的计算

当 df=1，样本容量总和 N<30 或 N<50 时(取决于对检验结果要求的严格程度)，应对 χ^2 值进行亚茨连续性校正．其校正公式为

$$\chi^2 = \frac{(|ad - bc| - N/2)^2 \cdot N}{(a+b)(a+c)(b+d)(c+d)} \tag{9.20}$$

例 14 随机抽取大学三年级 40 名学生，电动力学结业成绩如表 9.10(a)所示，问男女学生电动力学结业成绩有无本质差异？

表 9.10(a) 男女学生电动力学成绩的四格表

	80 分以上	80 分以下	总和
男	a=18	b=6	a+b=24
女	c=10	d=6	c+d=16
总和	a+c=28	b+d=12	N=40

解 本例属于同质性检验．①提出假设．

H_0：男女生电动力学成绩无本质差别；

H_1：男女生电动力学成绩有本质差别．

② 计算 χ^2 值．首先用缩减的校正公式计算 χ^2 值．由于 df=1，N=40，30<40<50，如果对于检验的结果从严要求，在计算 χ^2 值时，需进行连续性校正．将表 9.10(a)所示的数据代入式(9.20)，得

$$\chi^2 = \frac{(|18 \times 6 - 6 \times 10| - 40/2)^2 \times 40}{24 \times 28 \times 12 \times 16} = 0.24$$

若以求理论频数的方法计算 χ^2 值，由于 df=1，有一个组的理论频数小于 5，f_t=4.8<5，如表 9.10(b)中所示．仍需用式(9.15)进行亚茨连续性校正．所以有

$$\chi^2 = \sum \frac{(|f_0 - f_t| - 0.5)^2}{f_t}$$

$$= \frac{(|18 - 16.8| - 0.5)^2}{16.8} + \frac{(|6 - 7.2| - 0.5)^2}{7.2}$$

$$+ \frac{(|10 - 11.2| - 0.5)^2}{11.2} + \frac{(|6 - 4.8| - 0.5)^2}{4.8} = 0.24$$

两种校正方法计算结果相同．应用时可任选一种．

表 9.10(b)　男女学生电动力学成绩的四格表

	80 分以上	80 分以下	合计
男	18(16.8)	6(7.2)	24
女	10(11.2)	6(4.8)	16
合计	28	12	$40=N$

括号内数据是用 $f_t=n_rn_c/N$ 计算出的理论频数

③ 统计决断．根据 $df=1$，查 χ^2 值表，找到 $\chi^2_{(1)\,0.05}=3.84$，由于 $\chi^2=0.24<\chi^2_{(1)\,0.05}$，则 $P>0.05$．按照表 9.3 所列的 χ^2 检验统计决断规则，应在 0.05 显著性水平上保留零假设，而拒绝备择假设．其结论为：男女学生电动力学结业成绩无显著性差异．

2. 相关样本四格表的 χ^2 检验

1) 缩减公式 χ^2 值的计算

相关样本四格表 χ^2 值的缩减公式为

$$\chi^2=\frac{(b-c)^2}{(b+c)} \tag{9.21}$$

其中，b，c 表示两次测验结果发生变化的实际频数．

比较式(9.21)与式(9.13)，可见对相关样本四格表的 χ^2 检验与两个相关样本比率差异的显著性检验等价．

例 15　对 124 名学生进行为期一个月的微格试教(为培养学生教学技能，而进行的一种模拟实际课堂教学活动的过程)训练，训练前、后进行教学技能测评，达标情况如图 9.3 所示．问一个月的微格试教是否有显著效果？

解　①提出假设．H_0：一个月的微格试教无显著效果；

H_1：一个月的微格试教有显著效果．

② 计算 χ^2 值．将图 9.3 的数据代入式(9.21)，则

$$\chi^2=(15-47)^2/(15+47)=16.52$$

本例也可以用理论频数的方法计算 χ^2 值．

同一组学生两次测验结果只涉及 b(第一次达标而第二次未达标者)和 c(第一次未达标而第二次达标者)．根据一个月的微格试教无显著效果的零假设，b 和 c 的理论频数均为 $f_t=(b+c)/2=(15+47)/2=31$，于是

$$\chi^2=\sum\frac{(f_0-f_{\rm t})^2}{f_{\rm t}}=\frac{(15-31)^2}{31}+\frac{(47-31)^2}{31}=16.52$$

用缩减公式和理论频数计算出的χ^2值相同．应用时可任选一种．

		第二次测评	
		达标	未达标
第一次测评	达　标	a=41	b=15
	未达标	c=47	d=21

图 9.3　达标情况

③ 统计决断．根据 df=1，查χ^2值表，找到$\chi^2_{(1)\ 0.01}$=6.63，由于实际计算出的χ^2=16.52**>$\chi^2_{(1)\ 0.01}$，则 P<0.01．按照表 9.3 所列的χ^2检验统计决断规则，应在 0.01 显著性水平上拒绝零假设，而接受备择假设．其结论为：一个月的微格试教对学生教学技能的提高有极显著效果．

2) 校正χ^2值的计算

当 df=1，两个相关样本四格表中(b+c)<30 或(b+c)<50 时(取决于对检验结果要求的严格程度)，应对χ^2值进行亚茨连续性校正．其校正公式为

$$\chi^2=\frac{(|b-c|-1)^2}{(b+c)} \tag{9.22}$$

例 16　某大学将参加暑期社会实践活动的 14 名学生与未参加此活动的 14 名学生，根据各方面条件基本相同的原则进行配对，对他们在生活自理能力、思想道德修养等方面进行综合测评，结果如图 9.4 所示．问社会实践活动在提高学生综合素质方面是否有良好的作用？

		参加实践活动者	
		良	非良
未参加实践活动者	良	a=3	b=1
	非良	c=8	d=2

图 9.4　综合测评

解　①提出假设．

H_0：实践活动在提高学生综合素质方面没有显著效果；

H_1：实践活动在提高学生综合素质方面有良好的作用．

② 计算χ^2值．由于 df=1，(b+c)<30，在计算χ^2值时可以用式(9.22)作为校正公式：

$$\chi^2=\frac{(|1-8|-1)^2}{(1+8)}=4.00$$

若用理论频数计算χ^2值，根据实践活动在提高学生综合素质方面无作用的零假设，则 b 与 c 的理论频数均为$f_t=(b+c)/2=(1+8)/2=4.5$，由于$f_t<5$，应当用式(9.15)进行校正．于是

$$\chi^2=\sum\frac{(|f_0-f_t|-0.5)^2}{f_t}=\frac{(|1-4.5|-0.5)^2}{4.5}+\frac{(|8-4.5|-0.5)^2}{4.5}=4.00$$

两种方法计算出的χ^2值相同．应用时可任选一种．

③ 统计决断．根据 $df=1$，查χ^2值表，找到$\chi^2_{(1)\,0.05}=3.84$ 和$\chi^2_{(1)\,0.01}=6.63$，由于$3.84<4.00^*<6.63$，则 $0.01<P<0.05$．按照表 9.3 所列的χ^2检验统计决断规则，应在 0.05 显著性水平上拒绝零假设，而接受备择假设．其结论为：实践活动在提高学生综合素质方面有良好的作用．

思考与练习

1. 某师范学校 25 名学生中书法不合格者有 2 人，求书法不合格者的总体比率的 95%置信区间．
2. 某工业大学一年级高等数学不及格的比率为 3%，其中机械系 106 人，有 6 人不及格．问机械系高等数学不及格的比率与全校是否一样？
3. 某校在关于某种奖学金制度的宣传工作前后，对 150 名学生进行了调查，其结果统计如图 9.5 所示．问宣传工作是否有显著效果？
4. 某校学生对中学文理分科赞成者占 25%，不置可否者占 35%，不赞成者占 40%，该校某班 36 名学生中赞成者 7 人，不置可否者 10 人，不赞成者 19 人．问该班学生对文理分科各种态度的人数比率与全校是否一样？
5. 从四所学校平行班中各抽一个班，进行语文统一测验，成绩统计情况如表 9.11 所示．试检验这四所学校该年级语文成绩是否有本质差异？[分别用式(9.17)和求理论频数的方法计算χ^2值]

第一次调查 \ 第二次调查	不赞成	赞成	
赞　成	10	20	30
不赞成	95	25	120
	105	45	

图 9.5　第 3 题用图

表 9.11　第 5 题用表

校别	70 分以上	70 分以下	总和
甲	22	23	45
乙	21	14	35
丙	17	18	35
丁	27	17	44
总和	87	72	159

第十章　相关系数和回归方程的建立与检验

如前所述，相关分析与回归分析实质上分别强调了同一问题的两个侧面，当分析成对或多组测量的数据时，若旨在寻求一些数量性指标以刻画有关变量之间关系的密切程度时，可以进行相关分析，并用相关系数来表示两个或多个变量之间关系的强弱. 但在着重寻求变量间近似的函数关系时，则要进行回归分析. 考虑到相关系数也是样本非常重要的一个统计量，因而在集中量数和差异量数的学习之后，第四章已详细讲述了相关系数的计算. 然而，由于抽样误差的存在，即使从两个没有关系的变量总体中抽取的样本，所获得的样本相关系数一般也不为零，故必须对样本相关系数的显著性进行检验之后，才能对两个变量之间的相关程度或者是否存在相关作出判断. 相关系数的检验不仅基于第五章知识的学习，而且与第六章对总体平均数以及第七章对两个总体平均数差异的显著性检验所用的方法，有很多相同或相近的地方，所以把相关系数的检验部分放在本章与回归方程的建立与检验一同讲述.

第一节　相关系数的显著性检验

类似于将样本平均数记为 $\bar{X}$ 以区别于总体平均数μ，统计学中一般将样本相关系数记为 r，并用ρ表示总体相关系数. 假如根据从两个正态连续变量的总体中随机抽取的样本数据，算出的样本相关系数 r=0.89，这是否意味着两个变量总体间确实高度相关?或者退一步讲这两个变量之间一定存在相关关系吗？当 r 很小或接近于 0 时，是否一定说明两个变量间就没有相关关系呢？其实由于抽样误差的存在，即使在没有关系的两个变量总体中抽出的样本，其相关系数 r 也一般不为 0.这意味着，仅依据样本相关系数 $r = 0.89$ 还不能说明两个变量间一定存在高度正相关，甚至无法说明两个变量间存在相关. 相关系数的检验一般包括两种情况：一是对假设总体相关系数$\rho = 0$ 或等于某一数值的真实性的检验；二是通过差异(r_1-r_2)的显著性，推断它们所属总体的相关系数$(\rho_1-\rho_2)$的差异的显著性. 由于相关系数抽样分布的形态随ρ的取值不同有很大变化，故相关系数的显著性检验要比平均数的显著性检验稍显复杂一些.

一、积差相关系数的显著性检验

同平均数的抽样分布类似，相关系数的抽样分布是从两个变量的总体中，随

机抽取 n 对数据，算得一个样本相关系数 r 值，随后将这些数据分别放回两个总体中，再从中随机抽取 n 对数据，计算 r 值，这样反复抽下去，算出一切可能个样本的 r 值,这一切可能个样本 r 值的频数分布,就构成相关系数 r 的抽样分布. 图 10.1 中给出了 $\rho=0$ 时相关系数抽样分布(r 值的频数分布)图线，如图中虚线所示；以及 $\rho=0.7$，样本容量 n 分别为 5，6，20，50 时相关系数抽样分布的图线，如图中实线所示. 可见，相关系数抽样分布的形态，随总体相关系数 ρ 和样本容量 n 的大小而变化. 当 $\rho=0$ 时，样本 r 的抽样分布近似呈正态；当 $\rho\neq0$，而 n 相当小时，r 的抽样分布呈偏态；当 $\rho\neq0$，只有 n 相当大时(如 $\rho=0.7$，$n=50$)，r 的抽样分布才接近正态. 可以想像当 ρ 的数值很大时(如 $\rho=0.90$)，即使 n 较大，r 的抽样分布也会呈偏态. 这是因为 ρ 越大，r 越倾向于取较大值，因此其抽样分布越不易出现对称形态.

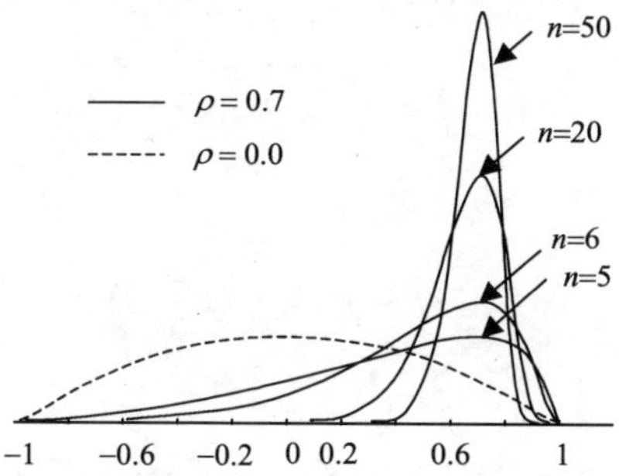

图 10.1 $\rho=0$ 和 $\rho=0.7$ 相关系数 r 的抽样分布

与平均数的显著性检验类似，相关系数的显著性检验也是以 r 的抽样分布为依据，即根据从相关系数为 ρ 的总体中，随机抽取的样本相关系数 r 在其抽样分布上出现的概率大小，对总体的相关系数 ρ 作出推断或检验. 由于相关系数抽样分布的形态不仅与样本容量 n 的大小有关，还与总体相关系数 ρ 有关，所以一般相关系数的显著性检验分 $\rho=0$ 和 $\rho\neq0$ 两种情况分别讨论. 一是在假设 $\rho=0$ 的情况下，根据样本相关系数 r 与 0 之间差异的显著性，推断两变量总体间是否存在相关，即对总体相关系数 ρ 是否等于零做出判断，这时零假设设置为 H_0：$\rho=0$(或 $\rho=\rho_0=0$)；二是在知道两变量间存在相关或 $\rho\neq0$ 的情况下，对总体相关系数 ρ 是否为某一个确定数值进行判断，这时的零假设设置为 H_0：$\rho=\rho_0$.

1. 零假设 H_0：$\rho=0$ 条件下，相关系数的显著性检验

如上所述，由于存在抽样误差，即使从 $\rho=0$ 的总体随机抽取的样本，计算出的 r 也可能不等于 0. 因此，还不能根据 $|r|$ 的大小，对变量 X 与 Y 间线性关系的密切程度做出判断，还要看 r 在以 $\rho_0=0$ 为中心的抽样分布上出现的概率如何. 当 r

在抽样分布上出现的概率较大，则 r 和$\rho_0=0$ 的差异无显著意义，即接受总体相关系数$\rho=0$ 的零假设. 这时，即使$|r|$的数值较大，也不能认为 X 与 Y 相关；反之，在总体中随机抽取的 r 在以$\rho_0=0$ 为中心的抽样分布上出现的概率较小时，r 和$\rho_0=0$ 有显著性差异，表明总体相关系数ρ有很大的可能不为零. 这是说，若总体相关系数ρ果真为零的话，是不会在一次抽样中就抽到像该样本这样出现概率较小或与$\rho_0=0$ 差异较大的样本的，既然一次抽样就抽到与$\rho_0=0$ 差异这样显著或这样大的样本 r，只能说明总体相关系数ρ有很大可能不为零，因而 r 与$\rho_0=0$ 有显著差异不是抽样误差所致. 这时，即使$|r|$数值较小，也应认为 X 与 Y 相关. 也只有在这种情况下，才能根据样本$|r|$的大小，来说明 X 与 Y 相关关系的密切程度. 可见，相关系数检验的实质，是通过 r 和$\rho_0=0$ 差异的显著性，推断样本所属总体相关系数ρ与$\rho_0=0$ 差异的显著性.

对于总体相关系数$\rho=0$ 的零假设进行显著性检验，又分为 $n\geqslant50$ 和 $n<50$ 两种情况.

1) 当 $n\geqslant50$ 时

这时可用 Z 检验，计算 Z 统计量如下

$$Z=\frac{(r-\rho_0)}{S_r}=\frac{(r-0)}{S_r} \tag{10.1}$$

式中 S_r 为样本相关系数 r 抽样分布的标准差，即相关系数标准误. 其计算公式为

$$S_r=\frac{(1-r^2)}{\sqrt{n-1}} \tag{10.2}$$

其中，r 是两个变量样本的积差相关系数；n 为样本容量.

2) 当 $n<50$ 时

这时，关于$\rho=0$ 的零假设，可用费希尔(Fisher)指出的 t 统计量来检验相关系数的显著性，检验统计量为

$$t=\frac{(r-\rho_0)}{S_r}=\frac{(r-0)}{S_r}\qquad (df=n-2) \tag{10.3}$$

其中 r 抽样分布标准差 S_r 的计算公式为

$$S_r=\frac{\sqrt{1-r^2}}{\sqrt{n-2}} \tag{10.4}$$

r 仍为两个变量样本的积差相关系数；n 是样本容量.

例 1　表 10.1 中表示的几何(X)与代数(Y)两种成绩间是否存在相关(前面已指出样本容量 $n\geqslant 30$，计算出的积差相关系数才具有有效意义. 本例中仅仅为了计算简单和说明问题的方便，取 10 对数据. 实际中，样本容量尽管可以有 $n<50$，但还应满足 $n\geqslant 30$)?

表 10.1　几何(X)与代数(Y)成绩相关系数计算表

X	79	75	77	73	79	78	81	76	72	70	$\sum X=760$
Y	80	82	76	77	77	84	81	72	70	75	$\sum Y=774$
XY	6320	6150	5852	5621	6083	6552	6561	5472	5040	5250	$\sum XY=58901$
X^2	6241	5625	5929	5329	6241	6084	6561	5776	5184	4900	$\sum X^2=57870$
Y^2	6400	6724	5776	5929	5929	7056	6561	5184	4900	5625	$\sum Y^2=60084$

解　应用第四章中式(4.7)计算几何(X)与代数(Y)两种成绩间积差相关系数，有

$$r=\frac{\sum XY-\left(\sum X\right)\left(\sum Y\right)/n}{\sqrt{\sum X^2-\left(\sum X\right)^2/n}\sqrt{\sum Y^2-\left(\sum Y\right)^2/n}}$$

$$=\frac{58901-760\times 774/10}{\sqrt{57870-(760)^2/10}\sqrt{60084-(774)^2/10}}=0.553$$

对相关系数进行检验，由于样本容量 $n<50$，用 t 检验.

① 提出假设. H_0：$\rho=0$；H_1：$\rho\neq 0$.

② 计算检验统计量

$$t=\frac{(r-\rho_0)}{S_r}=\frac{(r-0)}{S_r}=\frac{r\sqrt{n-2}}{\sqrt{1-r^2}}$$

$$=\frac{0.553\times\sqrt{10-2}}{\sqrt{1-0.553^2}}=1.8773$$

③ 确定检验形式. 用双侧检验.

④ 统计决断. 查附表 2，找到 $t_{(8)0.05/2}=2.306$，实际计算出的 $t=1.8773<2.306$，则 $P>0.05$. 于是，接受零假设. 其结论为：样本相关系数 $r=0.553$ 的样本是来自于$\rho=0$ 的总体，即代数和几何两门成绩之间总体来讲没有相关.

实际应用中，更多的是根据自由度 $df=n-2$ 和所确定的检验形式(单侧或双侧)，直接查积差相关系数界值表(附表 10)，寻找 r 的临界值[表中 $P(1)$表示单侧临界值，

$P(2)$表示双侧临界值]，然后将样本 r 值直接与临界值相比较，按表 10.2 相关系数统计决断规则，对样本 r 所来自的总体相关系数ρ 是否为零作出统计决断. 本例中，根据 $df=n-2=10-2=8$，查附表 10 得到 r 的双侧临界值为 $r_{(8)0.05/2}=0.632$，由于 $r=0.553<0.632$，则 $P>0.05$. 于是，接受零假设，与用公式计算结果相同.

表 10.2　相关系数显著性检验统计决断规则(单侧)

$\|r\|$与临界值的比较	P 值	显著性
$\|r\|<r_{(df)0.05}$	$P>0.05$	不显著
$r_{(df)0.05}\leqslant\|r\|<r_{(df)0.01}$	$0.01<P\leqslant0.05$	显著(*)
$\|r\|\geqslant r_{(df)0.01}$	$P\leqslant0.01$	极其显著(**)

2. 零假设 H_0：$\rho=\rho_0$ 条件下，相关系数的显著性检验

以上在 H_0：$\rho=0$ 条件下，对总体相关系数是否为零的假设检验是实际中遇到较多的情况. 但若有资料显示总体相关系数$\rho\neq 0$，这时一般提出 H_0：$\rho=\rho_0$ 的零假设，并进行检验. $\rho\neq 0$ 时 r 的抽样分布不呈正态而呈偏态，在此情况下，可查 r 与 Z_r 转换表将 r 转换成标准分数 Z_r，因为 Z_r 的分布无论ρ 的大小及 n 的大小都近似于正态分布，于是就不受$\rho=0$ 及 n 要相当大这两个条件的限制. 因此，这时就可进行 Z 检验. Z 统计量由式(10.5)计算，即

$$Z=\frac{(Z_r-Z_{\rho_0})}{S_r}=\frac{(Z_r-Z_{\rho_0})}{1/\sqrt{n-3}}=(Z_r-Z_{\rho_0})\sqrt{n-3} \tag{10.5}$$

其中，$S_r=1/\sqrt{n-3}$ 为 r 标准分数 Z_r 的标准误；n 为样本容量.

例 2　29 名学生几何的期中与期末考试成绩的 $r=0.30$，问全年级几何的期中与期末考试成绩的相关系数是否为 0.64?

解　①提出假设. H_0：$\rho=0.64$；H_1：$\rho\neq 0.64$.

② 将 r 转换成 Z_r，ρ_0转换成Z_{ρ_0}. 查 r 与 Z_r 转换表，与 $r=0.30$ 相对应的 $Z_r=0.310$，与$\rho_0=0.64$ 相对应的 $Z_{\rho_0}=0.758$.

③ 计算检验统计量

$$Z=(Z_r-Z_{\rho_0})\sqrt{n-3}=(0.310-0.758)\sqrt{29-3}=-2.28$$

④ 确定检验形式，统计决断. 采用双侧检验. 实际计算出的$|Z|=2.28$，由于

$1.96<2.28^*<2.58$，则 $0.01<P<0.05$. 于是，应在 0.05 显著性水平上拒绝零假设，接受备择假设. 其结论为，样本相关系数 $r=0.30$ 的样本与总体 $\rho=0.64$ 有显著性差异. 或者说，$r=0.30$ 的样本不是来自于 $\rho=0.64$ 的总体，即全年级几何的期中与期末考试成绩之间的相关系数为 0.64 的可能性很小.

3. 相关系数差异的显著性检验

实践中也经常遇到根据两个样本相关系数 r_1 和 r_2 的差异，对它们所属总体相关系数 ρ_1 和 ρ_2 差异显著性进行检验的问题，这时以两总体相关系数相等为前提. 以下分两种情况讨论.

1) r_1 和 r_2 由相互独立的两个样本得到

例 3　某校高中毕业班中理科 97 名学生毕业考试各科总成绩与瑞文推理测验分数的相关系数为 0.84，文科 50 名学生各科总成绩与瑞文推理测验分数相关系数为 0.75，问能否认为理科的这一组相关系数大于文科的?

解　由于费希尔 Z_r 的抽样分布呈正态，因而 Z_{r1} 和 Z_{r2} 的抽样分布呈正态，$(Z_{r1}-Z_{r2})$ 的抽样分布也呈正态，其标准误为

$$S_{Z_{r_1}-Z_{r_2}}=\sqrt{\frac{1}{n_1-3}+\frac{1}{n_2-3}} \tag{10.6}$$

其中 n_1 和 n_2 分别是两个独立样本的容量.

于是，可用 Z 检验对两个独立样本相关系数差异的显著性进行检验. 统计量为

$$Z=\frac{(Z_{r_1}-Z_{r_2})-(Z_{\rho_1}-Z_{\rho_2})}{S_{Z_{r_1}-Z_{r_2}}} \tag{10.7}$$

该例中，具体检验步骤如下

① 提出假设. H_0：$\rho_1\leqslant\rho_2$；H_1：$\rho_1>\rho_2$.

② 查附表 9，将 r_1 和 r_2 转换为标准分数 Z_{r_1} 和 Z_{r_2}. 得到 $r_1=0.84$ 和 $r_2=0.75$ 对应的 $Z_{r_1}=1.221$ 和 $Z_{r_2}=0.973$.

③ 计算检验统计量(注意：是以两总体相关系数相等为前提，即检验 $(Z_{r_1}-Z_{r_2})$ 与 0 差异的显著性

$$Z=\frac{(Z_{r_1}-Z_{r_2})-(Z_{\rho_1}-Z_{\rho_2})}{S_{Z_{r_1}-Z_{r_2}}}=\frac{Z_{r_1}-Z_{r_2}}{\sqrt{\frac{1}{n_1-3}+\frac{1}{n_2-3}}}=\frac{1.221-0.973}{\sqrt{\frac{1}{97-3}+\frac{1}{50-3}}}=1.39$$

④ 确定检验形式，统计决断. 本例中应采用单侧(右侧)检验. 由于实际计算

的 Z=1.39<$Z_{0.05}$=1.645，于是 P>0.05. 因此，不能认为理科这一组的相关系数明显大于文科的.

2) r_1 和 r_2 由非相互独立的两个样本得到

首先说明两个概念.

(1) 效标：实践表明各方面指标较高的测验，可作为效标.

(2) 效度：效度是指量表能实际测量出其所要测量的特性或功能的程度. 效度高的测验能测量出测量者想要测量的结果，如推理能力或记忆能力等. 测验的效度可用测验结果与效标分数的相关系数来表示.

假如随机抽取 123 名儿童进行某项能力测验，同时算出能力测验结果与效标分数的相关系数是 0.54，研究者嫌该测验对于这组儿童来说效度不理想，在此测验的基础上又编制了一个新测验来测量该项能力(对同一组被试)，结果新测验与同一效标分数的相关系数为 0.62，而且新、旧测验的相关系数是 0.68，试问新测验的效度是否有显著的提高.

这里 n=123，r_{12}=0.54，r_{13}=0.62，r_{23}=0.68，想通过 r_{13} 和 r_{12} 的差异，检验ρ_{13}和ρ_{12} 差异的显著性，当检验结果为差异显著时，该例中意味着新测验的效度有显著提高. 这时要用 t 检验，$df=n-3$，检验统计量计算如下：

$$t=\frac{(r_{13}-r_{12})\sqrt{(n-3)(1+r_{23})}}{\sqrt{2(1-r_{12}^2-r_{13}^2-r_{23}^2+2r_{12}\cdot r_{13}\cdot r_{23})}}$$

$$=\frac{(0.62-0.54)\sqrt{(123-3)(1+0.68)}}{\sqrt{2(1-0.54^2-0.62^2-0.68^2+2\times 0.54\times 0.62\times 0.68)}}=1.43$$

采用单侧(右侧)检验，查附表 2，df =120，$t_{(120)0.05}$=1.659. 实际算得 t=1.43<1.659. 于是，P>0.05. 结论：新测验的效度没有显著提高.

二、其他几种相关系数的显著性检验

1. 等级相关系数的显著性检验

1) 斯皮尔曼等级相关系数的检验

当 n 在 1~1000，可根据自由度 df=n−2，直接查积差相关系数临界值表(附表 10)，寻找相应 r 的临界值，根据表 10.2 的统计决断规则作出决断.

当 n 在 4~50，也可根据样本容量 n，直接查等级相关系数界值表(附表 11)，寻找 r_R 的临界值，然后将样本的 r_R 值直接与临界值相比较，以作出统计决断.

以第四章第二节中表 4.2 所示的资料为例，r_R=0.893，n=7，查附表 10 得到 r 的临界值为 $r_{(5)0.01/2}$=0.875<0.893**，于是 P<0.01. 即该样本不是来自于总体相关系

数ρ=0 的总体．结论：教师课堂教学效果与学生成绩间存在高度的正相关．

若查附表 11，得到 0.05 显著性水平 r_R 的临界值为 0.786，0.01 显著性水平 r_R 的临界值为 0.929，由于 $0.786<0.893^{*}<0.929$，所以 $0.01<P<0.05$．于是在 0.05 显著性水平上拒绝$\rho=0$ 的零假设．结论与用附表 10 查得的结果基本一致，但不如用附表 10 更精确一些．

除用查表法以外，等级相关系数的显著性检验，也可以用与积差相关系数相同的检验方法进行 t 检验或 Z 检验．如在表 4.2 所示的例子中，应进行 t 检验，统计量为

$$t=\frac{r_R\sqrt{n-2}}{\sqrt{1-r_R^2}}=\frac{0.893\sqrt{5}}{\sqrt{1-0.893^2}}=4.437$$

采用双侧检验，查附表 2，找到 $t_{(5)0.01/2}=4.032<4.437^{**}$，与用附表 10 检验结果相同．

练习：以第四章思考与练习中第 5 题的资料为例，检验积差相关与等级相关系数的显著性．

2) 肯德尔和谐系数的检验

肯德尔和谐系数的检验用 χ^2 检验，检验 r_W 与 0 之间差异的显著性，统计量为

$$\chi^2=k(n-1)r_W \tag{10.8}$$

以第四章第二节中表 4.5 所列资料为例，$n=6$，$k=3$，$r_W=0.798$，统计量

$$\chi^2=k(n-1)r_W=3\times(6-1)\times0.798=11.97$$

根据 $df=n-1=5$，查附表 8，找到 0.05 和 0.01 显著性水平 χ^2 的临界值分别为 $\chi^2_{(5)0.05}=11.07$，$\chi^2_{(5)0.01}=15.09$，$11.07<\chi^2=11.97^{*}<15.09$，于是 $0.01<P<0.05$．表明，r_W 与 0 之间差异显著，总体相关系数ρ有很大的可能不为0．结论：这位教师 3 次对 6 名学生语文试卷的评定结果有较高程度的一致性．此结论的可靠度为 95%．

练习：以第四章第二节中表 4.4 所列的数据为例，检验其肯德尔和谐系数的显著性．

2. 质与量相关系数的显著性检验

1) 二列相关系数的检验

二列相关系数的显著性用 Z 检验方法进行检验，检验统计量为

$$Z = \frac{r_b}{\frac{1}{Y}\sqrt{\frac{pq}{n}}} \tag{10.9}$$

以第四章第三节中表 4.6 所列的数据为例，r_b=0.60，n=15，Y=0.3975，p=0.533，q=0.467，计算统计量，得

$$Z = \frac{0.60}{\frac{1}{0.3975}\sqrt{\frac{0.533\times 0.467}{15}}} = 1.851$$

采用双侧检验，Z=1.851<1.96，于是 P>0.05. 表明，r_b 与 0 差异不显著. 结论为：该多项选择题与数学测验总成绩间一致性程度较弱，或者说该多项选择题的区分度较小.

2) 点二列相关系数的检验

点二列相关系数的显著性检验，可直接根据自由度 $df=n-2$ 查积差相关系数临界值表(附表 10). 仍以第四章第三节中表 4.6 所示的单项选择题的情况为例，r_{pb}=0.478，n=15，查积差相关系数临界值表，找到 $r_{(13)0.05/2}$=0.514，r_{pb}=0.478<0.514，于是 P>0.05. 结论：该单项选择题与数学测验总成绩间一致性程度较弱，即该单项选择题的区分度较小.

除查表外，点二列相关系数的检验还可应用与积差相关系数相同的检验方法，进行 t 检验或 Z 检验. 上例中

$$t = r_{pb}\sqrt{n-2}/\sqrt{1-r_{pb}^2} = 0.478\sqrt{13}/\sqrt{1-0.478^2} = 1.962$$

查附表 2，找到 $t_{(13)0.05/2}$=2.160>t=1.962，P>0.05. 与查表法所得结论相同.

练习：以第四章思考与练习中第 4、6 题的资料为例，检验相关系数的显著性.

3) 多系列相关系数的显著性检验

对多系列相关系数进行检验之前，要先进行校正，校正公式为

$$r_S' = r_S\sqrt{\sum[(Y_L - Y_H)^2/p]} \tag{10.10}$$

然后对 r_S' 采用积差相关系数检验方法进行检验，考察 r_S' 与总体零相关系数差异的显著性.

以第四章第三节中表 4.7 所示数据为例，求出

$$r_S' = r_S\sqrt{\sum[(Y_L - Y_H)^2/p]} = 0.755\times\sqrt{0.789} = 0.671$$

样本容量 n=55>50，用 Z 检验方法进行检验，计算统计量

$$Z=\frac{r'_{\mathrm{S}}\sqrt{n-1}}{(1-r'^{2}_{\mathrm{S}})}=\frac{0.671\times\sqrt{55-1}}{(1-0.671^{2})}=8.97$$

Z=8.97**>2.58，于是，P<0.01．结论：学生学业成绩与品德间有高度正相关．

练习：以第四章思考与练习中第 3、9 题的资料为例，检验相关系数的显著性．

3．品质相关系数的显著性检验

1) 四分相关系数的检验

四分相关系数的显著性用 Z 检验方法进行检验，其检验统计量为

$$Z=\frac{r_{\mathrm{t}}}{\dfrac{1}{Y_1Y_2}\sqrt{\dfrac{p_1q_1p_2q_2}{N}}} \tag{10.11}$$

其中，p_1，p_2 分别表示两个变量中某一类别的人数比率；q_1，q_2 表示两个变量中另一类别的人数比率；Y_1，Y_2 分别表示正态曲线下对应 p_1，p_2 的纵线高度．以第四章第四节中表 4.8 所示资料为例，r_{t}=0.2918，N=377，p_1=209/377=0.5544，p_2=192/377=0.5093，$q_1=0.4456$，$q_2=0.4907$，由于 p_1、p_2 都大于 0.5，于是在附表 1 中找与 0.5544−0.5=0.0544 和 0.5093−0.5=0.0093 最相近的 P 值，得 Y_1=0.3952，Y_2=0.3988．代入式(10.11)，求得 Z 统计量为

$$Z=\frac{0.2918}{\dfrac{1}{0.3952\times0.3988}\sqrt{\dfrac{0.5544\times0.4456\times0.5093\times0.4907}{377}}}=3.594$$

采用双侧检验，$Z=3.594^{**}>2.58$，P<0.01．结论：从总体上说，历史与地理成绩之间有相关，其线性相关的程度可由 r_{t}=0.2918 来表示．

2) $\varPhi$ 相关系数的检验

$\varPhi$ 相关系数的显著性检验用 χ^2 检验方法进行检验，其检验统计量为 $\chi^2=Nr_{\varPhi}^2$．

以第四章第四节中表 4.8 所示资料为例，$r_{\varPhi}$=0.1875，N = 377，$df=(r-1)(n-1)=1$，则

$$\chi^2=Nr_{\varPhi}^2=377\times0.1875^2=13.254$$

查 χ^2 值表(附表 8)，得到：$\chi^2_{(1)0.01}=6.63<\chi^2=13.254^{**}$．于是，$P$<0.01．表明，$r_{\varPhi}$ 与 0 之间差异显著，总体相关系数有极大可能不为 0．结论：从总体上说，历史

与地理成绩之间有相关，其线性相关的程度可由 $r_{\Phi}=0.1875$ 来表示.

练习：以第四章思考与练习中第 10 题的资料为例，检验相关系数的显著性.

3) 列联相关系数的检验

列联相关系数的显著性用 χ^2 检验方法进行检验. 以第四章第四节中表 4.9 所示的资料为例，$c=0.2423$，$\chi^2=6.7384$，$df=(r-1)(n-1)=(2-1)(3-1)=2$. 查 χ^2 值表(附表 8)，得

$$\chi^2_{(2)0.05}=5.99<\chi^2=6.7384^{*}<\chi^2_{(2)0.01}=9.21$$

于是，$0.01<P<0.05$. 结论：从总体上说，生物成绩与性别之间有相关，其线性相关的程度可由列联相关系数 $c=0.2423$ 来表示.

练习：以第四章思考与练习中第 11 题的资料为例，检验相关系数的显著性.

第二节　一元线性回归方程的建立与检验

在对两个或多个变量之间的关系进行相关分析之外，回归分析及其应用也十分广泛. 回归分析不仅适用于实验数据，也适用于未作实验控制的观察数据或历史资料. 其实，“回归”这个名称的由来也正与这方面的研究有关. 人们大概注意到子代的身高与其父辈的身高之间有一定的关系，英国生物学家及统计学家 F · 高尔顿在 19 世纪末就曾经对 1074 对父母及其成年子女的平均身高进行过观察. 他用 X 表示父母的平均身高，用 Y 表示其子女身高的平均，并将所得(X，Y)值标在直角坐标系上，结果发现两者间关系近乎一条直线，且子代身高的平均值 Y 有随父母平均身高 X 增加而增加的倾向. 但他进一步的研究还发现，子代的平均身高并不是随父母平均身高的增加而正比例增加，而有一种被 F · 高尔顿称为“回归于中心”的现象——当父母平均身高远高于同代平均身高时，其成年子女的平均身高会比父母平均身高低些，但仍超过子代总体的平均身高；反之，当父母平均身高远低于同代平均身高时，其成年子女的平均身高会比父母平均身高有较大程度的增加，但仍比子代总体的平均身高低. 这是 F · 高尔顿最早引入“回归”概念的本义，但现在回归分析的内容随着数理理论的逐步发展完善及实践的需求，已经在意义和应用方面都得以丰富，并有极大的发展.

由于函数关系中线性关系是最简单的一种，且许多非线性关系有时可通过某些变换化为线性关系，所以，本书中只介绍线性回归分析，即一个变量用其他变量的线性组合来表示. 这里人们习惯上称被其他变量所表示的这个变量为因变量，而其他变量为自变量. 因变量和自变量不是固定不变的，换句话说，在研究的若干变量中，可任意选择一个变量作为因变量，其他变量为自变量. 但究竟选择哪

一个作为因变量，要以研究者的研究目的而定．比如学生学业成绩与努力程度、思想品德等许多因素有关，这里若研究者的目的是为了最终预测学生的学业成绩，就可以把学业成绩作为因变量，其他因素作为自变量；若最终是为了预测学生的品德，如面对某种危险情形时有何表现(成绩好的如何表现，成绩差的又如何表现)，这时就应以学生品德作为因变量，而学生的成绩等作为自变量．

当只有一个自变量时，称为一元线性回归分析，当自变量的个数为两个以上时，称为多元线性回归分析．本书除讨论一元线性回归的内容外，也对多元线性回归分析做简要介绍．尽管多元线性回归分析与一元线性回归有许多相似之处，但由于多元线性回归分析计算复杂，因此对多元线性回归分析仅仅是方法与思路的介绍，至于大量的计算，实际中要用计算机完成．不过由于多元线性回归分析在实际中的广泛应用以及软件开发能力的逐步提高，许多繁杂的计算都可应用相应的软件轻松地处理．但了解其处理的方法和原理还是必要的，这也是学习整个统计学的重要意义．

一、一元线性回归方程的建立

在第四章的第一节里，从考虑如何选择待定常数 a 和 b，以用 $\hat{Y}=aX+b$ 代替 Y 时误差最小开始，在使均方误差 $E[Y-(aX+b)]^2$ 最小的条件下，求出待定常数 a 和 b 用式(4.2)表示

$$\begin{cases} a=r(X,Y)\sigma_Y/\sigma_X \\ b=\overline{Y}-a\overline{X} \end{cases}$$

其中 $r(X, Y)$是变量 X 与 Y 间的相关系数，计算公式可表示为式(4.8)

$$r=\frac{\sum XY-n\overline{X}\overline{Y}}{n\sigma_X\sigma_Y}$$

当用 Y 的某个线性函数($\hat{X}=a'Y+b'$)来近似表达 X 时，有式(4.5)

$$\begin{cases} a'=r(Y,X)\sigma_X/\sigma_Y \\ b'=\overline{X}-a'\overline{Y} \end{cases}$$

其中 $r(Y,X)$ 为变量 Y 与 X 间的相关系数，与 $r(X,Y)$ 相等(可统一用 r 表示)．

这里把 $\hat{Y}=aX+b$ 叫做以 X 为自变量 Y 为因变量的一元线性回归方程或简称为 Y 对 X 的线性回归方程，a 称为 Y 对 X 的回归系数，表示自变量 X 变化一个单位时，因变量 Y 的增加量；同样 $\hat{X}=a'Y+b'$ 是以 Y 为自变量 X 为因变量的一元线

性回归方程，a' 为 X 对 Y 的回归系数，表示自变量 Y 变化一个单位时，因变量 X 的增加量. 且 a 与 a' 有关系：$r=\sqrt{aa'}$，从而说明了回归与相关分析的不同. 回归分析是单向，而相关分析是双向的. 即在相关分析中，两个变量的地位是完全平等的，不区分自变量和因变量.

从图 10.2 来看，回归方程 $\hat{Y}=aX+b$ 对应直线 R，称为回归线，回归系数 a 是回归线 R 的斜率，而 b 是回归线 R 在 Y 轴上的截距.

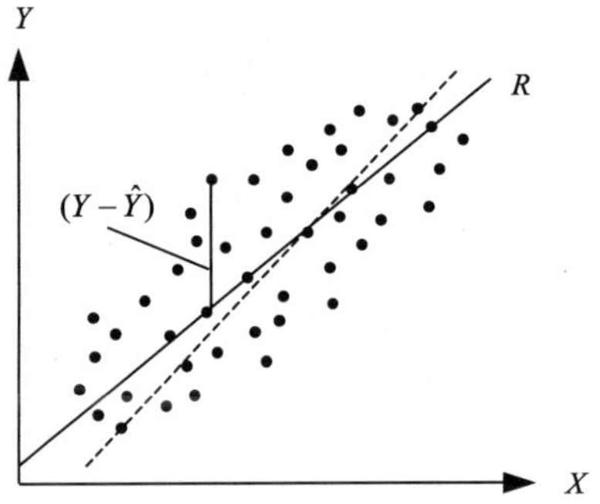

图 10.2　回归线

事实上，在散点的分布区域内可以配制多条直线，为什么偏偏选择了直线 R 作为 Y 对 X 的回归线呢？这就是前面所考虑的选择怎样的常数 a 和 b，才能使 $\hat{Y}=aX+b$ 代替 Y 时误差最小. 分析表明，均方误差 $E[Y-(aX+b)]^2$ 最小时，用 $\hat{Y}=aX+b$ 代替 Y 时的误差也最小. 如图 10.2 中所示，均方误差 $E[Y-(aX+b)]^2$ 就是实际测量的 Y 值到拟定直线竖直距离平方的平均值，显然这个数值越小，$\hat{Y}=aX+b$ 代替 Y 的效果就越好或越具有代表性. 像这样在均方误差 $E[Y-(aX+b)]^2$ 最小的条件下，求待定常数 a 和 b，进而确定回归方程及回归线的方法，称为最小二乘法.

为了使用方便，这里将回归系数 a 的其他一些计算形式一并写出(证明都很简单，读者可自己完成)

$$a=r\frac{\sigma_Y}{\sigma_X}=\frac{\sum XY-n\overline{X}\overline{Y}}{n\sigma_X^2} \tag{10.12a}$$

$$a=r\frac{S_Y}{S_X}=\frac{\sum XY-n\overline{X}\overline{Y}}{(n-1)S_X^2} \tag{10.12b}$$

$$a=\frac{\sum XY-\left(\sum X\right)\left(\sum Y\right)/n}{\sum X^2-\left(\sum X\right)^2/n} \tag{10.12c}$$

例如，从某高中二年级男生中随机抽取 10 人，测得其身高 X(m)和体重 Y(kg)的数值如表 10.3 所示，试以体重 Y 为因变量，身高 X 为自变量，建立回归方程.

表 10.3　10 名男生体重和身高的测量结果统计

Y	65	63	70	75	60	55	64	69	65	58	$\sum Y$=644
X	1.71	1.63	1.84	1.90	1.58	1.60	1.75	1.78	1.80	1.64	$\sum X$=17.23
X^2	2.9241	2.6569	3.3856	3.6100	2.4964	2.5600	3.0625	3.1684	3.2400	2.6896	$\sum X^2$=29.7935
Y^2	4225	3969	4900	5625	3600	3025	4096	4761	4225	3364	$\sum Y^2$=41790
XY	111.15	102.69	128.80	142.50	94.80	88.00	112.00	122.82	117.00	95.12	$\sum XY$=1114.88
$\hat{Y}$	63.756	59.788	70.204	73.18	57.308	58.3	65.74	67.228	68.22	60.284	$\sum \hat{Y}$=644.008
$(Y-\hat{Y})^2$	1.5475	10.3169	0.0416	3.3124	7.2469	10.89	3.0276	3.1400	10.3684	5.2167	$\sum(Y-\hat{Y})^2$=55.108

$$a=\frac{\sum XY-\left(\sum X\right)\left(\sum Y\right)/n}{\sum X^2-\left(\sum X\right)^2/n}=\frac{1114.88-17.23\times 644/10}{29.7935-(17.23)^2/10}=49.6$$

$$b=\overline{Y}-a\overline{X}=64.4-49.6\times 1.723=-21.06$$

于是，样本回归方程为

$$\hat{Y}=aX+b=49.6X-21.06$$

二、一元线性回归方程的检验

建立回归方程以后，可以利用自变量(如 X)的数值预测因变量(Y)的估计值. 但由于对应某一个 X 值，实际测量的 Y 值往往不唯一，而是一个小范围内的分布，比如以该点 X 对应 Y 值子总体的平均值 $\overline{Y}_X$ 为中心形成正态分布. 事实上，与每一点 X 相对应的 Y 值构成的子总体以各自平均值 $\overline{Y}_X$ 为中心形成方差相等的正态分布是进行回归分析的要求之一(如图 10.3 所示). 另外，还要求：两变量间有线性关系(已由散布图说明)；成对数据(X, Y)间相互独立，即前后测量的任意两对数据间没有关系.

$\hat{Y}_X$ 正是对 $\overline{Y}_X$ 的估计，若 $\hat{Y}_X$ 能正确估计该点 X 对应 Y 的平均值 $\overline{Y}_X$，则与该 X 值相对应的 Y 值也会围绕着 $\hat{Y}_X$ 在回归线上下形成正态分布. 显然，每一点 Y 的子总体形成正态分布的方差越小，用 $\hat{Y}$ 估计 Y 的误差就会越小. 可以证明，这个方差的无偏估计量为

$$S_{YX}^2 = \sum (Y - \hat{Y})^2 \big/ (n-2) \tag{10.13}$$

由第四章(4.3)式可知，$a = r\sigma_Y / \sigma_X, b = \overline{Y} - a\overline{X}$ 时，均方误差 $E\left[Y - (aX+b)\right]^2$ 最小，且

$$\frac{\sum (Y - \hat{Y})^2}{n} = E[Y - (aX+b)]^2 = \sigma_Y^2 [1 - r^2(X,Y)]$$

于是

$$S_{YX} = \sqrt{\frac{\sum (Y - \hat{Y})^2}{(n-2)}} = \sigma_Y \sqrt{\frac{n(1-r^2)}{(n-2)}} \tag{10.14a}$$

当样本容量 n 较大时，式(10.14a)简化为

$$S_{YX} = \sigma_Y \sqrt{1-r^2} \tag{10.14b}$$

S_{YX} 称为估计误差的标准差(如图 10.3 所示)，其数值越小，用 $\hat{Y}$ 估计 Y 的误差也越小. 由式(10.14)可见，变量 X 与 Y 间的相关系数 r 的绝对值越接近于 1，S_{YX} 越小，说明与点 X 相对应的 Y 分布的范围越小，用 $\hat{Y}$ 估计 Y 时的误差也就越小. 因此，计算变量 X 与 Y 间的相关系数 r，并检验其显著性，是了解回归方程 $\hat{Y} = aX + b$ 是否有效的重要途径. r 绝对值越大，变量 X 与 Y 间线性相关越强，用 $\hat{Y}$ 估计 Y 时误差越小.

除通过检验相关系数的方法达到检验回归方程显著性的目的之外，还可以对回归系数 a 进行显著性检验；也可以对回归方程进行方差分析. 总之，在应用根据样本信息得到的回归方程时，要先对回归方程的显著性或预测与估计的有效程度作出评价和检验，只有在回归方程显著时，才表明其真正反映了两变量间的线性关系，这时用来对因变量的值等进行估计或预测，才能达到较好的效果.

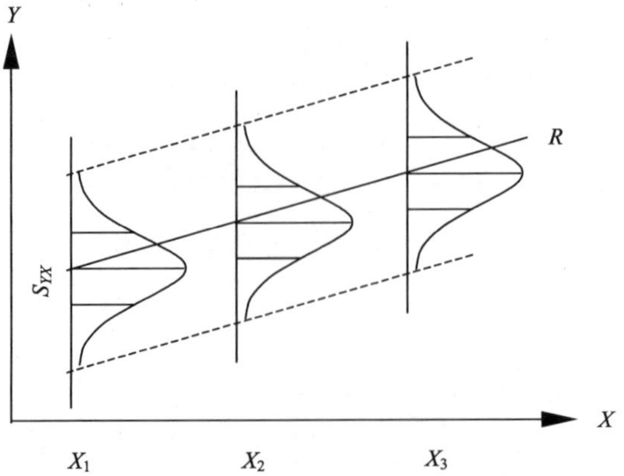

图 10.3　回归方程的检验

1. 一元线性回归系数的显著性检验

对回归系数检验的基本原理，是提出总体不相关，对总体回归系数 $\beta=0$ 的零假设进行检验. 即检验根据样本计算出的回归系数 a 与 $\beta=0$ 间差异的显著性，当差异显著时，否定零假设，即不认为样本 a 来自于总体回归系数 $\beta=0$ 的总体，或者说总体回归系数 $\beta\neq 0$，即 X 与 Y 线性相关，回归方程 $\hat{Y}=aX+b$ 有效. 能够证明，样本回归系数 a 抽样分布的标准差为

$$S_a = S_{YX} \Big/ \sqrt{\sum (X-\bar{X})^2} \tag{10.15a}$$

或者

$$S_a = \frac{\sigma_Y}{\sigma_X}\sqrt{\frac{1-r^2}{n-2}} \tag{10.15b}$$

然后，进行 t 检验(自由度 $df=n-2$)，其检验统计量为

$$t=\frac{a-\beta}{S_a}=\frac{a-0}{S_{YX}}\sqrt{\sum (X-\bar{X})^2}=\frac{a\sqrt{\sum (X-\bar{X})^2}}{S_{YX}} \tag{10.16}$$

以表 10.3 所示的数据为例，由式(10.13)及式(10.16)得

$$S_{YX}=\sqrt{\Sigma(Y-\hat{Y})^2/(n-2)}=\sqrt{55.108/8}=2.625$$

$$t=\frac{a\sqrt{\Sigma(X-\bar{X})^2}}{S_{YX}}=\frac{a\sqrt{\Sigma X^2-(\Sigma X)^2/n}}{S_{YX}}=\frac{49.6\sqrt{29.7935-17.23^2/10}}{2.625}=6.158$$

查附表 2，得 $t_{(8)0.01/2}=3.355<6.158^{**}$，$P<0.01$. 结论：学生的身高和体重之间存在高度的正相关.

应用式(4.7)，求得相关系数为

$$r=\frac{1114.88-17.23\times 644/10}{\sqrt{29.7935-17.23^2/10}\sqrt{41790-644^2/10}}=0.909$$

根据自由度 $df=n-2$，采用双侧检验形式，查积差相关系数临界值表(附表 10)，寻找 r 的临界值 $r_{(8)0.01/2}=0.765<0.909^{**}$，说明学生身高和体重之间线性相关极显

著．与用 t 检验对回归系数的检验结果相同.

2. 一元线性回归方程方差分析

回归方程方差分析基于最小二乘法，使 $\hat{Y}$ 估计 Y 时的均方误差最小，现考察总离差平方和(记为 SS_t，简称为总平方和) $\sum(Y-\bar{Y})^2$

$$\begin{aligned}\sum(Y-\bar{Y})^2 &= \sum[(Y-\hat{Y})+(\hat{Y}-\bar{Y})]^2 \\ &= \sum(Y-\hat{Y})^2+\sum(\hat{Y}-\bar{Y})^2+2\sum(Y-\hat{Y})(\hat{Y}-\bar{Y})\end{aligned}$$

上式右边第一项 $\sum(Y-\hat{Y})^2$ 称为误差平方和(或称残差平方和，记为 SS_e)，在最小二乘法中要求该项最小；第二项 $\sum(\hat{Y}-\bar{Y})^2$ 称为回归平方和(记为 SS_R). 由于 $\hat{Y}=aX+b=a(X-\bar{X})+\bar{Y}$，即 $\hat{Y}-\bar{Y}=a(X-\bar{X})$. 所以第三项中

$$\begin{aligned}\sum(Y-\hat{Y})(\hat{Y}-\bar{Y}) &= \sum[(Y-\bar{Y})-a(X-\bar{X})][a(X-\bar{X})] \\ &= a\sum(Y-\bar{Y})(X-\bar{X})-a^2\sum(X-\bar{X})^2=0\end{aligned}$$

其中利用了

$$a=r\frac{\sigma_Y}{\sigma_X}=\frac{\sum(Y-\bar{Y})(X-\bar{X})}{n\sigma_X^2}=\frac{\sum(Y-\bar{Y})(X-\bar{X})}{\sum(X-\bar{X})^2}$$

或

$$a\sum(X-\bar{X})^2=\sum(Y-\bar{Y})(X-\bar{X})$$

于是

$$\sum(Y-\bar{Y})^2=\sum(Y-\hat{Y})^2+\sum(\hat{Y}-\bar{Y})^2 \tag{10.17}$$

即

$$SS_t=SS_e+SS_R$$

SS_t 的自由度 $df_t=n-1$，SS_e 的自由度 $df_e=n-2$(因为 $\hat{Y}$ 中涉及两个统计量 a 和 b，自由度丢失两个). 因此，$df_R=df_t-df_e=1$. 方差 $MS_R=SS_R/df_R$；$MS_e=SS_e/df_e$.

对回归方程进行方差分析的实质，是求 MS_R 和 MS_e 的比值，即 $F=MS_R/MS_e$，然后进行 F 检验. 当 F 值大于某显著性水平的临界值时，意味着 MS_R 显著大于 MS_e，说明变量 X 与 Y 间线性关系显著或回归方程显著. 这是因为，就某一样本数据而言，其总平方和 $\sum(Y-\bar{Y})^2$ 是一定的，当 F 值越大时，意味着回归平方和 $\sum(\hat{Y}-\bar{Y})^2$ 在总平方和中占的比例越大，而误差平方和 $\sum(Y-\hat{Y})^2$ 占的比例越小，这时说明两变量间的线性关系越强. 注意到

$$F=\frac{MS_{\mathrm{R}}}{MS_{\mathrm{e}}}=\frac{\sum(\hat{Y}-\bar{Y})^2}{\sum(Y-\hat{Y})^2/(n-2)}=\frac{a^2\sum(X-\bar{X})^2}{S_{YX}^2}$$

而由式(10.16)可知：$t^2=a^2\sum(X-\bar{X})^2/S_{YX}^2$，可见，对回归系数 a 进行 t 检验与对回归方程进行方差分析等效.

3. 测量系数

由于 $\hat{Y}=aX+b=a(X-\bar{X})+\bar{Y}$，即 $\hat{Y}-\bar{Y}=a(X-\bar{X})$，将该式两边平方后再求和，可得回归平方和

$$\sum(\hat{Y}-\bar{Y})^2=a^2\sum(X-\bar{X})^2=\left[\frac{\sum(Y-\bar{Y})(X-\bar{X})}{\sum(X-\bar{X})^2}\right]^2\cdot\sum(X-\bar{X})^2$$

$$=\frac{\left[\sum(Y-\bar{Y})(X-\bar{X})\right]^2}{\sum(X-\bar{X})^2}=\frac{\left[\sum(Y-\bar{Y})(X-\bar{X})\right]^2}{\sum(Y-\bar{Y})^2\cdot\sum(X-\bar{X})^2}\cdot\sum(Y-\bar{Y})^2$$

$$=r^2\sum(Y-\bar{Y})^2$$

有 $r^2=\sum(\hat{Y}-\bar{Y})^2/\sum(Y-\bar{Y})^2$，通常称为测量系数. 可见，测量系数 r^2 等于回归平方和占总平方和的比率. 由式(10.17)知回归平方和总是小于总平方和，这进一步解释了为什么相关系数总是在−1~1 之间，即 $-1\leqslant r\leqslant 1$.

当 $r=1$ 时，回归平方和 $\sum(\hat{Y}-\bar{Y})^2$ 与总平方和 $\sum(Y-\bar{Y})^2$ 相等(这时误差平方和 $\sum(Y-\hat{Y})^2$ 为 0)，意味着 $\hat{Y}=aX+b$ 完全表达了 X 与 Y 间的关系即线性关系，由 X 可以准确地预测 Y，这时数据 Y 的总变异或数据分布的范围(用离差平方和 $\sum(Y-\bar{Y})^2$ 表示)，可完全由 X 的变异(借助于回归平方和 $\sum(\hat{Y}-\bar{Y})^2$)来解释. 但当 $|r|<1$，比如 $r=0.8$ 时，$r^2=0.64$，这时回归平方和占总平方和的比率为 0.64，说明 Y 的总变异中仅有 64%来自于 X 的变异. 同样，由于变量 Y 与 X 间的相关系数 $r(Y,X)$ 同 X 与 Y 间相关系数 $r(X,Y)$ 相等，即当 Y 为自变量 X 为因变量时，有测量系数 $r^2=\sum(\hat{X}-\bar{X})^2/\sum(X-\bar{X})^2$，于是 $r^2=0.64$ 还表示 X 的总变异中仅有 64%来自于 Y 的变异. 因此，测量系数 r^2 表示了两个变量共同变异部分的比率，也充分说明了，相关系数 r 表示两个变量间双向关系的更深刻含义.

表 10.3 中，$r=0.909$，测量系数 $r^2=0.826$，说明学生身高与体重共同变异(或协同变化)部分的比率达到了 82.6%.

第三节　一元线性回归方程的应用

回归方程的最重要应用在于对因变量值进行估计或预测. 这种预测一般包括两个方面，一是根据样本回归方程估计因变量回归值$\hat{Y}$；二是估计因变量真值的置信区间.

一、用样本回归方程估计因变量回归值$\hat{Y}$

建立了Y对X的回归方程并进行检验以后，就可方便地估计其适用范围内任意X值对应的$\hat{Y}$，$\hat{Y}=aX+b$，其中$a=r\sigma_Y/\sigma_X=\sum(Y-\bar{Y})(X-\bar{X})\big/\sum(X-\bar{X})^2$，$b=\bar{Y}-a\bar{X}$. 但由于$r^2\neq1$时，估计误差总不为0，因此由回归方程估计因变量值时，还应考虑估计误差的大小. 而估计误差的大小可以用前面讲到的估计误差的标准差S_{YX}来表示，即

$$S_{YX}=\sqrt{\sum(Y-\hat{Y})^2\big/(n-2)}$$

S_{YX}越小估计误差也越小. 当样本容量较大时，$S_{YX}=\sigma_Y\sqrt{1-r^2}\leqslant\sigma_Y$，说明变量值$Y$在回归线上、下分布的范围，要比在平均数上、下分布的范围小一些，也就是说用$\hat{Y}$代替Y比用$\bar{Y}$代替Y误差要小，这就是建立Y对X回归方程的意义. 另外，也说明在回归线上、下各一个S_{YX}的区间内，应包括了所有数据的68%，如图10.3所示.

并且当样本容量较大时，可用正态分布近似处理，这时与某点X对应Y的95%置信区间为：($\hat{Y}-1.96S_{YX}$，$\hat{Y}+1.96S_{YX}$). 以表10.3所列数据为例，$S_{YX}=2.625\text{kg}$，故体重的95%置信区间为，($\hat{Y}-1.96\times2.625$kg，$\hat{Y}+1.96\times2.625$kg) = ($\hat{Y}-5.145$kg，$\hat{Y}+5.145$kg). 比如身高X为1.63m时，体重回归值$\hat{Y}=49.6X-21.06=49.6\times1.63-21.06=59.788$kg，用该回归值代替$Y$，其估计误差的标准差为$S_{YX}=2.625\text{kg}$. 另外，这时体重的95%置信区间为：($\hat{Y}-5.145$kg，$\hat{Y}+5.145$kg)=(54.643kg，64.933kg). 表10.3中，X为1.63m时，体重Y的测量值为63kg，在这个范围以内. 尽管X为1.63m时，体重Y的可能测量值有许多，但总有95%的可能在上述置信区间之内.

二、用样本回归方程估计因变量真值的置信区间

上面用样本回归方程估计因变量回归值$\hat{Y}$及Y的置信区间时，仅考虑了数据Y在回归线上下的分布，而没有考虑回归方程本身也受样本数据的制约. 因此，上面估计的Y还不能真正代表与点X对应的Y的真值，而只是根据特定样本回归方程估计的Y的代表值.

假设与某点X_P对应的Y_P的真值是Y_0,那么由X_P来预测Y_0时,估计误差(用$S_{\hat{Y}_P-Y_0}$表示，称为误差标准误)可分为两部分：一是Y_P对$\hat{Y}_P$的偏离，用S_{YX}表示；二是回归线本身的误差，用$S_{\hat{Y}_P}$来表示，可以证明：$S_{\hat{Y}_P}=S_{YX}\sqrt{\frac{1}{n}+\frac{(X_P-\bar{X})^2}{\sum(X-\bar{X})^2}}$，于是

$$S_{\hat{Y}_P-Y_0}=S_{YX}\sqrt{1+\frac{1}{n}+\frac{(X_P-\bar{X})^2}{\sum(X-\bar{X})^2}} \tag{10.18}$$

因此，与某点X_P对应Y_P的真值Y_0的预测区间(置信水平 $1-\alpha$)可表示(用 t 分布，自由度$df=n-2$)为

$$(\hat{Y}_P-t_{(df)\alpha/2}\,S_{\hat{Y}_P-Y_0}<Y_0<\hat{Y}_P+t_{(df)\alpha/2}\,S_{\hat{Y}_P-Y_0})$$

由于不同点X_P值不同，$S_{\hat{Y}_P-Y_0}$也不同，因而若将与每一个X_P对应Y_0的置信区间上、下端点分别连接起来，应形成如图 10.4 所示的带形区间，称为真值Y_0的预测区间. 当样本容量n较大，且样本数据$X_P(P=1，2，\cdots，n)$并不过分集中时，式(10.18)根号下近似为 1,这时$S_{\hat{Y}_P-Y_0}\approx S_{YX}$. 图 10.4 所示的带形区间近似为图 10.3 所示的直线形区域.

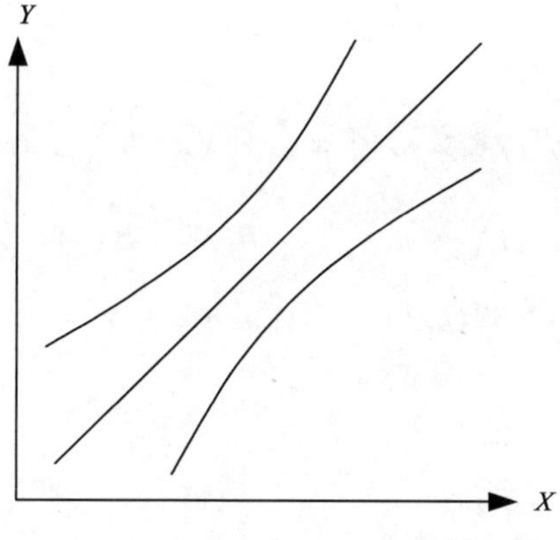

图 10.4　真值Y_0的预测区间

第四节　多元线性回归方程简介

实际中由于影响一个变量的因素不止一个，所以，与一元线性回归方程相比，多元线性回归分析有更大的实际意义和应用价值. 多元线性回归方程与一元线性

回归方程的建立基本相同，只是计算过程更加复杂，本节以二元线性回归方程为例，简要介绍多元线性回归方程的建立、检验和应用中的几个问题.

一、多元线性回归方程的建立

1. 二元线性回归方程的一般形式

二元线性回归方程的一般形式为

$$\hat{Y}=a_1X_1+a_2X_2+b \tag{10.19}$$

其中，a_1，a_2 分别称为 Y 对 X_1，X_2 的偏回归系数；b 为常数.

建立回归方程的过程实际上是确定 a_1、a_2 和 b 的过程，仍用最小二乘法，使均方误差 $E(Y-\hat{Y})^2=E(Y-a_1X_1-a_2X_2-b)^2$ 最小，因此 $\sum(Y-\hat{Y})^2=\sum(Y-a_1X_1-a_2X_2-b)^2$ 也最小. 这里用求偏导的方法较简单，计算过程如下.

令 $Q=\sum(Y-a_1X_1-a_2X_2-b)^2$，并令 Q 对 a_1，a_2 和 b 的各偏导数等于零

$$\begin{cases}\partial Q/\partial a_1=2\sum(Y-a_1X_1-a_2X_2-b)X_1=0\\ \partial Q/\partial a_2=2\sum(Y-a_1X_1-a_2X_2-b)X_2=0\\ \partial Q/\partial b=2\sum(Y-a_1X_1-a_2X_2-b)=0\end{cases}$$

整理可得

$$\begin{cases}\sum(YX_1-a_1X_1^2-a_2X_1X_2-bX_1)=0\\ \sum(YX_2-a_1X_1X_2-a_2X_2^2-bX_2)=0\\ \sum(Y-a_1X_1-a_2X_2-b)=0\end{cases}$$

或者

$$\begin{cases}a_1\sum X_1^2+a_2\sum X_1X_2+b\sum X_1=\sum YX_1\\ a_1\sum X_1X_2+a_2\sum X_2^2+b\sum X_2=\sum YX_2\\ a_1\sum X_1+a_2\sum X_2+nb=\sum Y\end{cases}$$

由上述第三个方程式可得 $b=\bar{Y}-a_1\bar{X}_1-a_2\bar{X}_2$，将其代入前两个方程得

$$\begin{cases} a_1\sum(X_1-\bar{X}_1)^2+a_2\sum(X_1-\bar{X}_1)(X_2-\bar{X}_2)=\sum(Y-\bar{Y})(X_1-\bar{X}_1) \\ a_1\sum(X_1-\bar{X}_1)(X_2-\bar{X}_2)+a_2\sum(X_2-\bar{X}_2)^2=\sum(Y-\bar{Y})(X_2-\bar{X}_2) \end{cases} \tag{10.20}$$

式(10.20)常称为正规方程组．解此方程组，可求得(上面求出的常数 b 一并写出)

$$b=\bar{Y}-a_1\bar{X}_1-a_2\bar{X}_2 \tag{10.21a}$$

$$a_1=\frac{L_{1Y}L_{22}-L_{2Y}L_{12}}{L_{11}L_{22}-L_{12}^2} \tag{10.21b}$$

$$a_2=\frac{L_{2Y}L_{11}-L_{1Y}L_{21}}{L_{11}L_{22}-L_{12}^2} \tag{10.21c}$$

其中

$$L_{11}=\sum(X_1-\bar{X}_1)^2=\sum X_1^2-\left(\sum X_1\right)^2\Big/n$$

$$L_{22}=\sum(X_2-\bar{X}_2)^2=\sum X_2^2-\left(\sum X_2\right)^2\Big/n$$

$$L_{12}=L_{21}=\sum(X_1-\bar{X}_1)(X_2-\bar{X}_2)=\sum X_1X_2-\left(\sum X_1\right)\left(\sum X_2\right)\Big/n$$

$$L_{1Y}=\sum(X_1-\bar{X}_1)(Y-\bar{Y})=\sum X_1Y-\left(\sum X_1\right)\left(\sum Y\right)\Big/n$$

$$L_{2Y}=\sum(X_2-\bar{X}_2)(Y-\bar{Y})=\sum X_2Y-\left(\sum X_2\right)\left(\sum Y\right)\Big/n$$

$$L_{YY}=\sum(Y-\bar{Y})^2=\sum Y^2-\left(\sum Y\right)^2\Big/n$$

例 4 某心理学家对 15 名工作人员进行了如下评定和测验(见表 10.4)．其中工作成绩评分记为 Y，能力测验结果记为 X_1，训练得分记为 X_2．利用这些数据建立多元线性回归方程．

解 经计算，得

$$L_{11}=322.4,\quad L_{22}=149.73,\quad L_{12}=L_{21}=-16.6$$

$$L_{1Y}=354.6,\quad L_{2Y}=444.27,\quad L_{YY}=1985.73$$

$$a_1=\frac{354.6\times149.73-444.27\times(-16.6)}{322.4\times149.73-(-16.6)^2}=1.26$$

$$a_2=\frac{444.27\times322.4-354.6\times(-16.6)}{322.4\times149.73-(-16.6)^2}=3.11$$

$$b=\overline{Y}-a_1\overline{X}_1-a_2\overline{X}_2=37.867-1.26\times10.8-3.11\times4.133=11.42$$

于是，样本回归方程为

$$\hat{Y}=a_1X_1+a_2X_2+b=1.26X_1+3.11X_2+11.42$$

表 10.4　对 15 名工作人员进行评定和测验的结果统计

Y	54	37	30	48	37	37	31	49	43	12	30	37	61	31	31	$\sum Y=568$
X_1	15	13	15	15	10	14	8	12	1	3	15	14	14	9	4	$\sum X_1=162$
X_2	8	1	1	7	4	2	3	7	9	1	1	2	10	1	5	$\sum X_2=62$
Y^2	2916	1369	900	2304	1369	1369	961	2401	1849	144	900	1369	3721	961	961	$\sum Y^2=23494$
X_1^2	225	169	225	225	100	196	64	144	1	9	225	196	196	81	16	$\sum X_1^2=2072$
X_2^2	64	1	1	49	16	4	9	49	81	1	1	4	100	1	25	$\sum X_2^2=406$
X_1X_2	120	13	15	105	40	28	24	84	9	3	15	28	140	9	20	$\sum X_1X_2=653$
X_1Y	810	481	450	720	370	518	248	588	43	36	450	518	854	279	124	$\sum X_1Y=6489$
X_2Y	432	37	30	336	148	74	93	343	387	12	30	74	610	31	155	$\sum X_2Y=2792$

2. 二元线性标准回归方程

上面的例子中，求得偏回归系数 $a_1=1.26$，意味着当训练得分 X_2 保持不变时，能力测验结果 X_1 每增加 1 分，工作成绩评分 Y 增加 1.26 分；$a_2=3.11$ 则是在能力测验结果 X_1 不变时，训练得分 X_2 每增加 1 分工作成绩评分 Y 增加 3.11 分. $a_2=3.11>a_1=1.26$，是否说明训练得分 X_2 就一定比能力测验结果 X_1 对工作成绩评分 Y 的影响大呢?由于每个变量的测量单位不同，因此训练得分 X_2 与能力测验结果 X_1 甚至与工作成绩评分 Y 的每 1 分并不等值，这样根据 $a_2=3.11>a_1=1.26$，还不能断定 X_2 一定比 X_1 对 Y 的影响大. 这时，需建立二元线性回归方程的标准形式.

二元线性回归方程的标准形式为

$$\hat{Z}_Y=a_1^*Z_{X_1}+a_2^*Z_{X_2}\tag{10.22}$$

其中 a_1^*，a_2^* 称为标准偏回归系数，可借助于它们与 a_1，a_2 间的关系来确定.

将 $\hat{Y}=\overline{Y}+\hat{Z}_Y\sigma_Y$，$X_1=\overline{X}_1+Z_{X_1}\sigma_{X_1}$，$X_2=\overline{X}_2+Z_{X_2}\sigma_{X_2}$，代入 $\hat{Y}=a_1X_1+a_2X_2+b$，整理可得

$$\hat{Z}_Y = \frac{\sigma_{X_1}}{\sigma_Y} a_1 Z_{X_1} + \frac{\sigma_{X_2}}{\sigma_Y} a_2 Z_{X_2} + \frac{b}{\sigma_Y} - \frac{(\bar{Y} - a_1\bar{X}_1 - a_2\bar{X}_2)}{\sigma_Y}$$

$$= \frac{\sigma_{X_1}}{\sigma_Y} a_1 Z_{X_1} + \frac{\sigma_{X_2}}{\sigma_Y} a_2 Z_{X_2}$$

其中利用了$b = \bar{Y} - a_1\bar{X}_1 - a_2\bar{X}_2$．令

$$\begin{cases} a_1^* = a_1\sigma_{X_1} / \sigma_Y \\ a_2^* = a_2\sigma_{X_2} / \sigma_Y \end{cases} \tag{10.23}$$

则二元线性回归方程的标准形式可简化为式(10.22)．利用a_1^*，a_2^*可直接比较变量X_2与X_1对Y的影响大小．如上例中

$$\sigma_Y = \sqrt{\frac{\sum Y^2}{n} - \left(\frac{\sum Y}{n}\right)^2} = \sqrt{\frac{23494}{15} - \left(\frac{568}{15}\right)^2} = 11.51$$

$$\sigma_{X_1} = \sqrt{\frac{\sum X_1^2}{n} - \left(\frac{\sum X_1}{n}\right)^2} = \sqrt{\frac{2072}{15} - \left(\frac{162}{15}\right)^2} = 4.64$$

$$\sigma_{X_2} = \sqrt{\frac{\sum X_2^2}{n} - \left(\frac{\sum X_2}{n}\right)^2} = \sqrt{\frac{406}{15} - \left(\frac{62}{15}\right)^2} = 3.16$$

$$a_1^* = \frac{\sigma_{X_1}}{\sigma_Y} a_1 = \frac{4.64}{11.51} \times 1.26 = 0.508$$

$$a_2^* = \frac{3.16}{11.51} \times 3.11 = 0.854$$

因此，可以认为变量X_2比X_1对Y的预测更重要一些.

二、多元线性回归方程的检验

1．复相关系数的显著性检验

在一元线性回归分析中，已经定义回归平方和与因变量总平方和的比值为测量系数．与此类似，这里定义

$$R_{Y.12}^2 = \frac{\sum(\hat{Y}-\bar{Y})^2}{\sum(Y-\bar{Y})^2} = a_1^* r_{1Y} + a_2^* r_{2Y} \tag{10.24}$$

为二元测量系数. 其中，r_{1Y}和r_{2Y}分别表示X_1和X_2与Y的相关系数；$R_{Y.12}$称为复相关系数，表示了X_1和X_2两个自变量组合起来与因变量Y之间的相关程度，即因变量Y与回归值$\hat{Y}$所代表的两个变量之间的相关系数.

式(10.24)的推导如下：

$$\sum(Y-\bar{Y})^2 = \sum[(Y-\hat{Y})+(\hat{Y}-\bar{Y})]^2 = \sum(Y-\hat{Y})^2 + \sum(\hat{Y}-\bar{Y})^2 + 2\sum(Y-\hat{Y})(\hat{Y}-\bar{Y})$$

其中

$$\begin{aligned}
2\sum(Y-\hat{Y})(\hat{Y}-\bar{Y}) &= 2\sum[a_1(X_1-\bar{X}_1)+a_2(X_2-\bar{X}_2)] \\
&\quad \cdot[(Y-\bar{Y})-a_1(X_1-\bar{X}_1)-a_2(X_2-\bar{X}_2)] \\
&= 2\sum[a_1(Y-\bar{Y})(X_1-\bar{X}_1)+a_2(Y-\bar{Y})(X_2-\bar{X}_2) \\
&\quad -a_1^2(X_1-\bar{X}_1)^2-2a_1a_2(X_1-\bar{X}_1)(X_2-\bar{X}_2) \\
&\quad -a_2^2(X_2-\bar{X}_2)^2]=0
\end{aligned}$$

上面利用了正规方程组式(10.20)的结果. 因此，有

$$\sum(Y-\bar{Y})^2 = \sum(Y-\hat{Y})^2 + \sum(\hat{Y}-\bar{Y})^2$$

与一元线性回归的式(10.17)有相同的形式. 于是同样可以把回归平方和与因变量总平方和的比值定义为测量系数，即式(10.24). 而

$$\begin{aligned}
\sum(\hat{Y}-\bar{Y})^2 &= \sum[a_1(X_1-\bar{X}_1)+a_2(X_2-\bar{X}_2)]^2 \\
&= \sum[a_1^2(X_1-\bar{X}_1)^2+2a_1a_2(X_1-\bar{X}_1)(X_2-\bar{X}_2)+a_2^2(X_2-\bar{X}_2)^2] \\
&= a_1\sum[a_1(X_1-\bar{X}_1)^2+a_2(X_1-\bar{X}_1)(X_2-\bar{X}_2)] \\
&\quad +a_2\sum[a_1(X_1-\bar{X}_1)(X_2-\bar{X}_2)+a_2(X_2-\bar{X}_2)^2] \\
&= a_1\sum(X_1-\bar{X}_1)(Y-\bar{Y})+a_2\sum(X_2-\bar{X}_2)(Y-\bar{Y}) \\
&= a_1L_{1Y}+a_2L_{2Y}
\end{aligned}$$

这里同样利用了式(10.20)的结果. 于是，二元测量系数为

$$\frac{\sum(\hat{Y}-\bar{Y})^2}{\sum(Y-\bar{Y})^2}=\frac{a_1L_{1Y}+a_2L_{2Y}}{L_{YY}}=a_1\frac{\sqrt{L_{11}}}{\sqrt{L_{YY}}}\frac{L_{1Y}}{\sqrt{L_{11}}\sqrt{L_{YY}}}+a_2\frac{\sqrt{L_{22}}}{\sqrt{L_{YY}}}\frac{L_{2Y}}{\sqrt{L_{22}}\sqrt{L_{YY}}}=a_1^*r_{1Y}+a_2^*r_{2Y}$$

如上例中

$$r_{1Y}=\frac{L_{1Y}}{\sqrt{L_{11}\cdot L_{YY}}}=\frac{354.6}{\sqrt{322.4\times1985.73}}=0.4432$$

$$r_{2Y}=\frac{L_{2Y}}{\sqrt{L_{22}\cdot L_{YY}}}=\frac{444.27}{\sqrt{149.73\times1985.73}}=0.8148$$

$$R_{Y.12}=\sqrt{a_1^*r_{1Y}+a_2^*r_{2Y}}=\sqrt{0.508\times0.4432+0.854\times0.8148}=0.9597$$

复相关系数可根据自由度 $df=n-k-1$(k 为自变量个数),查复相关系数界值表(附表 12)，对实际计算出的复相关系数进行显著性检验. 上例中样本容量 $n=15$，自变量个数 $k=2$，则 $df=12$，$R_{Y.12}$ 在 0.01 显著性水平的临界值为 $0.732<0.9597^{**}$，$P<0.01$. 表明回归方程具有显著性，即因变量与两个自变量之间存在着线性关系.

2. 偏回归系数的显著性检验

二元回归方程显著，只表明整个方程显著，说明方程中有一个或多于一个回归系数不等于零，但并不等于两个单独的偏回归系数都显著. 因此，在回归方程显著的情况下，还需对两个偏回归系数进行显著性检验，即检验偏回归系数与总体零相关的显著性. 用 t 检验，检验统计量分别为

$$t_{a_1}=\frac{a_1-0}{\sqrt{S_{Y.12}^2/L_{11}(1-r_{12}^2)}}\tag{10.25a}$$

$$t_{a_2}=\frac{a_2-0}{\sqrt{S_{Y.12}^2/L_{22}(1-r_{12}^2)}}\tag{10.25b}$$

其中

$$S_{Y.12}^2=\frac{\sum(Y-\hat{Y})^2}{n-3}=\frac{\sum(Y-\bar{Y})^2-\sum(\hat{Y}-\bar{Y})^2}{n-3}=\frac{L_{YY}-a_1L_{1Y}-a_2L_{2Y}}{n-3}\tag{10.26}$$

上例中

$$S_{Y.12}^2=\frac{1985.73-1.26\times354.6-3.11\times444.27}{15-3}=13.1045$$

$$r_{12}=\frac{L_{12}}{\sqrt{L_{11}\cdot L_{22}}}=\frac{-16.6}{\sqrt{322.4\times149.73}}=-0.0756$$

$$t_{a_1}=\frac{1.26}{\sqrt{13.1045/322.4\times(1-0.0756^2)}}=6.2318$$

$$t_{a_2}=\frac{3.11}{\sqrt{13.1045/149.73\times(1-0.0756^2)}}=10.4824$$

根据自由度 df=12 查 t 值表(附表 2)，$t_{(12)0.01/2}=3.055<6.2318^{**}$，$t_{(12)0.01/2}<10.4824^{**}$. $P<0.01$. 结论：能力和训练对工作成绩都有极显著的影响.

三、多元线性回归方程应用中的几个问题

经上面的检验，若多元线性回归方程中偏回归系数不显著(即 $\beta=0$)，则对应的自变量在回归方程中不起作用或对因变量没有显著影响，这时应把该自变量从方程中剔除. 因为最好的多元线性回归方程，不仅整个方程显著，而且每个偏回归系数也都应显著，这样每个自变量的变化才会对因变量产生显著影响. 因此，为了建立最好的多元线性回归方程，必须对自变量进行选择，选择的步骤大致如下.

首先，根据自变量之间的相关程度选择自变量. 从公式(10.25)可以看出，当自变量之间的相关程度越高时，偏回归系数达到显著性的可能性越小；反之，当自变量之间的相关系数为零时，回归系数的显著性就由其单个自变量来决定. 因此，实验前实验者可根据相关数据，事先计算变量间的相关系数，并根据最小相关程度原则选择自变量.

其次，在上述确定出最优自变量的基础上，建立回归方程. 例如，有 X_1，X_2，X_3，X_4 四个自变量时，可分别将每一个自变量与因变量 Y 建立一元线性回归方程，共有 4 个方程. 然后每次从 4 个自变量中任选两个分别与因变量 Y 建立二元线性回归方程，共有 $C_4^2=6$ 个方程. 再从 4 个自变量中任选三个分别与因变量 Y 建立三元线性回归方程，共有 $C_4^3=4$ 个方程. 最后，将 4 个自变量与因变量 Y 建立一个四元线性回归方程. 对这 15 个回归方程的显著性、一元回归方程的回归系数以及多元回归方程的偏回归系数的显著性进行检验，从中选择一个最好的回归方程.

除上面的方法以外，还可以采用逐步回归的方法建立回归方程，即按每个自

变量对因变量的作用，从大到小逐个地引入回归方程，每引入一个自变量，便要对回归方程中每一个自变量(含新引入的)进行显著性检验. 因为回归方程中原来具有显著作用的自变量，可能因引入新的自变量而变得不显著. 对于不显著的自变量应当剔除，而每剔除一个自变量，要对留在方程中的自变量再进行显著性检验. 若发现又有自变量变得不显著，则再加以剔除. 这样逐步地引入自变量，并剔除不显著的自变量，直到将所有的自变量都引入，并将不显著的自变量都剔除为止，最后形成的回归方程就是最优的方程. 但实际上，无论是用二元线性回归方程对因变量的真值进行预测，还是对多元线性回归方程中的自变量进行选择，计算都相当繁复，必须借助计算机才能实现. 应用时，可选择相应的软件进行处理.

思考与练习

1. 什么情况下做相关分析？什么情况下做回归分析？回归系数与相关系数间有什么联系？
2. 对相关系数显著性进行检验的基本原理是什么？
3. 下面的数据分别给出在 3 个不同社会阶层的家庭里生长的同卵双生的双胞胎的 IQ(智商)分数，其中一个是在寄养别人孩子的家庭中长大(y)，另一个是由生父母抚养(x)(原始数据为 1966 年 Burt 所用). 试对这三组数据分别作直线回归，并将三条回归直线进行比较(见表 10.5).

表 10.5　第 3 题用表

第一组：

y	82	80	88	108	116	117	132
x	82	90	91	115	115	129	131

第二组：

y	71	75	93	95	88	111
x	78	79	82	97	100	107

第三组：

y	63	77	86	83	93	97	87	94	96	112	113	106	107	98
x	68	73	81	85	87	87	93	94	95	97	97	103	106	111

4. 168 名中学生的智商(X)和数学分数(Y)之间的相关系数 $r=0.58$，试问这个样本是否来自于ρ=0 的总体？
5. 已知 $n=32$ 的一个样本，$r=0.348$，问其总体的相关系数是否为$\rho=0.54$？
6. 一班 20 人英语语音与听力的相关系数为 0.36，二班 24 人的相关系数为 0.41，问两个总体相关系数是否相等？

7. 简要说明一元线性回归系数的显著性检验以及一元线性回归方程方差分析的基本原理。
8. 简述测量系数 r^2 的计算及意义。
9. 二元线性回归方程标准偏回归系数的计算形式是什么?
10. 简述复相关系数的概念及其显著性检验的基本步骤。

第十一章　非参数检验

前面几章，讨论了统计推断方法中较重要的一种——参数法. 这一章将介绍统计推断的另一种方法——非参数法. 就参数法而言，无论是 Z 检验、t 检验还是 F 检验等，一般是用样本中所包含的信息，来估计或推断样本所属总体相应参数的情况.

参数法所得出的结论，一般都较准确可靠(与非参数法相比)，但应用的条件是必须考虑总体的分布形式，而且基本上是在正态分布的假定下，检验零假设. 在涉及两个总体以上的情况时，一般还要考虑多个总体的方差是否齐性等问题. 在一般情况下，总体分布的形态并不为人所知，于是以某种特定总体分布为依据的统计方法，即参数法，许多时候不能应用或不完全适用. 在这种情况下，根据实际工作的需要，统计学家又发展了一种并不限定总体分布形态的新的统计方法——无分布法. 又由于它并不以任何参数的估计或假设检验为直接目的，故又称为“非参数法”.

非参数法适用于名称变量与顺序变量的资料. 由于各种等距或比率变量资料都可化为名称变量或顺序变量资料，所以它也适用于这一类变量. 而各种参数法却仅适用于等距或比率变量的资料. 因此，从应用范围看，非参数法的应用范围要比参数法广. 但由于非参数法只考虑到变量的属性、符号与顺序，从而丢失了一些数据信息，使其分析效率不如参数法. 不过，在许多场合，非参数法又的确显示出其优势.

总体说来，自统计学发展成为一门独立的学科以来，参数法一直是统计学发展的主流. 非参数法无论在理论上还是在实践上，也还在不断地发展. 本章只介绍几种常用的非参数检验方法.

第一节　相关样本数据之差的显著性检验

一、符号检验法

符号检验法，是对两个相关样本数据之差的显著性进行检验时常用的一种方法. 它处理的问题基本类型，例如，由甲、乙两个工厂生产的性能相同的同一种学习用具，要了解哪个厂家的产品更实用或更受学生欢迎. 这时就可用符号检验法，对哪种产品更受欢迎或两种产品是否一样受欢迎作出判断. 具体做法，就是随机抽出 m 名学生，让他们每人在使用了两样产品之后作出评定(形成相关样本). 规定：认为甲厂产品好于乙厂时，评定结果记作“+”，否则记作“−”，当认为两厂产品一样好时，记作“0”．这样“+”号的个数就是 m 个人中认为甲厂产品好于乙厂的人数．显然，当“+”号和“−”号的个数相差不多时，就认为两厂产品一样受欢迎——尽管+，−号个数有差异，但只要差别不是足够大，就不能认为这个差别一定不是由抽样误差所致．但在+，−号个数差异较大，甚至达到某种程度时，就能判断出哪种产品更受学生的欢迎．

可见，符号检验能根据两个相关样本所提供的信息，判断它们所代表的总体是否具有某种相同的属性或者其中一个是否优于另一个．但由于没有考虑它们之间差异的程度，因此该方法忽略了许多信息，与参数法中相应的 t 检验比起来，它的辨别能力要低很多．

1．样本容量 $n<25$

当 $n<25$ 时，可用查表法进行符号检验．如上例中若用 n_+表示“+”号的个数，n_-为“−”号的个数，令 $n=n_++n_-$(显然 n 不大于 m)，并用 r 表示 n_+，n_-中较小的一个．查附表 13，寻找一定显著性水平下，与 n 对应的 r 的临界值．当实际的 r 值大于这个临界值时，差异不显著(与参数检验时正好相反)．实际上，第七章第二节的例 2，也可以用符号法检验如下．

如表 11.1 所示，$n_+=11$，$n_-=4$．则 $n=15$，$r=4$．查附表 13，用双侧检验，$\alpha=0.10$ 时，r 的临界值为 3．由于 3<4，所以，尽管 $n_+=11$，$n_-=4$ 有差异，但仍不能提供足够的证据表明两个样本差异显著．于是，在 0.10 显著性水平上，认为两组测验分数差异不显著．

表 11.1　两种教学方法测验分数差异的检验

对别	实验组 X_1	对照组 X_2	差数值 $D=X_1-X_2$	差数符号	差数秩次
1	89	82	7	+	+6
2	65	52	13	+	+11
3	70	72	−2	−	−3.5
4	93	76	17	+	+13
5	72	74	−2	−	−3.5
6	91	80	11	+	+10
7	81	63	18	+	+14
8	77	62	15	+	+12
9	84	85	−1	−	−1.5
10	73	64	9	+	+8
11	90	86	4	+	+5
12	78	69	9	+	+8
13	63	72	−9	−	−8
14	82	81	1	+	+1.5
15	89	67	22	+	+15

与第七章 t **检验**的结果相对照：$t=3.273^{**}>2.977=t_{(14)0.01/2}$，则 $P<0.01$．因此，实验探究式教学法与讲授式教学法有极显著的差异．说明在能用 t 检验的时候，用符号检验法会丢失数据的相当部分的信息，从而使检验的能力大大降低.

表 11.2　单侧符号检验统计决断规则

r 与临界值的比较	P 值	显著性
$r>r_{0.05}$	$P>0.05$	不显著
$r_{0.01}<r\leqslant r_{0.05}$	$0.01<P\leqslant 0.05$	显著(*)
$r\leqslant r_{0.01}$	$P\leqslant 0.01$	极其显著(**)

2. 样本容量 $n>25$

附表 13 中 n 从 1 排到 90，表明 n 在 1~90 之间时都可以查表，且 $n>25$ 与 $n<25$ 时没有区别．但是，当 $n=25$ 对应单侧检验 $\alpha=0.01$(双侧 $\alpha=0.02$)时，r 的临界值等于 5．即在两个相关样本数据差异不显著时，n_+，n_-中较小的一个不小于 5．事实上，在 n 个差数中取正值的个数 n_+(可取 0，1，⋯，n 共 $n+1$ 个数值)服从二项分布(附表 13 就是按二项分布的规律编制的)．由第五章的知识知道，对二项分布，当 np，nq 中较小的一个不小于 5(这里就是 n_+，n_-中较小的一个不小于 5)时，二项分布接近正态分布，可以用正态分布代替二项分布近似处理问题．因此，按样本容量 $n>25$ 还是 $n<25$，分成两种情况讨论，有理论依据．且 $n<25$ 时，直接查附表 13 作检验，方便快捷；而 $n>25$ 时，可用正态分布近似处理.

当二项分布趋于正态分布时，二项分布呈对称性，p 和 q 都等于或接近 1/2，对应这里 n_+、n_-的平均值接近相等，都约为 $n/2$．或者说 n_+和 n_-取 $n/2$ 的概率应为最大(这时两个样本所代表的总体没有差异)．这就是说，从两个没有差异的总体随机抽取样本，由于抽样误差所致，一般 n_+，n_-的数值并不相等，而是各在 $n/2$ 上、下形成一个分布．当把容量为 n 的一切可能的样本都抽出时，n_+(n_-类似)以 $n/2$ 为中心形成的抽样分布为二项分布($n>25$ 时接近正态分布)．由此可以对实际 n_+，n_-中较小的一个 r 与 $n/2$ 之间的差异，提出没有差异的零假设和有差异的备择假设，然后进行 Z 检验．当 n_+，n_-中较小的一个 r 与 $n/2$ 之间的差异显著时，就会从实际可能性上否定两个总体无差异的零假设，得出两个总体差异显著的结论．意思是说，若两个总体无差异，r 与 $n/2$ 之间的差异不会这样显著．为此，计算 Z 统计量为

$$Z=(r-n/2)/\sigma$$

其中 σ 为二项分布的标准差：$\sigma=\sqrt{npq}=\sqrt{n}/2$．

当 n_+，n_-相等或接近时，r 应等于或接近 $n/2$，这时 Z 应等于或接近 0. 所以，n_+，n_-差距越大，r 就越小，Z 绝对值就越大. 而 Z 的绝对值越大，n_+，n_-中较小的一个取该 r 值的概率越小. 当 Z 绝对值大于某一显著性水平所对应的临界值时，n_+，n_-中较小的一个取如此小的 r 值或 n_+，n_-差距如此之大，是一个小概率事件. 小概率事件在一次实验中几乎不能发生，但若确实在一次实验中，就出现小概率事件，则认为 n_+，n_-存在这么大的差距不是由抽样误差所致，即 n_+，n_-间的差异是显著的，从而两个总体之间的差异也是显著的.

应用中常用下列校正公式计算 Z 统计量，即

$$Z=\frac{(r\pm 0.5)-n/2}{\sqrt{n}/2}$$

规定 $r>n/2$ 时，括号内取“−”；$r<n/2$ 时，括号内取“+”. 由于，这里取 r 是 n_+，n_-中较小的一个，即必有 $r<n/2$. 所以，上述公式简化为

$$Z=\frac{(r+0.5)-n/2}{\sqrt{n}/2}$$

练习：对第七章第二节例 3 中，两组数据差异的显著性进行符号检验(查表法和 Z 检验法)、并把用不同方法检验的结果进行比较.

二、符号秩次检验法

为了克服符号检验不考虑数据差数大小的缺点，威尔考克森(F.Wilcoxon)提出符号秩次(或等级)检验法. 这种方法在考虑差数的性质并标记“+”号或者“−”号以外，又把两个样本每对数据差数的绝对值从小到大排序，并赋予秩次(差数绝对值最小的定为 1). 若两个样本无显著性差异，正秩和(用 T_+表示)与负秩和(用 T_-表示)应相等或接近相等，如果它们差异较大，意味着两个样本所代表的总体有显著性差异的可能性较大.

1. 样本容量 $n<25$

当 $n<25$ 时，仍直接用查表法，查附表 14 的符号秩次检验表. 如在两种物理教学法的检验中(如表 11.1 所示)，成对数据的个数 $n=15$，从表 11.1 中可分别求出正秩和与负秩和为：$T_+=103.5$；$T_-=16.5$. 将正秩和与负秩和中较小的一个记为 T，则 $T=16.5$. 这样 T 值越大，两样本每对数据的差异就越不显著，与符号检验法类似.

查附表 14，双侧检验显著性水平 0.05 对应 T 的临界值为 25；显著性水平 0.01 对应 T 的临界值为 16. 实际的 T 值介于这两个值之间，根据表 11.3 所示的符号

秩次检验统计决断的规则，$0.01<p<0.05$．于是在 0.05 显著性水平上认为两个样本差异显著．对比符号检验，符号秩次检验的鉴别能力大大增强．与上述两个临界值相比，$T=16.5$ 很靠近 16，低于 16 就会在 0.01 显著性水平上认为两样本差异显著．比符号检验法精度高，但仍比 t 检验的精度稍低．不过比 t 检验简单方便得多．

表 11.3　符号秩次检验统计决断规则

T 与临界值的比较	P 值	显著性
$T>T_{0.05/2}$	$P>0.05$	不显著
$T_{0.01/2}<T\leqslant T_{0.05/2}$	$0.01<P\leqslant 0.05$	显著(*)
$T\leqslant T_{0.01/2}$	$P\leqslant 0.01$	极其显著(**)

2. 样本容量 $n>25$

与符号检验相同的原因，当样本容量 $n>25$ 时，T 的抽样分布(服从二项分布)接近正态分布．可用正态分布对两相关样本每对数据差数的符号秩次 T 进行 Z 检验．

理论证明，T 的总体平均数和抽样分布的标准差分别为

$$\mu_T=\frac{n(n+1)}{4},\qquad \sigma_T=\sqrt{\frac{n(n+1)(2n+1)}{24}}$$

其中仍有：$n=n_++n_-$．检验统计量为 Z 统计量，计算公式如下

$$Z=\frac{T-\mu_T}{\sigma_T}=\frac{T-n(n+1)/4}{\sqrt{n(n+1)(2n+1)/24}}$$

统计检验规则是 Z 检验规则，不再赘述．

练习：对第七章第二节例 3 中，两组数据差异的显著性进行符号秩次检验(查表法和 Z 检验法)．并与前面的检验结果进行比较．

第二节　两独立样本差异的显著性检验

一、秩和检验法

秩和检验又称为曼-惠特尼(Mann-Whitney)U 检验．对于两个独立样本差异的显著性检验，当总体不服从正态分布，不能用 Z 检验或 t 检验时，可使用秩和检验法．另外，在两个样本都为顺序变量时，也需要使用秩和检验法，检验两独立

样本差异的显著性. 这种方法的具体操作步骤如下：

(1) 将两个样本数据混合由小到大进行等级排序(最小数据秩次定为 1，最大数据的秩次为 n_1+n_2).

(2) 用 n_1、n_2 分别表示两样本容量(一般使 $n_1 \leqslant n_2$)，则容量较小的样本(即容量为 n_1 的样本)中各数据的秩次之和，简称秩和，用 T 表示.

(3) 查秩和检验表(附表 15)寻找一定显著性水平下秩和 T 的临界值(T_1，T_2)，当 $T_1<T<T_2$ 时，两样本差异不显著；当 $T \leqslant T_1$ 或 $T \geqslant T_2$ 时，则表明两样本差异显著.

实际应用中，常根据两样本容量的大小分为两种情况：两个样本容量均小于 10($n_1 \leqslant 10$，$n_2 \leqslant 10$)；两个样本容量均大于 10($n_1>10$，$n_2>10$). 第一种情况下直接查附表 15，按上述步骤进行检验；第二种情况下要进行 Z 检验.

当两个样本容量都大于 10 时，秩和 T 的抽样分布接近正态分布，其平均数及标准差分别为：$\mu_T = n_1(n_1+n_2+1)/2$，$\sigma_T = \sqrt{n_1 n_2(n_1+n_2+1)/12}$，则检验统计量为 Z 统计量：

$$Z = \frac{T-\mu_T}{\sigma_T} = \frac{T - n_1(n_1+n_2+1)/2}{\sqrt{n_1 n_2 (n_1+n_2+1)/12}}$$

如第七章第三节例 6 中，若用秩和检验法，检验如下.

容量较小的样本中各数据的秩次之和为 T，因此，由表 11.4 可知：$T=62$.

表 11.4　以秩和检验法检验实验组和对照组物理分数差异的显著性

序号	实验组 X_2	对照组 X_1	数据 X_2 秩次	数据 X_1 秩次
1	64	60	16	14
2	58	59	11.5	13
3	65	57	17	10
4	56	41	9	2
5	58	38	11.5	1
6	45	52	3	7
7	55	46	8	4
8	63	51	15	6
9	66	49	18	5
10	69		19	
	$n_2=10$	$n_1=9$	总和 128	总和 62

查附表15(表中数值为单侧检验时临界值)，找到 $n_1=9$，$n_2=10$，显著性水平 0.05(双侧检验)下，T 的临界值为：$T_1=66$，$T_2=114$. 实际的 $T=62^{*}<T_1=66$. 结论：高一物理的两种教材对学生成绩影响有显著差异. 比较两组秩次和，可见实验组

成绩优于对照组．与 t 检验结果一致，但检验过程简单得多．

二、中位数检验法

中位数检验法与秩和检验法的使用条件基本相同，只是把中位数作为一组数据的集中量来看待(在数据为顺序变量时，是较好的方法)．

中位数检验法的具体步骤如下：

(1) 将两个样本数据混合从小到大排序；

(2) 求混合排列后数据总的中位数；

(3) 分别找出每一个样本中大于上述中位数及小于该中位数的数据个数，列成表格；

(4) 对上述表格进行χ^2检验．

1. 两个样本时的中位数检验

仍分析第七章第三节例 6 的情况，用中位数法检验如下．

共 19 个数据，因而中间第 10 个数据(57 分)为两个样本数据混合排列后总的中位数．

分别找出每一个样本中大于上述中位数及小于该中位数的数据个数(对照组中有一位数据与中位数相同，不计在内)，并列成表格，如表 11.5 所示．

表 11.5　以中位数法检验实验组和对照组物理分数差异的显著性

	实验组	对照组	合计
大于中位数的数据个数	7(a)	2(c)	9
小于中位数的数据个数	3(b)	6(d)	9
合　计	10	8	18(N)

这时用四格表的χ^2值校正公式(9.20)计算χ^2统计量

$$\chi^2=\frac{(|ad-bc|-N/2)^2\cdot N}{(a+b)(a+c)(b+d)(c+d)}=\frac{(|7\times 6-3\times 2|-18/2)^2\times 18}{(7+3)(7+2)(3+6)(2+6)}=2.025$$

查附表 8，找到$\chi^2_{(1)0.05}=3.84$，实际算出的$\chi^2=2.025<\chi^2_{(1)0.05}$，则 $P>0.05$，结论为：高一物理的两种教材差异不显著．与秩和检验法和 t 检验结果不同．对比中位数检验法与秩和检验法，可见中位数检验法，由于没有考虑每一个数据与中位数之间差距的大小，因此丢失了较多的数据信息，从而使检验能力降低很多．

2. 多个样本时的中位数检验

多个样本的情况与两个样本时基本类似，也是先将所有样本数据混合后从小到大排序，然后找出总的中位数，再分别找出每一个样本中大于总的中位数及小于该中位数的数据个数，列成表格，最后进行χ^2检验，这时统计量χ^2值的计算公式应为式(9.17)，即

$$\chi^2 = N\left(\sum \frac{f_0^2}{n_r n_c} - 1\right)$$

读者自己完成对第八章第二节例 2 的中位数检验，并与原检验结果相比较.

第三节　秩次方差分析

在比较多个样本平均数差异的显著性时，可进行方差分析. 第八章以单因素方差分析为例，详细介绍了完全随机设计和随机区组设计两种方差分析方法. 这两种设计方法都要求总体服从正态分布，且各组方差齐性等条件. 在实际中，当上述条件不满足时，不能进行方差分析. 这时，常使用非参数方差分析——秩次方差分析，来比较多组数据差异的显著性.

完全随机设计处理的是，多个独立样本平均数差异的显著性，它对应非参数方差分析中单向秩次方差分析法；而随机区组设计处理的是，多个相关样本平均数差异的显著性，对应非参数方差分析中双向秩次方差分析法.

一、单向秩次方差分析

单向秩次方差分析又称为 H 检验. 其主要步骤如下：

(1) 将各组数据混合后从小到大排序，并赋予每个数据秩次或等级(最小的定为 1).

(2) 求各组数据秩次或等级之和.

(3) 求检验统计量 H，计算公式为

$$H = \frac{12}{N(N+1)} \sum_{i=1}^{k} \frac{R_i^2}{n_i} - 3(N+1)$$

其中，k 为分组数目即实验处理数；n_i 是第 i 组的样本容量，并有 $N = \sum_{i=1}^{k} n_i$；R_i 是第 i 组数据的秩次或等级和.

(4) 查附表 16(H 检验表)，进行统计决断. 当实际计算出的 H 值大于表中所

列相应的临界值时，各组数据差异显著．但附表 16 只是列出了 k=3(将被试分为三组)，n_i≤5(各组被试数目不超过 5)时，H 值在各种显著性水平下的临界值．因此，k=3，且 n_i≤5 时，可查附表 16，寻找 H 值在设定显著性水平下的临界值，并与实际计算的 H 值相比较，作出决断．当 k>3，或 n_i>5 时，要按自由度 $df = k - 1$ 查 χ^2 值表(附表 8)，若实际计算的 H 值大于对应的 χ^2 临界值，则表明各组数据差异显著，否则认为差异不显著．

如第八章第二节例 2，若用 H 检验，首先将各组数据混合后从小到大排序，计算各组数据秩次或等级之和，如表 11.6 中所示．然后，计算检验统计量 H 值：

$$H = \frac{12}{N(N+1)}\sum_{i}^{k}\frac{R_i^2}{n_i} - 3(N+1)$$

$$= \frac{12}{19(19+1)}\left(\frac{19.5^2}{4} + \frac{49.5^2}{6} + \frac{61^2}{5} + \frac{60^2}{4}\right) - 3(19+1) = 7.820$$

查 χ^2 值表(附表 8)，寻找自由度 $df=k-1=3$，$\chi^2_{(3)0.05}=7.81$，$\chi^2_{(3)0.01}=11.34$，由于 $\chi^2_{(3)0.05}<H=7.820^*<\chi^2_{(3)0.01}$，所以，得到结论：各组数据有显著差异，即复习时间的间隔不同，对学习效果有显著影响，与方差分析结果相同，但检验过程简单许多．

表 11.6　4 组学生英语单词测验的 H 检验统计表

序号	X_A(秩次)	X_B(秩次)	X_C(秩次)	X_D(秩次)
1	24 (3)	29 (12)	30 (14)	27 (7.5)
2	26 (5.5)	25 (4)	28 (10)	31 (16)
3	20 (1)	21 (2)	32(17.5)	32 (17.5)
4	28 (10)	27 (7.5)	30 (14)	33 (19)
5		28 (10)	26 (5.5)	
6		30 (14)		
R_i	19.5	49.5	61	60

二、双向秩次方差分析

双向秩次方差分析，是把随机区组设计方法中的区组也看作一个因素，从而使区组与实验处理构成“双向”．其具体检验步骤如下：

(1) 将每一区组的 k 个数据(k 种实验处理)从小到大排序赋予秩次或等级．

(2) 计算各实验处理 n 个数据(n 个区组)的秩次之和，用 R_i 表示．

(3) 计算检验统计量 χ_r^2，计算公式为

$$\chi_r^2 = \frac{12}{nk(k+1)}\sum_{i=1}^{k}R_i^2 - 3n(k+1)$$

其中，n 为区组数；k 为实验处理数；R_i 是第 i 种实验处理 n 个数据的秩次之和.

(4) 查附表 17. 当实际的χ_r^2值大于相应的临界值，或者实际χ_r^2值对应概率小于 0.05 时，说明各实验处理间差异显著，否则差异不显著. 附表 17 分别列出了 k=3，n≤9 时 χ_r^2 的临界值以及 k=4，n≤4 时 χ_r^2 的临界值. 当实际情况不符合这两个条件时，要按自由度 df=k−1 查χ^2 值表，当χ_r^2 大于χ^2 值表中相应临界值时，各种实验处理的差异显著，否则差异不显著.

以表 8.7 中所列的数据为例，可进行双向秩次方差分析如下.

将每一区组的 k 个数据从小到大排序，并计算各实验处理 n 个数据的秩次之和，如表 11.7 所示. 计算检验统计量χ_r^2

$$\chi_r^2 = \frac{12}{nk(k+1)}\sum_{i}^{k}R_i^2 - 3n(k+1)$$

$$= \frac{12}{8\times 3\times(3+1)}(12^2+17^2+19^2) - 3\times 8(3+1) = 3.25$$

查附表 17，找到χ_r^2=3.25 对应的 P=0.236>0.05. 因此，认为三套试题差异不显著，可以作为平均数相等的复本测验. 与方差分析的结果相同，但检验过程简单很多.

表 11.7　三套试题的双向秩次方差分析表

学生序号	X_{i1}(秩次)	X_{i2}(秩次)	X_{i3}(秩次)
1	78(1)	80(2)	82(3)
2	71(2)	66(1)	73(3)
3	69(1)	70(2)	72(3)
4	64(1)	71(3)	70(2)
5	70(1)	72(2)	75(3)
6	73(3)	68(1)	71(2)
7	72(2)	73(3)	67(1)
8	62(1)	69(3)	65(2)
R_i	12	17	19

与参数检验相比，本章介绍的非参数检验方法具有一些优点. 首先，它不依赖于对总体分布和方差等所提出的严格的假设，使用起来非常方便. 另外，它特别适用于顺序材料(等级变量)和小样本的情况，给教育科学的研究提供了极大的

便利和可能. 因为在教育科学领域，很多变量属于顺序水平，需用非参数方法来处理. 另外，在进行一些规模较大、设计较复杂的实验时，常常在正式实验之前，需要做一些预备性的实验，这时被试较少且要求结果尽快处理. 这时，就需要用计算简明、迅速的非参数方法.

当然，由于非参数方法未能充分利用资料的全部信息. 如在符号检验法中只考虑数据的符号，忽视其大小；在秩和法及其他求秩次(或等级)和的方法中，虽然考虑到数据的大小，但在将原始数据转换成等级时，失掉了许多信息. 所以，与参数检验相比，非参数检验的“效率”差些. 另外，非参数方法也还不能处理“交互作用”，这是它的缺点. 在实际应用中，如果某些资料既可以用参数方法也可以用非参数方法，则应当尽量用参数方法；若所得资料确实不能用参数方法检验时，则宁可放弃一部分信息而使用非参数方法，也不应冒错误结论的风险去使用参数方法. 以免得出错误结论，给进一步决策产生误导.

思考与练习

1. 非参数方法与参数方法比较，有哪些特点?
2. 经过配对而成的甲、乙两组学生，要求甲组学生对做错的英语作业进行订正，乙组不要求订正，后期统一测验分数如表 11.8 所示，问订正做错的英语作业，对提高英语学习成绩是否有显著效果? (分别用符号检验法和符号秩次检验法)

表 11.8　第 2 题用表

甲	78	79	65	55	90	84	74	82	69	74	86	70
乙	72	60	54	68	56	52	50	80	64	70	87	67

3. 从甲、乙两校随机抽取几份物理高考试卷，其卷面上的分数如表 11.9 所示，问甲、乙两校此次物理考试成绩是否一样? (采用秩和检验法)

表 11.9　第 3 题用表

序号	1	2	3	4	5	6	7	8	9	10	11	12
甲	63	68	57	61	82	77	81	54	49	60	65	47
乙	60	72	59	55	66	78	90		48	63	67	

4. 从某小学六年级三个平行班中随机抽取的几个学生的手工劳作成绩如表 11.10 所示，问三个班的成绩是否一样? (采用中位数检验法)

表 11.10　第 4 题用表

甲班	8	6	9	2	5	4			
乙班	10	4	9	8	6	1	5		
丙班	2	8	5	6	4	5	3	10	11

5. 运动员分成三组(见表 11.11)，每组一名教练员(年龄不同)，假设其他条件相同，试问：教练员的年龄是否对运动员成绩有显著影响?

表 11.11　第 5 题用表

	30 岁教练	40 岁教练	50 岁教练
运动员	105	139	114
成绩	142	169	137
	58	167	155
		94	
		151	

6. 有 10 名学生组成一个评估小组，每个学生都对某 5 名教师的教学效果评一个等级(见表 11.12)，问能否说学生对某些教师比对其他教师更喜欢？(α=0.05)

表 11.12　第 6 题用表

	学生									
教师	1	2	3	4	5	6	7	8	9	10
A	1	2	1	1	2	2	1	2	1	2
B	3	3	4	2	1	3	2	1	2	1
C	2	1	2	3	3	1	4	3	4	3
D	4	5	3	5	4	5	3	4	3	4
E	5	4	5	4	5	4	5	5	5	5

第十二章　抽样设计基础

在教育科学及其他许多领域中，经常需要进行调查或试验，以便提出有针对性且行之有效的决策或对某些问题的解决方案．无论是调查还是试验，都面临如何选择试验或观察对象，即抽取样本的问题．因为，从表面上看，似乎对总体的每一个个体进行观察研究，得出的结论才更可靠，但其实不然．这可以从两方面来理解，一是人力、物力和时间的限制；二是研究结果准确性的要求．

面对一个庞大的总体，人力和物力的要求往往不能满足，甚至有时根本无法做到对总体的每一个个体进行观察处理．以测量物体的长度为例，这里的一切可能测量值构成一个无限的总体，人们根本不可能把所有的可能测量值都找出来．从时间上来看，对总体的每一个个体进行观察也是不允许的，尤其在观察对象处于动态变化的过程中时，更是如此．另外，即使能够对总体的每一个个体进行观察，但随着数据个数的急剧增加，一方面会增加数据处理的难度，另一方面会使统计过程中的偶然误差(或随机误差)和系统误差都大大增加，这样不仅不会使结果的准确度增加，反而会降低其准确性．因此，从总体中抽取样本进行观察研究具有重要意义．

因而，在绝大多数情况下，都不是对所研究总体的每一个个体，逐一进行调查研究以得出结论．而是从中抽取一部分个体作为研究样本，再应用种种统计推断的方法，根据对样本的研究结果推论总体的相应特征．这种推论的可靠性又依赖于三个方面：一是研究过程中对无关变量的控制，这一点在进行方差分析时已经讨论过；二是对数据进行统计处理方法的恰当应用和数据处理的准确性；三是样本的代表性，当样本不能很好地代表总体时，即使无关变量控制得很好，统计方法运用确切，数据处理准确无误，对总体的推论仍是缺乏可靠性的．因此，抽样设计是统计推论的首要环节，直接关系到研究或调查能否得到可靠的结果．下面分别从抽样方式与样本容量的确定两个方面，介绍抽样设计的基本内容．

第一节　几种重要的抽样方式

一、随机抽样的基本原则

抽样的随机性，是随机抽样的基本原则．它是指在进行抽样时，应保证总体中每一个个体都有相同被抽取的可能或概率．不受研究者的主观影响或控制．

由于随机抽样使每个个体有同等机会被抽取，因而有相当大的可能性使样本保持和总体有相同的结构，或者说，具有最大的可能使总体的某些特征在样本中得以体现. 所以随机抽样可以最大限度地保证样本对总体的代表性.

对于随机抽样，以样本平均数估计总体平均数时为例，从总体随机抽取一个样本，即使没有系统误差和过失，样本平均数 $\bar{X}$ 一般也并不等于总体平均数μ，这时($\bar{X}-\mu$)叫做抽样误差(前面已经指出它是随机误差的一种)，是由抽样的随机性引起的. 抽样误差一般不大，如在正态分布总体的情况下，$\bar{X}$ 的抽样分布也呈正态(其标准误与总体标准差的关系为 $\sigma_{\bar{X}}=\sigma/\sqrt{n}$). 当显著性水平$\alpha$=0.05 时，值 $Z=(\bar{X}-\mu)/\sigma_{\bar{X}}$ 有 95%在−1.96~1.96. 若用 d 表示抽样误差绝对值的最大值，一般称为最大允许抽样误差，也简称最大允许误差. 则在上述情况下，也就有 95%的抽样误差其绝对值小于 d. 但当($\bar{X}-\mu$)的绝对值太大，以至于超过 d 值时，($\bar{X}-\mu$)就不再属于抽样误差的范围. 这时，统计上就不再认为 $\bar{X}$ 是来自总体平均数为μ的一个样本平均数了.

引入最大允许误差 d 以后，某一显著性水平α的临界值可表示为 $Z_{\alpha/2}=d/\sigma_{\bar{X}}$ (双侧；单侧时为 $Z_{\alpha}=d/\sigma_{\bar{X}}$)或者 $d=Z_{\alpha/2}\cdot\sigma_{\bar{X}}$ (双侧). 可见最大允许误差与标准误有关，当标准误确定后，一定显著性水平下，推断统计所允许的最大抽样误差是一定的. 最大允许误差 d 值大，表明 $\bar{X}$ 围绕μ的离散程度大，以 $\bar{X}$ 估计μ时精确度就小，反之 d 值小则表明以 $\bar{X}$ 估计μ 的精确度就大. 因此，d 值也是评价抽样结果精确度的一个指标. 由于 $\sigma_{\bar{X}}=\sigma/\sqrt{n}$，所以可以通过改变样本容量 n 来控制 d 值，反过来，也可以根据 d 值来推算样本容量 n 的大小. 实践中正是根据研究的目的和用途，首先对最大允许误差提出要求，然后确定所应抽取的样本容量.

随机抽样保证了总体的每一个个体以相同的可能性被抽取，使抽取的样本能很好地代表总体，且通过对抽样误差的研究，能够对推断结果的精确度进行客观评价. 故统计推断中需要进行随机抽样.

二、几种重要的随机抽样方法

在实际调查研究中，常常根据总体的不同特点和不同的调查研究目的，采用不同的抽样方式. 下面介绍最主要的几种.

1. 简单随机抽样

一般所说的随机抽样，就是指简单随机抽样，它是最基本的抽样方法，适用范围广，最能体现随机性原则且原理简单. 具体要求是在抽取样本时，应保证总体的每个个体有独立且相同被抽取的概率. 常用的抽取方式有抽签法和随机数字表法.

(1) 抽签法是把总体中的每一个体都编上号码并制成签，充分混合后从中随机抽取一部分，这部分签所对应的个体就组成一个样本.

(2) 随机数字表法是利用随机数字表进行抽样的方法.

随机数字表(见附表 18)是由 0~9 这 10 个数字按等概率随机分布的(由计算机软件随机产生). 它的使用也很简单，可以从任意一个数字开始沿任意一个方向抽取数字. 例如，要从 2000 名学生中随机抽取 100 名作为样本，可先将 2000 名学生编号，然后从附表 18 的任意一行任意一列开始抽取数字. 比如，可以从第 8 行第 1 列开始向右抽取，每 4 个数字为一组，得到：9390，7454，5219，8375，5531，9451，0036，6664，…，在所抽取的 100 组 4 位数字中，凡大于 2000 直至 4000 者，均减 2000. 大于 4000 直至 6000 者，均减 4000，……，使每组数字都不大于 2000，即得：1390，1454，1219，375，1531，1451，36，664，…，所取数字中出现的重复数字，可不重复计算. 最后所得数字就是所需要的一个简单随机样本的学生编号.

值得一提的是，从理论上讲无论是抽签法还是随机数字表法，都要考虑总体是有限总体还是无限总体. 对于有限总体，只有放回抽样才能保证先后抽样的独立性，也才能保证每一个个体被抽到的概率相同. 对于无限总体，由于抽出的个体放回不放回并不改变总体的结构，所以这时不要求放回抽样. 但在实际的教育科学研究中，因为放回抽样往往不可行，所以，即使在有限总体的情况下，也都是不放回抽样获得的样本. 不过，当总体容量大于 500，且为样本容量的 10~20 倍时，不放回抽样获得样本方式对结果造成的影响不大，可忽略，即这时的有限总体可近似视为无限总体处理，样本可通过不放回抽样的方式获得.

简单随机抽样从理论上说是最符合随机性原则的，且分析抽样误差比较简明. 但也存在一些不足. 例如，简单随机抽样需要把总体中每一个个体编上号码，如果总体很大，这种编号几乎是不可能的. 再者，这种抽样方法常常忽略总体已有的信息，降低了样本的代表性. 例如，对某一地区的学生进行抽样，测试该地区学生的智力水平. 现有的资料显示重点学校与一般学校的学生之间有差异，因此若不考虑这个因素，则所抽取的样本很可能抽到重点学校的学生多些，或根本没有重点学校的学生，这样样本的代表性是不理想的. 但如果充分考虑并利用重点与一般存在差异这一已有信息，可以设计出更好的抽样方法(见后面的分层随机抽样). 另外，在进行大规模的抽样研究时，用抽签法是不可能的，而用随机数字表法也费时费力. 这时，可以采用等距抽样的方法获得样本.

2. 等距抽样

等距抽样也叫机械抽样或系统抽样. 这种方法简便易行，与简单随机抽样相似. 它是将已编好号码的个体排列成序，然后依固定的间隔取样(间隔的大小视所需样本大小与总体的容量大小而定). 例如，调查某大学一个系(N=2000)学生的业余爱好，采用等距抽样，n=100，则每 20 人抽取一个，如 1 号、21 号、41 号……或 3 号、23 号、43 号……

一般来说，这种抽样方法比简单随机抽样简便易行，而且它比较均匀地抽到总体中各个部分的个体，样本的代表性比简单随机抽样好. 至于隔多远抽一个，应视总体大小和所需样本容量而定. 但是，如果总体具有某种周期性变化，则等距抽样的代表性远不如简单随机抽样. 例如，上面所述调查学生业余爱好的例子中，假如正好男、女生的编号分别为奇数或偶数，则每 20 个抽一个就全抽到男生或全抽到女生，由于业余爱好在男、女生之间可能有明显差别，这时只用男生(或女生)的样本不能代表全体. 另外，等距抽样同简单随机抽样一样还容易忽略一些已有信息. 例如，从某区县抽样调查高三学生填报军事院校的情况，若决定每 200 人抽一个，则当某学校人数少于 200 时，该中学的学生有可能一个也抽不到，从而使样本失去了关于该学校的所有信息. 另外，与简单随机抽样相比，等距抽样的随机性也弱一些，简单随机抽样可以由总体内的所有个体组成任何可能样本，但在调查学生业余爱好的例子中，只能组成 20 个样本，当然是 20 个样本中的哪一个要随机确定. 因此，可以考虑将等距抽样与简单随机抽样结合使用，比如在上例中，从 1 号开始，每连续的 20 个号中随机地抽取 1 人……这样组成的样本对总体会有更好的代表性.

3. 分层随机抽样

分层随机抽样，简称分层抽样. 具体做法是按照总体已有的某些特征，将总体分成几个不同的部分(每一部分叫一个层)，再分别在每一部分中随机抽样. 它充分利用了总体的已有信息，因而是一种非常实用的抽样方法.

对于总体的分层，应视具体情况而定. 总的原则是，各层内变异要小，而层与层之间的变异越大越好，否则便失去了分层的意义. 例如，要调查某大学学生每月的生活费平均是多少时，就可以根据学生来自城市还是农村分两部分进行抽样. 甚至还可以再细一点，如将来自经济状况相似地区农村的学生归为一类等. 有些复杂的问题，的确常常需要按两个或两个以上的分层标准进行分层. 例如，以儿童为研究对象进行心理实验研究时，要考虑到遗传、环境、年龄、性别等对儿童有影响的各种因素，在选取样本时，应该按照这些因素进行多个分层标准的分层抽样. 美国心理学家韦克斯勒(Wechsler)1966 年编制的幼儿智力量表(WPPSI)，抽样时曾考虑到 6 个分层标准：①年龄(4~6 岁半，每半岁为一组)；②性别；③种族(白人与非白人)；④地区(东北部、中北部、西部、南部)；⑤家长职业(分为 8 种职业)；⑥城市与农村. 这样，先按年龄分成 6 个年龄组，每组又按性别分为男女各半，然后再考虑种族、地区、家长职业、城乡等继续分层. 日本 1967 年修订 WPPSI 时，认为日本国情与美国不同，因此只按年龄、性别、地区三个标准进行分层. 可见分层标准并不是一成不变的, 即使是同一个研究课题, 在不同的条件下, 用什么标准进行分层以及对于每一个分层标准, 应当分为几层均需要视具体情况而定.

由于各个层之间的差异较大, 各层的人数分配就不应等同. 设总体为 N, 所需样本容量为 n, 则如何合理地将 n 分配在各层, 是分层抽样的一个重要问题. 具体施行过程中有两种方式.

1) 按各层人数比例分配

在各层内的标准差未知时, 一般是人数多的层多分配, 人数少的层少分配. 并使从各层所抽取的人数比例等于样本容量 n 与总体 N 之比. 若总体中各层人数分别为 N_1, N_2, …, N_k, 而从每层中所抽取的人数为 n_1, n_2, …, n_k, 则

$$n_1/N_1=n_2/N_2=\cdots=n_k/N_k=n/N \quad 或 \quad n_k=(N_k/N)n$$

其中, $N=N_1+N_2+\cdots+N_k$; $n=n_1+n_2+\cdots+n_k$.

练习: 对各层人数分别为 300, 500 和 800 的总体, 当取样本容量为 200 时, 各层应分别抽取多少人?

2) 最优配置法

当各层内的标准差已知时, 除考虑各层的人数外, 还应考虑在标准差大的层相对多分配一些人数, 而在标准差小的层相对少分配一些人数. 这样既考虑了各层的人数比例, 又考虑到各层标准差的抽样方法, 称为最优配置法. 这时, 从各层抽取人数的计算公式为

$$n_i=\frac{n(N_i\sigma_i)}{\left(\sum N_i\sigma_i\right)} \tag{12.1}$$

其中, n_i 表示从某一层所抽取的人数; N_i 表示该层的人数; σ_i 表示该层的标准差; n 是样本的容量(即各层所抽取人数之和).

当 σ_i 未知时, 可从该层抽取一个小样本, 算出该总体标准差的估计值 S_i 来代替 σ_i, 这时, 任一层所分配的人数应表示为

$$n_i=\frac{n(N_iS_i)}{\left(\sum N_iS_i\right)} \tag{12.2}$$

例如, 要了解某中学某年高考考生的语文成绩, 拟采用最优配置分层抽样法. 可首先将考试成绩分成录取、未录取两层, 并从这两部分中各抽出一个小样本, 估计两层的标准差, 再根据各层人数及所要求的样本容量 n, 就可以算出各层所应抽取的人数.

练习: 将考试成绩分成录取的 N_1=416 人和未录取的 N_2=793 人两层, 若两层

标准差的估计值分别为 S_1=9 分，S_2=13 分. 当样本容量为 100 时，求各层所应抽取的人数.

分层抽样充分利用了总体已知的信息，其样本的代表性及推论的精确性一般优于简单随机抽样和等距抽样，并且在层间差异较大而层内差异较小时，分层抽样的效果更好.

4. 分阶段随机抽样

当总体容量很大时，直接以总体中的所有个体为对象进行抽样困难很大，这时一般采用分阶段随机抽样的方法组成样本. 如调查某年参加全国统一高考的考生语文成绩时，就宜采用分阶段抽样的方法. 可以按不同省份分成不同部分. 第一阶段是先以省份为抽取单位，从参加全国统考的所有省份中随机抽取的一部分省份作为样本；第二阶段则是在选出的各省份中随机抽取调查对象. 这就是分阶段抽样，又叫整群抽样.

一般而言，分阶段抽样或整群抽样首先将总体分成 M 个部分，每一部分叫做一个“集团”(或“群”)，第一步从 M 个“集团”或群中随机抽取 m 个作为第一阶段样本，第二步是分别从所选取的 m 个“集团”或群中抽取个体(n_i)构成第二阶段样本. 可见第一阶段样本中的单位，相对于第二阶段来说又是总体(分总体).

设总体容量为 N，某一“集团”或群的容量记作 N_i，所需样本容量为 n，从某一“集团”所抽个体数记作 n_i，则有 $N=\sum\limits_{i=1}^{M}N_i$，$n=\sum\limits_{i=1}^{m}n_i$. 若各个“集团”的容量均相同(记作 $\overline{N}_i$)，则各个 n_i 也应相同($\overline{n}_i$)，这时有

$$N=M\overline{N}_i,\qquad n=m\overline{n}_i$$

分阶段抽样或整群抽样简便易行，节省经费，是大规模调查研究中常使用的一种抽样方法，但应注意它与分层抽样的区别. 从形式上看，似乎都分成两步：第一步将总体分成若干部分，第二步再分别从部分中抽取个体. 但二者有着根本上的区别，在分层抽样中，对于每一个部分总体(即“层”)均需从中抽取个体，因而没有第一阶段样本的问题；而在分阶段抽样中，将总体分成若干个“集团”或群后，并不是对每一个“集团”都进行第二阶段抽样，而是从所有的“集团”中先抽取一部分“集团”或群，即进行第一阶段抽样，得到第一阶段样本. 然后再对所选“集团”或群作第二阶段抽样. 正因为分阶段抽样与分层抽样有上述区别，才使得分阶段抽样在大规模的调查研究中有独特的优势. 因为它经过第一阶段抽样以后，再进行第二阶段的抽样，结果使样本分布的范围要比分层抽样时小，或者说被调查对象的分布要相对集中一些，这会给接下来的数据采集等后续工作带来极大的方便，也会最终增加推断结果的准确性和可靠度.

第二节　样本容量的确定

第一节介绍了各种常用的抽样方式，在选择了合适的抽样方式以后，还要进一步确定样本容量的大小. 因为$\sigma_{\bar{X}}=\sigma/\sqrt{n}$，所以当样本容量过小时，不仅会影响样本对总体的代表性，还会导致标准误以至于抽样误差过大，降低推论的准确性和可靠度. 但样本容量过大又会在巨大的人力、物力投入的同时，增加其他一些使误差增大的机会. 另外，尽管样本容量越大，推论的准确性和可靠度越大，但统计推断的可靠度及准确性又不随样本容量的增加而线性增加，当样本容量增加到一定程度时，抽样误差的减小速度变慢或者统计推断的可靠度及准确性的增加程度变慢. 由$\sigma_{\bar{X}}=\sigma/\sqrt{n}$，如当样本容量增加一倍时，在其他条件基本一致的情况下，可导致标准误从而使抽样误差减小到原来的 0.7 倍. 假如样本容量较小，如$n=10$，这时增加一倍也仅增加 10 个数据，就可以使抽样误差大大降低. 但在样本容量已经较大时，如$n=100$，再要使抽样误差减小相同的幅度，就要增加 100 个数据才行，或者说同样增加 10 个数据，并不会使这时的抽样误差明显减小. 因此，根据某种方法和要求确定了样本容量以后，若样本容量较小，适当增加一些被试不会明显增加调查的负担，但可以使抽样误差明显减小，这时可适当增加样本的容量. 反之，在样本容量已经较大时，增加少量的被试，不会对抽样误差的减少产生明显的影响，还会额外增加人力和物力的投入，这时就不宜再增加样本容量.

样本容量的确定与不同的研究或调查目的有关，一般调查或实验研究的目的有两种：总体参数估计和假设检验. 因此，样本容量的确定也就有相应的两套不同的方式.

一、由样本统计量估计总体参数时确定样本容量的方法

1. 由样本平均数估计总体平均数时样本容量的确定

1) 用公式计算(以α置于双侧为例)

(1) 总体标准差σ已知的情形.

总体标准差σ已知时，由最大允许误差$d=Z_{\alpha/2}\cdot\sigma_{\bar{X}}=Z_{\alpha/2}\cdot\sigma/\sqrt{n}$，得

$$n=(Z_{\alpha/2}\cdot\sigma/d)^2 \tag{12.3}$$

实践表明，有限总体时，$\sigma_{\bar{X}}=(\sigma/\sqrt{n})\sqrt{1-n/N}$. 这时式(12.3)变为

$$n=N\cdot Z_{\alpha/2}^2\sigma^2/(Nd^2+Z_{\alpha/2}^2\sigma^2) \tag{12.4}$$

因此，对无限总体用样本平均数估计总体平均数时，可直接应用式(12.3)确定样本容量，但在总体不能视为无限总体时，应按式(12.4)确定样本容量.

例 1　拟估计某区 2100 名学生的高二数学会考总体平均分数，已知历次考试成绩的标准差约为 9 分，这次估计的最大允许误差定为 d=2 分，可信度为 95%，问应抽取多少人?

解　根据题意，要由样本的平均数估计总体的平均数，将 N=2100，σ=9，d=2，α=0.05 及相应的 $Z_{0.05/2}$=1.96 代入式(12.4)，得 n=75.

若根据无限总体计算公式(12.3)，则 n=78. 与式(12.4)计算结果接近但略大. 事实上，式(12.3)是式(12.4)当 $N\to\infty$的极限情况，N 越大，式(12.4)的计算结果越接近用式(12.3)计算时所得的结果. 在实际教育工作中，一般总体不会太小，所抽取的样本容量也不会太小，为了方便，可将有限总体视为无限总体来处理. 这时计算结果差别不大，且用式(12.3)所得结果，还有使抽样误差减小的趋势.

(2) 总体标准差σ未知的情形.

当总体标准差未知时，总体方差σ^2用其无偏估计量 S^2(或以往类似调查研究所得方差)代替，$Z_{\alpha/2}$ 相应变为 $t_{\alpha/2}$. 于是对无限总体(有限总体时可做类似处理)，以样本平均数估计所属总体平均数时，所需样本容量为

$$n=(t_{\alpha/2}\cdot S/d)^2 \tag{12.5}$$

其中 $t_{\alpha/2}$ 要根据 $df=n-1$ 来确定. 但在样本容量确定之前 df 不可能已知，这时一般采取逐步接近的办法. 即在 n 没确定时先用 $Z_{\alpha/2}$(或 $df\to\infty$时的 $t_{\alpha/2}$)代替 $t_{\alpha/2}$，按式(12.5)求出 n_0，然后再根据 $df=n_0-1$ 查出 $t_{\alpha/2}$，代入式(12.5)求出 n_1. 接着再按 $df=n_1-1$ 查出 $t_{\alpha/2}$，代入式(12.5)求出 n_2，这样重复进行下去，直至连续两次求得的结果相同为止. 例如，进行总体平均数的抽样调查，要求最大抽样误差 $d=2$，总体标准差的估计值 S=7，计算样本容量多大为宜(定 α=0.05).

根据式(12.5)，按 $Z_{\alpha/2}$ 计算，得出 $n_0=(1.96\times7/2)^2=47$，查 t 分布表 $df=47-1=46$，得到 $t_{0.05/2}=2.015$，代入式(12.5)，求出 $n_1=(2.015\times7/2)^2=50$.

当 $df=50-1=49$ 时，$t_{0.05/2}=2.010$，所以用它计算出的 $n_2=(2.010\times7/2)^2\approx50=n_1$. 因此，取样本容量为 50 就会有较小的抽样误差.

在实践中为了简便，当样本容量 n 估计不会很小时，可直接按式(12.6)计算样本容量，即

$$n=(Z_{\alpha/2}\cdot S/d)^2 \tag{12.6}$$

不一定使用逐步接近法.

2) 查表法

本书附有不同统计量的简单随机抽样的样本容量确定表，在实际进行抽样调

查研究时，可直接根据不同条件查出应该抽取的样本容量，非常方便．由样本平均数估计总体平均数时的样本容量，可查本书后附表 19．只要确定了显著性水平 α 并计算出 S/d，即可在表中找到相对应的样本容量 n．表中左侧纵列为 S/d 数值的整数部分，上面横行为 S/d 值的一位小数值．例如，在 $\alpha=0.05$ 时，$S/d=5.5$，则从表中可查到与 $S/d=5.5$ 对应的值是 119．这就是由样本平均数估计总体平均数时，所需要的样本容量．

练习：若总体标准差的估计值 $S=10.5$ 分，当最大允许误差 d 不超过 3 分时，分别用逐步接近法、式(12.6)和查表法寻求所需要的样本容量($\alpha=0.01$)．

2. 由样本比率估计总体比率时样本容量的确定

1) 用公式计算

简单随机抽样当样本容量较大时，比率的标准误在总体为无限总体和有限总体时分别为

$$\sigma_p=\sqrt{pq/n}\text{；}\ \sigma_p=\sqrt{pq/n}\cdot\sqrt{1-n/N}$$

当总体比率接近 0.5 时，比率的抽样分布接近正态分布，因此有 $d/\sigma_p=Z_{\alpha/2}$．于是通过与平均数估计中类似的计算，可得这时确定样本容量的相应公式，如在无限总体时为

$$n=\left(Z_{\alpha/2}/d\right)^2pq \tag{12.7}$$

当用样本比率代替总体比率时，也应用 $t_{\alpha/2}$ 代替 $Z_{\alpha/2}$．对 α 置于单侧的情况可做类似处理．

例如，某大学历年考研录取率约为 0.45，拟估计应届考研录取率，要求误差不超过 3%，估计的可信度为 95%，问需抽多少人?

根据题意要对该校应届考研录取率作估计，由于没有信息表明应届的考研录取率比往届的高还是低，应将 α 置于双侧．将 $p=0.45$，$q=0.55$，$d=0.03$，$\alpha=0.05$，$Z_{\alpha/2}=1.96$ 代入式(12.7)，得 $n=1056$．

2) 查表法

根据 p，d，α 的数值，也可以直接查附表 20，寻找所需样本容量的数值．如上例中，从最左边的纵列找到 $d=0.030$，从最上边横行找到 $p=0.45$，则在它们对应的行与列交叉处找到 1056，就是 $\alpha=0.05$ 时所需要的样本容量(偶数行的 1825 是 $\alpha=0.01$ 时的样本容量)．

练习：当 $p=0.3$，估计误差 $d=0.025$ 时，在 $\alpha=0.01$ 显著性水平下，求所需样本容量．

应当注意，由于这里的目的，就是对总体比率进行估计，因此总体比率不

可能已知，一般代之以样本比率，而在抽样之前样本比率也无从计算，只能根据经验或已有类似研究结果进行初步估计. 由此，进行总体比率的估计时，样本容量的确定无论是用公式计算还是查表，都不是十分精确. 在使用本书附表 20 时仅供参考. 表中左边一列表示最大允许误差 d，上面横行为根据已有信息估算的总体比率.

二、总体参数的假设检验中确定样本容量的方法

1. 由一个样本对所来自总体平均数进行假设检验时样本容量的确定

1) 总体标准差σ 已知时

第六章对总体的平均数提出假设检验时，曾经假设总体平均数为μ_0，当样本平均数为 $\bar{X}$ 时，能否据此判断原假设 H_0：总体平均数μ等于假设值μ_0 为真. 当 H_0 为真时，平均数抽样分布以总体平均数μ为中心，也以假设的总体平均数μ_0 为中心. 意味着样本平均数 $\bar{X}$ 的总体平均 $\mu_{\bar{X}}$ 与μ_0 重合(即有 $\mu_{\bar{X}}=\mu_0$). 这时，若拒绝 H_0，则犯α型错误. 判别的依据是看样本平均数是否落入拒绝域，其相应的临界值满足：$(\bar{X}-\mu_0)/\sigma_{\bar{X}}=Z_{\alpha/2}$(双侧检验).

当 H_1 为真时，意味着 $\mu_{\bar{X}}$ 与μ_0 有差异(即 H_1：$\mu_{\bar{X}}\neq\mu_0$). 这时，如果拒绝 H_1(接受 H_0)，则会犯β型错误. 但由图 12.1 可知，这时犯β型错误的概率不会超过虚线下阴影区域的面积，即落入这个阴影区域的样本比例不会超过它的面积，其临界值对应$(\mu_{\bar{X}}-\bar{X})/\sigma_{\bar{X}}=Z_{\beta}$. 在假设检验中，不但要考虑$\alpha$，还需要考虑$\beta$. 因此，将上面两式相加[一般设 H_1 为真(图 12.1 中虚线所示)与 H_0 为真(图 12.1 中实线所示)时，平均数抽样分布的标准差相同，都为$\sigma_{\bar{X}}$]，则$(\mu_{\bar{X}}-\mu_0)/\sigma_{\bar{X}}=Z_{\alpha/2}+Z_{\beta}$，即

$$\frac{(\mu_{\bar{X}}-\mu_0)}{(\sigma/\sqrt{n})}=Z_{\alpha/2}+Z_{\beta}$$

整理后可得

$$n=\left[(Z_{\alpha/2}+Z_{\beta})\cdot\frac{\sigma}{\delta}\right]^2 \tag{12.8}$$

式中$\delta=\mu_{\bar{X}}-\mu_0=\mu-\mu_0$，是总体平均数与其假设值之间的差异. 式(12.8)为在无限总体情况下简单随机抽样时，进行总体平均数假设检验确定样本容量的公式. 当从有限总体抽样时，式(12.8)成为

$$n=\frac{N\cdot(Z_{\alpha/2}+Z_{\beta})^2\sigma^2}{[N\delta^2+(Z_{\alpha/2}+Z_{\beta})^2\sigma^2]} \tag{12.9}$$

注意：当以判定总体平均数μ比假设值μ_0 是大还是小为目的时，应将显著性

水平α置于单侧. 这样可在不增加犯α型错误的同时，减少犯β型错误的可能. 这时，上面两式中应用Z_α代替$Z_{\alpha/2}$.

进行总体平均数假设检验确定样本容量，除了用上述公式计算之外，还可以方便地使用附表 21，直接寻找所需要的样本容量. 具体做法，是在最左侧纵列寻找δ/σ之值，在上面横行寻找α(明确单侧还是双侧检验)和β之值，它们相对应的行与列交叉处的数据就是所需要的样本容量.

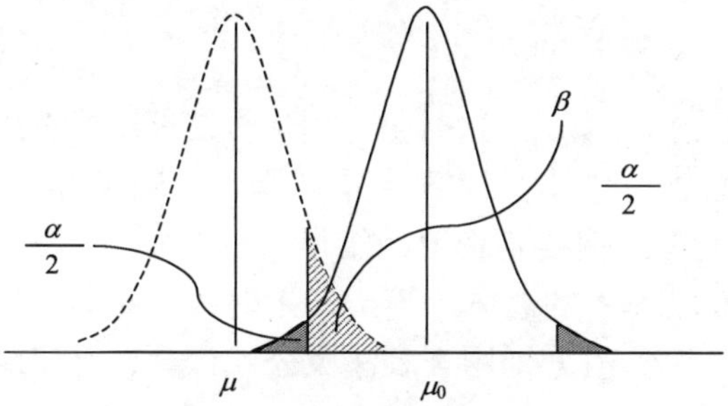

图 12.1　样本容量确定

练习：对 N=2000，$\sigma=6$ 的总体. 当$\delta=3.1$时，若$\alpha=0.05$，$\beta=0.10$，求双侧检验时所需要的样本容量(分别用查表法及式(12.8)和式(12.9)计算，并将结果进行比较).

2) 总体标准差σ未知时

当总体标准差σ未知时，以 S(或以往类似调查研究所得标准差)代替σ，公式(12.8)和公式(12.9)中 $Z_{\alpha/2}$，Z_β相应变为 $t_{\alpha/2}$，t_β其中

$$S=\sqrt{\frac{n}{n-1}}\sigma_X=\sqrt{\frac{\sum X^2-\left(\sum X\right)^2/n}{n-1}}$$

还应注意单、双侧问题. 同样是α=0.05，但单侧的临界值为 1.645 与双侧时 1.96 不同，因此公式中临界值依单、双侧检验而有不同的值. 对于β却无论检验是单侧还是双侧，上述公式中的临界值均按单侧 Z_β求之. 至于β在事先究竟定为多少合适，并无固定准则. 在假设检验中由于主要目的在于检验“差异”，本来无差异而错判为有差异的概率一定要小，或者说拒绝无差异零假设的把握一定要大，故而α一般规定得很小(0.05 或 0.01). 对β不必定得像α那样小. 但β增大时，统计检验能力$(1-\beta)$降低，所以β值也不宜定得太大，一般规定为 0.10，0.20 或 0.30 等数值.

这样当总体标准差σ未知时，依单、双侧检验，式(12.8)和式(12.9)分别变为无限总体

$$n=\left[(t_{\alpha/2}+t_\beta)\cdot\frac{S}{\delta}\right]^2 \qquad \text{(双侧)} \qquad (12.10a)$$

$$n = \left[(t_{\alpha} + t_{\beta}) \cdot \frac{S}{\delta} \right]^2 \quad \text{(单侧)} \tag{12.10b}$$

有限总体

$$n = \frac{N \cdot (t_{\alpha/2} + t_{\beta})^2 S^2}{\left[N\delta^2 + (t_{\alpha/2} + t_{\beta})^2 S^2 \right]} \quad \text{(双侧)} \tag{12.11a}$$

$$n = \frac{N \cdot (t_{\alpha} + t_{\beta})^2 S^2}{\left[N\delta^2 + (t_{\alpha} + t_{\beta})^2 S^2 \right]} \quad \text{(单侧)} \tag{12.11b}$$

由于 $t_{\alpha/2}$、t_{β}均与自由度有关，这时仍可用逐步接近法或者用 $Z_{\alpha/2}$，Z_{β}近似代替.

这时对样本平均数与总体平均数差异检验时，确定样本容量可查本书附表 22，用法与附表 21 类似. 但要将查得的结果除以 2.

练习：对 N=2000，S=6 的总体. 当$\delta = 3.1$ 时，若$\alpha = 0.05$，$\beta = 0.10$，求双侧检验时，所需要的样本容量(分别用查表法及公式计算，并将结果进行比较).

2. 由两个样本检验分别所属两个总体平均数差异显著性时样本容量的确定

1) 两个独立样本平均数差异显著性检验时样本容量的确定

(1) 两个总体标准差已知均为σ 时.

当进行两样本平均数的差异检验时，确定样本容量的公式为

无限总体

$$n_1 = n_2 = 2\left[(Z_{\alpha/2} + Z_{\beta}) \cdot \frac{\sigma}{\delta} \right]^2 \quad \text{(双侧)} \tag{12.12a}$$

$$n_1 = n_2 = 2\left[(Z_{\alpha} + Z_{\beta}) \cdot \frac{\sigma}{\delta} \right]^2 \quad \text{(单侧)} \tag{12.12b}$$

有限总体

$$n_1 = n_2 = \frac{2N \cdot (Z_{\alpha/2} + Z_{\beta})^2 \sigma^2}{\left[N\delta^2 + 2(Z_{\alpha/2} + Z_{\beta})^2 \sigma^2 \right]} \quad \text{(双侧)} \tag{12.13a}$$

$$n_1 = n_2 = \frac{2N \cdot (Z_{\alpha} + Z_{\beta})^2 \sigma^2}{\left[N\delta^2 + 2(Z_{\alpha} + Z_{\beta})^2 \sigma^2 \right]} \quad \text{(单侧)} \tag{12.13b}$$

其中 n_1，n_2分别为两个样本的容量.

(2) 当两个总体标准差均未知时.

对两个独立样本平均数差异进行检验时，两个相应的总体标准差一般为未知，故确定样本容量的公式为

无限总体

$$n_1 = n_2 = 2\left[(t_\alpha + t_\beta)\cdot\frac{S_W}{\delta}\right]^2 \qquad (单侧) \qquad (12.14a)$$

$$n_1 = n_2 = 2\left[(t_{\alpha/2} + t_\beta)\cdot\frac{S_W}{\delta}\right]^2 \qquad (双侧) \qquad (12.14b)$$

有限总体

$$n_1 = n_2 = \frac{2N\cdot(t_\alpha + t_\beta)^2 S_W^2}{\left[N\delta^2 + 2(t_\alpha + t_\beta)^2 S_W^2\right]} \qquad (单侧) \qquad (12.15a)$$

$$n_1 = n_2 = \frac{2N\cdot(t_{\alpha/2} + t_\beta)^2 S_W^2}{\left[N\delta^2 + 2(t_{\alpha/2} + t_\beta)^2 S_W^2\right]} \qquad (双侧) \qquad (12.15b)$$

其中，S_W^2 为汇合方差(第七章，假设经 F 检验两总体方差齐性). 用式(12.14)或式(12.15)计算时，可用逐步接近法或用 $Z_{\alpha/2}$，Z_β近似代替 $t_{\alpha/2}$，t_β.

这里确定样本容量也可用查表法. 仍查本书附表 22. 但这时查得表中的 n 就是样本所需容量，并有 $n=n_1=n_2$.

练习：(1) 对 $N=2000$，$\sigma=6$ 的两个总体. 当$\delta=2.6$ 时，若$\alpha=0.05$，$\beta=0.10$，求单侧检验时，所需要的样本容量(分别用查表法及公式计算，并将结果进行比较).

(2) 对 $N=2000$，$S_W=6$ 的两个总体. 当$\delta=2.2$ 时，若$\alpha=0.05$，$\beta=0.10$，求双侧检验时，所需要的样本容量(分别用查表法及公式计算，并将结果进行比较).

2) 两个相关样本平均数差异显著性检验时样本容量的确定

对于两个相关样本(成对数据情况)，进行平均数差异显著性检验时，所需样本容量的计算公式(以无限总体为例)是

$$n = \left[(t_\alpha + t_\beta)\cdot\frac{S_D}{\delta}\right]^2 \qquad (单侧) \qquad (12.16a)$$

$$n = \left[(t_{\alpha/2} + t_\beta)\cdot\frac{S_D}{\delta}\right]^2 \qquad (双侧) \qquad (12.16b)$$

其中 S_D^2 为每对数据之差的总体方差的无偏估计值，有

$$S_D = \sqrt{\frac{\sum D^2 - \left(\sum D\right)^2/n}{n-1}} \qquad (12.17)$$

这时也可查本书附表 22，寻找所需要的样本容量. 查表时先求出δ/S_D的值，然后根据单、双侧不同的α值及β值，找出对应的 n 除以 2，即为两个样本各自应

该具有的容量.

练习：对 $S_D=6$ 的两个总体. 当 $\delta=1.8$ 时，若 α=0.01，β= 0.20，求双侧检验时，所需要的样本容量(分别用查表法及公式计算，并将结果进行比较).

3. 比率的检验时样本容量的确定

前面关于平均数的估计或检验时确定样本容量的公式尽管复杂，且不止一种，其实基本公式只有两个：作参数估计时，$d/\sigma_{\bar{X}}=Z_{\alpha/2}$，作假设检验时，$\delta/\sigma_{\bar{X}}=Z_{\alpha/2}+Z_{\beta}$. 然后根据总体标准差是否已知，抽样总体是有限还是无限等不同条件，基本公式中 $\sigma_{\bar{X}}$ 有不同形式，演绎出了适用于不同条件下确定样本容量的公式.

对于总体比率的估计或检验，同样可从上面基本公式出发，根据不同条件下比率的标准误公式，得出各种条件下确定样本容量公式，这在比率的估计式(12.7)的推导中已表现出来. 比率的检验可做类似推导. 当对两个样本比率进行差异显著性检验时，样本容量的确定，首先需要用 $\sqrt{\text{比率}}$ 的反正弦转换表(附表 23)，将两个样本比率转换成 $\phi=2\arcsin\sqrt{P}$，然后根据式(12.18)计算样本容量(以无限总体为例)：

$$n_1=n_2=2\left(\frac{Z_\alpha+Z_\beta}{\varphi_1-\varphi_2}\right)^2 \quad (\text{单侧}) \qquad (12.18a)$$

$$n_1=n_2=2\left(\frac{Z_{\alpha/2}+Z_\beta}{\varphi_1-\varphi_2}\right)^2 \quad (\text{双侧}) \qquad (12.18b)$$

也可以查附表 24，寻求所需要的样本容量.

应当指出前面所列举的确定样本容量的公式，都是指简单随机抽样而言. 实际上无论是平均数还是比率的调查研究，不同的抽样方法，抽样分布的标准差是有差别的. 但在实践中为了方便，不管是哪种抽样方法，常常都按简单随机抽样时的公式来计算样本容量. 例如，分层抽样时，是按简单随机抽样的样本容量公式计算出样本容量，然后再按比例或最优配置方式将样本容量分配到各层. 这时算出的样本容量比应有的大一些(因为分层抽样的标准误比简单随机抽样的标准误小)，但做起来方便，尤其是简单随机抽样的样本容量不但可以用公式计算，还有现成的表可供查用.

练习：对 $P_1=0.37$，$P_2=0.49$ 的两个总体. 若α=0.01，β=0.10，求双侧检验时，所需要的样本容量(分别用查表法及公式计算，并将结果进行比较).

4. 关于相关系数的抽样研究

各种类型的相关研究中，一个很重要的问题就是由样本的相关系数能否说明总体上存在着相关关系. 因而，必须对从样本算得的相关系数与假设的总体相关系数间的差异进行显著性检验. 这时的检验方式一般为

H_0：$\rho=0$　H_1：$\rho\neq0$(双侧检验)；

H_0：$\rho\leqslant0$　H_1：$\rho>0$ 或 H_0：$\rho\geqslant0$　H_1：$\rho<0$(单侧检验).

这时，所需样本容量可由书后附表 25 查出.

在使用附表 25 时，有一点值得注意：一般认为，严格服从正态分布的研究结果(指抽样结果)不易得到，因而计算相关系数时 $n\geqslant30$ 为宜. 而附表 25 中相应的 n 值均指理论上为了保证样本的代表性而至少应取的值. 如果查得的 $n<30$，建议在实践中取 $n=30$. 当然，若查附表 25 的结果 $n>30$，则实践中最好按所查结果决定样本容量，不宜随便减少. 否则，将使结果达不到所规定的α和$(1-\beta)$水平.

思考与练习

1. 抽样的方法有哪几种?各有什么特点?
2. 欲调查某市一中 720 名高一学生的视力，首先按视力情况将他们分成好(180 人)、中(360 人)、差(180 人)三部分，若用分层抽样法抽取 80 人进行调查，问各层应抽多少人?
3. 某区为了了解 1800 名小学 6 年级学生关于消防基本常识的考试成绩，首先将他们按成绩分成甲(300 人)、乙(600 人)、丙(700 人)、丁(200 人)四部分，根据其他区同类考试各部分人成绩的标准差约为 7，4，3，6. 假定样本容量已确定为 150 人，那么采用最优配置分层抽样法，各层应抽取多少人?
4. 某市为了估计应届生高考物理平均分数，规定$\alpha=0.05$，最大允许误差为 3 分，已知全国该科成绩的标准差约为 9.5，问样本容量应为多少?
5. 某大学外语系为了检验某届学生的高等数学成绩是否与历届相同，规定$\alpha=0.05$，$\beta=0.10$，根据经验得知，该科总体标准差的估计值为 6. 若最大允许误差为 2，问应当抽多大的样本?
6. 为了鉴定 A、B 两份试卷是否等值，拟将两卷给同一组学生施测，设每人在两份试卷的分数之差的总体标准差的估计值 $S_d=12.3$，规定$\alpha=0.01$，$\beta=0.10$，最大允许误差为 7，问应抽取多少人?
7. 据调查表明，应届高中毕业生第一志愿填报师范类院校的比率，女生明显高于男生. 女生约为 10%，男生约为 5%. 为了考察某市女生报考师范类院校的比率是否高于男生，规定$\alpha=0.05$，$\beta=0.10$，问应当抽多少人?
8. 为了检验物理和数学成绩样本相关系数 $r=0.53$ 在总体内是否存在相关，规定$\alpha=0.01$，$\beta=0.10$，问应抽多少人?

第十三章　统计分析软件基础

随着信息技术的发展和微机的普及，大量统计推算工作可以由计算机完成. 这样不仅可节省大量人力资源，也使计算过程大大缩短，从而使计算结果能尽快应用于实践，服务于实践. 所以，学会统计分析的计算机处理方法具有重要意义.

计算机正常工作离不开软件的支持. 能够完成统计分析任务的软件有很多. 其中有专业统计软件如 BMDP(biomedical computer programs，即生物医学计算程序)、EPIINFO (statistics program for epidemiology on microcomputer，即流行病学统计程序)等，还有通用统计软件 SAS(statistical analysis system)、SPSS(statistical package for the social science)等. 在统计软件领域，也有许多国产软件如 CHISS(中华高智统计软件)、SASD(随机数据统计分析程序包)、PEMS(中国医学百科全书 – 医学统计学软件包)、DAS(药理学计算软件)、Nosa(非典型数据分析系统)等. 本书以 Excel 和 SPSS 两种常用统计软件为例，介绍教育统计分析的具体操作方法. Excel 是 Office 家族中的一个组件，是办公室自动化中非常重要的一款软件，其优点是它与其他组件之间可以实现数据的无障碍传递，形成的表格或图表既可以单独保存，也可以方便地嵌入 Word 文档、PowerPoint 演示文稿以及 FrontPage 所编辑的网页等，很多大型国际企业都是依靠 Excel 进行数据管理. 它不仅能够方便地处理表格和进行图形分析，其强大的功能更体现在对数据的自动处理和计算，公式、图形等具有即改即现的特点. 此外，它的中文界面和无需编程的特点，更受到人们的青睐. 至于 SPSS 则是专门用于社会科学研究中的数据统计软件，其优点是它可以读取其他软件保存的数据，且统计分析功能更加强大，借助于简单的编程可以一次完成更多的统计项目，输出结果可单独保存，也可以复制后粘贴到其他文字排版软件中.

限于篇幅，本章默认学习者已具备一定的计算机基础知识及基本操作技能，叙述重点放在将统计软件用于教育统计分析过程中所涉及的重要概念和操作方法. 另外，在学习本章内容时，切忌死记硬背，要结合上机操作，以提高学习效率.

第一节　初识统计软件

Excel 2003 是微软公司出品的 Microsoft Office 2003 系列办公软件中的一个组件. 与其并列的其他组件包括 Word 2003、PowerPoint 2003、FrontPage 2003、Access 2003、Outlook 2003. 其统计技术和操作方法与 Excel 2010 等没有太大区别，所以本章以 Excel 2003 为例予以讲解. SPSS 是 IBM 公司出品的众多软件中的一员. 对于 SPSS 软件，本章选用 IBM SPSS Statistics Base 22 为例予以说明. 当把 Microsoft

Office 2003 或 IBM SPSS Statistics Base 22 安装光盘插入光驱后，计算机会自动打开安装对话框．根据提示操作，即可完成安装．如果安装了其他版本的 Excel 和 SPSS 软件，本章所涉及的操作方法大致相同，操作步骤也几乎没有区别．

一、软件的启动与退出

1. *启动*

启动软件常用以下几种方法：

(1) 双击程序的快捷方式图标．如果 Windows 桌面上有“Microsoft Office Excel 2003”的快捷方式图标，双击该图标即可启动 Excel．同样，双击“IBM SPSS Statistics Base 22”的快捷方式图标即可启动 SPSS．

(2) 双击待处理的文件．如果计算机中已经保存了数据文件，想打开查看或者继续处理未完成的工作，则找到这些文件后双击即可．双击 Excel 工作薄文件（文件名后缀为 xls，Excel 2007 以后的版本文件名后缀为 xlsx），就会启动 Excel 软件，同时自动加载该文件．同样，双击 SPSS 数据集文件（文件名后缀为 sav），就会启动 SPSS 软件，同时自动加载该数据集．

(3) 利用“开始”菜单．单击 Windows 任务栏左边的“开始”按钮，选择“程序”菜单中的“Microsoft Office”子菜单，再选择“Microsoft Office Excel 2003”，单击即可启动 Excel．启动 SPSS 方法相同，不再赘述．

图 13.1 是新打开的 Excel 软件工作界面．相当于新建了一个尚未保存的工作簿文件，其默认文件名为 book1.xls．在保存时不要忘记修改文件名和存放路径，便于日后查找．右侧的任务窗格在不需要时可以关闭．

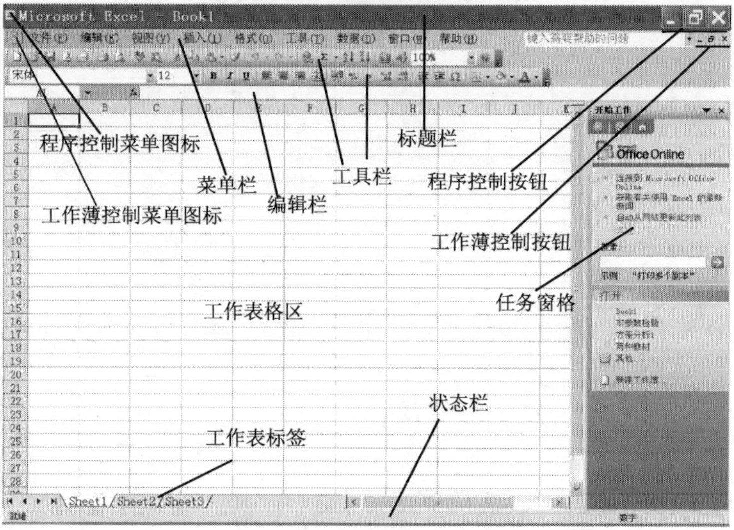

图 13.1　Excel 软件工作界面

新打开的 SPSS 软件开始界面则如图 13.2 所示. 显示在前端的为“欢迎”对话框，其作用与 Excel 中的任务窗格作用完全相同，如果不需要，可直接关闭. 关闭以后则呈现出如图 13.3 所示的数据编辑器窗口，相当于新建了一个尚未保存的数据集文件，其默认文件名为未标题 1.sav. 在保存时，同样不要忘记修改文件名和存放路径.

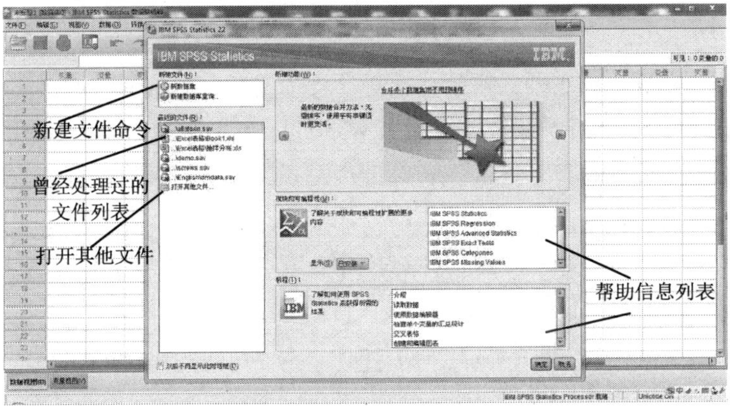

图 13.2 SPSS 软件的开始界面

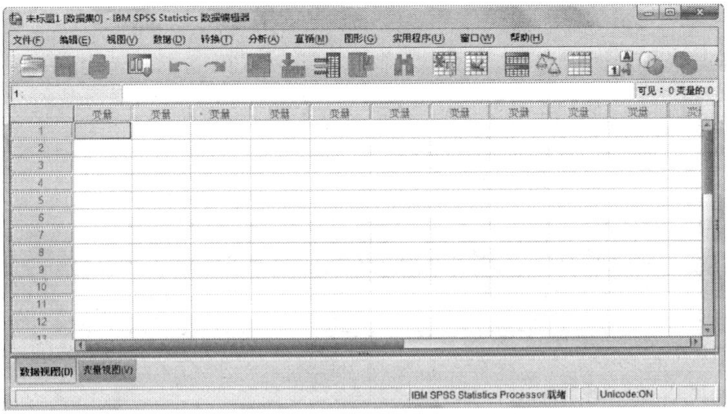

图 13.3 SPSS 数据编辑器窗口

2. 退出

若要关闭所有 Excel 或 SPSS 窗口，退出程序，通常有以下几种方法：

(1) 单击标题栏右边的“关闭”按钮.

(2) 双击标题栏左边的程序控制菜单图标.

(3) 单击标题栏左边的程序控制菜单图标，单击“关闭”命令.

(4) 单击“文件”菜单中的“退出”命令.

退出程序时，若文件修改后尚未保存，工作软件会提示是否保存现有的修改，可根据需要进行选择. 如果是新建文件的第一次保存，不要轻易点“确定”，一定要注意保存的路径和文件名，便于日后查找.

二、工作薄和数据集的打开与关闭

1. 打开

利用 Excel 软件编辑生成的表格文件就是工作薄，工作薄以文件形式存放在磁盘上，一个工作薄对应一个文件. 相应地，利用 SPSS 软件编辑生成的数据文件称为数据集. 打开一个已经存在的工作薄文件或者数据集文件，常用以下几种方法：

(1) 双击工作薄文件或者数据集文件. 在任何地方选择任意 Excel 工作薄文件，双击即可启动 Excel，同时自动打开该文件. 同样，双击数据集文件则启动 SPSS，同时打开该数据集文件.

(2) 启动程序以后，利用“打开”对话框打开工作薄或者数据集文件. 单击“文件”菜单中的“打开”命令，或单击工具栏上的“打开”按钮，或按快捷键 Ctrl+O，都能弹出“打开”对话框. 这种方法必须知道要打开的文件所存放的位置（路径）.

(3) 启动程序以后，利用最近使用过的文档清单打开工作薄或者数据集文件. 有两种途径找到最近使用过的文档清单. 第一是在 Excel 的“开始工作”任务窗格（SPSS 是“欢迎”对话框）中，单击“打开”选项区中的工作薄文件名或者数据集文件名即可. 第二是在“文件”菜单中. 单击 Excel 的“文件”菜单时，会在下拉菜单的下部列出最近使用过的文件路径和名称. 单击要打开的文件名或输入文件名称左边对应的数字即可. 单击 SPSS 的“文件”菜单时，会在下拉菜单的下部出现“欢迎对话框、最近使用的数据、最近使用的文件”等，鼠标悬停或单击即可找到文件.

初学者要注意，上述第一种方法，双击工作簿或者数据集文件，只能启动相应的软件程序. 如果要利用 SPSS 软件读取、处理 Excel 保存的文件中的数据，则需要先启动 SPSS，然后点击“文件>打开>数据”，在随后出现的“打开数据”对话框中进行如下操作：在“文件类型”中选择 Excel，在“查找范围”中找到要打开的文件所在的目录，在下方出现的文件列表中点选要打开的文件，单击“打开”按钮，如图 13.4 所示. 如果 Excel 数据第一行是变量名，则勾选“从第一行数据读取变量名”的选项，然后单击确定即可读入数据，如图 13.5 所示. 如果不勾选该项，则将变量名当做数据来看待.

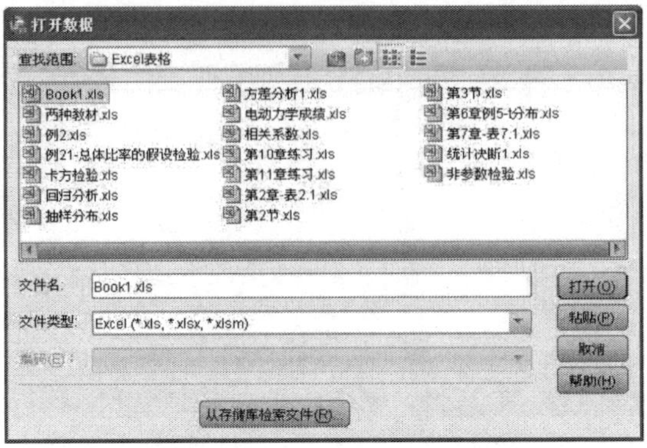

图 13.4　打开数据对话框

图 13.5　读取数据源对话框

2. 关闭

如果要关闭当前编辑的工作薄文件，而不关闭 Excel 程序，有以下几种方法：

(1) 单击工作薄右上角的“关闭窗口”按钮.

(2) 双击菜单栏左边的工作薄控制菜单图标.

(3) 单击菜单栏左边的工作薄控制菜单图标，单击“关闭”命令.

(4) 单击“文件”菜单中的“关闭”命令.

(5) 按 Ctrl+F4 或 Ctrl+W 组合键.

关闭工作薄时，若工作薄修改后尚未保存，Excel 会提示是否保存现有的修改，可根据需要进行选择. 如果是新建工作薄第一次保存，同样不要轻易点“确定”，一定要注意保存的路径和文件名，以便于日后查找.

SPSS 软件不提供单独关闭数据集的功能，关闭数据集文件，同时退出程序.

第二节　数据的初步整理

任何软件处理任何数据，首先要有一个能够被软件读取的存放了数据的文件. 所以，所有统计工作的第一步，是将待处理的数据输入到数据文件并保存.

一、数据的输入

1. Excel 中数据的输入

在 Excel 中数据输入的方法，除个别的特殊数据如时间、日期等以外，与 word 中的表格几乎没有区别. 为清楚起见，工作表中要留出一定位置用于输入表号、表题和标目. 以表 1.1 数据为例，在单元格 A1 中输入表号和表题，A3 和 B3 中输入标目，A4:A111（Excel 中的词汇，表示工作表中的一个范围，即“A4 至 A111”）为学生序号，B4:B111 为 108 名学生的身高数据，输入数据后如图 13.6 所示.

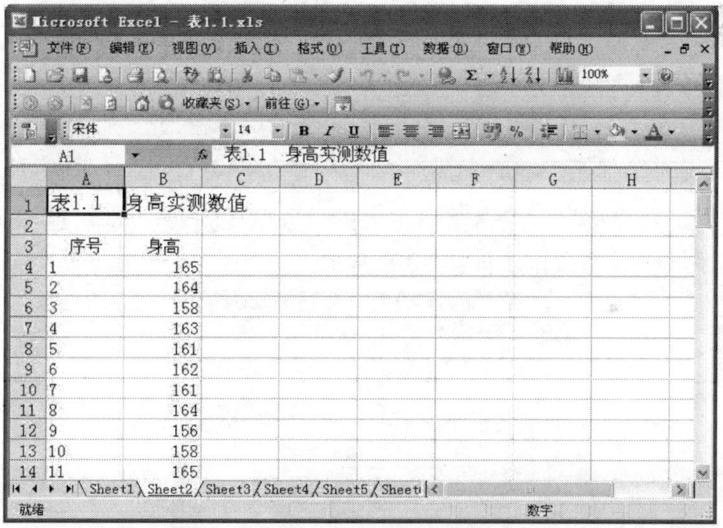

图 13.6　数据的输入

2. SPSS 中数据的输入

SPSS 软件在处理数据时，数据文件中的任何内容都被当做“数据”来处理，最终所显示的数据，都是通过变量的属性来控制的，不存在诸如文章标题、表题、标注之类的说法，这与 Excel 明显不同. 所以，在 Excel 中输入表号、表题，而在 SPSS 中就不要输入了. Excel 中输入的标目，可以作为 SPSS 中的变量名. 除此之外，为使 SPSS 能够正确地处理和显示数据，首先要对变量属性进行定义. 方法如下：

① 启动 SPSS，进入数据编辑器窗口.

② 点击窗口下方的“变量视图(V)”或双击窗口区域左上角的“变量”，进入变量视图.

③ 依次输入变量名“序号”、“身高”. 当光标移至其他单元格时，变量名右方各单元格就会出现该变量的默认属性. 如图 13.7 所示.

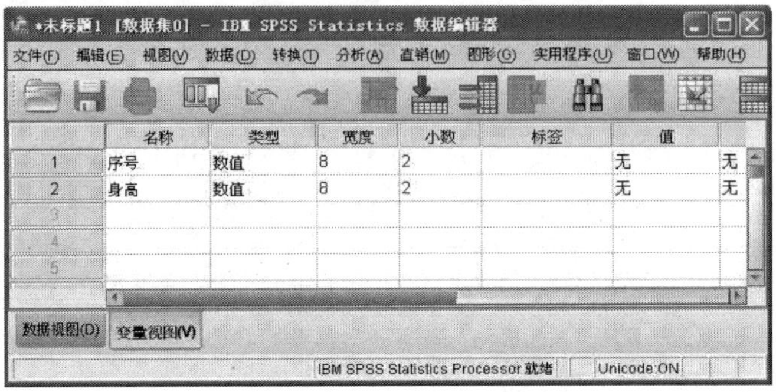

图 13.7　定义变量属性

④ 将不能满足需要的变量属性进行修改. 例如，可以将“序号”的“小数”属性“2”改为“0”，即要求该变量取整数. 如果不修改，“序号”数据将显示 1.00、2.00、…，虽然不影响数据处理的结果，但不符合人的认知习惯.

变量属性定义完毕后，点击窗口下方的“数据视图(D)”即可返回数据编辑器窗口，输入序号和实测数据. 如图 13.8 所示.

图 13.8　输入数据

二、排序

实际上，我们将数据输入工作表的过程中，已经将数据按学生编号顺序进行排列了. 但是，这样的顺序对于我们要分析研究的身高数据来说毫无规律. 所以，一般情况下都要重新排列数据. 排序类型主要有两种，即按列排序和按行排序.

1. 按列排序

在 Excel 中，按列排序的操作步骤如下：

① 在工作表的数据区域中单击任一单元格.

② 在“数据”菜单中，单击“排序”命令，弹出排序对话框.

③ 在“主要关键字”下拉列表框中，选择“身高”，在“次要关键字”下拉列表框中，选择“序号”(对于象本例这种简单的情况，“次要关键字”也可以不选). 在每个列表框的右边都有排列方式单选按钮，系统默认是升序，如果你对其中一个字段要按降序排列，则单击选择“降序”单选按钮.

④ 单击“确定”按钮，完成排序操作. 排序结果如图 13.9 所示.

图 13.9　排序结果

经排序以后，各种身高的人数一目了然，即使不再用计算机处理，也可以得到如频数、众数、中位数、全距等数据特征量.

练习：按以下步骤操作，看结果有什么不同.

① 选中“身高”数据区域 B4:B111.

② 在“数据”菜单中，单击“排序”命令，弹出排序警告对话框.

③ 在排序警告对话框中选择“以当前选定区域排序”单选按钮.

④ 单击“排序”按钮，弹出排序对话框. 保持默认设置，单击“确定”按钮.

在看出如此排序的不同之处以后请立即单击恢复按钮，因为这样排序使得学生序号和身高数据失去了对应关系，这不是我们所需要的，或者说这样的排序操作是错误的.

在 SPSS 中，按列排序的操作步骤如下：

① 在“数据”菜单中，单击“排序个案”命令，弹出排序对话框.

② 在排序对话框中，点选左侧列表中的变量名“身高”，单击“输入”按钮 ，将变量名“身高”移入排序依据列表框.

③ 选择一个排列顺序选项，系统默认是升序. 如果你想按降序排列，则单击选择“降序”选项. 然后单击“确定”，完成排序操作.

2. 按行排序

在实际工作中，可能会遇到需要按行进行排序的情况，例如按考试科目的顺序将考生成绩重新排列. Excel 中按行排序的操作步骤如下：

① 在工作表的数据区域中单击任一单元格.

② 在“数据”菜单中，单击“排序”命令，弹出排序对话框.

③ 在排序对话框中单击“选项”按钮，弹出排序选项对话框.

④ 在排序选项对话框的“方向”选项区域中，选择“按行排序”单选按钮. 然后单击“确定”按钮，返回排序对话框.

⑤ 单击“确定”按钮，完成排序操作.

其他排序类型一般不用，若感兴趣，请参考专门的 Excel 教程.

在 SPSS 中按行排序，是执行“排序变量”命令. 点击“数据>排序变量”，在弹出的排序对话框中选择排序依据，然后单击“确定”按钮即可.

三、频数分布表和累积频数分布表的制作

经过排序以后，易得频数分布的相关数据，但靠人工方法进行，只能处理样本容量较小的情况. 当处理大容量样本时，我们要借助于统计分析软件.

1. Excel 中频数分布表的制作

Excel 中有专门计算频数分布的函数 FREQUENCY. 它是根据一组分界点计算某个区域中数据的频数分布的. 语法为：FREQUENCY(data_array，bins_array). 其中 Data_array 为要计算频数分布的数值或对数值的地址引用(即数据所在单元格范围). Bins_array 为分界点数组或对这一数组的地址引用. 该数组用于对 data_array 中的数值进行分组. 若数据值与分界点相同，则 FREQUENCY 计算频数时将其归入数值较小的一组. 例如表 1.10 中身高在 151cm~的分组，其精确下限为 150.50，而精确上限为 153.49(取两位小数时). 身高在 154cm~的分组，其精确下限为 153.50，而精确上限为 156.49. 则上述两组的分界点应写成 153.49，不能写成 153.50. 因此，分界点应是每一组的精确上限.

以表 1.1 数据为例，假设已确定了组距和组限(若还没确定，可通过排序得到全距，并由此确定组距和组限). 在用 Excel 计算频数分布之前，我们先做一些准备工

作，如输入表题、标目及组限等(与原始数据在同一张工作表中即可，不必新建工作表. 类似的准备工作总是必需的，以后不再强调)，然后按以下步骤操作：

① 输入各区间分界点 147.49, 150.49, 153.49, 156.49, 159.49, 162.49, 165.49, 168.49，171.49. 注意最后一组 172cm 以后可以没有分界点.

② 单击单元格 F4，然后单击编辑栏上的“插入函数”按钮 f_x，出现插入函数对话框.

③ 在插入函数对话框的“选择类别”下拉列表框中选择“统计”，在“选择函数”列表框中选 FREQUENCY，单击“确定”按钮，出现“函数参数”对话框.

④ 在“函数参数”对话框中 Data_array 文本框内，输入数据区域地址引用 B4:B111. 或单击 Data_array 文本框后直接用鼠标选取工作表中数据区域(下同).

⑤ 单击 Bins_array 的文本框，输入分界点数据区域的地址引用 E4:E13. 然后单击“确定”按钮，返回工作表.

当你对 Excel 的公式和函数熟悉以后，取代以上②~⑤步的简单办法是直接在单元格 F4 中输入公式“=FREQUENCY (B4:B111，E4:E13)”，然后回车.

⑥ 用鼠标选择单元格区域 F4:F13，按 F2 键，再按组合键 Ctrl+Shift+Enter. 频数分布表就出现在你的面前. 最终结果如图 13.10 所示.

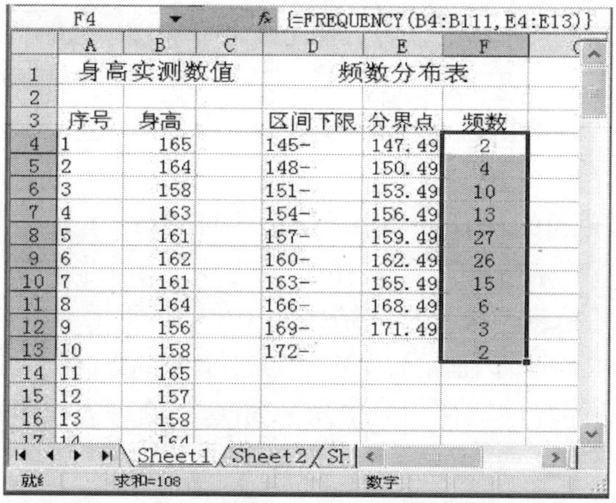
F4　{=FREQUENCY(B4:B111,E4:E13)}

	A	B	C	D	E	F
1	身高实测数值			频数分布表		
2						
3	序号	身高		区间下限	分界点	频数
4	1	165		145-	147.49	2
5	2	164		148-	150.49	4
6	3	158		151-	153.49	10
7	4	163		154-	156.49	13
8	5	161		157-	159.49	27
9	6	162		160-	162.49	26
10	7	161		163-	165.49	15
11	8	164		166-	168.49	6
12	9	156		169-	171.49	3
13	10	158		172-		2
14	11	165				
15	12	157				
16	13	158				

Sheet1 / Sheet2 / Sh　就绪　求和=108　数字

图 13.10　频数分布函数计算频数分布

2. EXCEL 中累积频数分布表的制作

Excel 中的函数 COUNTIF，其作用是累计某区域中满足指定条件的单元格的个数. 语法为：COUNTIF(range，criteria). 其中 Range 为待求数目的单元格区域，Criteria 为累计的条件. 下面我们利用 COUNTIF 函数计算累积频数.

假设已经确定了组距和组限，并做好了准备工作. 以从低端算起为例，按以下步骤操作即可得到累积频数分布：

① 单击要填入“累积频数”的某一单元格.

② 单击编辑栏上的“插入函数”按钮 f_x，出现插入函数对话框.

③ 在插入函数对话框的“选择函数“列表框中选择 COUNTIF 函数，单击“确定”按钮，出现如图 13.11 所示的“函数参数”对话框.

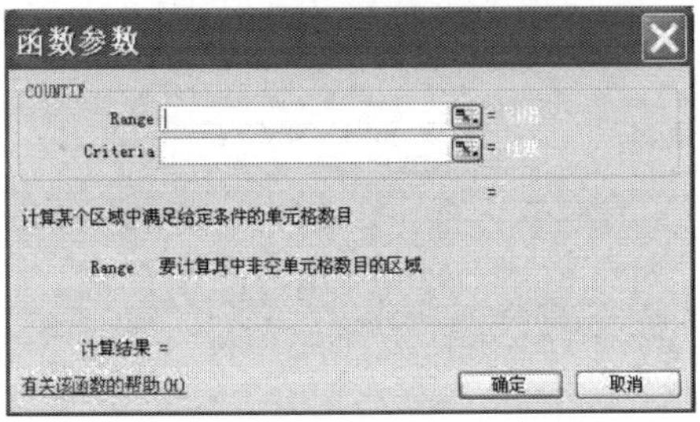

图 13.11　函数参数对话框

④ 在“函数参数”对话框中 Range 文本框内，输入数据区域地址引用 B4:B111. 或单击 Range 文本框后直接用鼠标在工作表中选取数据区域.

⑤ 单击 Criteria 文本框，输入“<=…”，其中“…”代表该组的精确上限，需根据具体情况填入. 然后单击“确定”按钮，完成一个累积频数的计算.

对 Excel 的公式和函数熟悉以后，取代以上②~⑤步的简单办法是直接在所选单元格输入公式“=COUNTIF (B4:B111，"<=…")”，然后回车.

单击其余单元格，重复以上步骤，输入不同的精确上限即可得到完整的累积频数分布表.

要得到从高端算起的累积频数分布表，则在所选单元格输入“=COUNTIF (B4:B111，">=…")”，然后回车. 或按步骤进行到第⑤步时输入“>=…”，其中“…”代之以该组的精确下限. 最终结果如图 13.12 所示.

思考：上面组限的计算和输入都是人工进行的，是否可以给出计算公式后，利用 Excel 的计算功能自动填在相应单元格内(这在处理大样本数据时尤为重要)?

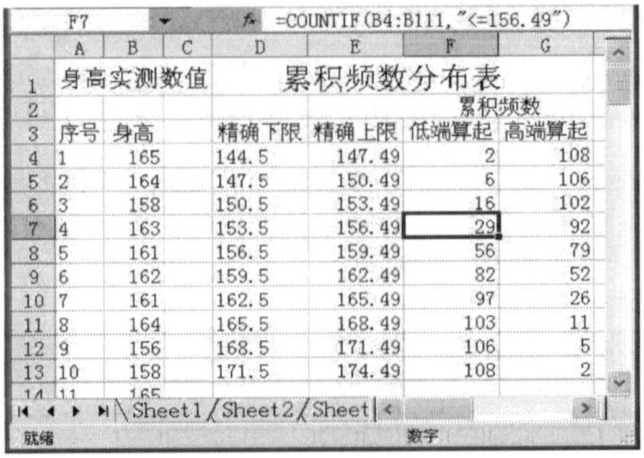

	A	B	C	D	E	F	G
1	身高实测数值			累积频数分布表			
2						累积频数	
3	序号	身高		精确下限	精确上限	低端算起	高端算起
4	1	165		144.5	147.49	2	108
5	2	164		147.5	150.49	6	106
6	3	158		150.5	153.49	16	102
7	4	163		153.5	156.49	29	92
8	5	161		156.5	159.49	56	79
9	6	162		159.5	162.49	82	52
10	7	161		162.5	165.49	97	26
11	8	164		165.5	168.49	103	11
12	9	156		168.5	171.49	106	5
13	10	158		171.5	174.49	108	2
14	11	165					

图 13.12　累积频数分布表

3. SPSS 中频数统计表的输出

与其说在 Excel 中是我们制作了一个频数分布表或累积频数分布表，不如说是我们在表中每个单元格输入了该单元格所用的计算公式. 操作完成后，我们所见到的数据就是 Excel 软件根据输入的计算公式计算得到. 而在 SPSS 中要得到统计结果，普遍而言是在人机交互窗口进行的，人们在窗口中用程序语言输入操作命令，软件则执行命令并输出结果. 实际上，前面我们在 SPSS 中读取 Excel 保存的数据以及排序，也都可以在交互窗口进行操作，但这需要对程序语言比较熟悉才行. 下面所讲的方法不需要熟悉程序语言，直接在数据编辑器窗口用鼠标进行操作. 操作完成后，软件会自动弹出输出窗口，显示鼠标操作所对应的程序命令并输出结果.

仍以表 1.1 数据为例，按以下步骤操作即可得到频数统计表.

① 启动 SPSS，打开数据文件.

② 点击“分析>描述统计>频率”，弹出频率输出对话框.

③ 在弹出的频率输出对话框中，选择要统计的变量名(例如“身高”)，单击输入按钮，将“身高”移到右侧变量列表中，如图 13.13 所示.

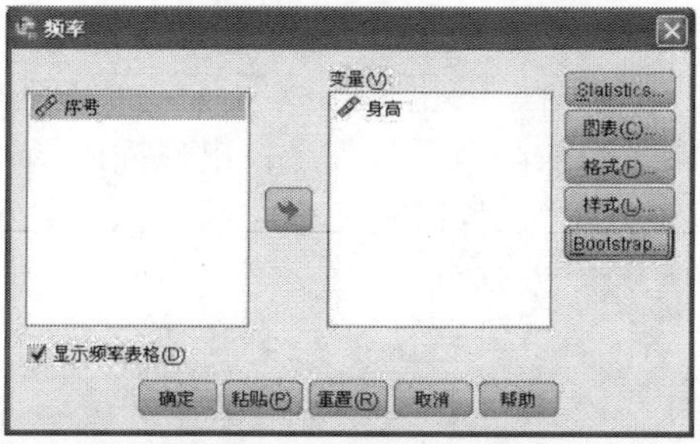

图 13.13　频率统计对话框

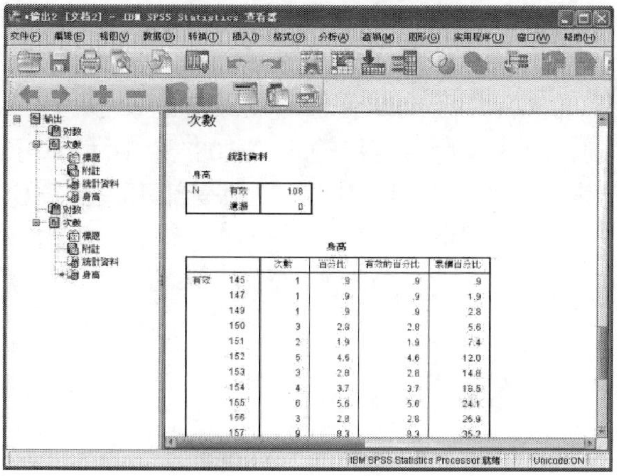

图 13.14　频率统计表

④ 点击“确定”按钮，输出频率统计表. 表中包含了频数分布、百分比分布以及累积百分比分布，如图 13.14 所示. 单击选定该统计表，可以进行保存、打印、输出等操作，或者复制，然后将其粘贴到其他文字编辑排版软件中.

四、Excel 中累积百分比分布表的制作

累积百分比分布表是累积频数分布表的变形. 它是用累积百分比表示的频数分布表. 这就提示我们利用各组的累积频数来计算累积百分比. 但在得到累积频数分布表以后，还需要知道总频数才行.

Excel 中的 COUNT 函数,能够计算单元格区域或数字数组中数字字段的输入项个数. 所以,可利用 COUNT 函数得到总频数. 该函数的语法为:COUNT(value1，value2，…). 其中 Value1， value2，…为各种类型数据或引用的参数.

求累积百分比分布表按以下步骤操作：

① 选择要填写累积百分比的单元格区域，然后单击“格式”菜单中的“单元格”命令. 出现“单元格格式”选项卡后，选择“数字”卡上分类列表框中的“百分比”，再单击“确定”按钮，这就将该区域单元格格式设置为百分比格式了.

② 单击该区域中的某一单元格，输入等号“=”.

③ 单击与该累积百分比对应的累积频数所在单元格，然后输入“/”.

④ 单击编辑栏上的“插入函数”按钮 f_x，出现插入函数对话框.

⑤ 在插入函数对话框的“选择函数”列表框中选择 COUNT 函数，单击“确定”按钮，出现“函数参数”对话框.

⑥ 在“函数参数”对话框中 Valuel 的文本框内，输入身高数据区域的地址引用 B4:B111. 或直接用鼠标在工作表中选取数据区域.

⑦ 单击“确定”按钮，累积百分比即显示在所选单元格中.

当你对 Excel 的公式和函数熟悉以后，取代以上④~⑦步的简单办法是直接在第③步最后输入“/COUNT(B4:B111)”，然后回车. 本题所用方法，特别适用于大样本容量的情形，若实际中已经知道总频数，以上④~⑥可以省略. 例如本题已知总频数为 108，则在第③步最后直接输入“/108”，回车即可.

单击其余单元格，重复以上步骤即可得到全部累积百分比. 最终效果如图 13.15 所示.

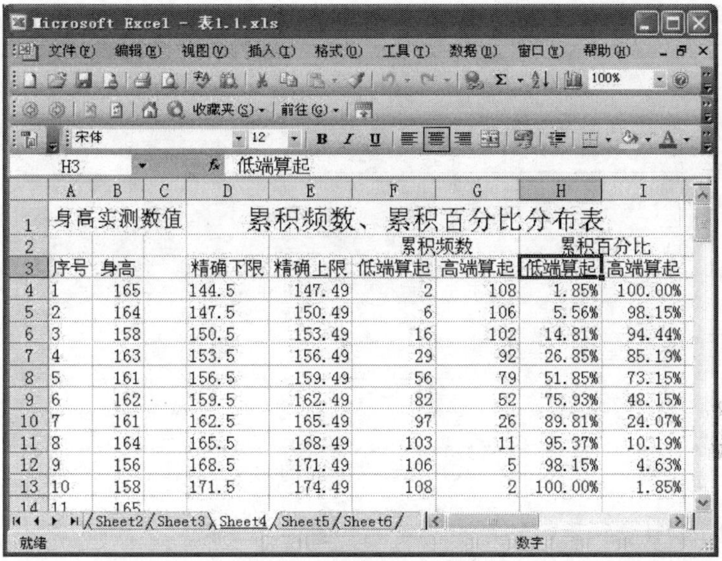

	A	B	C	D	E	F	G	H	I
1	身高实测数值			累积频数、累积百分比分布表					
2						累积频数		累积百分比	
3	序号	身高		精确下限	精确上限	低端算起	高端算起	低端算起	高端算起
4	1	165		144.5	147.49	2	108	1.85%	100.00%
5	2	164		147.5	150.49	6	106	5.56%	98.15%
6	3	158		150.5	153.49	16	102	14.81%	94.44%
7	4	163		153.5	156.49	29	92	26.85%	85.19%
8	5	161		156.5	159.49	56	79	51.85%	73.15%
9	6	162		159.5	162.49	82	52	75.93%	48.15%
10	7	161		162.5	165.49	97	26	89.81%	24.07%
11	8	164		165.5	168.49	103	11	95.37%	10.19%
12	9	156		168.5	171.49	106	5	98.15%	4.63%
13	10	158		171.5	174.49	108	2	100.00%	1.85%
14	11	165							

图 13.15　累积百分比分布表

五、频数分布图

1. 直方图

要在 Excel 中得到频数分布表所对应的直方图，按以下步骤操作：

① 单击任一空单元格.

② 在“插入”菜单中，单击“图表”命令，出现图表向导-4 步骤之 1.

③ 保持默认选项. 单击“下一步”按钮，出现图表向导-4 步骤之 2.

④ 用鼠标选定“频数”列数据区域. 然后单击“系列”选项卡，单击下方“分类轴标志”右边的文本框，然后用鼠标选定“组中值”一列的数据区域. 单击“下一步”按钮，出现图表向导-4 步骤之 3.

⑤ 单击“标题”选项卡，输入图表标题、分类轴名称以及数值轴名称(由于这些文字最终要出现在绘图区域内，占据一定空间，所以可以少输入或不输入).

⑥ 单击“图例”选项卡，取消对“显示图例”的默认选择(目的同样是节省空间用于绘图，只有作单列数据分布图时才可以这样). 单击“下一步”按钮，出现图表向导-4 步骤之 4.

⑦ 保持默认选项，单击“完成”按钮，将得到的图形移动到适当位置. 参见图 13.16.

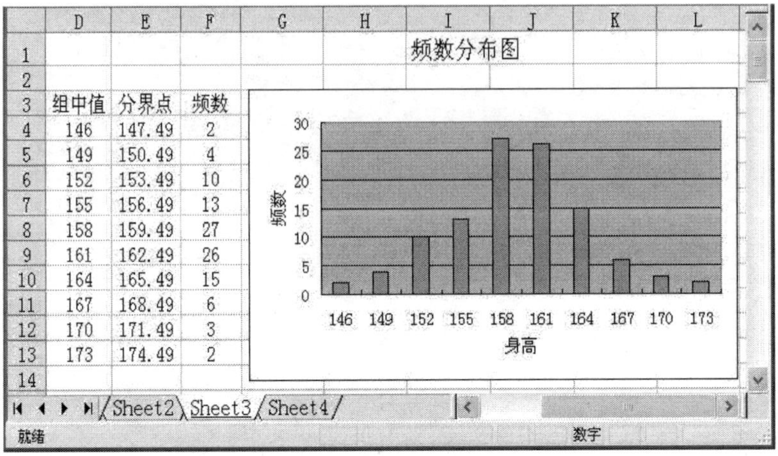

图 13.16　108 名新生身高的频数分布图

要在 SPSS 中得到频数分布表所对应的直方图，按以下步骤操作：

① 启动 SPSS，打开数据文件.

② 点击“分析>描述统计>频率”，在弹出的频率输出对话框中，选择变量名“身高”，单击按钮▶，将“身高”移到右侧变量列表中.

③ 点击“图表(C)”按钮，出现“图表类型选择”窗口. 点选“直方图”，点击“继续”按钮，返回频率输出对话框.

④ 如果不需要输出频率统计表，需将频率输出对话框下方“显示频率表格（D）”前面的对勾去掉. 若要同时输出统计表和直方图，则保持默认选项，然后单击“确定”按钮. 单击选定该直方图，可以进行保存、打印、输出等操作，或者复制，然后将其粘贴到其他文字编辑排版软件中，如图 13.17 所示.

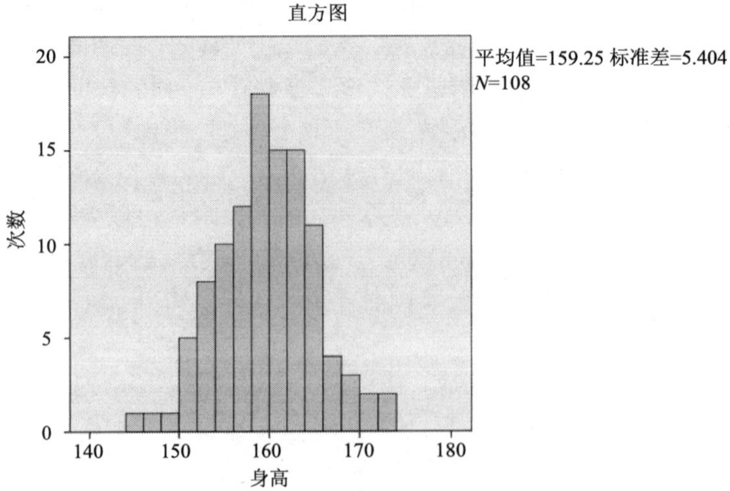

图 13.17　SPSS 输出的直方图

2. 多边图

要得到频数分布表所对应的多边图，与作直方图方法基本相同. 操作步骤为：

① 单击任一空单元格.

② 在“插入”菜单中，单击“图表”命令，出现图表向导-4 步骤之 1.

③ 在图表类型中选择“折线图”，单击“下一步”按钮，出现图表向导-4 步骤之 2.

④ 用鼠标选定“频数”列的数据区域. 然后单击“系列”选项卡，单击下方“分类轴标志”右边的文本框，然后用鼠标选定“组中值”一列的数据区域. 单击“下一步”按钮，出现图表向导-4 步骤之 3.

⑤ 单击“标题”选项卡，输入图表标题、分类轴名称以及数值轴名称.

⑥ 单击“图例”选项卡，取消对“显示图例”的默认选择. 单击“下一步”按钮，出现图表向导-4 步骤之 4.

⑦ 保持默认选项，单击“完成”按钮，得到的图形如图 13.18 所示.

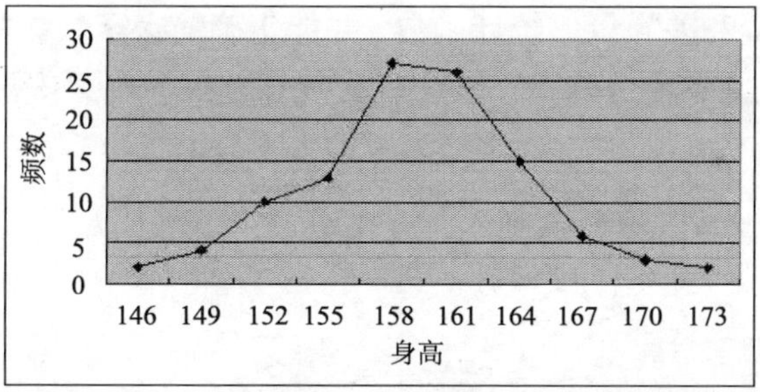

图 13.18　多边图

从以上 7 步可以看出，作多边图的关键步骤是第③步，其他步骤与直方图的作法是一样的. 限于篇幅，以后遇到相同的步骤时不再重复.

3. 累积频数和累积百分比多边图

要得到累积频数多边图，作图方法与上述多边图基本相同. 按以上步骤操作并注意以下两点：

(1) 在第④步中，“用鼠标选定‘频数’列的数据区域”，相应地改为“用鼠标选定‘累积频数’列的数据区域”(从低端算起或高端算起).

(2) 单击“标题”选项卡后，数值轴名称为“累积频数”. 最终图形如图 13.19 所示.

作累积百分比多边图，则应注意选择“累积百分比”数据区域，数值轴名称为累积百分比即可.

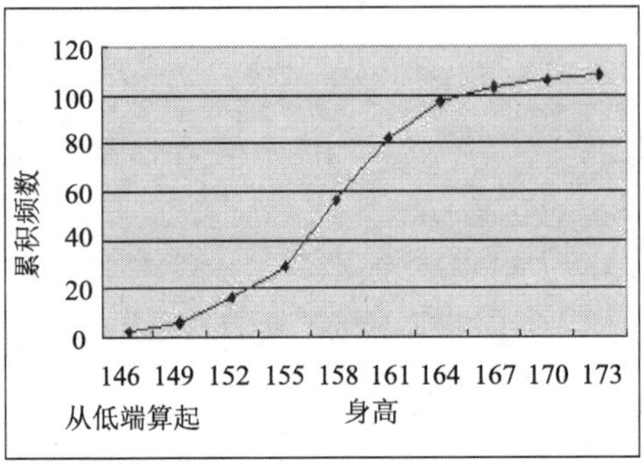

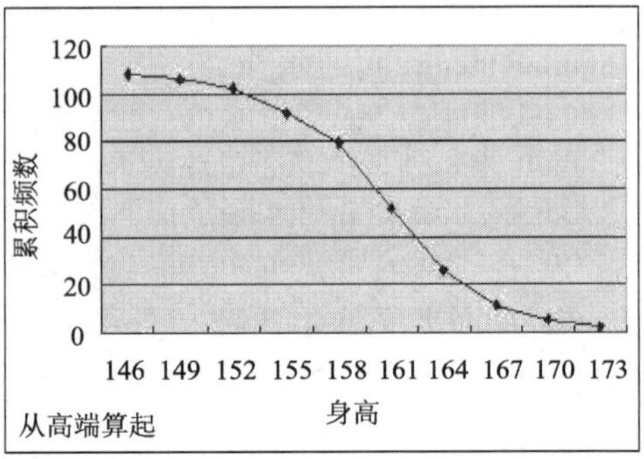

图 13.19　累积频数多边图

第三节　集中量和差异量

集中量和差异量是数据资料的重要特征量，也是进行统计推断的前提．在 Excel 中，计算集中量和差异量都有专门的统计函数，所以，本节的重点在于熟悉 Excel 中有关集中量和差异量的统计函数，并能正确输入函数参数，以便计算出相应的集中量和差异量．至于在 SPSS 中，应重点掌握输出集中量和差异量的两种方法.

一、Excel 中计算集中量和差异量的函数介绍

1．算术平均数

Excel 中计算算术平均数的函数是 AVERAGE.

语法：AVERAGE(number1， number2，…)．number1，number2，…为待求平均值的参数.

说明：参数中的文本、逻辑值或空白单元格将被忽略；但包含零值的单元格将计算在内.

注意：如果在平均值的计算中要包含文本值，则应使用函数 AVERAGEA 计算平均值.

2．几何平均数

Excel 中计算几何平均数的函数是 GEOMEAN.

语法：GEOMEAN(number1，number2，…)．number1，number2，…是待求平均数的参数.

说明：参数中的文本、逻辑值或空白单元格将被忽略；但包含零值的单元格

将计算在内.

3. 调和平均数

Excel 中计算调和平均数的函数是 HARMEAN.

语法：HARMEAN(number1，number2，…). number1，number2，…是待求平均值的参数.

说明：参数中的文本、逻辑值或空白单元格将被忽略；但包含零值的单元格将计算在内.

4. 中位数

Excel 中计算中位数的函数是 MEDIAN.

语法：MEDIAN(number1，number2，…). number1，number2，…是待求中位数的数值.

说明：参数中的文本、逻辑值或空白单元格将被忽略；但包含零值的单元格将计算在内.

5. 众数

Excel 中计算众数的函数是 MODE.

语法：MODE(number1，number2，…). number1，number2，…是待求众数的参数.

说明：参数中的文本、逻辑值或空白单元格将被忽略；但包含零值的单元格将计算在内.

6. 百分位数

Excel 中计算百分位数的函数是 PERCENTILE.

语法：PERCENTILE(array，k). 给出区域中数值的第 k 百分位数. 其中 Array 为定义相对位置的数组或数据区域. k 为 0 到 1 之间的百分点值，包含 0 和 1.

说明：若 k 不是 $1/(n-1)$的倍数，则函数 PERCENTILE 使用插值法来确定第 k 百分位数.

7. 百分比排位

Excel 中计算某数据的百分比排位的函数是 PERCENTRANK.

语法：PERCENTRANK(array，x，significance). Array 为定义相对位置的数组或数字区域. x 为数组中需要得到其排位的数据值. Significance 为可选项，表示给出的百分数值的有效位数. 如果省略，函数 PERCENTRANK 默认保留 3 位有效数字.

说明：① PERCENTRANK 是 PERCENTILE 的逆运算.

② 如果数组里没有与 x 相匹配的值，函数 PERCENTRANK 将进行插值以给出正确的百分比排位.

8. 四分位数

Excel 中计算四分位数的函数是 QUARTILE.

语法：QUARTILE(array，quart). 其中 Array 为待求四分位数值的数组或数字型单元格区域. quart 决定给出哪一个四分位值.

说明：quart 为 0 时，QUARTILE 给出最小值，与函数 MIN 等价. quart 为 1 时，QUARTILE 给出第一个四分位数(第 25 百分位数). quart 为 2 时，QUARTILE 给出中位数(第 50 百分位数)，与函数 MEDIAN 等价. quart 为 3 时，QUARTILE 给出第三个四分位数(第 75 百分位数). quart 为 4 时，QUARTILE 给出最大值，与函数 MAX 等价.

9. 平均差

Excel 中计算平均差的函数是 AVEDEV.

语法：AVEDEV(number1，number2，…). 其中 number1，number2，…为待求绝对偏差平均值的一组参数. 函数 AVEDEV 的计算公式为 $\sum\left|X-\bar{X}\right|/n$.

说明：参数中的文本、逻辑值或空白单元格将被忽略；但包含零值的单元格将计算在内.

10. 离差平方和

Excel 中计算离差平方和的函数是 DEVSQ.

语法：DEVSQ(number1，number2，…). number1，number2，…为待求离差平方和的参数.

说明：参数中的文本、逻辑值或空白单元格将被忽略；但包含零值的单元格将计算在内.

11. 方差

Excel 中计算方差的函数是 VARP.

语法：VARP(number1，number2，…). 其中 number1，number2，…为表示总体的参数.

说明：函数 VARP 的计算公式为 $\sigma^2=\sum X^2/N-\left(\sum X/N\right)^2$.

注意：① 参数中的文本和逻辑值将被忽略．若不能忽略，则应使用 VARPA 函数.

② 函数 VARP 假设其参数 number1，number2，…为表示总体的参数．如果数据只是代表从总体中随机抽取的一个样本，则应使用函数 VAR 计算方差.

③ 函数 VARP 还可以用来计算样本方差，这时 N(一般用 n 来表示)为样本的容量，计算的结果样本方差一般用 σ_X^2 来表示.

12. 总体方差的无偏估计量

Excel 中计算总体方差无偏估计量的函数是 VAR.

语法：VAR(number1，number2，…)．其中 number1，number2，…为表示样本的参数.

说明：函数 VAR 的计算公式为

$$S^2=\frac{\sum X^2-\left(\sum X\right)^2/n}{n-1}=\frac{n\sum X^2-\left(\sum X\right)^2}{n(n-1)}$$

注意：① 参数中的文本和逻辑值将被忽略. 若不能忽略，则应使用 VARA 函数.

② 函数 VAR 假设其参数 number1，number2，…为表示样本的参数．如果数据为表示总体的参数，则应使用函数 VARP 计算方差.

13. 标准差

Excel 中计算标准差的函数是 STDEVP.

语法：STDEVP(number1，number2，…)．其中 number1，number2，…为表示总体的参数.

说明：函数 STDEVP 的计算公式为 $\sigma=\sqrt{\left(\sum X^2\right)/N-\left(\sum X/N\right)^2}$

注意：① 参数中的文本和逻辑值将被忽略. 若不能忽略，则应使用 STDEVPA 函数.

② 函数 STDEVP 假设其参数 number1，number2，…为总体的参数．如果数据代表样本的参数，应使用函数 STDEV 来计算标准差．对于样本容量较大的情况，函数 STDEV 和 STDEVP 计算结果大致相等.

③ 函数 STDEVP 还可以用来计算样本标准差，这时 N(一般用 n 来表示)为样本的容量，计算的结果样本标准差一般用 σ_X 来表示.

14. 总体标准差的估计值

Excel 中计算总体标准差估计值的函数是 STDEV.

语法：STDEV(number1，number2，…). 其中 number1，number2，…为表示样本的参数.

说明：函数 STDEV 的计算公式为第六章中(6.4)式.

$$S=\sqrt{\frac{\sum X^2-\left(\sum X\right)^2/n}{n-1}}$$

注意：① 参数中的文本和逻辑值将被忽略. 若不能忽略，则应使用 STDEVA 函数.

② 函数 STDEV 假设其参数 number1，number2，…是从总体中随机抽取的样本. 如果数据代表全部数据总体，则应该使用函数 STDEVP 来计算(总体)标准差.

二、应用实例

通过下面例题的实际操作，着重体会函数的鼠标输入方法，熟悉每个函数的参数. 在操作过程中，要注意每步操作给工作表的各个功能区带来的相应变化，主要包括新出现或消失的对话框、光标所在处、所选单元格或单元格区域、窗口下边的状态栏等.

例 1　表 1.1 中数据是山东省招远市张星中学 108 名男生初一入学时身高实测数值，求这 108 名学生的平均身高、中位数、众数及标准差，并求身高 163cm 的百分比排位.

解　将数据输入工作表后，按下列步骤操作可求平均身高并将数值显示在单元格 F4 中.

① 单击单元格 F4，然后单击“插入函数”按钮 f_x，出现“插入函数”对话框.

② 在“插入函数”对话框的“选择类别”列表框中选择“统计”，在“选择函数”列表框中选择 AVERAGE，单击“确定”按钮，出现“函数参数”对话框.

③ 用鼠标在工作表中选取身高数据区域. 或直接在“函数参数”对话框中 Number1 文本框内，输入身高数据区域的地址引用 B4:B111. 单击“确定”按钮，身高平均值显示在单元格 F4 中.

求中位数、众数和标准差的步骤基本相同，只是第②步中所用函数分别为 MEDIAN、MODE 和 STDEVP，不再赘述. 下面步骤将求出身高 163cm 的百分比排位.

① 单击单元格 F8，将单元格格式设置为“百分比”(方法见第二节的累积百分比分布表)，小数位数设置为 1，然后单击“插入函数”按钮 f_x，出现插入函数对话框.

② 在插入函数对话框的“选择类别”列表框中选择“统计”，在“选择函数”列表框中选择 PERCENTRANK，单击“确定”按钮，出现“函数参数”对话框.

③ 用鼠标在工作表中选取身高数据区域. 或直接在“函数参数”对话框中 Array 右侧文本框内，输入身高数据区域的地址引用 B4:B111.

④ 单击 X 右侧文本框，输入 163. 此时，计算结果出现在“函数参数”对话框的下方. 参数 Significance 指定计算结果的有效数字位数，若忽略不填，系统默认取 3 位有效数字.

⑤ 单击“确定”按钮，计算结果出现在单元格 F8 中，如图 13.20 所示.

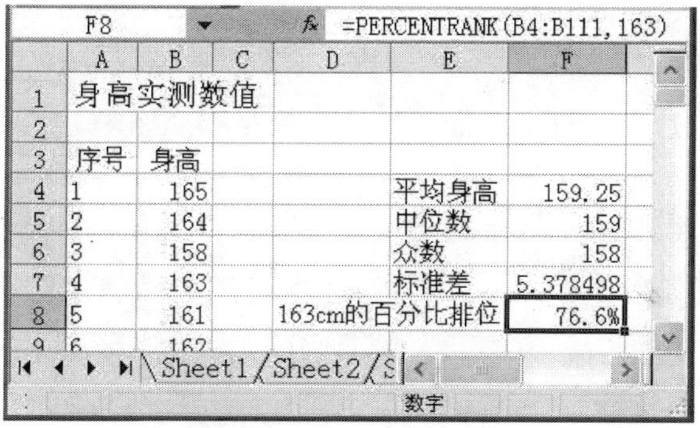

图 13.20　例 1 的最终结果

当你对 Excel 的公式和函数熟悉以后，可以直接在单元格 F8 中输入公式“=PERCENTRANK(B4:B111，163)”，然后回车即可得出结果.

本例所处理的数据处于工作表的同一列. 其实也可以分布在不同区域中，甚至处于不同的工作表，只要分布的区域数目在 30 以内即可. 由例 1 可见，统计函数可以直接对原始数据进行处理，得到所需的统计量. 但如果要处理的数据不是原始数据，而是经过加工处理后的频数分布表，则计算统计量的方法有所不同.

例 2　利用 Excel 公式计算功能求表 3.2 所示数据资料的标准差.

解　该问题在第三章第一节中已经求出，虽然看起来需要计算的数据很多，但在 Excel 中很容易实现. 请按以下步骤操作，并体会 Excel 中复制功能的应用.

① 将表题、标目和已知数据(主要是组中值和频数，见图 13.21)输入工作表.

② 单击单元格 D3，在编辑栏中输入“=B3*C3”，回车.

③ 将鼠标指向单元格 D3 的右下角，当指针由空心十字形变成实心时，按下鼠标左键拖动至 D14 单元格，释放鼠标，完成各组组中值与频数乘积的计算.

④ 单击单元格 E3，在编辑栏中输入“=B3^2*C3”，回车.

⑤ 将鼠标指向单元格 E3 的右下角，当指针由空心十字形变成实心时，按下鼠标左键拖动至 E14 单元格，释放鼠标，完成各组组中值的平方与频数乘积的计算.

⑥ 用鼠标选择 C3:E15，单击工具栏中“自动求和”按钮Σ，完成各列数据求和.

⑦ 单击单元格 F3，输入“=E15/C15–(D15/C15)^2”，然后回车，得到方差.

⑧ 单击单元格 G3，在编辑栏中输入“=F3^0.5”，回车后得到标准差. 最终结果如图 13.21 所示.

G3　=F3^0.5

	A	B	C	D	E	F	G
1		已知频数分布表，求标准差					
2	分组	组中值(X)	频数(f)	fX	fX2	方差	标准差
3	140-	142	1	142	20164	159.56	12.63171
4	145-	147	3	441	64827		
5	150-	152	2	304	46208		
6	155-	157	4	628	98596		
7	160-	162	4	648	104976		
8	165-	167	6	1002	167334		
9	170-	172	10	1720	295840		
10	175-	177	8	1416	250632		
11	180-	182	5	910	165620		
12	185-	187	4	748	139876		
13	190-	192	2	384	73728		
14	195-	197	1	197	38809		
15	总和		50	8540	1466610		

Sheet1 / Sheet2 / Sheet3　就绪　数字

图 13.21　例 2 的最终结果

三、SPSS 中集中量和差异量的输出

相对于 Excel 而言，SPSS 具有更加强大的统计分析功能，输出集中量和差异量的操作也相对简单，而且可一次输出多个统计量. 集中量和差异量的输出，有两种方法可供选择. 第一种方法只用于输出描述统计量，操作步骤如下：

① 启动 SPSS，打开数据文件.

② 点击“分析>描述统计>描述”，弹出描述性对话框.

③ 在弹出的描述性对话框中，单击选中要统计的变量名(例如例 1 中的“身高”)，然后单击输入按钮，将“身高”移到右侧变量列表中.

④ 单击右侧“选项”按钮，弹出“描述”选项卡，卡中列出了可以输出的统计量.

⑤ 根据实际情况，将需要输出的统计量勾选出来，然后点击“继续”按钮，返回描述性对话框. 再点击“确定”按钮，输出统计量.

这种方法所能得到的统计量是由“描述选项卡”的选项决定的，可以得到平均值、标准差、方差、平均值的标准误、变量的最大值、最小值和范围(最大值与最小值只差)，也可以得到描述分布情况的峰度和偏度. 如果这些统计量还不能满足需要，则采用第二种方法，这种方法是输出频数分布表的扩展功能，操作步骤如下：

① 启动 SPSS，打开数据文件.

② 点击“分析>描述统计>频率”，弹出频率输出对话框.

③ 在弹出的频率输出对话框中，选择要统计的变量名(例如“身高”)，然后单击输入按钮，将“身高”移到右侧变量列表中.

④ 点击右侧“Statistics”按钮，出现“统计量”选项卡，如图 13.22 所示. 其中列出了可供选择的四分位数、百分位数、平均值、中位数、众数、标准差（标准偏差）、方差（变异数）、平均值的标准误等选项.

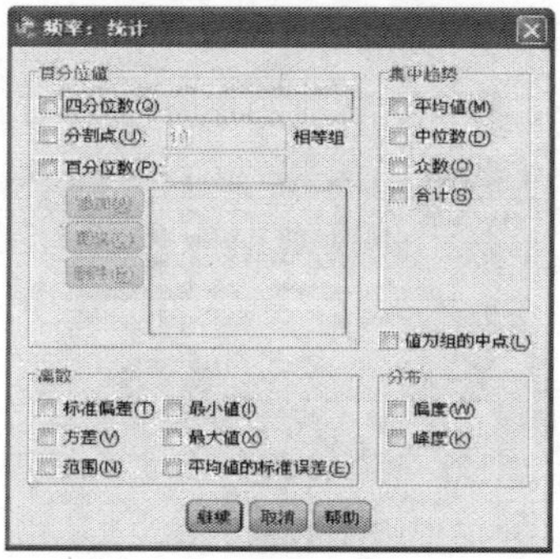

图 13.22　统计量选项卡

⑤ 根据实际情况，将需要输出的统计量勾选出来，然后点击“继续”按钮，返回频率输出对话框. 再点击“确定”按钮，输出统计量.

这种方法最初是为输出频数分布表而设计的，所以，当操作进行到第③步以后，如果不进行其他操作而直接点击“确定”按钮，则只输出频数分布表(见本章第二节). 而输出统计量是其扩展功能，所以在输出之前，要点击“Statistics”按钮，设置输出的统计量. 其另一个扩展功能，就是本章第二节所讲的输出频数分布图，不再赘述. 如果不需要输出频数分布表，需将频率输出对话框下方“显示频率表格（D）”前面的对勾去掉.

第四节　统计函数

一、Excel 中几个重要的统计函数

1. 二项分布函数

Excel 中计算二项分布的函数是 BINOMDIST.

语法:BINOMDIST(number_s, trials, probability_s, cumulative). 其中 Number_s 为试验成功的次数 k. Trials 为独立试验的次数 n. Probability_s 为每次试验中成功事件出现的概率 p. Cumulative 为一逻辑值，用于确定函数的形式. 如果 cumulative 为 TRUE，函数 BINOMDIST 计算累积分布函数，即 n 次试验中至多 k 次成功的概率；如果为 FALSE，计算概率密度函数，即 n 次试验中 k 次成功的概率.

说明：若输入的 Number_s 和 trials 不是整数，将被截尾取整.

2. 二项分布反函数

Excel 中计算累积二项分布反函数的是 CRITBINOM.

语法：CRITBINOM(trials，probability_s，alpha). 其中 Trials 为试验次数 n，Probability_s 为每次试验中成功事件出现的概率 p，Alpha 为临界值. 函数将计算使累积二项分布概率大于等于临界值的最小值 k.

说明： 如果 trials 不是整数，将被截尾取整.

3. 正态分布函数

Excel 中计算正态分布的函数是 NORMDIST .

语法： NORMDIST(x，mean，standard_dev，cumulative). 其中 x 为需要计算其分布的数值，Mean 为分布的算术平均值，Standard_dev 为分布的标准差. Cumulative 为一逻辑值，指明函数的形式. 如果 cumulative 为 TRUE，函数 NORMDIST 计算从负无穷大到指定参数 x 的累积分布概率；如果为 FALSE，计算 x 处的概率密度.

说明:如果 mean=0, standard_dev=1, 且 cumulative=TRUE, 则函数 NORMDIST 得出标准正态分布，即函数 NORMSDIST.

4. 正态分布反函数

Excel 中计算正态分布反函数的是 NORMINV. 该函数将得出指定平均值和标准差的正态累积分布函数的反函数.

语法：NORMINV(probability，mean，standard_dev). 其中 probability 为正态分布的累积概率值，Mean 为分布的算术平均值. Standard_dev 为分布的标准差.

说明：如果 mean=0 且 standard_dev=1，函数 NORMINV 与 NORMSINV 等价.

5. 标准正态分布函数

Excel 中计算标准正态分布的函数是 NORMSDIST. 该函数将得出标准正态分

布累积概率，可以使用该函数代替标准正态曲线面积表.

语法：NORMSDIST(z). 其中 z 为需要计算其分布的数值.

6. 标准正态分布反函数

Excel 中计算标准正态分布反函数的是 NORMSINV. 该函数将得出标准正态累积分布函数的反函数. 该分布的平均值为 0，标准差为 1.

语法：NORMSINV(probability). 其中 Probability 为正态分布的累积概率值.

7. 卡方分布

Excel 中计算卡方分布的函数是 CHIDIST.

语法：CHIDIST(x, degrees_freedom). x 为待求分布的 χ^2 值. Degrees_ freedom 为自由度.

说明：如果 degrees_freedom 不是整数，将被截尾取整.

8. 卡方分布反函数

Excel 中计算卡方分布反函数的是 CHIINV. 该函数将得出 χ^2 分布单尾概率的反函数值. 如果 probability=CHIDIST(x, …)，则 CHIINV(probability, …)=x.

语法：CHIINV(probability, degrees_freedom). 其中 Probability 为 χ^2 分布的单尾概率. Degrees_freedom 为自由度.

说明：如果 degrees_freedom 不是整数，将被截尾取整.

9. t 分布

Excel 中计算 t 分布的函数是 TDIST. 该函数将得出 t 值对应的概率，使用此函数可以代替 t 分布的临界值表.

语法：TDIST(x, degrees_freedom, tails). 其中 x 为需要计算分布的数值. Degrees_freedom 为自由度. Tails 指明是单尾分布还是双尾分布. 如果 tails=1，函数 TDIST 得出单尾分布的概率. 如果 tails=2，函数 TDIST 得出双尾分布的概率.

说明：参数 degrees_freedom 和 tails 将被截尾取整.

10. t 分布反函数

Excel 中计算 t 分布反函数的是 TINV. 该函数将得出作为概率和自由度函数的 t 分布的 t 临界值.

语法：TINV(probability, degrees_freedom). probability 为对应于双尾 t 分布

的概率. Degrees_freedom 为分布的自由度.

说明：① 如果 degrees_freedom 不是整数，将被截尾取整.

② TINV 得出 t 值，$P(|X|>t)$=probability，其中 X 为服从 t 分布的随机变量，且

$$P(|X|>t)=P(X<-t \text{ or } X>t).$$

③ 单尾 t 值可通过用两倍概率替换概率而求得. 如果概率为 0.05 而自由度为 10，则双尾临界值由 TINV(0.05，10)计算得到 2.28139. 而同样概率和自由度的单尾临界值可由 TINV(2*0.05，10)计算得到 1.812462.

11. F 分布

Excel 中计算 F 分布的函数是 FDIST.

语法：FDIST(x，degrees_freedom1，degrees_freedom2). 其中 x 为参数值，Degrees_freedom1 为分子自由度. Degrees_freedom2 为分母自由度.

说明：① 函数 FDIST 的计算公式为 FDIST=$P(F>x)$，其中 F 为呈 F 分布且带有 degrees_freedom1 和 degrees_freedom2 自由度的随机变量.

② 如果 degrees_freedom1 或 degrees_freedom2 不是整数，将被截尾取整.

12. F 分布的反函数

Excel 中计算 F 分布反函数的是 FINV. 该函数将得出 F 概率分布的反函数值. 如果 p=FDIST(x，…)，则 FINV(p，…)$=x$.

语法：FINV(probability，degrees_freedom1，degrees_freedom2). probability 为与 F 累积分布相关的概率值，Degrees_freedom1 为分子自由度，Degrees_freedom2 为分母自由度.

说明：① 如果 degrees_freedom1 或 degrees_freedom2 不是整数，将被截尾取整.

② 函数 FINV 可用于计算 F 分布的临界值. 若要计算 F 的临界值，可用显著水平参数作为函数 FINV 的 probability 参数.

二、SPSS 中的统计函数

SPSS 中的分布函数被分为若干类，常用的有四类，第一类是概率密度函数(probability density function，缩写为 pdf)，给出指定分布的概率密度；第二类是累积分布函数(cumulative distribution function，缩写为 cdf)，给出指定分布指定范围的累积概率；第三类是逆分布函数(inverse distribution function，即反函数，缩写为 idf). 使用规则是将上述缩写作为前缀加在各函数名称之前，用句点分隔(只有极少数例外). 第四类可称为尾部概率函数或显著性函数，数量很少.

1. 概率密度函数

下列函数给出指定分布在参数 quant 值处的概率密度值. 后面的参数为分布参数. 请注意每个函数名称中的句点.

(1) 伯努利分布：PDF.BERNOULLI(quant, prob)，给出具有指定概率参数 prob 的 Bernoulli 分布值等于 quant 的概率.

(2) β 分布：PDF.BETA(quant，shape1，shape2)，给出具有 quant 值的指定形状参数 shape1 和 shape2 的 β 分布的概率密度.

(3) 二项分布：PDF.BINOM(quant, n, prob)，给出当每次试验的成功概率为 prob 时，n 次试验中的成功数等于 quant 的概率. 当 n 是 1 时，该值等同于 PDF. BERNOULLI.

(4) 标准双元正态分布：PDF.BVNOR(quant1，quant2，corr)，给出 quant1、quant2 处指定相关性参数 corr 的标准双元正态分布的概率密度.

(5) 柯西分布：PDF.CAUCHY(quant，loc，scale)，给出 quant 处指定位置 loc 和标度参数 scale 的柯西分布的概率密度.

(6) 卡方分布：PDF.CHISQ(quant，df)，给出 quant 处自由度为 df 的卡方分布的概率密度.

(7) 指数分布：PDF.EXP(quant，shape)，给出 quant 处指定形状参数 shape 的指数分布的概率密度.

(8) F 分布：PDF.F(quant，df1，df2)，给出 quant 处自由度为 df1 和 df2 的 F 分布的概率密度.

(9) Γ 分布：PDF.GAMMA(quant, shape, scale)，给出 quant 处指定形状 shape 和标度参数 scale 的 gamma 分布的概率密度.

(10) 半正态分布：PDF.HALFNRM(quant，mean，stddev)，给出 quant 处指定均值 mean 和标准差 stddev 的半正态分布的概率密度.

(11) 反高斯分布：PDF.IGAUSS(quant，loc，scale)，给出 quant 处指定位置 loc 和标度参数 scale 的反高斯分布的概率密度.

(12) 拉普拉斯分布：PDF.LAPLACE(quant，mean，scale)，给出 quant 处指定均值 mean 和标度参数 scale 的 Laplace 分布的概率密度.

(13) 逻辑斯蒂分布：PDF.LOGISTIC(quant，mean，scale)，给出 quant 处指定均值 mean 和标度参数 scale 的 Logistic 分布的概率密度.

(14) 对数正态分布：PDF.LNORMal(quant，a，b)，给出 quant 处指定参数(a, b)的对数正态分布的概率密度.

(15) 正态分布：PDF.NORMal(quant，mean，stddev)，给出 quant 处指定均值 mean 和标准差 stddev 的正态分布的概率密度.

(16) 帕雷托分布：PDF.PARETO(quant，threshold，shape)，给出 quant 处指定阈值 threshold 和形状参数 shape 的 Pareto 分布的概率密度.

(17) 泊松分布：PDF.POISSON(quant，mean)，给出具有指定均值 mean 或比率参数的 Poisson 分布的值等于 quant 的概率.

(18) 学生式 t 分布：PDF.T(quant，df)，给出 quant 处指定自由度为 df 的学生式 t 分布概率密度.

(19) 均匀分布：PDF.UNIFORM(quant，min，max)，给出 quant 处指定最小值 min 和最大值 max 的均匀分布的概率密度.

(20) 韦伯分布：PDF.WEIBULL(quant，*a*，*b*)，给出 quant 处具有指定参数(*a*，*b*)的 Weibull 分布的概率密度.

(21) 非中心 β 分布：NPDF.BETA(quant，shape1，shape2，nc)，给出 quant 处指定形状 shape1、shape2 和非中心参数 nc 的非中心 β 分布的概率密度.

(22) 非中心卡方分布：NPDF.CHISQ(quant，df，nc)，给出 quant 处指定自由度 df 和非中心参数 nc 的非中心卡方分布的概率密度.

(23) 非中心 F 分布：NPDF.F(quant，df1，df2，nc)，给出 quant 处指定自由度 df1、df2 和非中心参数 nc 的非中心 F 分布的概率密度.

(24) 非中心学生式 t 分布：NPDF.T(quant，df，nc)，给出 quant 处指定自由度 df 和非中心参数 nc 的非中心学生式 t 分布的概率密度.

2. 累积分布函数

下列函数给出小于参数 quant 的具有指定分布的随机变量的概率. 后面的参数为分布参数. 也要注意每个函数名称中的句点.

(1) 伯努利分布：CDF.BERNOULLI(quant，prob)，给出带有指定概率参数 prob 的 Bernoulli 分布中的值小于等于 quant 的累积概率.

(2) β 分布：CDF.BETA(quant，shape1，shape2)，给出带有指定形状参数 shape1、shape2 的 β 分布中的值小于 quant 的累积概率.

(3) 二项分布：CDF.BINOM(quant，*n*，prob)，给出每次成功概率为 prob 的 *n* 次试验中成功次数小于等于 quant 的累积概率. 当 *n* 是 1 时，该值等同于 CDF.BERNOULLI.

(4) 标准双元正态分布：CDF.BVNOR(quant1，quant2，corr)，给出具有指定相关性参数 corr 的标准双元正态分布的值小于 quant1 和 quant2 的累积概率.

(5) 柯西分布：CDF.CAUCHY(quant，loc，scale)，给出带有指定位置 loc 和刻度参数 scale 的 Cauchy 分布中的值小于 quant 的累积概率.

(6) 卡方分布：CDF.CHISQ(quant，df)，给出自由度为 df 的卡方分布中的值小于 quant 的累积概率.

(7) 指数分布：CDF.EXP(quant，shape)，给出带有指定形状参数 shape 的指数分布中的值小于 quant 的累积概率.

(8) F 分布：CDF.F(quant，df1，df2)，给出自由度为 df1 和 df2 的 F 分布中的值小于 quant 的累积概率.

(9) Γ 分布：CDF.GAMMA(quant，shape，scale)，给出带有指定形状 shape 和刻度参数 scale 的 Gamma 分布中的值小于 quant 的累积概率.

(10) 半正态分布：CDF.HALFNRM(quant，mean，stddev)，给出具有指定均值 mean 和标准差 stddev 的半正态分布的值小于 quant 的累积概率.

(11) 反高斯分布：CDF.IGAUSS(quant，loc，scale)，给出带有指定位置 loc 和标度参数 scale 的反高斯分布的值小于 quant 的累积概率.

(12) 拉普拉斯分布：CDF.LAPLACE(quant，mean，scale)，给出带有指定均值 mean 和刻度参数 scale 的 Laplace 分布中的值小于 quant 的累积概率.

(13) 逻辑斯蒂分布：CDF.LOGISTIC(quant，mean，scale)，给出带有指定均值 mean 和刻度参数 scale 的 Logistic 分布中的值小于 quant 的累积概率.

(14) 对数正态分布：CDF.LNORMal(quant，*a*，*b*)，给出带有指定参数(*a*，*b*)的对数正态分布中的值小于 quant 的累积概率.

(15) 正态分布：CDF.NORMal(quant，mean，stddev)，给出具有指定均值 mean 和标准差 stddev 的正态分布的值小于 quant 的累积概率.

(16) 帕雷托分布：CDF.PARETO(quant，threshold，shape)，给出带有指定阈值 threshold 和形状参数 shape 的 Pareto 分布中的值小于 quant 的累积概率.

(17) 泊松分布：CDF.POISSON(quant，mean)，给出具有指定均值 mean 或速率参数的 Poisson 分布的值小于等于 quant 的概率.

(18) 学生式 t 分布：CDF.T(quant，df)，给出指定自由度为 df 的学生式 t 分布中的值小于 quant 的累积概率.

(19) 均匀分布：CDF.UNIFORM(quant，min，max)，给出带有指定最小值 min 和最大值 max 的均匀分布中的值小于 quant 的累积概率.

(20) 韦伯分布：CDF.WEIBULL(quant，*a*，*b*)，给出带有指定参数(*a*，*b*)的 Weibull 分布中的值小于 quant 的累积概率.

(21) 非中心 β 分布：NCDF.BETA(quant，shape1，shape2，nc)，给出带有指定形状 shape1、shape2 和非中心性参数 nc 的非中心 β 分布中的值小于 quant 的累积概率.

(22) 非中心卡方分布：NCDF.CHISQ(quant，df，nc)，给出自由度为 df 并指定非中心性参数 nc 的非中心卡方分布中的值小于 quant 的累积概率.

(23) 非中心 F 分布：NCDF.F(quant，df1，df2，nc)，给出自由度为 df1 和 df2 以及非中心性参数 nc 的非中心 F 分布中的值小于 quant 的累积概率.

(24) 非中心学生式 t 分布：NCDF.T(quant，df，nc)，给出指定自由度为 df 和非中心性参数 nc 的非中心学生式 t 分布中的值小于 quant 的累积概率.

3. 逆函数(反向函数)

下列函数给出了指定分布中累积概率等于参数 prob 的值. 后面的参数为分布参数. 仍需注意每个函数名称中的句点.

(1) β 分布逆函数：IDF.BETA(prob，shape1，shape2)，给出具有指定形状参数 shape1、shape2 的 β 分布中累积概率为 prob 的值.

(2) 柯西分布逆函数：IDF.CAUCHY(prob，loc，scale)，给出具有指定位置 loc 和度量参数 scale 的 Cauchy 分布中累积概率为 prob 的值.

(3) 卡方分布逆函数：IDF.CHISQ(prob，df)，给出指定自由度为 df 的卡方分布中累积概率为 prob 的值. 例如，显著水平为 0.05、自由度为 3 的卡方值为 IDF.CHISQ(0.95，3).

(4) 指数分布逆函数：IDF.EXP(prob，scale)，给出带有衰减速率标度 scale 的指数衰减变量累积概率为 prob 的值.

(5) F 分布逆函数：IDF.F(prob，df1，df2)，给出指定自由度 df1、df2 的 F 分布中累积概率为 prob 的值. 例如，显著水平为 0.05、自由度为 3 和 100 的 F 值为 IDF.F(0.95，3，100).

(6) Γ 分布逆函数：IDF.GAMMA(prob，shape，scale)，以指定的形状参数 shape 和刻度参数 scale 从 Gamma 分布中得到累积概率为 prob 的值.

(7) 半正态分布逆函数：IDF.HALFNRM(prob，mean，stddev)，以指定的均值 mean 和标准差 stddev 的从半正态分布中得到累积概率为 prob 的值.

(8) 反高斯分布逆函数：IDF.IGAUSS(prob，loc，scale)，以指定的位置参数 loc 和标度参数 scale 从反高斯分布中得到累积概率是 prob 的值.

(9) 拉普拉斯分布逆函数：IDF.LAPLACE(prob，mean，scale)，给出具有指定均值 mean 和刻度参数 scale 的 Laplace 分布中累积概率为 prob 的值.

(10) 逻辑斯蒂分布逆函数：IDF.LOGISTIC(prob，mean，scale)，给出具有指定均值 mean 和刻度参数 scale 的 Logistic 分布中累积概率为 prob 的值.

(11) 对数正态分布逆函数：IDF.LNORMal(prob，a，b)，给出具有指定参数(a，b)的对数正态分布中累积概率为 prob 的值.

(12) 正态分布逆函数：IDF.NORMal(prob，mean，stddev)，给出具有指定均值 mean 和标准差 stddev 的正态分布中累积概率为 prob 的值. 若指定均值为 0 和标准差为 1，则该函数给出标准正态分布中累积概率等于 prob 的值. 因为这种情况经常用到,所以 SPSS 中给出了一个专门的函数表达式 PROBIT(prob). 参数 prob 是大于 0 且小于 1 的概率值.

(13) 帕雷托分布逆函数：IDF.PARETO(prob，threshold，shape)，以指定的阈值 threshold 和刻度参数 shape 从 Pareto 分布中得到累积概率为 prob 的值

(14) t 分布逆函数：IDF.T(prob，df)，给出指定自由度为 df 的学生式 t 分布中累积概率为 prob 的值.

(15) 均匀分布逆函数：IDF.UNIFORM(prob，min，max)，给出在最小值 min 和最大值 max 之间的均匀分布中累积概率为 prob 的值.

(16) 韦伯分布逆函数：IDF.WEIBULL(prob，a，b)，给出具有指定参数(a，b)的 Weibull 分布中累积概率为 prob 的值.

4. 尾部概率函数（显著性函数）

下面两个函数称为尾部概率函数，给出了大于参数 quant 的具有指定分布的随机变量的累积概率，后面的参数为分布参数. 注意函数名称中的句点.

(1) SIG.CHISQ(quant,df),给出一个来自卡方分布、自由度为 df 的值大于 quant 的累积概率.

(2) SIG.F(quant，df1，df2)，给出一个来自 F 分布、自由度为 df1 和 df2 的值大于 quant 的累积概率.

三、应用实例

通过下面例题的实际操作，着重体会函数参数的不同对输出结果的影响. 在操作过程中，仍要注意每步操作给工作表的各个功能区带来的相应变化，操作完毕后，注意将结果与以前所得结论作一比较，明确函数值的含义. 若所得数值与以前人工计算结果不同，要知道造成这种不同的原因.

例 3　投掷质地均匀的硬币 10 次,求 k 次反面朝上的概率. 其中 $k=0,1,2,\cdots,10$. 然后求出至多 k 次反面朝上的概率.

解　在 Excel 中计算二项分布概率，要用函数 BINOMDIST，具体操作步骤如下：

① 打开 Excel 工作界面，输入投掷次数 n 和反面朝上次数 k 两列数据.

② 单击 C2 单元格，再单击“插入函数”按钮 f_x，出现“插入函数”对话框. 在对话框的“选择类别”列表框中选择“统计”，在“选择函数”列表框中选择 BINOMDIST，单击“确定”按钮，打开“函数参数”对话框.

③ 用鼠标依次单击“函数参数”对话框中 Number_s 文本框，单击工作表中 B2 单元格，单击“函数参数”对话框中 Trials 文本框，单击工作表中 A2 单元格.

④ 在“函数参数”对话框的 Probability_s 文本框输入“0.5”，在 Cumulative 文本框中输入“TRUE”，单击“确定”按钮，返回工作表.

⑤ 将鼠标指向单元格 C2 的右下角，当指针由空心十字形变成实心时，按下

左键拖动至 C12 单元格，释放鼠标，得出计算结果.

⑥ 单击 D2 单元格，重复步骤②~④，注意操作④时，在 Cumulative 文本框中输入“FALSE”，单击“确定”按钮.

⑦ 将鼠标指向单元格 D2 的右下角，当指针形状由空心十字变成实心时，按下鼠标左键，拖动至单元格 D12，然后释放鼠标，得出计算结果(这就是表 5.2 所归纳的结果)，如图 13.23 所示.

D2　=BINOMDIST(B2, A2, 0.5, FALSE)

	A	B	C	D
1	投掷次数*n*	反面朝上次数*k*	至多*k*次的概率	*k*次的概率
2	10	0	0.000976563	0.000976563
3	10	1	0.010742188	0.009765625
4	10	2	0.0546875	0.043945313
5	10	3	0.171875	0.1171875
6	10	4	0.376953125	0.205078125
7	10	5	0.623046875	0.24609375
8	10	6	0.828125	0.205078125
9	10	7	0.9453125	0.1171875
10	10	8	0.989257813	0.043945313
11	10	9	0.999023438	0.009765625
12	10	10	1	0.000976563

Sheet1 / Sheet2 / Sheet3
就绪　求和=1　数字

图 13.23　二项分布概率

在 SPSS 中计算二项分布概率，可用函数 PDF.BINOM(quant，*n*，prob)计算 *k* 次的概率，用函数 CDF.BINOM(quant，*n*，prob)计算至多 *k* 次的概率，具体操作步骤如下：

① 启动 SPSS，打开包含“投掷次数 n”和“反面朝上次数 k”两列数据的数据文件. 如果还没有这样的文件，则在数据编辑器中输入，定义变量属性如图 13.24 所示，数据输入结果如图 13.25 所示.

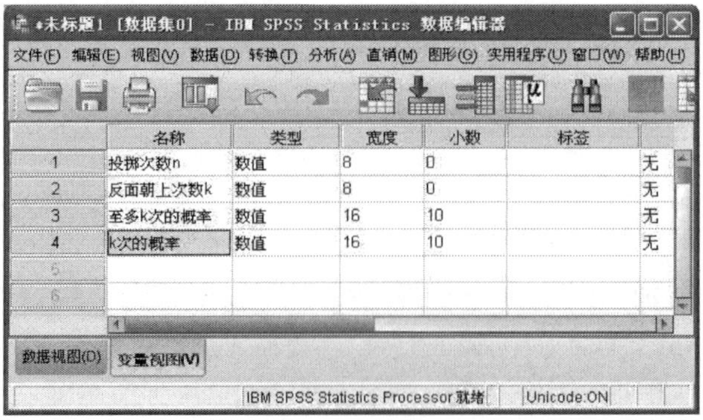

*未标题1 [数据集0] - IBM SPSS Statistics 数据编辑器

文件(F) 编辑(E) 视图(V) 数据(D) 转换(T) 分析(A) 直销(M) 图形(G) 实用程序(U) 窗口(W) 帮助(H)

	名称	类型	宽度	小数	标签	
1	投掷次数n	数值	8	0		无
2	反面朝上次数k	数值	8	0		无
3	至多k次的概率	数值	16	10		无
4	k次的概率	数值	16	10		无

数据视图(D)　变量视图(V)

IBM SPSS Statistics Processor 就绪　Unicode:ON

图 13.24　变量属性

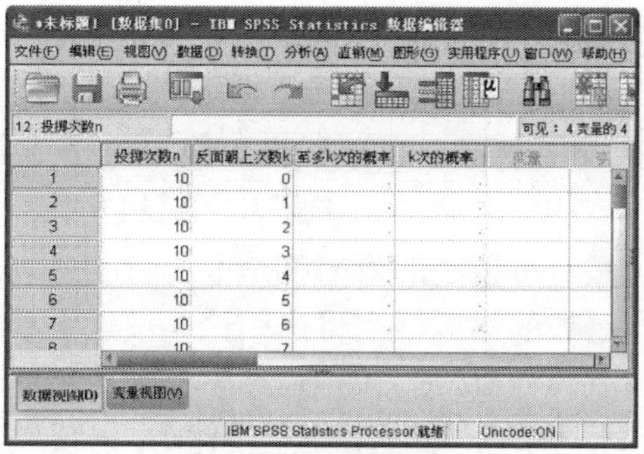

	投掷次数n	反面朝上次数k	至多k次的概率	k次的概率
1	10	0	.	
2	10	1	.	
3	10	2	.	
4	10	3	.	
5	10	4	.	
6	10	5	.	
7	10	6	.	
8	10	7		

图 13.25　输入数据

② 依次点击“转换>计算变量”，出现函数输入对话框. 在目标变量输入框中输入变量名“至多 k 次的概率”. 然后在“函数组”列表框中找到“CDF 与非中心 CDF”，单击. 在下方的“函数和特殊变量”列表框中找到“Cdf.Binom”，双击，将函数名 CDF.BINOM(?，?，?)输入到目标变量的“数学表达式”输入框中.

③ 将表达式中的前两个问号分别用“反面朝上次数 k”和“投掷次数 n”替换. 方法是：先选中一个问号，然后双击“类型与标签”列表框中的变量名. 第三个问号是每次投掷反面朝上的概率，直接输入“0.5”. 最终“至多 k 次的概率”的数学表达式就是“CDF.BINOM(反面朝上次数 k，投掷次数 n，0.5)”. 当你逐渐熟悉了 SPSS 中各种函数的语法规则后，该表达式可直接从键盘输入.

④ 单击“确定”按钮，出现“是否更改现有变量?”的询问时，点击“确定”即可.

⑤ 点击“转换>计算变量”，出现函数输入对话框，且呈现出刚输入过的目标变量和函数表达式. 在目标变量输入框中将“至多”二字删除，将“数学表达式”输入框中第一个字母“C”改为“P”，然后重复第④步点击“确定”即可，结果如图 13.26 所示.

	投掷次数n	反面朝上次数k	至多k次的概率	k次的概率
1	10	0	.0009765625	.0009765625
2	10	1	.0107421875	.0097656250
3	10	2	.0546875000	.0439453125
4	10	3	.1718750000	.1171875000
5	10	4	.3769531250	.2050781250
6	10	5	.6230468750	.2460937500
7	10	6	.8281250000	.2050781250
8	10	7	.9453125000	.1171875000
9	10	8	.9892578125	.0439453125
10	10	9	.9990234375	.0097656250
11	10	10	1.0000000000	.0009765625

图 13.26　二项分布概率

例 4　在 10 道选择题中，每道题的 5 个备选答案只有 1 个正确．问：答对几题就可以认为不是仅凭猜测的结果？(本题是第五章第二节的例 4)

分析　该问题中 10 道选择题，一般假设为相互独立，属于二项试验的情况，可以用二项分布函数计算相应概率．由于题目之间相互独立，所以对于五选一的选择题，若仅凭猜测，做对每道题的概率都是 0.2．在 Excel 中解法如下：

解　根据猜对不同题数的累积概率得出结论，按以下步骤操作：

① 输入总题数 n 和猜对题目数 k 两列数据．

② 单击 C2 单元格，再单击“插入函数”按钮 f_x，出现“插入函数”对话框．在对话框的“选择类别”列表框中选择“统计”，在“选择函数”列表框中选择 BINOMDIST，单击“确定”按钮，打开“函数参数”对话框．

③ 用鼠标依次单击“函数参数”对话框中 Number_s 文本框，单击工作表中 B2 单元格，单击“函数参数”对话框中 Trials 文本框，单击工作表中 A2 单元格．

④ 在“函数参数”对话框的 Probability_s 文本框输入“0.2”，在 Cumulative 文本框中输入“TRUE”，单击“确定”按钮，返回工作表．

⑤ 将鼠标指向单元格 C2 的右下角，当指针由空心十字形变成实心时，按下左键拖动至 C12 单元格，释放鼠标．结果如图 13.27 所示．

	A	B	C
1	题目总数n	猜对题目数k	至多猜对k题的概率
2	10	0	0.107374182
3	10	1	0.375809638
4	10	2	0.677799526
5	10	3	0.879126118
6	10	4	0.967206502
7	10	5	0.993630618
8	10	6	0.999135642
9	10	7	0.999922074
10	10	8	0.999995802
11	10	9	0.999999898
12	10	10	1

图 13.27　至多猜对 k 题的概率

所得计算结果就是猜对至多 k 题的概率．例如，与 k=4 对应的概率 0.967，其含义是猜对至多 4 题的概率为 0.967，或者说猜对 0 题、猜对 1 题…猜对 4 题的总概率为 0.967，这同时也说明，猜对 5 题至 10 题的总概率只有 3.3%，可见，仅凭猜测猜对 5 题以上的概率是很小的．也就是说，如果学生做对了 5 题以上，我们就可以认为这不是仅凭猜测的结果．

此刻读者可以自己思考：根据相同的思路在 SPSS 中怎么处理呢？

其实问题很简单．相信读者能够从图 13.27 看出，在 SPSS 中输入“题目总数 n”和“猜对题目数 k”的数据以后，通过“转换>计算变量”，给出“至多猜对 k 题的概率”的函数表达式即可. 注意此处要用CDF类的二项分布函数：CDF.BINOM(quant，n，prob)，并注意参数prob为0.2. 具体步骤见上例，不再赘述.

当然，从刚才的统计结果可以知道，如果学生做对了5题以上，我们就认为这不是仅凭猜测的结果的话，这一结论仍然有3.3%误判的可能. 如果做对6题以上我们才认为这不是仅凭猜测的结果，这样，误判的可能性就会更小，仅为0.64%. 在实际情况中，一般是将这种犯错误的概率控制在5% (较严格的情况控制在1%)以内即可.

例 5　设某次模拟考试成绩接近正态分布，算得其平均数和标准差分别为 $\overline{X}=68$，$\sigma_x=7$. 问在平均数上下多少分之间包括了95%的学生？若要包括99%的学生，这个分数区间有多大？(本题是第五章第三节的例5)

解　由于考试成绩接近正态分布，所以认为分布是对称的，除了这95%的学生之外，高分端和低分端各占2.5%. 所以，累积概率0.025对应的分数就是中间95%成绩的下限，而其上限所对应的累积概率为0.975. 因此，该问题在Excel中的操作步骤如下：

① 将平均成绩和标准差数据输入工作表.

② 单击C3单元格，单击“插入函数”按钮 f_x，出现“插入函数”对话框.

③ 在对话框的“选择类别”列表框中选择“统计”，在“选择函数”列表框中选择NORMINV，单击“确定”按钮，打开“函数参数”对话框.

④ 在“函数参数”对话框的Probability文本框中输入0.025，然后依次单击Mean文本框，单击平均成绩单元格A3，单击standard_dev文本框，单击标准差单元格B3，单击“确定”按钮，得到95%区间的下限.

⑤ 单击D3单元格，单击“插入函数”按钮 f_x，然后重复步骤③④. 注意重复④时，Probability文本框中输入0.975，这样便得到该区间的上限.

如果没有输入平均成绩和标准差，则步骤④中“单击A3、B3”的操作改为在文本框中输入相应数值，结果相同. 若要包括99%的学生，则区间两端对应的累积概率分别为0.005和0.995，其他步骤完全相同，不再赘述. 最终结果如图13.28所示.

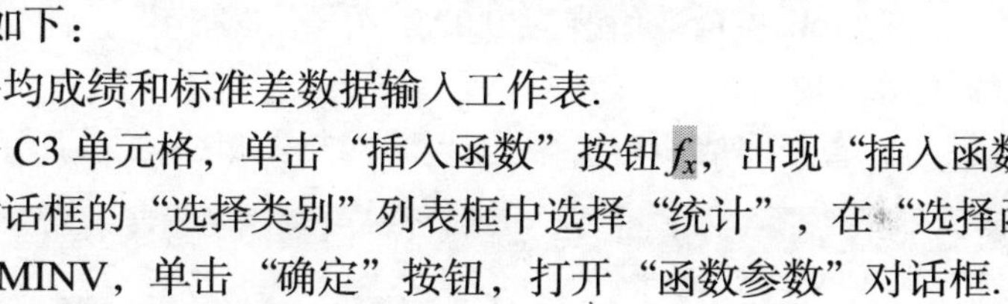

	A	B	C	D	E	F
1			中间95%的学生		中间99%的学生	
2	平均分	标准差	分数下限	分数上限	分数下限	分数上限
3	68	7	54.28025	81.71975	49.96919	86.03081

图 13.28　例5计算结果

在SSPS中解决这一问题，则是用逆正态分布函数IDF.NORMal(prob，mean，stddev). 步骤如下：

① 启动 SPSS，进入数据编辑器窗口，在“变量视图”中定义变量及其属性，在“数据视图”中输入平均分和标准差数据.

② 点击“转换>计算变量”，在函数输入对话框中输入目标变量名“宽区间分数下限”(宽区间为包含 99%的学生，窄区间为包括 95%的学生).

③ 在“函数组”列表框中找到“逆 DF”，单击. 在下方的“函数和特殊变量”列表框中找到“Idf.Normal”，双击，将函数名 IDF.NORMAL(?，?，?)输入到目标变量的“数学表达式”输入框中.

④ 将表达式中第一个问号改为 0.005，将后两个问号分别用“平均分”和“标准差”替换，得到的函数表达式为“IDF.NORMAL(0.005，平均分，标准差)”. 如果没有输入平均成绩和标准差数据，这里可以直接输入 68 和 7，即得到“IDF.NORMAL(0.005，68，7)”.

⑤ 单击“确定”按钮，完成“宽区间分数下限”的计算.

⑥ 点击“转换>计算变量”，在函数输入对话框中将目标变量名修改为“窄区间分数下限”，将 prob 参量数值改为 0.025. 单击“确定”按钮，完成“窄区间分数下限”的计算.

⑦ 重复第⑥步，直至完成所有上限的计算. 结果如图 13.29 所示.

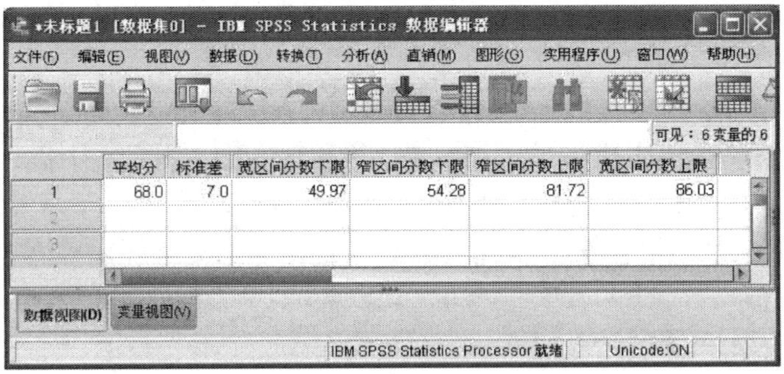

图 13.29 逆正态分布函数求区间上、下限

例 6 某次测验的平均分为 79， 标准差为 8，假如该测验分数呈正态分布，那么从理论上说 80 分到 90 分之间应当有多少人？(参加该测验的总人数为 500. 该题是第五章第三节的例 6)

解 该问题在 Excel 中的操作步骤如下：

① 将已知数据输入工作表.

② 单击 D2 单元格，单击“插入函数”按钮 f_x，出现“插入函数”对话框.

③ 在对话框的“选择类别”列表框中选择“统计”，在“选择函数”列表框中选择 NORMDIST，单击“确定”按钮，打开“函数参数”对话框.

④ 在“函数参数”对话框的 X 文本框中输入 80，然后依次单击 Mean 文本

框，单击平均成绩单元格 A2，单击 standard_dev 文本框，单击标准差单元格 B2，单击 cumulative，输入 TRUE，单击“确定”按钮，得到 80 分的累积概率.

⑤ 单击 E2 单元格，单击“插入函数”按钮 f_x，然后重复步骤③④. 注意重复④时， X 文本框中输入 90，这样便得到 90 分的累积概率.

⑥ 单击 F2，输入“=(”，单击 E2，输入“-”，单击 D2，输入“)*”，单击 C2，回车. 如果你对 Excel 比较熟悉，也可直接在单元格 F2 中输入“=(E2-D2)*C2”，回车.

计算结果如图 13.30 所示. 因此，计算结果表示，80 分到 90 分之间应当有 183 人.

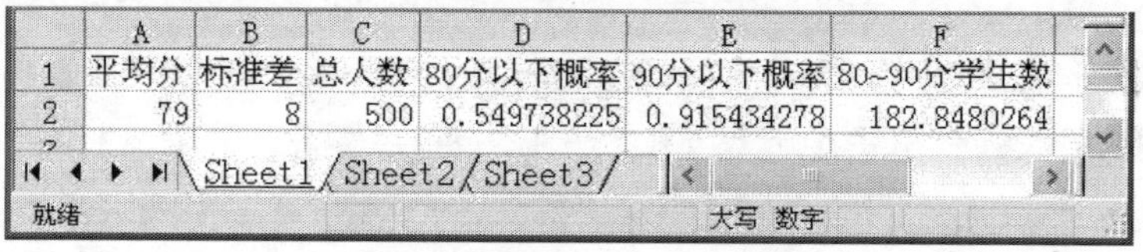

	A	B	C	D	E	F
1	平均分	标准差	总人数	80分以下概率	90分以下概率	80~90分学生数
2	79	8	500	0.549738225	0.915434278	182.8480264

Sheet1 / Sheet2 / Sheet3 /
就绪 大写 数字

图 13.30 正态分布的应用

作为练习，请自己完成该问题在 SPSS 中的操作.

提示：① 该问题所用的函数为 CDF.NORMal(quant，mean，stddev). (为什么？在哪里找到该函数？)

② 变量命名有一定规则，名称中不能包含%之类的字符，第一个字符不能是数字.

第五节 总体平均数的估计

一、区间估计

1. 总体标准差 σ 已知的情况

正态总体、方差已知，或者非正态总体、大样本、方差已知的情况下，平均值的置信区间为 $\overline{X} \pm Z_{\alpha/2}\dfrac{\sigma}{\sqrt{n}}$，公式中的样本均值可由软件计算出来，$Z_{\alpha/2}$ 可以根据正态分布逆函数计算出来，因此相应的置信区间很容易计算.

在 SPSS 中，计算 $Z_{\alpha/2}$ 可利用正态分布逆函数 IDF.NORMal(prob，mean，stddev)，指定均值为 0 和标准差为 1；或者利用标准正态分布逆函数 PROBIT(prob).

在 Excel 中，计算 $Z_{\alpha/2}$ 可利用标准正态分布反函数 NORMSINV；或者利用置信区间函数 CONFIDENCE 直接计算 $Z_{\alpha/2}\dfrac{\sigma}{\sqrt{n}}$，该函数语法为：CONFIDENCE (alpha，standard_dev，size). 其中 Alpha 为显著性水平，Standard_dev 为数据的总体标准

差. Size 为样本容量. 如果 size 不是整数，将被截尾取整.

例 7　某小学 10 岁全体女童身高历年来标准差为 6.25cm，现从该校随机抽取 27 名 10 岁女童，测得平均身高为 134.2cm，试估计该校 10 岁全体女童平均身高的 95%和 99%置信区间(该问题在第六章第二节中已计算过).

解　在 Excel 中利用 CONFIDENCE 计算，操作步骤如下：

① 启动 Excel，将已知数据输入工作表.

② 单击 D3 单元格，输入“=B3-”，单击“插入函数”按钮 f_x.

③ 在对话框的“选择类别”列表框中选择“统计”，在“选择函数”列表框中选择 CONFIDENCE，单击“确定”按钮，打开“函数参数”对话框.

④ 在“函数参数”对话框的 Alpha 文本框中输入 0.05，然后依次单击 standard_dev 文本框，单击单元格 C3，单击 size 文本框，单击 A3，单击“确定”按钮，得到 95%置信区间的下限为 131.8425.

⑤ 单击 E3 单元格，输入“=B3+”，单击“插入函数”按钮 f_x，然后重复步骤③④，得到 95%置信区间的上限为 136.5575.

求 99%置信区间步骤完全相同，只是要注意 Alpha 文本框中输入 0.01，请读者自己完成，最终结果如图 13.31 所示.

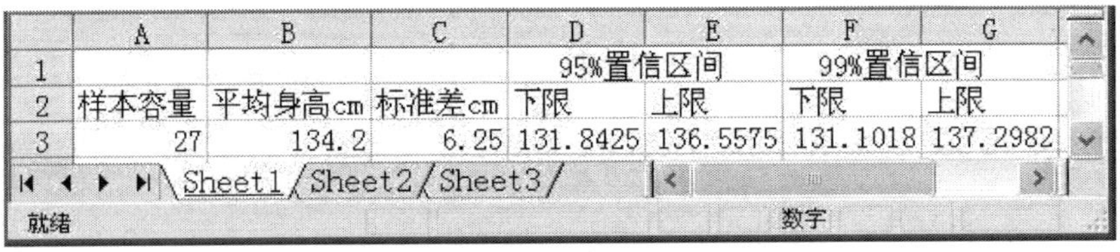

	A	B	C	D	E	F	G
1				95%置信区间		99%置信区间	
2	样本容量	平均身高cm	标准差cm	下限	上限	下限	上限
3	27	134.2	6.25	131.8425	136.5575	131.1018	137.2982

图 13.31　σ 已知时计算置信区间

在 SPSS 中，利用标准正态分布逆函数 PROBIT(prob)计算，操作步骤如下：

① 启动 SPSS，进入数据编辑器窗口，在“变量视图”中定义变量及其属性，注意各变量“小数”属性要满足需要，然后在“数据视图”中输入已知数据，如图 13.32 所示.

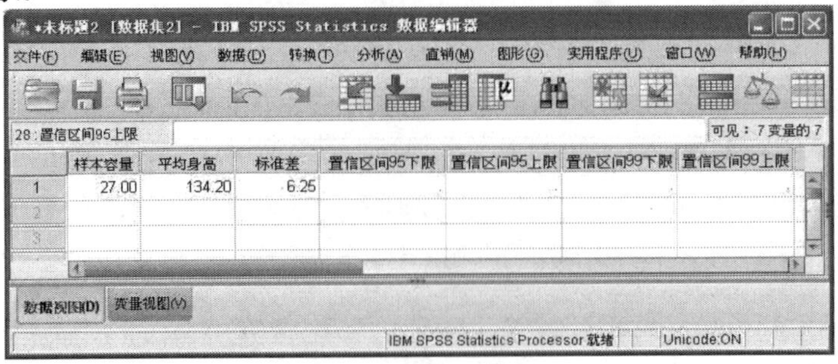

图 13.32　输入数据

② 点击“转换>计算变量”，在函数输入对话框中输入目标变量名“置信区

间 95 下限”.

③ 单击“数学表达式”输入框，输入数学表达式“平均身高+PROBIT(0.025)*标准差/样本容量**0.5”，单击“确定”按钮，完成“置信区间 95 下限”的计算. 表达式中“*”表示“乘”运算，“**”表示“乘方”运算. 上述表达式也可以用鼠标点击函数输入对话框正中间的“自带键盘”来完成. 点击“确定”，返回数据编辑器窗口.

④ 重复②~③步，完成其他上、下限的计算. 数学表达式分别为：

置信区间 95 上限=“平均身高+PROBIT(0.975)*标准差/样本容量**0.5”；置信区间 99 上限=“平均身高+PROBIT(0.995)*标准差/样本容量**0.5”；置信区间 99 下限=“平均身高+PROBIT(0.005)*标准差/样本容量**0.5”，结果如图 13.33 所示.

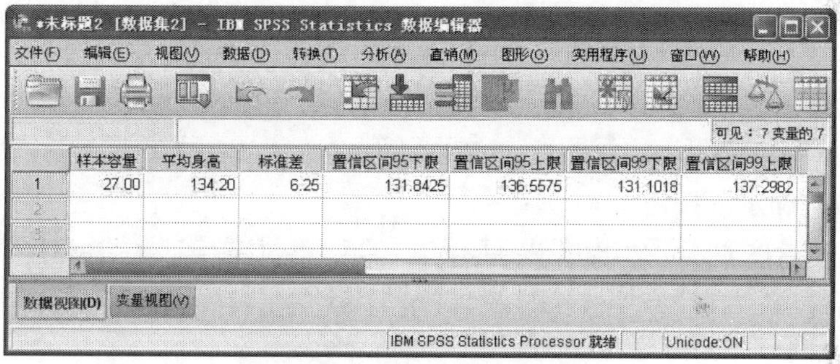

图 13.33　置信区间计算结果

作为练习，请自己完成利用函数 IDF.NORMal(prob，mean，stddev)计算区间上、下限的操作.

2. 总体标准差σ未知的情况

总体标准差未知，总体平均数的置信区间为$(\overline{X}-t_{(df)\alpha/2}S_{\overline{X}} \sim \overline{X}+t_{(df)\alpha/2}S_{\overline{X}})$，在 Excel 中要用到 t 分布反函数 TINV.

例 8　从某中学初中二年级随机抽取 12 名学生，英语阅读能力得分分别为 28，32，36，22，34，30，33，25，31，33，29，26. 试估计该校初中二年级学生英语阅读能力总体平均数 95%和 99%置信区间(该问题是第六章第二节的例 1).

解　在 Excel 中操作步骤如下：

① 启动 Excel，将已知数据输入工作表，将样本容量和 t 分布自由度数输入工作表.

② 计算平均得分：单击 D3 单元格，单击“插入函数”按钮 f_x，在随后出现的对话框的“选择类别”列表框中选择“统计”，在“选择函数”列表框中选择 AVERAGE，单击“确定”按钮. 出现“函数参数”对话框后，用鼠标选择 B2:B13

数据区域，单击“确定”按钮.

计算平均得分也可以直接在 D3 中输入函数“=AVERAGE(B2:B13)”，然后回车.

③ 计算总体标准差估计值 S：单击 D4 单元格，单击“插入函数”按钮 f_x，在随后出现的插入函数对话框的“选择类别”列表框中选择“统计”，在“选择函数”列表框中选择 STDEV，单击“确定”按钮. 出现“函数参数”对话框后，用鼠标选择 B2:B13 数据区域，单击“确定”按钮.

计算标准差估计值 S 也可以直接在 D4 单元格输入“=STDEV(B2:B13)”，回车.

④ 计算 95%区间的下限和上限，具体操作为：单击 D5 单元格，输入“=”，单击 D3 单元格，输入“-”(注：此为下限，在 D6 单元格求上限时此处输入“+”)，单击 D4 单元格，输入“/”，单击 D1 单元格，输入“^0.5*”. 单击“插入函数”按钮 f_x，在随后出现的对话框的“选择类别”列表框中选择“统计”，在“选择函数”列表框中选择 TINV，单击“确定”按钮. 出现“函数参数”对话框后，在 Probability 文本框中输入 0.05，然后单击 Degrees_freedom 文本框，单击 D2 单元格，单击“确定”按钮.

计算 95%区间下限也可以直接在 D5 单元格输入“=D3-D4/D1^0.5*TINV(0.05，D2)”，然后回车. 计算上限则在 D6 单元格输入“=D3+D4/D1^0.5*TINV(0.05，D2)”，回车.

⑤ 计算 99%区间的下限和上限，具体操作与④完全相同，只是在 Probability 文本框中应输入 0.01.

计算 99%区间下限，可以直接在 D7 单元格输入“=D3-D4/D1^0.5*TINV (0.01，D2)”，然后回车. 计算上限则在 D8 单元格输入“=D3+D4/D1^0.5* TINV(0.01，D2)”，然后回车，结果如图 13.34 所示.

D4　=STDEV(B2:B13)

	A	B	C	D
1	学生编号	得分	样本容量:	12
2	1	28	自由度	11
3	2	32	平均得分:	29.91667
4	3	36	标准差估计S:	4.100074
5	4	22	95%区间下限:	27.3116
6	5	34	95%区间上限:	32.52173
7	6	30	99%区间下限:	26.24067
8	7	33	99%区间上限:	33.59267
9	8	25		
10	9	31		
11	10	33		
12	11	29		

Sheet1 / Shee　数字

图 13.34　σ未知时计算置信区间

由以上计算过程可以看出，总体标准差未知的情况下，计算总体平均数的置信区间之前必须先计算样本容量、自由度、平均分以及标准差估计值. 这些计算工作在 SPSS 中可由描述统计功能来完成，就操作步骤而言，在 SPSS 中的操作过程简单明了，操作步骤如下：

① 启动 SPSS，进入数据编辑器窗口，在“变量视图”中定义变量及其属性，注意各变量“小数”属性要满足需要，然后在“数据视图”中输入已知数据，如图 13.35 所示.

图 13.35　输入数据

② 点击“分析>描述统计>探索”，弹出“探索对话框”，将变量列表中的“得分”移入“因变量列表”中，“输出”选项选择“Statistics”，点击“确定”，得出探索结果，输出的表格中就包含了“95%平均数的置信区间”，如图 13.36 所示.

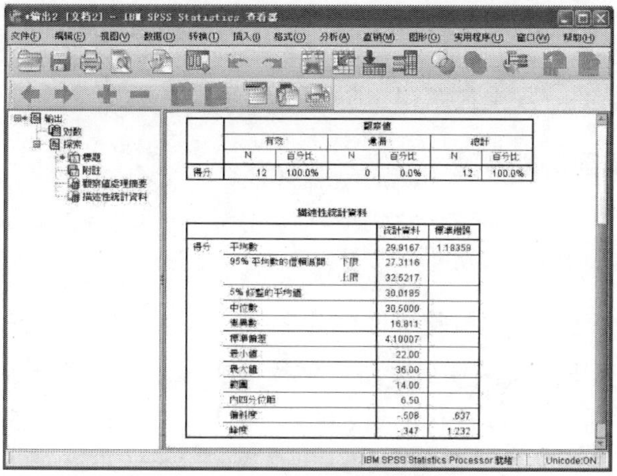

图 13.36　描述性统计资料探索

③ 再点击“分析>描述统计>探索”，弹出“探索对话框”. 点击右侧“Statistics”选项卡按钮，将统计选项卡中的“平均值的置信区间”改为 99%. 点击“继续”，点击“确定”，得出探索结果. 输出的表格中就会包含“99%平均数的置信区间”.

例 9　从某年中考的物理试卷中随机抽取 102 份作为样本，算得实验题平均分数是 26，标准差是 1.5，试估计实验题总体平均数的 95%和 99%置信区间.

该例题以 Excel 中的操作为例予以说明，在 SPSS 中的操作留给读者自己完成.

解　先将已知数据输入工作表. 设单元格 B1 中为样本容量 n，B2 中为分布自由度，B3 中为平均分数，B4 中为样本标准差. 则计算 95%区间下限的公式为“=B3-B4/B2^0.5*TINV(0.05，B2)”，对应上限为“=B3+B4/B2^0.5*TINV (0.05，B2)”；计算 99%区间下限的公式为“=B3-B4/B2^0.5*TINV(0.01，B2)”，对应上限为“=B3+B4/B2^0.5*TINV(0.01，B2)”. 请读者根据例 8 步骤自己完成例 9 的操作过程，最终应该得到如图 13.37 所示的结果.

	A	B
1	试卷分数n	102
2	自由度df	101
3	平均分数	26
4	标准差	1.5
5	95%区间下限：	25.70392
6	95%区间上限：	26.29608
7	99%区间下限：	25.60815
8	99%区间上限：	26.39185
9		

Sheet1 / S

图 13.37　例 9 的计算结果

不难发现，在 Excel 中用鼠标操作比键盘操作麻烦许多. 首先，能用鼠标操作解决的问题，用键盘都能解决；其次，用键盘操作输入一个公式表达式，改用鼠标输入则需用许多步骤才能完成. 用鼠标操作的唯一好处是，对 Excel 还不是很熟练的情况下不易出错. 所以，随着对 Excel 的不断熟悉，应使自己逐步适应键盘操作. 以后我们一般不再给出鼠标操作步骤.

二、总体平均数的显著性检验

1. 总体标准差σ已知的情况

若总体标准差已知，则检验统计量为$Z=(\overline{X}-\mu_0)/\sigma_{\overline{X}}$，其中$\sigma_{\overline{X}}=\sigma/\sqrt{n}$.

例 10　设某异常区域磁场强度服从平均数为 56，标准差为 20 的正态分布. 现用一台新型号的仪器对该区进行测量，抽测了 41 个点，其平均数$\overline{X}=61.1$. 试问：在 0.05 显著性水平下，此仪器测出的结果是否符合要求?(该问题是第六章第三节

例 3)

解　在 Excel 中操作步骤如下：

① 启动 Excel，将已知数据输入工作表.

② 计算 0.05 显著性水平对应的双侧 Z 检验的临界值：由于已知磁场强度服从正态分布且要进行双侧检验，所以需计算 P=1−0.05/2=0.975 对应的 Z 值，所用函数是正态分布反函数 NORMINV．在单元格 B6 中输入计算公式“=NORMSINV(1−B5/2)”，回车.

③ 计算检验统计量：在单元格 B7 中输入计算公式“=(B4−B1)/ (B2/B3^0.5)”，回车.

④ 输入统计决断规则，使 Excel 根据计算结果得出结论，方法是在单元格 B8 中输入逻辑函数“=IF(B7<B6，"在 0.05 显著性水平下仪器测出的结果符合要求．"，"在 0.05 显著性水平下仪器测出的结果不符合要求．")”，回车，结果如图 13.38 所示.

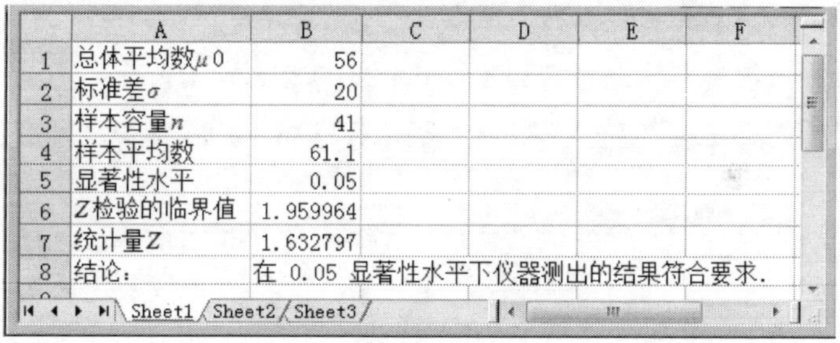

	A	B	C	D	E	F
1	总体平均数μ0	56				
2	标准差σ	20				
3	样本容量n	41				
4	样本平均数	61.1				
5	显著性水平	0.05				
6	Z检验的临界值	1.959964				
7	统计量Z	1.632797				
8	结论：	在 0.05 显著性水平下仪器测出的结果符合要求.				

Sheet1 / Sheet2 / Sheet3

图 13.38　σ已知时总体平均数的显著性检验

对于其他情况，根据具体情形作如下变通：

(1) 若需要在 0.05 显著性水平进行单侧检验，则在第②步中计算 P=1−0.05=0.95 对应的 Z 值，在单元格 B6 中输入的计算公式应为“=NORMSINV(1−B5)”.

(2) 若需要在 0.01 显著性水平进行检验，只修改 B5 单元格的数据即可，公式相同.

(3) 输入统计决断规则要注意逻辑条件的设定，IF 函数输出的语句要符合实际问题.

Excel 中的 IF 函数有三个参数，第一个参数是一个条件表达式，第二个参数是当条件表达式成立时要执行的语句，第三个参数则是条件表达式不成立时执行的语句．参数之间用逗号搁开．若要求函数运行时输出文本，则需要将输出的文本前后分别加上“""”．若一个 IF 函数不能包括所有判断，可以嵌套使用，最多可以嵌套 7 层.

在 SPSS 中计算 Z 检验临界值时，可以用标准正态分布逆函数 PROBIT(prob)，也可以用正态分布逆函数 IDF.NORMal(prob，mean，stddev). 在 SPSS 中按以下步骤完成检验操作：

① 启动 SPSS，进入数据编辑器窗口，在“变量视图”中定义变量及其属性，注意各变量“小数”属性要满足需要，然后在“数据视图”中输入已知数据.

② 点击“转换>计算变量”，在函数输入对话框中输入目标变量名“Z 检验临界值”. 在“数学表达式”输入框中输入数学表达式“IDF.NORMal(1-显著性水平/2，0，1)”或者 PROBIT(1-显著性水平/2)，点击“确定”，返回数据编辑器窗口.

③ 点击“转换>计算变量”，在函数输入对话框中输入目标变量名“统计量 Z”. 在“数学表达式”输入框中输入数学表达式“(样本平均数-总体平均数)/(标准差/样本容量**0.5)，点击“确定”，返回数据编辑器窗口，如图 13.39 所示，根据结果得出结论即可.

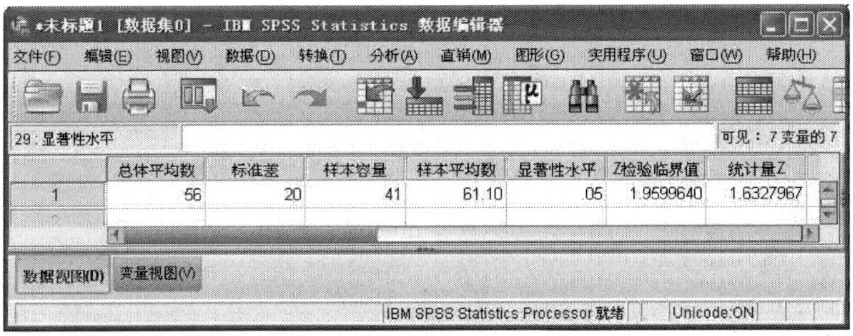

图 13.39　总体平均数的显著性检验

2. *总体标准差* σ *未知的情况*

若总体标准差未知，则检验统计量为：

$$t = (\overline{X} - \mu_0) / S_{\overline{X}},$$

其中 $S_{\overline{X}} = S / \sqrt{n}$ 或 $S_{\overline{X}} = \sigma_X / \sqrt{n-1}$.

例 11　某区初三物理统一测验平均分为 65，该区某校 20 份试卷的分数为：85，70，75，61，72，76，68，78，62，59，64，74，87，83，54，76，56，66，68，62. 问该校初三物理平均分与全区是否一样？(该问题是第六章第三节例 5)

解　① 启动 Excel，将已知数据输入工作表.

② 计算样本容量：在 C2 单元格输入“=COUNT(A2:A21)”，回车.

③ 计算样本平均数：在 C3 单元格输入“=AVERAGE(A2:A21)”，回车.

④ 计算总体标准差估计量：在 C4 单元格输入“=STDEV(A2:A21)”，回车.

⑤ 计算检验统计量 t：在 C5 单元格输入“=(C3-C1)/(C4/C2^0.5)”，回车.

⑥ 计算 t 值对应的双尾概率：在 C6 单元格输入 “=TDIST(C5，C2−1，2)”，回车.

⑦ 输入统计决断规则，使 Excel 根据计算结果得出结论：在单元格 B8 中输入 “=IF(C6>0.05，"该校初三物理平均分与全区一样．"，IF(C6<=0.01，"初三物理平均分与全区有极其显著不同．"，"初三物理平均分与全区有显著差异．"))”，回车．结果如图 13.40 所示.

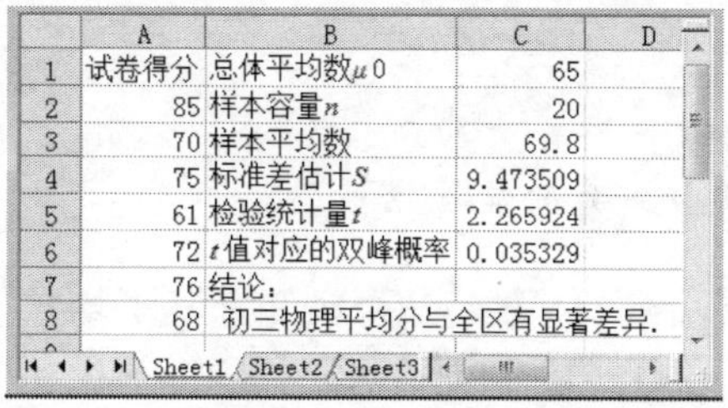

图 13.40　σ未知时总体平均数的显著性检

全部完成后不妨改变几个分数，你将会发现，当分数变化时，表中与样本有关的所有数据以及最终结论都同步变化，这就是 Excel 的自动计算功能，实际中具有广泛应用.

值得注意的是，如果要进行右侧检验， TDIST 函数的最后一个参数应为 1，其他步骤方法完全相同.

对于上述总体标准差未知的情况，SPSS 中有专门的 t 检验功能，操作步骤如下：

① 启动 SPSS，定义变量 “试卷分数” 及其属性，然后输入数据.

② 点击 “分析>比较平均值>单样本 T 检验”，在弹出的 “T 检验对话框” 中将待检验的变量名移入右侧 “检验变量” 列表中，然后在 “检验值” 输入框中输入 65．单击 “确定” 按钮，查看输出结果，如图 13.41 所示.

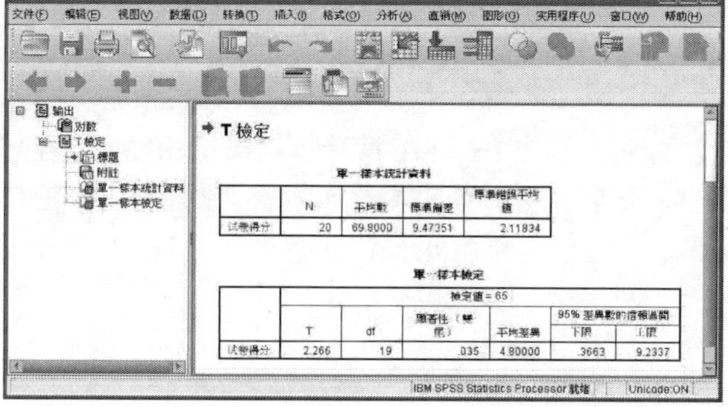

图 13.41　单样本 T 检验

图 13.41 中所列结果的置信区间百分比为 95%，对于本例而言，关键数据在于检验结果中的“显著性”概率 0.035. 由于 0.01<0.035<0.05，所以初三物理平均分与全区有显著差异，但达不到极其显著.

如果要计算置信区间百分比为 99%的上下限，则在“T 检验对话框”中单击右上角“选项”按钮，弹出“检验选项”卡，按要求设置置信区间百分比为 99%即可.

三、两总体的统计检验

1. 两相关样本平均数差异的显著性检验

对于相关样本，根据两总体方差是否已知，其平均数差异的显著性检验分两种情况：若两个总体方差均已知，则平均数差的标准误用(7.7)式计算，检验统计量为 Z；若两个总体方差均未知，则平均数差的标准误用(7.8)式或(7.9)式计算. 对于成对数据，还可以用(7.10)来计算，检验统计量为 t.

例 12 某幼儿园在儿童入园时对 45 名儿童进行了比奈(A. Binet, 1857~1911)智力测验($\sigma=16$)，结果平均智商 $\overline{X}_1=104$，一年后再对同组被试施测，结果 $\overline{X}_2=110$. 已知两次测验结果的相关系数 r=0.72，问能否说随着年龄增长和一年的教育，儿童智商有了显著提高? (该问题是第七章第二节例 1)

解 ① 将数据输入工作表. 假设 B1 单元格为样本容量，B2 单元格为标准差，B3 单元格为入园时平均智商，B4 单元格为一年后平均智商，B5 单元格为相关系数.

② 计算两样本差的标准误：在 B8 单元格输入“=SQRT(2*B2^2* (1−B5)/B1)”，回车.

③ 计算检验统计量 Z：在 B9 单元格输入“=(B4−B3)/B8”，回车.

④ 计算 0.05 水平 Z 的临界值：在 B10 单元格输入“=NORMSINV(0.95)”，回车.

⑤ 计算 0.01 水平 Z 的临界值：在 B11 单元格输入“=NORMSINV(0.99)”，回车.

⑥ 输入统计决断规则，使 Excel 根据计算结果得出结论：在单元格 A13 中输入“=IF(B9<B10, "一年后儿童智商没有显著提高. ", IF(B9>=B11, "一年后儿童智商有极其显著提高. ", " 一年后儿童智商有显著提高. "))”，回车，结果如图 13.42 所示.

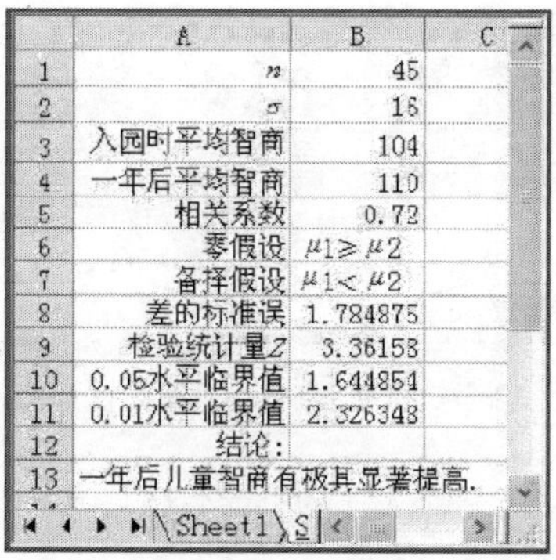

	A	B	C
1	n	45	
2	σ	16	
3	入园时平均智商	104	
4	一年后平均智商	110	
5	相关系数	0.72	
6	零假设	$\mu1\geqslant\mu2$	
7	备择假设	$\mu1<\mu2$	
8	差的标准误	1.784875	
9	检验统计量Z	3.36158	
10	0.05水平临界值	1.644854	
11	0.01水平临界值	2.326348	
12	结论:		
13	一年后儿童智商有极其显著提高.		

图 13.42　相关样本 σ 已知时平均数差异的显著性检验

例 13　为了确定物理教学中两种教学方法是否有显著性差异，根据学生的知识基础、努力程度、智力水平等因素基本相同的原则，将学生配成 15 对，然后把每对学生随机地分入实验组和对照组．实验组施行实验探究式教学法，而对照组施行课堂演示实验的讲授方式进行教学，后期统一测验结果如表 7.1 所示．问两种教学方法教学效果有无显著性差异? (该问题是第七章第二节例 2)

解　对于已知样本数据的情形，检验平均数差异的显著性的方法很多．下面先求出检验统计量 t，再调用函数 TINV 求出指定显著性水平所对应的 t 的临界值，从而得出结论，操作步骤为：

① 启动 Excel，将数据输入工作表．

② 计算 X_1-X_2：在 D2 单元格输入“=B2−C2”，回车．将鼠标指向单元格 D2 右下角，当指针由空心十字形变成实心时，按下左键向下拖动至 D16 单元格，释放鼠标．

③ 计算两样本差标准误：在 G3 单元格输入“=STDEV(D2:D16)/ SQRT(15)”，回车．

④ 计算检验统计量 t：在 G4 单元格输入“=AVERAGE(D2:D16)/G3”，回车．

⑤ 计算 0.05 水平 t 的临界值：在 G5 单元格输入“=TINV(0.05，14)”，回车．

⑥ 计算 0.01 水平 t 的临界值：在 G6 单元格输入“=TINV(0.01，14)”，回车．

⑦ 输入统计决断规则，使 Excel 根据计算结果得出结论：在单元格 F8 中输入“=IF(G4<G5，"两种教学法教学效果没有显著差异．"，IF(G4>G6，"两种教学法教学效果有极其显著差异．"，"两种教学方法教学效果有显著差异．"))”，回车，结果如图 13.43 所示．

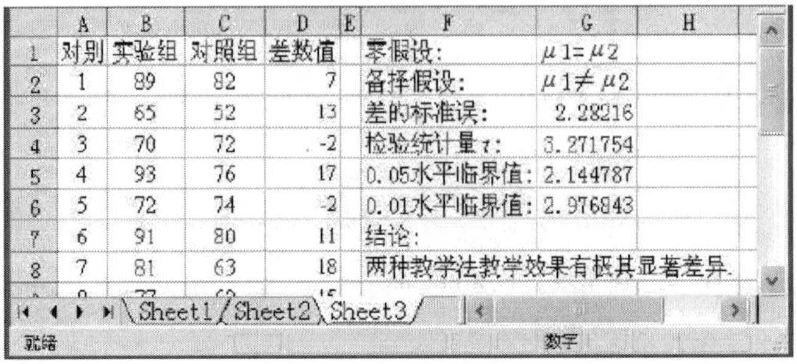

	A	B	C	D	E	F	G	H
1	对别	实验组	对照组	差数值		零假设:	μ1=μ2	
2	1	89	82	7		备择假设:	μ1≠μ2	
3	2	65	52	13		差的标准误:	2.28216	
4	3	70	72	-2		检验统计量t:	3.271754	
5	4	93	76	17		0.05水平临界值:	2.144787	
6	5	72	74	-2		0.01水平临界值:	2.976843	
7	6	91	80	11		结论:		
8	7	81	63	18		两种教学法教学效果有极其显著差异.		

图 13.43 相关样本 σ 未知时平均数差异的显著性检验

Excel 中还提供了一个专门用于 t 检验的函数 TTEST，直接得出两样本可能来自均值相等总体的概率，语法为：TTEST(array1，array2，tails，type). 其中 Array1 为第一个数据总体，Array2 为第二个数据总体，Tails 指示分布曲线的尾数. 如果 tails=1，函数 TTEST 使用单尾分布；如果 tails=2，函数 TTEST 使用双尾分布. Type 为 t 检验的类型，1 代表成对数据检验，即相关样本的情况；2 代表双样本等方差假设，即两独立样本方差齐性的情况； 3 代表双样本异方差假设，即两独立样本方差不一致的情况.

对于本题，利用 TTEST 函数是最简单的方法. 将数据输入工作表以后，单击任一空单元格，输入“=TTEST(B2:B16，C2:C16，2，1)”，回车. 结果为 p=0.005566<0.01，所以，两种教学方法教学效果有极其显著差异.

对于已知样本数据的情形，平均数差异的显著性检验还可利用 Excel 提供的数据分析工具箱中的 t 检验工具来完成. 请打开“工具”菜单，看一下菜单中是否有“数据分析”命令. 如果没有，则需要安装，安装方法为：单击“工具”菜单，单击“加载宏”命令，在随后出现的“加载宏”对话框中选择“分析库”和“分析库—VBA 函数”，然后单击“确定”按钮. 这时系统会提示你没有安装及是否现在安装，单击“确定”按钮即可.

用 t 检验工具来完成例 13，步骤如下：

① 启动 Excel，将数据输入工作表，提出假设 H_0：$\mu_D=0$；H_1：$\mu_D\neq 0$.

② 依次单击“工具”菜单、“数据分析”命令，在随后出现的“数据分析”对话框的“分析工具”选择框中选取“t-检验：平均值的成对二样本分析”，单击“确定”按钮.

③ 在“变量 1 的区域”文本框输入“B1:B16”，在“变量 2 的区域”输入“C1:C16”，在“假设平均差”文本框输入“0”，选中“标记”复选框，在“σ”框输入显著性水平“0.01”，在“输出选项”中选中“输出区域”，在文本框中输入“E3”，单击“确定”按钮，最后结果如图 13.44 所示.

	A	B	C	D	E	F	G
1	对别	实验组	对照组		零假设	μD=0	
2	1	89	82		备择假设	μD≠0	
3	2	65	52		t-检验：成对双样本均值分析		
4	3	70	72				
5	4	93	76			实验组	对照组
6	5	72	74		平均	79.8	72.33333333
7	6	91	80		方差	93.74285714	93.38095238
8	7	81	63		观测值	15	15
9	8	77	62		泊松相关系数	0.582503125	
10	9	84	85		假设平均差	0	
11	10	73	64		df	14	
12	11	90	86		t Stat	3.271754338	
13	12	78	69		P(T<=t) 单尾	0.002783246	
14	13	63	72		t 单尾临界	2.624494064	
15	14	82	81		P(T<=t) 双尾	0.005566491	
16	15	89	67		t 双尾临界	2.976842734	

Sheet1 / Sheet2 / Sheet3

就绪　数字

图 13.44　成对双样本均值分析

结果表明：$df=14$，t 值为 3.271754338，t 值对应的双侧检验概率 $P=0.005566<0.01$. 拒绝原假设，结论为：两种教学方法教学效果有极其显著差异. 或根据另一结果：t 双侧检验临界值 $t_{(14)0.01/2}=2.976\ 842\ 734$，由于 $t=3.271754338^{**}>t_{(14)0.01/2}$，所以 $P<0.01$，结论相同.

上述 t 检验过程在 SPSS 中的操作步骤为：

① 启动 SPSS，定义变量及其属性，输入数据.（或者打开 Excel 保存的数据）

② 点击“分析>比较平均值>配对样本 T 检验”，在弹出的“T 检验对话框”中将成对待检变量名移入右侧“成对变量”列表中，然后单击“选项”按钮，在“检验选项”卡中按要求设置置信区间百分比，单击“继续”、“确定”，查看输出结果，如图 13.45 所示. 检验结果是 $P=0.006<0.01$，结论相同，图中结果置信区间百分比为 99%.

成對樣本統計資料

		平均數	N	標準偏差	標準錯誤平均值
對組 1	实验组	79.8000	15	9.68209	2.49990
	对照组	72.3333	15	9.66338	2.49507

成對樣本相關性

		N	相關	顯著性
對組 1	实验组 & 对照组	15	.583	.023

成對樣本檢定

		成對變異數					T	df	顯著性（雙尾）
		平均數	標準偏差	標準錯誤平均值	99% 差異數的信賴區間				
					下限	上限			
對組 1	实验组 - 对照组	7.46667	8.83877	2.28216	.67304	14.26030	3.272	14	.006

图 13.45　成对样本 T 检验

2. 两独立样本平均数差异的显著性检验

对于独立样本，平均数差异的显著性检验分三种情况：

(1) 两总体方差均已知，则平均数差的标准误为：

$$\sigma_{\overline{D}}=\sqrt{\sigma_1^2/n_1+\sigma_2^2/n_2}$$

检验统计量 $Z=(\overline{X}_1-\overline{X}_2)/\sigma_{\overline{D}}$. 对于指定的显著性水平 α，H_0：$\mu_1-\mu_2=0$ 的拒绝条件为 $|Z|>Z_{\alpha/2}$；H_0：$\mu_1-\mu_2\leqslant 0$ 的拒绝条件为 $Z>Z_\alpha$；H_0：$\mu_1-\mu_2\geqslant 0$ 的拒绝条件为 $Z<-Z_\alpha$.

(2) 两总体方差均未知，但 $\sigma_1^2=\sigma_2^2=\sigma^2$，则平均数差的标准误用式(7.12)计算，即：

$$S_{\overline{D}}=\sqrt{\frac{S_1^2}{n_1}+\frac{S_2^2}{n_2}}=S\sqrt{(\frac{1}{n_1}+\frac{1}{n_2})}$$

其中

$$S=\sqrt{\frac{(n_1-1)S_1^2+(n_2-1)S_2^2}{n_1+n_2-2}}$$

选取检验统计量 $t=(\overline{X}_1-\overline{X}_2)/S_{\overline{D}}$. 对于指定的显著性水平 α，H_0：$\mu_1-\mu_2=0$ 的拒绝条件为 $|t|>t_{(n_1+n_2-2)\alpha/2}$；$H_0$：$\mu_1-\mu_2\leqslant 0$ 的拒绝条件为 $t>t_{(n_1+n_2-2)\alpha}$；H_0：$\mu_1-\mu_2\geqslant 0$ 的拒绝条件为 $t<-t_{(n_1+n_2-2)\alpha}$.

(3) 两总体方差均未知，且 $\sigma_1^2\neq\sigma_2^2$，则两总体平均数差的标准误用(7.3)式：

$$S_{\overline{D}}=\sqrt{S_1^2/n_1+S_2^2/n_2}$$

计算，选取检验统计量 $t'=(\overline{X}_1-\overline{X}_2)/S_{\overline{D}}$. 对于指定的显著性水平 α，H_0：$\mu_1-\mu_2=0$ 的拒绝条件为 $|t'|>t'_{\alpha/2}$；H_0：$\mu_1-\mu_2\leqslant 0$ 的拒绝条件为 $t'>t'_\alpha$；H_0：$\mu_1-\mu_2\geqslant 0$ 的拒绝条件为 $t'<-t'_\alpha$. 其中

$$t'_\alpha=\frac{(S_1^2/n_1)\cdot t_{(df_1)\alpha}+(S_2^2/n_2)\cdot t_{(df_2)\alpha}}{S_1^2/n_1+S_2^2/n_2}$$

$$t'_{\alpha/2}=\frac{(S_1^2/n_1)\cdot t_{(df_1)\alpha/2}+(S_2^2/n_2)\cdot t_{(df_2)\alpha/2}}{S_1^2/n_1+S_2^2/n_2}$$

例 14　从高一年级随机抽取两个小组，在物理教学中实验组和对照组分别采用两种内容相当及各方面要求基本一致的教材，后期统一测验结果如表 7.4 所示，问两种教材对学生成绩是否有显著性差异？(该问题是第七章第三节例6两个总体方差齐性)

解　①启动 Excel，将数据输入工作表，提出假设 H_0：$\mu_1-\mu_2=0$；H_1：$\mu_1-\mu_2\neq 0$.

② 依次单击“工具”菜单、“数据分析”命令，在随后出现的“数据分析”对话框的“分析工具”选择框中选取“t-检验：双样本等方差假设”，单击“确定”按钮.

③ 在“变量 1 的区域”文本框输入“B1:B11”，在“变量 2 的区域”输入“C1:C10”，在“假设平均差”文本框输入“0”，选中“标记”复选框，在“σ”框输入显著性水平“0.05”，在“输出选项”中选中“输出区域”，在文本框中输入“E1”，单击“确定”按钮.

④ 重复第②③步，并将“σ”框的显著性水平改为“0.01”，在“输出区域”文本框中输入“I1”，单击“确定”按钮，得到如下结果(如图 13.46)：

t 值为 2.835101231，自由度为 17，双侧检验临界值 $t_{(17)0.05/2}$= 2.109815559，$t_{(17)0.01/2}$=2.898230518. 因为 $t_{(17)0.05/2}<t<t_{(17)0.01/2}$，即：$0.01<P<0.05$，所以，在 0.05 显著性水平上拒绝零假设而接受备择假设，其结论为：高一物理的两种教材对学生成绩有显著差异.

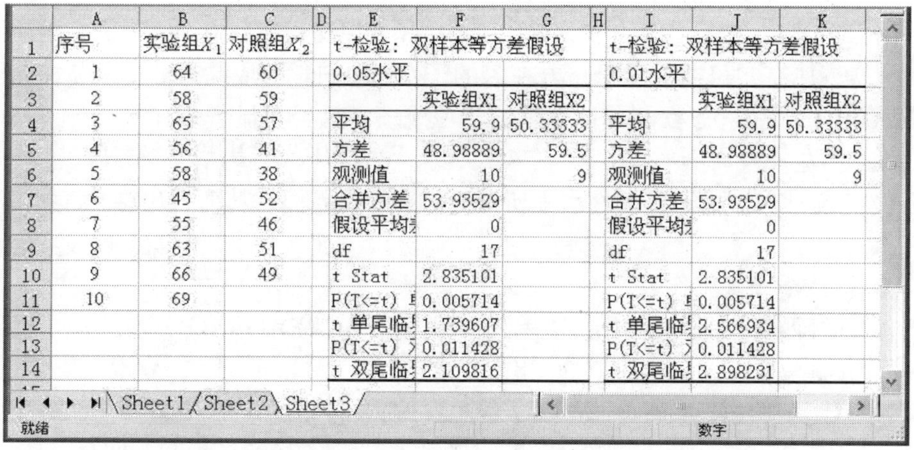

	A	B	C	D	E	F	G	H	I	J	K
1	序号	实验组X_1	对照组X_2		t-检验：双样本等方差假设				t-检验：双样本等方差假设		
2	1	64	60		0.05水平				0.01水平		
3	2	58	59			实验组X1	对照组X2			实验组X1	对照组X2
4	3	65	57		平均	59.9	50.33333		平均	59.9	50.33333
5	4	56	41		方差	48.98889	59.5		方差	48.98889	59.5
6	5	58	38		观测值	10	9		观测值	10	9
7	6	45	52		合并方差	53.93529			合并方差	53.93529	
8	7	55	46		假设平均差	0			假设平均差	0	
9	8	63	51		df	17			df	17	
10	9	66	49		t Stat	2.835101			t Stat	2.835101	
11	10	69			P(T<=t) 单	0.005714			P(T<=t) 单	0.005714	
12					t 单尾临界	1.739607			t 单尾临界	2.566934	
13					P(T<=t) 双	0.011428			P(T<=t) 双	0.011428	
14					t 双尾临界	2.109816			t 双尾临界	2.898231	

图 13.46　独立样本 σ 未知但相等时平均数差异的显著性检

在 SPSS 中检验过程如下：

① 启动 SPSS，定义变量及其属性，输入数据. 第一列为“序号”(学生编号)，第二列为“分组”信息，实验组为“1”，对照组为“2”，第三列数据为“测验

成绩”.

② 点击“分析>比较平均值>独立样本 T 检验”，在弹出的“T 检验对话框”中将“测验成绩”移入右侧“检验变量”列表中，将“分组”移入右侧“分组变量”列表中.

③ 单击“定义组”按钮，输入定义规则，即组 1 为“1”，组 2 为“2”. 点击“继续”、“确定”，输出检验结果，如图 13.47 所示，结果为 $0.01 < P < 0.05$. 所以，在 0.05 显著性水平上拒绝零假设而接受备择假设，其结论为：高一物理的两种教材对学生成绩有显著差异.

群組統計資料

	分組	N	平均數	標準偏差	標準錯誤平均值
測驗成績	1	10	59.90	6.999	2.213
	2	9	50.33	7.714	2.571

獨立樣本檢定

		Levene 的變異數相等測試		針對平均值是否相等的 t 測試						
									95% 差異數的信賴區間	
		F	顯著性	T	df	顯著性（雙尾）	平均差異	標準誤差	下限	上限
測驗成績	採用相等變異數	.094	.763	2.835	17	.011	9.567	3.374	2.447	16.686
	不採用相等變異數			2.820	16.295	.012	9.567	3.393	2.385	16.748

图 13.47 独立样本平均数差异的显著性检

图 13.47 中所列结果的置信区间百分比为 95%，如果要计算置信区间百分比为 99%的上下限，则在“T 检验对话框”中单击右上角“选项”按钮，弹出“检验选项”卡，按要求设置置信区间百分比为 99%即可.

例 15 现有 25 名学生年龄相同，其中 18 人属父母常年在外打工的所谓留守子女，7 人属有父母或者父母一方在家的子女，他们学习成绩得分如表 7.6 所示，在 Excel 中检验留守子女与其他学生的学习成绩间是否有显著差异?

解 两总体方差均未知，且 $\sigma_1^2 \neq \sigma_2^2$. 在 Excel 中先求出检验统计量 t'，再调用函数 TINV 求出指定显著性水平所对应的 t' 的临界值，从而得出结论. 操作步骤为：

① 将数据输入工作表.

② 计算两样本平均值：在 E4 单元格输入“=AVERAGE(B2:B19)”，回车. 在 F4 单元格输入“=AVERAGE(C2:C8)”，回车.

③ 计算两样本所属总体方差无偏估计值：在 E5 单元格输入“=VAR(B2:B19)”，回车. 在 F5 单元格输入“=VAR(C2:C8)”，回车.

④ 计算样本容量：在 E6 单元格输入“=COUNT(B2:B19)”，回车. 在 F6 单元格输入“=COUNT(C2:C8)”，回车.

⑤ 计算检验统计量 t'：在 E8 单元格输入“=(E4−F4)/SQRT(E5/E6+ F5/F6)”，回车.

⑥ 计算 0.05 水平 t' 的临界值：在 E9 单元格输入“=(E5/E6*TINV(0.05,E6−1)+F5/F6*TINV(0.05，F6−1))/(E5/E6+F5/F6)”，回车.

⑦ 计算 0.01 水平 t' 的临界值：在 E10 单元格输入“=(E5/E6*TINV(0.01,E6−1)+F5/F6*TINV(0.01，F6−1))/(E5/E6+F5/F6)”，回车.

⑧ 输入统计决断规则，使 Excel 根据计算结果得出结论：在单元格 E11 中输入“=IF(ABS(E8)<E9，"留守子女与其他学生的学习成绩间没有显著差异. "，IF(ABS(E8)>= E10，"留守子女与其他学生的学习成绩间差异极其显著. "，"留守子女与其他学生的学习成绩间有显著差异. "))”，回车. 最终结果如图 13.48 所示.

	A	B	C	D	E	F	G	H
1	序号	留守子女	普通子女	t-检验：双样本异方差假设				
2	1	19	33					
3	2	24	28		留守子女	普通子女		
4	3	10	30	平均：	18.33333	31.85714		
5	4	32	34	方差：	70.23529	8.47619		
6	5	6	29	样本容量：	18	7		
7	6	21	36	零假设：	μD=0			
8	7	20	33	t'：	-5.98092			
9	8	26		0.05临界值：	2.189651			
10	9	12		0.01临界值：	3.089874			
11	10	3	结论：留守子女与其他学生的学习成绩间差异极其显著.					
12	11	25						

Sheet1 / Sheet2 / Sheet3

就绪　数字

图 13.48　σ未知且不等时平均数差异的显著性检验

在 SPSS 中的检验过程与例 14 完全相同，请自己完成检验. 检验结果如图 13.49 所示.

群組統計資料

	分组	N	平均數	標準偏差	標準錯誤平均值
测验成绩	1	18	18.33	8.381	1.975
	2	7	31.86	2.911	1.100

獨立樣本檢定

		Levene 的變異數相等測試		針對平均值是否相等的 t 測試						
		F	顯著性	T	df	顯著性（雙尾）	平均差異	標準誤差	95% 差異數的信賴區間 下限	上限
测验成绩	採用相等變異數	9.040	.006	-4.127	23	.000	-13.524	3.277	-20.303	-6.745
	不採用相等變異數			-5.981	22.931	.000	-13.524	2.261	-18.202	-8.845

图 13.49　SPSS 检验结果

3. *两总体方差的齐性检验*

对于独立样本，若 μ_1 和 μ_2 未知，则当 H_0：$\sigma_1^2=\sigma_2^2$ 成立时，检验统计量 $F=S_1^2/S_2^2$ 服从 $F_{(n_1-1,n_2-1)}$ 分布. 对指定的显著性水平 α，若较大的样本方差做 F

的分子，H_0：$\sigma_1^2=\sigma_2^2$ 的拒绝条件为 $F>F_{(n_1-1,n_2-1)\alpha/2}$. 同样，$H_0$：$\sigma_1^2\leqslant\sigma_2^2$ 的拒绝条件为 $F>F_{(n_1-1,n_2-1)\alpha}$，$H_0$：$\sigma_1^2\geqslant\sigma_2^2$ 的拒绝条件为 $F<F_{(n_1-1,n_2-1)(1-\alpha)}$.

若 μ_1 和 μ_2 均已知，则当 H_0：$\sigma_1^2=\sigma_2^2$ 成立时，检验统计量

$$\tilde{F}=\frac{n_2\sum_{i=1}^{n_1}(X_i-\mu_1)^2}{n_1\sum_{j=1}^{n_2}(X_j-\mu_2)^2}$$

服从 $F_{(n_1,n_2)}$ 分布. 对指定的显著性水平 α，若较大的样本方差做 F 的分子，H_0：$\sigma_1^2=\sigma_2^2$ 的拒绝条件为 $\tilde{F}>F_{(n_1,n_2)\alpha/2}$. 同样，$H_0$：$\sigma_1^2\leqslant\sigma_2^2$ 的拒绝条件为 $\tilde{F}>F_{(n_1,n_2)\alpha}$，$H_0$：$\sigma_1^2\geqslant\sigma_2^2$ 的拒绝条件为 $\tilde{F}<F_{(n_1,n_2)(1-\alpha)}$.

例 16　对表 7.4 所示的数据进行方差齐性检验.

解　利用 Excel 检验两方差齐性的步骤为：

① 将数据输入工作表，提出假设 H_0：$\sigma_1^2=\sigma_2^2$；H_1：$\sigma_1^2\neq\sigma_2^2$.

② 依次单击“工具”菜单、“数据分析”命令，在随后出现的“数据分析”对话框的“分析工具”选择框中选取“F-检验：双样本方差”，单击“确定”按钮.

③ 在随后出现的对话框中“变量 1 的区域”文本框输入“C1:C10”，在“变量 2 的区域”文本框输入“B1:B11”，选中“标记”复选框，在“σ”框输入显著性水平“0.025”，在“输出选项”中选中“输出区域”，在文本框中输入“E1”，单击“确定”按钮.

计算结果如图 13.50 所示，由于 F=1.214561125<$F_{(8,\ 9)0.025}$=4.101955697，所以接受零假设，表示没有充分的理由说明两总体方差不相等.

	A	B	C	D	E	F	G
1	序号	实验组X_1	对照组X_2		F-检验 双样本方差分析		
2	1	64	60				
3	2	58	59			对照组X2	实验组X1
4	3	65	57		平均	50.33333333	59.9
5	4	56	41		方差	59.5	48.988889
6	5	58	38		观测值	9	10
7	6	45	52		df	8	9
8	7	55	46		F	1.214561125	
9	8	63	51		P(F<=f) 单尾	0.386420903	
10	9	66	49		F 单尾临界	4.101955697	
11	10	69					

Sheet1 / Sheet2 / Sheet3
就绪　　数字

图 13.50　方差齐性检验

在 SPSS 中，方差的齐性检验是方差分析所附带的扩展功能，在“选项”里面勾选“方差同质性检验”即可，这里不再单独讲述方差的齐性检验.

第六节　方差分析

在比较多组平均数差异的显著性时，常用方差分析这一综合推断的方法. 在 Excel 的数据分析工具箱中，提供了几个方差分析工具，包括单因素方差分析和双因素分析的方法，下面通过例题予以说明.

例 17　利用 Excel 的数据分析工具，在 0.05 显著性水平给出第八章第二节例 1 的结论.

解　在 Excel 中进行单因素(完全随机设计的)方差分析的步骤为：

① 启动 Excel，将数据输入工作表.

② 依次单击"工具"菜单、"数据分析"命令，在随后出现的"数据分析"对话框的"分析工具"选择框中选取"方差分析：单因素方差分析"，单击"确定"按钮.

③ 在"输入区域"文本框输入"A1:E9"，"分组方式"选择"列"，选中"标志位于第一行"复选框，在"σ"框输入显著性水平"0.05"，在"输出选项"中选中"输出区域"，在文本框中输入"G1"，单击"确定"按钮，结果参见图 13.51.

由分析结果可见，$F_{(4,35)0.05}=2.6415$，由于 $F=3.25177305>F_{(4,35)0.05}$，所以 $P<0.05$，结论：在不同班主任的班级中数学成绩有显著不同. 或者直接根据给出的概率值 $p=0.0228<0.05$，也可得出相同的结论.

对于各实验处理样本容量不相等的情况，只要"输入区域"包括所有数据即可，步骤和方法完全相同，不再赘述.

	A	B	C	D	E	F	G	H	I	J	K	L	M
1	A	B	C	D	E		方差分析：单因素方差分析						
2	83	64	69	61	74								
3	72	67	69	65	69		SUMMARY						
4	71	83	71	71	72		组	观测数	求和	平均	方差		
5	79	76	73	68	71		A	8	596	74.5	31.7142857		
6	72	70	73	68	67		B	8	572	71.5	36.2857143		
7	65	67	69	65	79		C	8	556	69.5	12		
8	78	72	70	69	76		D	8	536	67	10		
9	76	73	62	69	84		E	8	592	74	30.8571429		
10													
11							方差分析						
12							差异源	SS	df	MS	F	P-value	F crit
13							组间	314.4	4	78.6	3.25177305	0.0228	2.6415
14							组内	846	35	24.17142857			
15													
16							总计	1160.4	39				

Sheet1 / Sheet2 / Sheet3　就绪　数字

图 13.51　单因素方差分析

在 SPSS 中进行单因素(完全随机设计的)方差分析的步骤如下：

① 启动 SPSS，定义变量及其属性，输入数据. 第一列数据为序号(可以省略)，第二列数据为分组编号，A 组编号为“1”，B 组编号为“2”，C 组编号为“3”，D 组编号为“4”，E 组编号为“5”，第三列数据为测验成绩，如图 13.52 所示.

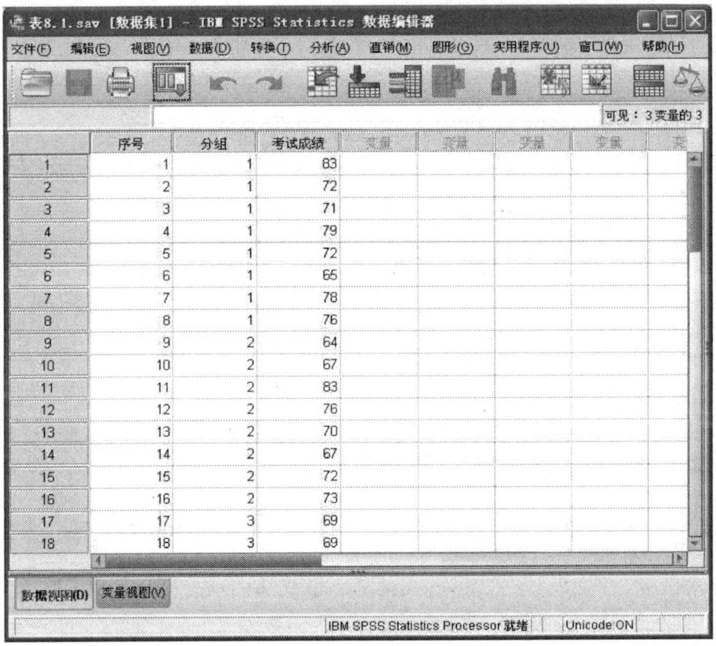

图 13.52　分组编号数据

② 点击“分析>比较平均值>单因素 ANOVA(方差分析)”，在弹出的“单因素方差分析”对话框中将待分析变量名“考试成绩”移入右侧“因变量列表”中，将“分组”变量移入“因子”输入框.

③ 单击右侧的“选项”按钮，勾选“方差同质性检验”，单击“继续”、“确定”，完成方差的齐性检验和单因素方差分析，如图 13.53 所示.

變異數同質性測試

考试成绩

Levene 統計資料	df1	df2	顯著性
1.238	4	35	.313

變異數分析

考试成绩

	平方和	df	平均值平方	F	顯著性
群組之間	314.400	4	78.600	3.252	.023
在群組內	846.000	35	24.171		
總計	1160.400	39			

图 13.53　SPSS 中方差齐性检验与方差分析

方差分析的结果显示 $F=3.252$，大于 $F_{(4,\ 35)0.05}=2.6415$，所以 $P<0.05$，结论：在不同班主任的班级中数学成绩有显著不同．或者根据给出的显著性概率值 $p=0.023<0.05$，也可得出相同的结论．再看方差同质性检验，结果显示的显著性水平 $P=0.313 \gg 0.05$，表明方差没有显著性差异，这说明数学成绩的确与班主任工作有关．

例 18　为了判定三套中考物理模拟试题是否为平均数相当的复本测验，现从某学校初三年级随机选取 8 名学生，先后做三套试题，其成绩如表 8.7 中所示，试分析数据，得出结论．

解　把测验作为实验的唯一因素时，该例属于单因素随机区组设计的方差分析．其分析过程与无重复双因素分析过程相同，这时学生相当于另一个因素．在 Excel 中就用无重复双因素方差分析方法，研究 3 套试题之间以及 8 名学生之间的差异显著性．操作步骤如下：

① 启动 Excel，将数据输入工作表．

② 依次单击“工具”菜单、“数据分析”命令，在“数据分析”对话框的“分析工具”选择框中选取“方差分析：无重复双因素分析”，单击“确定”按钮．

③ 在“输入区域”文本框输入“A1:D9”，选中“标记”复选框，在“σ”框输入显著性水平“0.05”，在“输出选项”中选中“输出区域”，在文本框中输入“F1”，单击“确定”按钮，结果如图 13.54 所示．

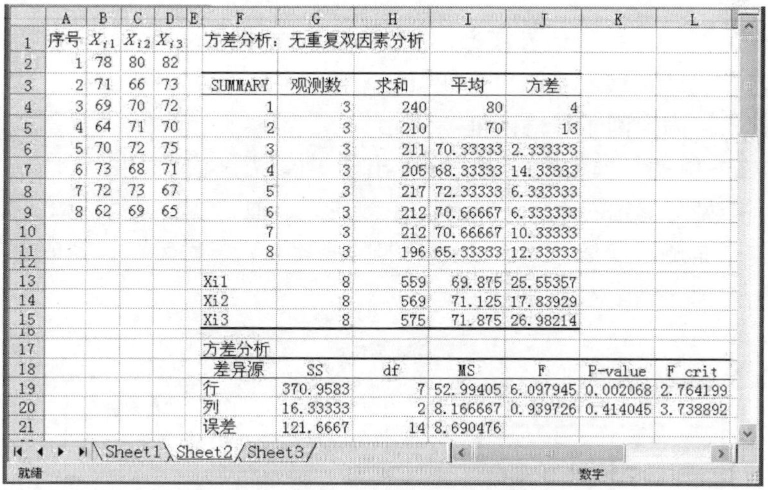

	A	B	C	D	E	F	G	H	I	J	K	L
1	序号	X_{i1}	X_{i2}	X_{i3}		方差分析：无重复双因素分析						
2	1	78	80	82								
3	2	71	66	73		SUMMARY	观测数	求和	平均	方差		
4	3	69	70	72		1	3	240	80	4		
5	4	64	71	70		2	3	210	70	13		
6	5	70	72	75		3	3	211	70.33333	2.333333		
7	6	73	68	71		4	3	205	68.33333	14.33333		
8	7	72	73	67		5	3	217	72.33333	6.333333		
9	8	62	69	65		6	3	212	70.66667	6.333333		
10						7	3	212	70.66667	10.33333		
11						8	3	196	65.33333	12.33333		
12												
13						Xi1	8	559	69.875	25.55357		
14						Xi2	8	569	71.125	17.83929		
15						Xi3	8	575	71.875	26.98214		
16												
17						方差分析						
18						差异源	SS	df	MS	F	P-value	F crit
19						行	370.9583	7	52.99405	6.097945	0.002068	2.764199
20						列	16.33333	2	8.166667	0.939726	0.414045	3.738892
21						误差	121.6667	14	8.690476			

图 13.54　双因素方差分析

计算结果表明：行与行之间差异极其显著，列与列之间差异不显著，所以 3 套试题可以作为平均数相等的复本测验．各数据的差异主要由学生水平不同所致．

在 SPSS 中进行双因素无交互作用的方差分析，操作步骤如下：

① 启动 SPSS，定义变量及其属性，输入数据. 第一列数据为学生编号，第二列数据为试题编号， A 卷编号为“1”，B 卷编号为“2”，C 卷编号为 “3”，第三列数据为测验成绩，如图 13.55 所示.

	学生编号	试卷编号	成绩
1	1	1	78
2	2	1	71
3	3	1	69
4	4	1	64
5	5	1	70
6	6	1	73
7	7	1	72
8	8	1	62
9	1	2	80
10	2	2	66
11	3	2	70
12	4	2	71
13	5	2	72
14	6	2	68
15	7	2	73
16	8	2	69
17	1	3	82
18	2	3	73

图 13.55　分组编号输入数据

② 点击“分析>一般线性模型>单变量”，在弹出的“单变量分析”对话框中将变量名“成绩”移入右侧“因变量”输入框中，将“学生编号”和“试卷编号”变量移入“固定因子”输入框.

③ 单击右侧的“模型”按钮，在弹出的“模型”对话框中，选择“定制”，在“构建项类型”下拉列表框中选择“主效应”，把“学生编号”和“试卷编号”两个变量移入右侧“模型”列表框，单击“继续”、“确定”，完成方差分析，如图 13.56 所示.

主旨間效果檢定

因變數：成绩

來源	第 III 類平方和	df	平均值平方	F	顯著性
修正的模型	387.292[a]	9	43.032	4.952	.004
截距	120842.042	1	120842.042	13905.112	.000
学生编号	370.958	7	52.994	6.098	.002
试卷编号	16.333	2	8.167	.940	.414
錯誤	121.667	14	8.690		
總計	121351.000	24			
校正後總數	508.958	23			

a. R 平方 = .761（調整的 R 平方 = .607）

图 13.56　双因素无交互作用的方差分析

计算结果表明：不同学生之间差异极其显著，不同试卷之间差异不显著，所以 3 套试题可以作为平均数相等的复本测验．各数据的差异主要由学生水平不同所致．

例 19　在高一年级中随机抽取 16 名学生，随机分为 4 组(每组 4 人)，各组分别接受一种教材和一种教法，后期统一测验结果如表 8.12 所示．试检验 A 因素、B 因素以及 A 与 B 因素交互作用对学生学习成绩影响的显著性．

解　在 Excel 中可重复双因素方差分析方法，步骤如下：

① 启动 Excel，将数据输入工作表，如图 13.57 所示．

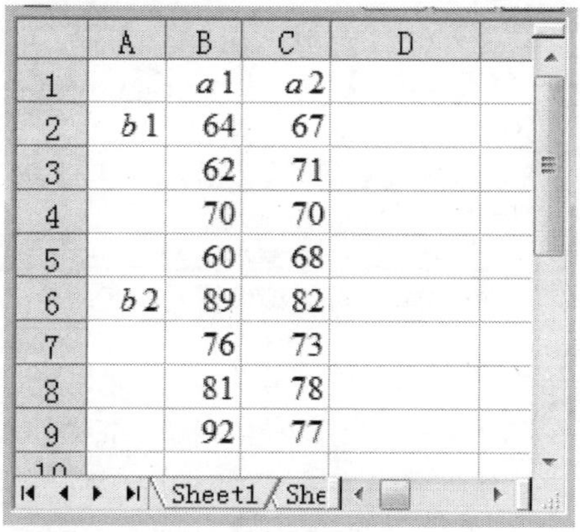

	A	B	C	D
1		a1	a2	
2	b1	64	67	
3		62	71	
4		70	70	
5		60	68	
6	b2	89	82	
7		76	73	
8		81	78	
9		92	77	

图 13.57　输入数据

② 依次单击“工具”菜单、“数据分析”命令，在随后出现的“数据分析”对话框的“分析工具”选择框中选取“方差分析：可重复双因素分析”，单击“确定”按钮．

③ 在“输入区域”文本框输入“A1:C9”，“每一样本的行数”文本框中输入“4”，在“σ”框输入显著性水平“0.05”，在“输出选项”中选中“输出区域”，在文本框中输入“E1”，单击“确定”按钮．结果不再给出，请实际操作一遍，并将所得结论与第八章第六节的计算结果相比较．

在 SPSS 中进行双因素有交互作用的方差分析，操作步骤如下：

① 启动 SPSS，定义变量及其属性，输入数据，第一列数据为学生编号，第二列数据为所用教材编号，第三列数据为所用教法编号，第四列数据为测验结果．如图 13.58 所示．

	学生编号	所用教材	所用教法	测验结果
1	1	1	1	64
2	2	1	1	62
3	3	1	1	70
4	4	1	1	60
5	5	1	2	89
6	6	1	2	76
7	7	1	2	81
8	8	1	2	92
9	9	2	1	67
10	10	2	1	71
11	11	2	1	70
12	12	2	1	68
13	13	2	2	82
14	14	2	2	73
15	15	2	2	78
16	16	2	2	77

图 13.58　分组编号输入数据

② 点击“分析>一般线性模型>单变量”，在弹出的“单变量分析”对话框中将变量名“测验结果”移入右侧“因变量”输入框中，将“所用教材”和“所用教法”变量移入“固定因子”输入框.

③ 单击右侧的“模型”按钮，在弹出的“模型”对话框中，选择“定制”，在“构建项类型”下拉列表框中选择“交互”.

④ 在“因子与协变量”列表中选择“所用教法”，单击输入按钮将其移入“模型”列表框. 选择“所用教材”，单击输入按钮将其移入“模型”列表框. 然后同时选中“所用教法”和“所用教材”两个变量，单击输入按钮将其移入“模型”列表框，此时“模型”列表框中会出现一个新的变量名“所用教材*所用教法”，这就是交互项. 单击“继续”，返回“单变量分析”对话框. 单击“确定”，完成方差分析，如图 13.59 所示.

主旨間效果檢定

因變數：測驗結果

來源	第 III 類平方和	df	平均值平方	F	顯著性
修正的模型	989.000[a]	3	329.667	14.761	.000
截距	87025.000	1	87025.000	3896.642	.000
所用教法	841.000	1	841.000	37.657	.000
所用教材	4.000	1	4.000	.179	.680
所用教法 * 所用教材	144.000	1	144.000	6.448	.026
錯誤	268.000	12	22.333		
總計	88282.000	16			
校正後總數	1257.000	15			

a. R 平方 = .787（調整的 R 平方 = .733）

图 13.59　双因素有交互作用的方差分析

根据检验结果，所用教材对学习效果无显著影响；所用教法对学习效果有极显著影响；教材与教法对学习效果交互作用显著.

第七节　点计数据的统计推断

一、总体比率的推断

对于小样本总体比率的推断，可以用查表法解决，而且非常迅速. 所以，利用统计软件进行总体比率的区间估计或假设检验，我们只讨论大样本的情况，从而，估计方法的原理是基于正态分布.

例 20　从某区随机抽取 100 名中学生，查得正常视力有 65 人. 试以 95%置信度给出全区中学生正常视力比率的所在范围.

解　在 Excel 中计算，步骤如下：

① 启动 Excel，将已知数据输入工作表. 在 D3 中输入公式："=B3/A3+SQRT(B3/A3* (1−B3/A3)/A3)*NORMSINV(0.025)"，单击"确定"按钮，得到 95%置信区间的下限.

② 在 E3 中输入公式："=B3/A3+SQRT(B3/A3*(1−B3/A3)/A3)*NORMSINV(0.975)"，单击"确定"按钮，得到 95%置信区间的上限. 最终结果如图 13.60 所示.

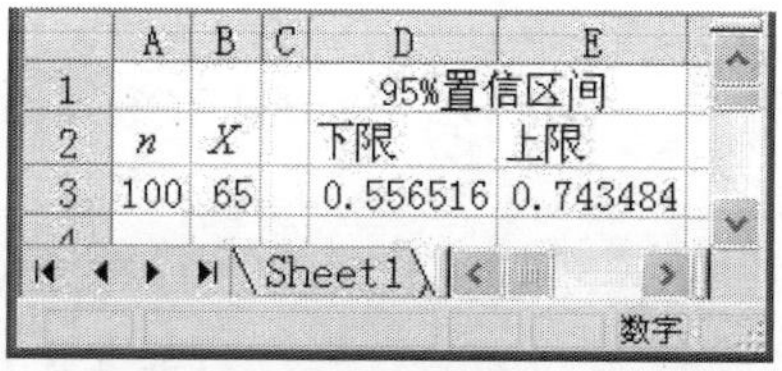

	A	B	C	D	E
1				95%置信区间	
2	n	X		下限	上限
3	100	65		0.556516	0.743484

图 13.60　总体比率的区间估计

在 SPSS 中的操作过程，希望能够自己完成. 数学表达式为：

置信度 95 的比率上限=(X/n)+PROBIT(0.975)*SQRT((X/n)*(1−(X/n))/n)；置信度 95 的比率下限=(X/n)+PROBIT(0.025)*SQRT((X/n)*(1−(X/n))/n). 其中函数 SQRT( )表示开平方，也可以等价地表示为"( )**0.5".

例 21　某综合性大学，教师中具有硕士以上学历的比率为 0.60，现从某学院随机抽取 75 名教师，其中硕士以上学历的有 48 人，问该学院教师硕士以上学历的比率与全校教师硕士以上学历的比率，是否有显著性差异?

解　① 提出假设 $H_0: p' = 0.60$ ，$H_1: p' \neq 0.60$.

② 启动 Excel，将已知数据输入工作表.

③ 在 D2 中输入公式："=(C2/B2−A2)/SQRT(A2*(1−A2)/B2)"，单击"确定"按钮.

④ 输入统计决断规则，使 Excel 根据计算结果得出结论：在单元格 B3 中输入 “=IF(D2<1.96，"该学院教师硕士以上学历的比率与全校教师的比率没有显著性差异. ","该学院教师硕士以上学历的比率与全校教师的比率有显著性差异")”，回车. 结果如图 13.61 所示.

在 SPSS 中的操作关键在于写出统计量 Z 的数学表达式，也希望能够自己完成.

	A	B	C	D	E	F	G	H
1	p'	n	X	统计量Z				
2	0.6	75	48	0.7071068				
3	结论：	该学院教师硕士以上学历的比率与全校教师的比率没有显著性差异.						

图 13.61 总体比率的假设检验

二、两个总体比率差异的显著性检验

对大样本，两个总体比率差异的显著性检验也是基于正态分布. 现以第九章第二节例 5 为例，在 Excel 中检验两种实验教学方法的效果是否有显著性差异，具体步骤如下：

① 提出假设 $H_0 : p_1' = p_2'$ ，$H_1 : p_1' \neq p_2'$ ，将已知数据输入工作表.

② 求 n_1，n_2 ，n_{c1}，n_{c2} 以及 N：选择区域 B2:D4，单击工具栏上的自动求和按钮 Σ.

③ 在 E2 单元格中输入 “=(B2/D2−B3/D3)/SQRT((B4*C4)/D2/D3/D4)”，回车. 这样就计算出统计量 Z.

④ 输入统计决断规则，Excel 根据计算结果得出结论：在单元格 B5 中输入 “=IF(E2<1.96， “两种实验教学方法的效果没有显著的差异. ”， IF(E2>2.58， “两种实验教学方法的效果有极其显著的差异. ”， “两种实验教学方法的效果有显著差异. ”))”，回车. 结果如图 13.62 所示.

	A	B	C	D	E
1	组别	及格人数	不及格人数	总和	统计量Z
2	实验组	70	30	100	3.731822
3	对照组	24	36	60	
4	总和	94	66	160	
5	结论：				
6					
7		两种实验教学方法的效果有极显著的差异.			

图 13.62 两个总体比率差异的显著性检验

三、χ^2 检验

Excel 中 χ^2 检验要用函数 CHITEST，语法为：CHITEST(actual_range，expected_range). 其中 Actual_range 为包含实际观察值的数据区域，它将和期望值(假设值)作比较，Expected_range 为假设值数据区域. 实际运用时应注意以下几点：

① 实际观察值的数据区域与假设值的数据区域，其大小和形状应完全相同.

② 当各频数不太小时，使用 CHITEST 最合适，最好每个频数都不小于 5.

③ CHITEST 给出在独立的假设条件下意外获得这种情况的概率，当给出的概率值小于事先要求的显著性水平时，则实际分布与假设的分布差异显著.

例 22　根据第九章第四节例 10 所给数据，检验其总体是否呈正态分布.

解　① 启动 Excel，将已知数据输入工作表.

② 在 C4 单元格输入"=STANDARDIZE(A4−0.5，139.9，7.5)"，回车. 将鼠标指向单元格 C4 的右下角，当指针由空心十字形变成实心时，按下左键拖动至 C13 单元格，释放鼠标. 这样就求出了各区间下限对应的 Z 值，然后再将两端点 $\pm\infty$ 补入.

③ 在 D4 单元格输入"=NORMSDIST(C4)"，回车. 将鼠标指向单元格 D4 的右下角，当指针由空心十字形变成实心时，按下左键拖动至 D13 单元格，释放鼠标. 这样就求出了从 $-\infty$ 到各 Z 值的累积概率，然后将两端点 0 和 1 补入.

④ 在 E3 单元格输入"=(D4–D3)*120"，回车. 将鼠标指向单元格 E3 的右下角，当指针由空心十字形变成实心时，按下左键拖动至 E13 单元格，释放鼠标，这样就求出了各区间的理论频数.

⑤ 将频数小于 5 的进行合并，请依次完成下列操作：选择 E3:E5，剪切. 单击 G3 单元格，粘贴. 选择 G3:G5，单击自动求和按钮Σ. 单击 G6 单元格，剪切. 单击 E5 单元格，粘贴. 这样便将 E3:E5 三个频数合并在 E5 单元格.

按上述方法，分别将 B3:B5 三个频数合并在 B5 单元格. E11:E13 三个频数合并在 E11 单元格. B11:B13 三个频数合并在 B11 单元格.

⑥ 在单元格 E16 中输入"=CHITEST(B5:B11，E5:E11)"，回车. 得出实际分布发生的概率，最终结果如图 13.63 所示.

	A	B	C	D	E	F	G
1	区间下限	实际频数	Z值	累积概率	理论频数	待合并的频数	
2						实际	理论
3	−∞		−∞	0		0	0.849235
4	122		-2.453333333	0.007076956		4	2.442239
5	126	13	-1.92	0.02742895	9.932605763	9	6.641132
6	130	10	-1.386666667	0.082771715	13.67586304		
7	134	22	-0.853333333	0.19673724	21.32963103		
8	138	33	-0.32	0.374484165	25.19788163		
9	142	20	0.213333333	0.584466512	22.54813081		
10	146	11	0.746666667	0.772367602	15.28317957		
11	150	11	1.28	0.899727432	12.03270815	6	7.845883
12	154		1.813333333	0.965109787		4	3.050294
13	158		2.346666667	0.990528904		1	1.136532
14			+∞	1			
15	平均值：	139.9					
16	标准差：	7.5		卡方检验：	0.428912348		
17	总频数：	120					

Sheet1 / Sheet2 / Sheet3

就绪　　数字

图 13.63　频数分布正态性的卡方检验

结果表明：p=0.428912348>0.05，所以应在 0.05 显著性水平上保留零假设，而拒绝备择假设，其结论为：11 岁男生的身高在 95%的可靠度上是呈正态分布.

提醒读者注意，若想得到较多的有效数字，必须使表格有足够的宽度. 另外，在 SPSS 中，卡方检验通常是用于检验各数据是否以等概率出现. 要检验数据是否符合正态分布，一般直接对原始数据用 Kolmogorov-Smirnov 检验(简称 K-S 检验)，方法是：点击“分析>非参数检验>单样本”，在弹出的设置窗口中点击 “字段”选项卡，将需要检验的变量名输入到“检验字段”列表框，再点击“设置”选项卡，选择“自定义检验”，勾选“检验观察分布和假设分布”，点击“运行”.

例 23　根据表 9.7 所给数据，判断学生对报考军事院校的态度是否与家庭经济状况有关?

解　在 Excel 中按以下步骤操作：

① 启动 Excel，将实测数据输入工作表.

② 用鼠标选择 B2:E5 区域，单击工具栏上的“自动求和”按钮Σ，求出各类别的人数及总人数.

③ 求各类别的理论频数，依次进行如下操作：

在 B7 单元格输入“=B5*E2/E5”，回车. 在 B8 单元格输入“=B5*E3/E5”，回车. 在 B9 单元格输入“=B5*E4/E5”，回车.

在 C7 单元格输入“=C5*E2/E5”，回车. 在 C8 单元格输入“=C5*E3/E5”，回车. 在 C9 单元格输入“=C5*E4/E5”，回车.

在 D7 单元格输入“=D5*E2/E5”，回车. 在 D8 单元格输入“=D5*E3/E5”，回车. 在 D9 单元格输入“=D5*E4/E5”，回车.

以上输入过程均可借助于复制和粘贴的方法进行.

④ 在 E7 单元格输入公式“=CHITEST(B2:D4，B7:D9)”，回车，得出实际分布发生的概率，最终结果如图 13.64 所示.

	A	B	C	D	E
1		愿意	不愿意	未定	总和
2	上	18	27	10	55
3	中	20	19	20	59
4	下	18	7	11	36
5	总和	56	53	41	150
6	理论频数分布:				概率值:
7		20.53333	19.43333	15.03333	0.033068
8		22.02667	20.84667	16.12667	
9		13.44	12.72	9.84	

图 13.64　例 23 最终结果

结果表明：0.01<p=0.033068<0.05，所以应在 0.05 显著性水平上拒绝零假设，而选择备择假设，其结论为：学生对报考军事院校的态度与家庭经济状况有关.

在 SPSS 中进行双向表的卡方检验，操作步骤如下：

① 启动 SPSS，定义变量及其属性，输入数据. 第一列数据为家庭经济状况，第二列数据为对于报考军事院校的态度，第三列数据为调查所得数据，如图 13.65 所示.

	家庭经济状况	对于报考军事院校的态度	人数
1	1	1	18
2	1	2	27
3	1	3	10
4	2	1	20
5	2	2	19
6	2	3	20
7	3	1	18
8	3	2	7
9	3	3	11

图 13.65　双向表的卡方检验-输入数据

② 将数据进行预处理. 点击“数据>加权个案”，在弹出的“加权个案”对话框中点选“加权个案 W”单选项，然后将变量名“人数”移入右侧“频率变量”输入框中，单击“确定”.

③ 点击“分析>描述统计>交叉表格”，在“交叉表格”对话框中将“家庭经济状况”移入“行”列表框，将“对于报考军事院校的态度”移入“列”列表框.

④ 单击右侧的“统计量(Statistics)”按钮，勾选“卡方”选项，单击“继续”，返回“交叉表格”对话框.

⑤ 单击右侧的“单元格”按钮，勾选“观察值”、“期望值”选项，单击“继续”，返回“交叉表格”对话框. 点击“确定”，输出双向表的卡方检验结果，如图 13.66 所示.

家庭经济状况*对于报考军事院校的态度 交叉列表

			对于报考军事院校的态度			總計
			1	2	3	
家庭经济状况	1	計數	18	27	10	55
		預期計數	20.5	19.4	15.0	55.0
	2	計數	20	19	20	59
		預期計數	22.0	20.8	16.1	59.0
	3	計數	18	7	11	36
		預期計數	13.4	12.7	9.8	36.0
總計		計數	56	53	41	150
		預期計數	56.0	53.0	41.0	150.0

卡方測試

	數值	df	漸近顯著性（2端）
皮爾森 (Pearson) 卡方	10.480[a]	4	.033
概似比	10.695	4	.030
線性對線性關聯	.014	1	.905
有效觀察值個數	150		

a. 0 資料格 (0.0%) 預期計數小於 5。預期的計數下限爲 9.84。

图 13.66　双向表的卡方检验-输出检验结果

结果表明：$0.01<p=0.033<0.05$，所以应在 0.05 显著性水平上拒绝零假设，而选择备择假设，其结论为：学生对报考军事院校的态度与家庭经济状况有关.

第八节　相关分析与回归分析

一、相关系数的计算

在 Excel 中计算相关系数用函数 CORREL，语法为：CORREL(array1, array2). 其中 Array1 为第一组数值单元格区域，Array2 为第二组数值单元格区域.

说明：① 如果数组或引用参数包含文本、逻辑值或空白单元格，则这些值将被忽略；但包含零值的单元格将计算在内.

② array1 和 array2 的数据点的个数应相同.

例 24　对某学校同一年级平行班的 7 位相同学科任课教师的课堂教学效果进行评定的结果和 7 个相应班级该学科统一测验的平均成绩如表 13.1 所示. 求教师课堂教学效果与学生测验成绩之间的相关系数.

表 13.1　教师课堂教学效果与学生测验成绩相关分析表

班级序号	教师课堂教学效果得分	学生测验平均成绩
1	4	72
2	2	54
3	7	80
4	3	63
5	6	69
6	1	51
7	5	64

解　该问题是求斯皮尔曼等级相关系数 r_R. 在 Excel 中具体操作如下：

① 启动 Excel，将已知数据输入工作表. A 列输入班级序号，B 列输入教师得分，C 列暂空等待输入得分等级，D 列输入学生成绩，E 列等待输入成绩等级.

② 选择整个数据区域 A2:D8，将数据按“教师得分”降序排列，然后在 C 列从上到下按顺序输入“1，2，3，4，5，6，7”(大样本时采用填充序列的方法得到，下同)，这就是教师得分对应的等级.

③ 再次选择数据区域 A2:D8， 将数据按“学生成绩”降序排列，然后在 E 列从上到下按顺序输入“1，2，3，4，5，6，7”，这便是学生成绩对应的等级. (如果你愿意，接下来你还可以选择 A2:E8，将数据按班级序号升序排列，得到符合习惯的表格，但对于以下操作和结果没有影响.)

④ 在 B10 单元格输入“=CORREL(C2:C8，E2:E8)”，回车. 可见等级相关系数 r_R=0.892857，如图 13.67 所示.

	A	B	C	D	E
1	班级序号	教师得分	得分等级	学生成绩	成绩等级
2	1	4	4	72	2
3	2	2	6	54	6
4	3	7	1	80	1
5	4	3	5	63	5
6	5	6	2	69	3
7	6	1	7	51	7
8	7	5	3	64	4
9					
10	相关系数：0.892857				

图 13.67　等级相关系数

通过本题的操作，读者应掌握计算教师得分及学生成绩所对应的等级时采用的方法，这一方法在处理大样本数据时，更显现出它的优势.

在 SPSS 中求斯皮尔曼等级相关系数 r_R 的具体操作如下：

① 启动 SPSS，将已知数据输入数据集(或读入刚保存的 Excel 原始数据).

② 单击“分析>相关>双变量”，在弹出的“双变量相关性”对话框中，将“教师得分”和“学生成绩”移入右侧“变量”列表框中，勾选“Spearman”和“标记显著性相关”选项，单击“确定”按钮，输出计算结果. 如图 13.68 所示，r_R=0.893，双尾检测相关性在 0.01 水平上显著.

相關

			教师得分	学生成绩
Spearman 的 rho	教师得分	相關係數	1.000	.893**
		顯著性（雙尾）	.	.007
		N	7	7
	学生成绩	相關係數	.893**	1.000
		顯著性（雙尾）	.007	.
		N	7	7

**. 相關性在 0.01 層上顯著（雙尾）。

图 13.68　输出等级相关系数

这里是直接以教师得分和学生成绩计算的相关系数，而 Excel 中是先根据数据计算得分等级，然后才能计算等级相关系数.

例 25　假如在上例中，教师的课堂教学效果评定结果和 7 个相应班级该学科统一测验的平均成绩如表 4.3 所示，重新计算等级相关系数.

解　先按本节例 24 中所列步骤操作，在第②步中排序以后，我们会发现有两个 2 分(特别对于大样本情况，在排序以前很难知道是否有相同得分以及有多少个相同分数)，这时我们仍按顺序输入 1，2，…，7. 输入完成后，再将相同分数对应的等级求平均值. 例如本题与 2 分对应的等级是 5 和 6，所以等级为 5.5. 其余步骤和方法均与例 24 相同，不再赘述，最终结果如图 13.69 所示.

	A	B	C	D	E
1		教师课堂教学效果得分		学生测验平均成绩	
2	班级	*X*	等级	*Y*	等级
3	3	7	1	80	1
4	5	6	2	63	4
5	7	5	3	63	4
6	1	4	4	72	2
7	2	2	5.5	51	6.5
8	4	2	5.5	63	4
9	6	1	7	51	6.5
10					
11	相关系数	0.7646956			

Sheet1 Sheet2 She

就绪　　数字

图 13.69　相同等级的处理

在 SPSS 中直接以 X 和 Y 两列数据计算相关系数，与例 24 方法相同，具体操作由读者自己完成，结果为 r_R=0.765，双尾检测相关性在 0.05 水平上显著.

二、相关系数的显著性检验

实际中遇到较多的情况是在 H_0：$\rho=0$ 条件下所进行相关系数的显著性检验，检验统计量为(10.3)式：

$$t=\frac{(r-\rho_0)}{S_r}=\frac{(r-0)}{S_r}\qquad (df=n-2)$$

其中 r 抽样分布标准差 S_r 的计算公式为 $S_r=\sqrt{1-r^2}/\sqrt{n-2}$， n 是样本容量.

例 26　表 10.1 中表示的几何(X)与代数(Y)两种成绩间是否存在相关?

解　在 Excel 中具体操作步骤如下：

① 将已知数据输入工作表. A 列输入几何成绩，B 列输入代数成绩.

② 在 E4 单元格输入“=CORREL(A2:A11，B2:B11)”，回车，得到相关系数

$$r=0.552771.$$

③ 在 E5 单元格输入“=E4/SQRT(1−E4^2)*SQRT(8)”，回车，得到检验统计量

$$t=1.876166.$$

④ 在 E6 单元格输入“=TINV(0.05，8)”，回车，得到结果如图 13.70 所示.

图中显示 $t_{(8)0.05/2}=2.306004$. 由于 $t<t_{(8)0.05/2}$，则 $P>0.05$，于是接受零假设，其结论为：样本相关系数 $r=0.552771$ 的样本是来自于 $\rho=0$ 的总体，即代数和几何两门成绩之间没有相关.

	A	B	C	D	E	F
1	X	Y				
2	79	80				
3	75	82				
4	77	76		r	0.552771	
5	73	77		统计量t	1.876166	
6	79	77		t 0.05/2	2.306004	
7	78	84				
8	81	81		0.64	0.758174	
9	76	72		0.3	0.30952	
10	72	70				
11	70	75				

图 13.70　相关系数显著性检验

在 SPSS 中计算相关系数时，只要勾选“标记显著性相关”选项，系统就会给出显著性检验结果，具体操作步骤如例 24.

以上是在 H_0：$\rho=0$ 条件下所进行相关系数的显著性检验，但若有资料显示

总体相关系数 $\rho \neq 0$，这时一般提出 H_0：$\rho = \rho_0$ 的零假设，检验统计量由(10.5)式计算，即：

$$Z = (Z_r - Z_\rho)\sqrt{n-3}$$

在 Excel 中，用函数 FISHER 来实现 r 和 ρ 向 Z_r 和 Z_ρ 的转换，语法是：FISHER(r). 例如，将相关系数 0.64 输入到 A1 单元格，然后在 B1 单元格输入“=FISHER(0.64)”或“=FISHER(A1)”，回车. 则 B1 单元格显示与 0.64 对应的 Z_r 值 0.758174. 同样可得 Z_ρ，然后在某单元格中输入 Z 的计算公式即可得到 Z 值. 接下来的检验步骤与本章第四节所述平均数差异的显著性检验相同，不再赘述.

三、线性回归方程的建立与检验

在 Excel 的数据分析工具箱中，提供了一个“回归”分析工具，可以完成线性回归分析. 一元线性回归分析和多元线性回归分析工具相同，区别在于所用参数不同. SPSS 中各种情况的回归分析，都可以在“分析”菜单下“回归”子菜单里找到，下面通过例题给予说明.

例 27 从某高中二年级男生中随机抽取 10 人，测得其身高 X(米)和体重 Y(千克)的数值如表 10.3 所示，试以体重 Y 为因变量，身高 X 为自变量，建立回归方程.

解 在 Excel 中的具体操作步骤如下：

① 启动 Excel，输入已知数据，然后选定要分析的身高和体重的数据区域，单击“插入”菜单中的“图表”命令(或单击“图表向导”工具按钮)，选择 X Y 散点图，单击“完成”按钮. 可以看出散点呈直线趋势，如图 13.71 所示.

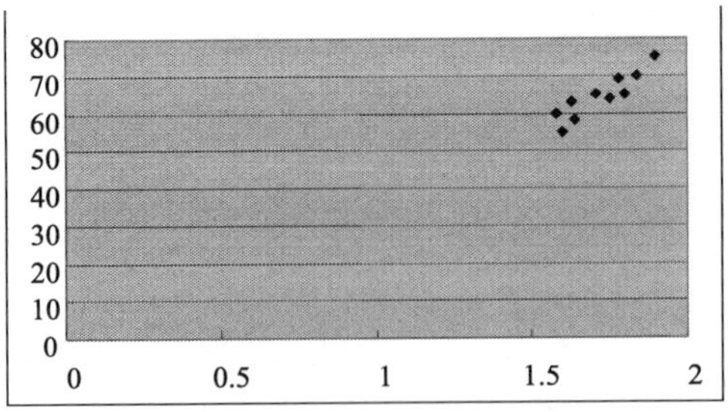

图 13.71 X Y 散点图

② 选定要分析的数据区域，单击“工具”菜单中“数据分析”命令. 在随后出现的“数据分析”对话框的“分析工具”选择框中选取”回归”，单击“确定”按钮.

③ 在“回归”对话框中输入因变量的单元格范围(只能有一列)，输入自变量的单元格范围. 不论是因变量还是自变量，当单元格范围包含变量名称时，则须钩选“标志”复选框. 单击“确定”按钮，得到 a=49.599849，b= −21.06054. 所以，回归方程为：

$$\hat{Y} = aX + b = 49.6X - 21.06$$

按上述步骤操作以后，你会发现 Excel 给出了许多信息，回归系数和截距只是其中的两个数据. 图 13.72 为其中的一部分，由此可以得到以下结论：

D	E	F	G	H	I	J	K	L
SUMMARY OUTPUT								
回归统计								
Multiple R	0.908750838							
R Square	0.825828086							
Adjusted R Square	0.804056597							
标准误差	2.624595054							
观测值	10							
方差分析								
	df	SS	MS	F	Significance F			
回归分析	1	261.2920064	261.2920064	37.93163	0.000271348			
残差	8	55.1079936	6.8884992					
总计	9	316.4						
	Coefficients	标准误差	t Stat	P-value	Lower 95%	Upper 95%	下限 95.0%	上限 95.0%
Intercept	-21.06054044	13.90081822	-1.51505761	0.168223	-53.11588472	10.99480384	-53.1158847	10.99480384
X	49.59984936	8.053406145	6.158866008	0.000271	31.0286615	68.17103721	31.0286615	68.17103721

图 13.72　回归分析

(1) 相关系数 r=0.90875，测量系数 r^2=0.82583，这表明因变量的样本变异的 82.58%是拟合所产生的，即来源于自变量的变异，说明样本回归直线对观测值的拟合相当好.

(2) 估计的标准误差 S=2.6246=$(55.108/8)^{0.5}$，平方和分解 SS_t=316.4，SS_R=261.292，SS_e=55.108. F 检验结果表明变量之间线性关系极其显著.

(3) 回归方程的显著性检验，从 t 检验和 F 检验均有显著性概率值 p=0.000271<0.05，所以认为回归方程是显著的.

(4) a 的 95%置信区间为(31.029，68.171)，b 的 95%置信区间为(−53.116，10.995).

在 SPSS 中回归分析的具体操作步骤如下：

① 启动 SPSS，输入已知数据，变量 X 表示身高，Y 表示体重.

② 单击“分析>回归>线性”，在弹出的“线性回归”对话框中，将 Y 设为“因变量”，将 X 设为“自变量”.

③ 单击“Statistics”按钮，在弹出的回归“统计量”对话框中勾选“模型拟合度”、“R 方变化”，回归系数选项勾选“估计”. 单击“继续”，返回.

④ 单击“选项”按钮，在弹出的回归选项对话框中勾选“在等式中包含常

量”．单击“继续”、“确定”，输出分析结果，如图 13.73 所示.

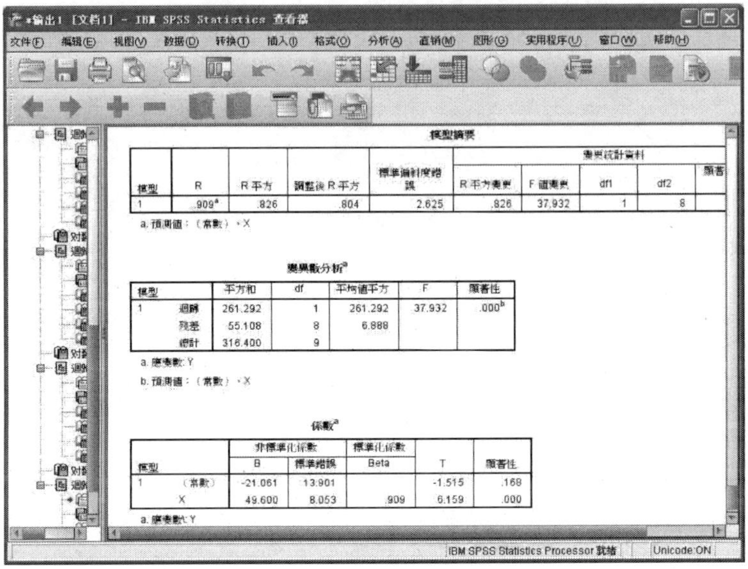

图 13.73　线性回归分析

系数列表中给出了 X 的系数 49.6 和常数项–21.06，所以，回归方程为

$$\hat{Y} = aX + b = 49.6X - 21.06$$

其他列表中给出了相关系数 r=0.909，测量系数 r^2=0.826，估计的标准误差 S=2.625=$(55.108/8)^{0.5}$，平方和分解 SS_t=316.400， SS_R= 261.292，SS_e=55.108. F 检验结果表明变量之间线性关系极其显著. 回归方程的显著性检验，从 t 检验和 F 检验均有显著性概率值 p=0.000<0.05，所以认为回归方程是显著的. 如果想得到其他统计量，在回归“统计量”对话框中勾选即可.

例 28　某心理学家对 15 名工作人员进行了如下评定和测验. 其中工作成绩评分记为 Y，能力测验结果记为 X_1，训练得分记为 X_2. 利用这些数据建立多元线性回归方程.

表 13.2　对 15 名工作人员进行评定和测验的结果统计

Y	54	37	30	48	37	37	31	49	43	12	30	37	61	31	31
X_1	15	13	15	15	10	14	8	12	1	3	15	14	14	9	4
X_2	8	1	1	7	4	2	3	7	9	1	1	2	10	1	5

解　在 Excel 中的具体操作步骤如下：

① 启动 Excel，输入已知数据.

② 单击“工具”菜单中的“数据分析”命令. 在随后出现的“数据分析”对话框的“分析工具”选择框中选取“回归”，单击“确定”按钮.

③ 在“回归”对话框中输入因变量的单元格范围(只能有一列，即 Y 列)，输入自变量的单元格范围(即 X1 和 X2). 不论是因变量还是自变量，当单元格范围包含变量名称时，则须钩选“标志”复选框. 单击“确定”按钮，结果如图 13.74 所示. 由此可知，所求二元线性回归方程为：$\hat{Y}=11.4193+1.259837X_1+3.106723X_2$.

	A	B	C	D	E	F	G
1	SUMMARY OUTPUT						
2							
3	回归统计						
4	Multiple R	0.959187					
5	R Square	0.920039					
6	Adjusted R Square	0.906712					
7	标准误差	3.637554					
8	观测值	15					
9							
10	方差分析						
11		df	SS	MS	F	Significance F	
12	回归分析	2	1826.952	913.4759	69.03642	2.61382E-07	
13	残差	12	158.7816	13.2318			
14	总计	14	1985.733				
15							
16		Coefficien	标准误差	t Stat	P-value	下限 95.0%	上限 95.0%
17	Intercept	11.4193	2.761096	4.135785	0.001381	5.403389423	17.43521237
18	X1	1.259837	0.203168	6.200969	4.58E-05	0.817172759	1.702502175
19	X2	3.106723	0.298121	10.421	2.29E-07	2.457171984	3.756273724
20							

Sheet1 / Sheet2 / Sheet3 / Sheet4
就绪　数字

图 13.74　多元线性回归

回归统计信息说明，复相关系数 $R_{Y.12}$=0.959187，测量系数 $R^2_{Y.12}$=0.920039，估计的标准误差 S=3.637554=(158.781 6/12)$^{0.5}$. S 的数值越小，表明回归方程的精度越高.

作原假设 H_0：a_i=0，备择假设 H_1：$a_i\neq 0$ (i=1，2，…，k). 在 Excel 中求回归方程时，输出结果中已经包含了 t 检验和 F 检验的检验结果：

(1) t 检验：对于上例来说，从输出结果第三段可见，t_1=6.200969，t_2=10.421，对显著性水平 0.05，“P-value”即为检验统计量所对应的双尾概率，$p_1=4.58\times10^{-5}$，$p_2=2.29\times10^{-7}$，都显著地小于 0.05，可见我们所拟合的二元线性回归方程的两个自变量的作用是显著的.

(2) F 检验：在多元回归中，有两个以上自变量，回归模型的整体显著性是不能由任何一个偏回归系数的显著性所能替代的，因此必须采用 F 检验来判断回归模型整体的显著性. 在 Excel 中求解回归方程时，输出结果的方差分析就是对原假设 H_0：判定系数统计量的真值为零作出的检验. 当“Significance F”小于等于指定的显著性水平时，就拒绝原假设，认为已建立起来的回归模型总体上显著有效.

例如上例中，F=69.03642，P(F(2，12)>69.03642)=2.61382×10^{-7}<0.05，所以回归方程是显著有效的. 利用 Excel 输出的结果，我们还可得到回归系数的置信区间，如上例中 a_1 的 95%置信区间为(0.817，1.703)，a_2 的 95%置信区间为(2.457，3.756). 如果根据表中数据写出两个平面方程：$\hat{Y}_1 = 5.403 + 0.817X_1 + 2.457X_2$ 和 $\hat{Y}_2 = 17.435 + 1.703X_1 + 3.756X_2$，可以断定，这两个平面之间所夹的空间层将包含 95%的工作成绩分数.

在 SPSS 中，多元线性回归分析操作方法与一元线性回归分析是相同的，当自变量个数大于 1 时就是多元线性回归分析. 作为练习，请仿照例 27 的步骤自己完成例 28 在 SPSS 中的回归分析，并将所得结果与 Excel 中的结果相比较.

第九节　非参数检验

非参数法的适用范围较广，特别是对于名称变量与顺序变量资料的分析处理，更加显示出其优势，所以，非参数法是一种重要的统计推断方法. 在 Excel 中虽然没有专门的工具和函数进行非参数检验，但利用 Excel 提供的基本运算功能，同样可以完成这类假设检验. 学习本节内容，首先必须熟悉进行非参数检验所用的公式，其次要注意体会这些公式在 Excel 中如何表达.

一、相关样本数据之差的显著性检验

1. 符号检验法

在 Excel 中符号检验法的数据处理，关键在于：

(1) 能自动判断并显示正负号，不需人工干预. 这在大样本容量时尤其重要；

(2) 能自动计算正负号数据总数 $n=n_+ + n_-$ 及 n_+、n_- 中较小的一个，即 r.

例 29　在 Excel 中用符号检验法检验第七章第二节例 2 所提出的问题.

解　① 启动 Excel，将已知数据输入工作表.

② 计算差数符号：在单元格 C2 中输入“=IF(A2−B2>0，"+"，IF(A2−B2<0，"−"，"0"))”，回车. 将鼠标指向单元格 C2 的右下角，当指针由空心十字形变成实心时，按下鼠标左键拖动至 C16 单元格，释放鼠标.

③ 计算符号不为 0 的数据个数 n：在单元格 D2 中输入“=COUNTIF(C2:C16，"+")+COUNTIF(C2:C16，"−")”，回车.

④ 计算 r：在单元格 E2 中输入“=MIN(COUNTIF (C2:C16，"+")，COUNTIF (C2:C16，"−"))”，回车.

求出 n 以后查附表 13，得到指定显著性水平下进行双侧检验的 r 的临界值，然后再与求出的 r 比较，得出结论. 本题结果如图 13.75 所示，n=15，在 0.10 显著性水平进行双侧检验时，r 的临界值为 3，由于求出的 r=4>3，所以接受零假设，在 0.10 显著性水平上两组差异不显著.

	A	B	C	D	E
1	X1	X2	差数符号	n	r
2	89	82	+	15	4
3	65	52	+		
4	70	72	−		
5	93	76	+		
6	72	74	−		
7	91	80	+		
8	81	63	+		
9	77	62	+		
10	84	85	−		
11	73	64	+		
12	90	86	+		
13	78	69	+		
14	63	72	−		
15	82	81	+		
16	89	67	+		

Sheet1 / She　　数字

图 13.75　符号检验法

如果 n>25，可以用正态分布处理. 在得出正负号总数 $n=n_+ + n_-$ 和 r 以后，在任一空单元格输入“=(2*E2+1–D2)/SQRT(D2)”，回车，得到统计量 Z，然后进行 Z 检验. Z 检验的方法参见本章第五节.

2. *符号秩次检验法*

在 Excel 中符号秩次检验法的应用关键在于：

(1) 能自动判断并显示正负号，不需人工干预；

(2) 能够很容易地得到“秩次”数据；

(3) 能自动计算出正秩和与负秩和中较小的一个，即 T.

例 30　在 Excel 中用符号秩次检验法检验第七章第二节例 2 所提出的问题.

解　①启动 Excel，将已知数据输入工作表.

② 计算差数符号. 在单元格 C2 中输入“=IF(A2−B2>0，"+"，IF(A2−B2<0，"−"，"0"))”，回车. 将鼠标指向单元格 C2 的右下角，当指针由空心十字形变成实心时，按下左键拖动至 C16 单元格，释放鼠标.

③ 计算差数的绝对值. 在单元格 D2 中输入“=ABS(A2−B2)”，回车. 将鼠标指向单元格 D2 的右下角，当指针由空心十字形变成实心时，按下左键拖动至 D16 单元格，释放鼠标.

④ 计算差数秩次. 选定数据区域 A2:D16，按“差数绝对值”“升序”排序，

在 E2 输入“1”，将鼠标指向单元格 E2 的右下角，当指针由空心十字形变成实心时，按下 Ctrl 键和鼠标左键不放，拖动至 E16 单元格，释放鼠标，松开 Ctrl 键.

填充以后要看一下“差数绝对值”一列是否有相等的数据.（特别对于大样本情况，在排序以前很难知道是否有相同数据以及有多少个相同数据），如果有，就在 E 列选定对应单元格区域. 例如 D2:D3 数值相等，就选定 E2:E3. 这时，在工作窗口最下边的状态栏出现“求和=3”字样，这就是选定区域的数值之和，将它除以选定的单元格的数目 2，得到 1.5 就是每个单元格的平均秩次. 输入“1.5”，然后同时按下 Ctrl+Enter 键即可. 其他相等数据，同样处理.

⑤ 计算符号不为 0 的数据个数 *n*. 在单元格 F2 中输入“=COUNTIF(C2: C16, "+")+ COUNTIF(C2:C16, "−")”，回车.

⑥ 计算 *T*. 在单元格 G2 中输入“=MIN(SUMIF(C2:C16, "+", E2:E16), SUMIF(C2:C16, "−", E2:E16))”，回车.

得到的结果如图 13.76 所示. 求出 *n* 以后查附表 14，得到指定显著性水平下进行双侧检验的 *T* 的临界值，然后再与求出的 *T* 比较，得出结论.

	A	B	C	D	E	F	G
1	*X*1	*X*2	差数符号	差数绝对值	差数秩次	*n*	*T*
2	84	85	−	1	1.5	15	16.5
3	82	81	+	1	1.5		
4	70	72	−	2	3.5		
5	72	74	−	2	3.5		
6	90	86	+	4	5		
7	89	82	+	7	6		
8	73	64	+	9	8		
9	78	69	+	9	8		
10	63	72	−	9	8		
11	91	80	+	11	10		
12	65	52	+	13	11		
13	77	62	+	15	12		
14	93	76	+	17	13		
15	81	63	+	18	14		
16	89	67	+	22	15		

Sheet1 Sheet2 Sheet3　数字

图 13.76　符号秩次检验法

由 *n*=15，进行双侧检验，在 0.05 显著性水平时 *T* 的临界值为 25，在 0.01 显著性水平时 *T* 的临界值为 16，实际的 *T*=16.5，介于这两个值之间，$0.01<p<0.05$，于是在 0.05 显著性水平上认为两个样本差异显著. 与例 29 比较可知，不同的检验方法得到的结论可能不同，这在样本数量少的情况下是不可避免的.

如果 *n*>25，可以用正态分布处理，此时，在任一空单元格输入：

“=(G2−F2*(F2+1)/4)/SQRT(F2*(F2+1)*(2*F2+1)/24)”，

回车．得到统计量 Z，然后进行 Z 检验，Z 检验的方法参见本章第五节．

SPSS 中，多种检测方法可以一次完成，这从一个侧面反映了该软件使用方便．例 29 所用的符号检验法和例 30 所用的符号秩次检验法，在 SPSS 中具体操作步骤如下：

① 启动 SPSS，输入已知数据(若有其他软件已经保存了该数据则可直接打开)，如图 13.77 所示．

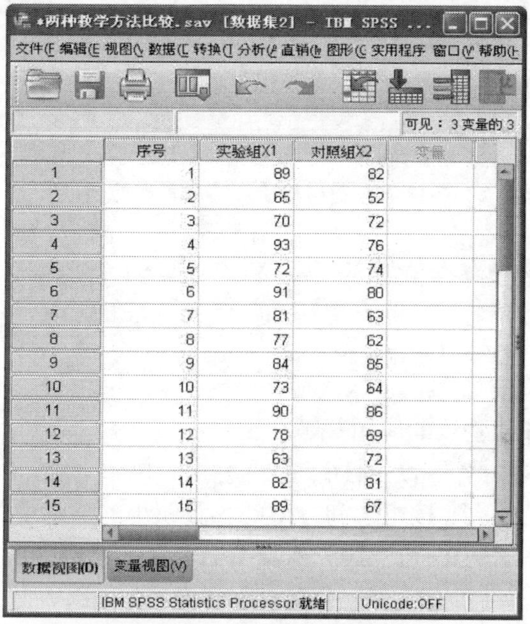

	序号	实验组X1	对照组X2
1	1	89	82
2	2	65	52
3	3	70	72
4	4	93	76
5	5	72	74
6	6	91	80
7	7	81	63
8	8	77	62
9	9	84	85
10	10	73	64
11	11	90	86
12	12	78	69
13	13	63	72
14	14	82	81
15	15	89	67

图 13.77　输入数据

② 单击“分析>非参数检验>相关样本”，在弹出的“非参数检验”设置窗口中有三个选项卡，点击“字段”卡，在“字段设置卡”中点选“使用自定义字段分配”，然后将“实验组 X1”和“对照组 X2”移入“检验字段”列表框中．

③ 点击“设置”卡，点选“自定义检验”，然后勾选“符号检验(二样本)”和“Wilcoxon 匹配对符号等级(二样本)”．单击“运行”，输出检验结果，如图 13.78 所示．

符号检验结果显示 $p=0.118>0.10$，所以接受零假设，在 0.10 显著性水平上两组差异不显著．符号秩次检验结果显示 $p=0.013<0.05$，于是在 0.05 显著性水平上认为两个样本差异显著．不同的检验方法得到的结论不同，这在样本数量少的情况下是不可避免的．

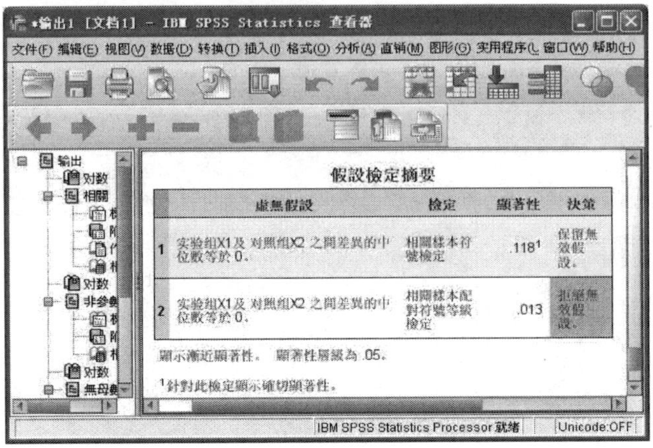

图 13.78　符号检验和符号秩次检验

二、独立样本差异的显著性检验

1. 秩和检验法

在 Excel 中秩和检验法的应用关键在于：

(1) 将两个样本数据混合后排序，得到秩次；

(2) 能自动将“秩次”按组求和，得到容量较小的样本中各数据的秩和.

例 31　在 Excel 中用秩和检验法检验第七章第三节例 6 所提出的问题.

解　① 启动 Excel，将已知数据输入工作表.

由于秩和检验法要求将两个样本数据混合，然后由小到大进行等级排序，所以数据输入方法与以往不同. 在其中一列输入物理分数，在另一列输入数据所属组别. 本例将数据少的组设为 1，数据多的组为 2. (这里 1 和 2 只是记号而已，当然可以设为其他数或符号)

② 计算数据秩次：选定数据区域 A2:B20，按“分数”“升序”排序，在单元格 C2 输入“1”，将鼠标指向单元格 C2 的右下角，当指针由空心十字形变成实心时，按下 Ctrl 键和鼠标左键不放，拖动至 C20 单元格，释放鼠标，松开 Ctrl 键.

填完以后看一下“分数”一列是否有相等的数据，如果有，就在 C 列选定对应单元格区域. 例如 B12:B13 数值相等，就选定 C12:C13. 这时，在工作窗口最下边的状态栏出现“求和=23”字样，这就是选定区域数值之和，将它除以选定的单元格的数目 2，得到 11.5 就是每个单元格的平均秩次. 输入“11.5”，然后同时按下 Ctrl+Enter 键即可. 若有其他相等数据，同样处理.

③ 计算 n_1 和 n_2：在 D2 单元格输入“=COUNTIF(A2:A20, "1")”，回车. 在

E2 单元格输入“=COUNTIF(A2:A20，"2")”，回车.

④ 计算秩和 T：在单元格 F2 中输入“=IF(COUNTIF(A2:A20，"2")< COUNTIF(A2:A20，"1")，SUMIF(A2:A20，"2"，C2:C20)，SUMIF (A2:A20，"1"，C2:C20))”，回车．结果如图 13.79 所示.

	A	B	C	D	E	F
1	组别	分数	数据秩次	n1	n2	T
2	1	38	1	9	10	62
3	1	41	2			
4	2	45	3			
5	1	46	4			
6	1	49	5			
7	1	51	6			
8	1	52	7			
9	2	55	8			
10	2	56	9			
11	1	57	10			
12	2	58	11.5			
13	2	58	11.5			
14	1	59	13			

Sheet2　数字

图 13.79　秩和检验法

求出 $n1$ 和 $n2$ 以后查附表 15，得到指定显著性水平下进行单侧检验的 T 的临界值，然后再与求出的 T 比较，得出结论．本题 $n_1=9$，$n_2=10$，在 0.05 显著性水平时 T 的临界值为 $T_1=69$，$T_2=111$，实际的 $T=62^*<T_1=69$．结论：高一物理的两种教材对学生成绩影响有显著差异.

如果 $n>25$，可以用正态分布处理．此时，在任一空单元格输入“=(F2−D2*(D2+E2+1)/2)/SQRT(D2*E2*(D2+E2+1)/12)”，回车．便得到统计量 Z，然后进行 Z 检验，Z 检验的方法参见本章第五节.

在 SPSS 中按照上述格式输入数据以后，只需设置检验选项即可进行秩和检验，设置步骤如下：

① 点击“分析>非参数检验>旧对话框>2 个独立样本”，在弹出的“两个独立样本检验”对话框中将“分数”移入“检验变量列表”；将“组别”移入“分组变量”中.

② 点击“定义组”按钮，将“组 1”定义为 1，将“组 2”定义为 2．点击“继续”.

③ 在“两个独立样本检验”对话框中勾选“Mann-Whitney U”，即秩和检验．然后点击“确定”，输出检验结果．结果显示显著性概率 $p=0.022<0.05$，所以，在 0.05 显著性水平上，高一物理的两种教材对学生成绩影响有显著差异.

2. 中位数检验法

在 Excel 中，中位数检验法的应用关键在于：先计算中位数，然后将样本数据分别与中位数比较大小，并分别计数. 另外要注意计算卡方值的数学公式在 Excel 中的表达.

例 32 在 Excel 中用中位数检验法检验第七章第三节例 6 所提出的问题.

解 ① 将已知数据输入工作表.

② 计算中位数：在 D3 单元格输入“=MEDIAN(B3:B11，C3:C12)”，回车.

③ 分别计算实验组和对照组大于中位数及小于中位数的数据个数. 在 G2 中输入“=COUNTIF(B3:B11，">57")”，回车. 在 H2 中输入“=COUNTIF(C3:C12，">57")”，回车. 在 G3 中输入“=COUNTIF(B3:B11，"<57")”，回车. 在 H3 单元格输入“=COUNTIF(C3:C12，"<57")”，回车.

④ 选择 G2:I4 区域，单击工具栏上的“自动求和”按钮Σ，得出各合计项.

⑤ 计算卡方值以及 0.05 显著性水平 $df=1$ 的卡方检验临界值. 在 G6 单元格输入“=(ABS(G2*H3–G3*H2)–I4/2)^2*I4/(G2+H2)/(G2+G3)/(H2+H3)/ (G3+H3)”, 回车. 在 G7 单元格输入“=CHIINV(0.05，1)”，回车.

⑥ 输入统计检验规则，Excel 根据计算结果得出结论. 在 G8 中输入“=IF(G6<G7，"两种教学法没有显著性差异. "，"两种教学法有显著差异. ")”，回车.

最终结果如图 13.80 所示. 对于多样本的情形，先按上述①~③求出各组大于中位数及小于中位数的数据个数，然后进行卡方检验，方法参见本章第七节例 23.

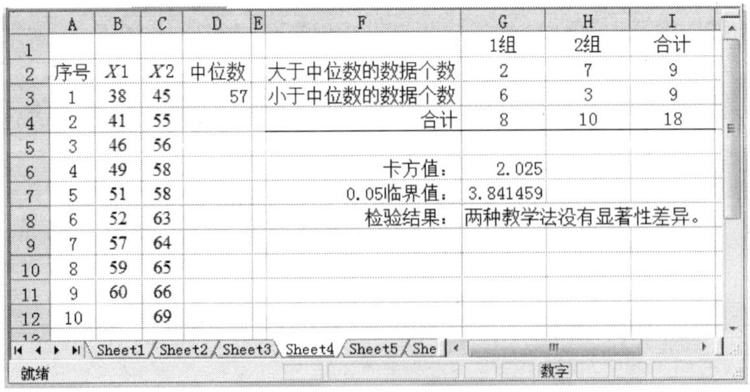

	A	B	C	D	E	F	G	H	I
1							1组	2组	合计
2	序号	X1	X2	中位数		大于中位数的数据个数	2	7	9
3	1	38	45	57		小于中位数的数据个数	6	3	9
4	2	41	55			合计	8	10	18
5	3	46	56						
6	4	49	58			卡方值：	2.025		
7	5	51	58			0.05临界值：	3.841459		
8	6	52	63			检验结果：	两种教学法没有显著性差异。		
9	7	57	64						
10	8	59	65						
11	9	60	66						
12	10		69						

图 13.80　中位数检验法

在 SPSS 中按照上述格式输入数据以后，只需设置检验选项即可进行中位数检验，设置步骤如下：

① 点击“分析>非参数检验>独立样本”，在弹出的“非参数检验”设置窗口中

有三个选项卡，点击“字段”卡，在“字段设置卡”中点选“使用自定义字段分配”，然后将“$X1$”移入“检验字段”列表框中．将“$X2$”移入“组”输入框中．

③ 点击“设置”卡，点选“自定义检验”，然后勾选“中位数检验”．单击“运行”，输出检验结果．

注意：SPSS 中定义变量的“测量”属性时，可以定义为度量、有序或名义共三种不同属性类别，但在程序运行过程中，对数据的属性是有严格限制的．例如上述“$X2$”的属性不能为“度量”，否则，系统就会报告错误，需要修改以后才能正确运行．

三、秩次方差分析

在 Excel 中没有专门工具和函数进行秩次方差分析，所以，若要借助于 Excel 进行分析，必须熟悉计算公式．

例 33 从某校同一年级中随机抽取 19 名学生，再将它们随机分成 4 组，在两周内 4 组学生均用 120 分钟复习同一组英语单词，第一组每逢星期一复习 60 分钟；第二组每逢星期一、三各复习 30 分钟；第三组每逢星期二、四、六各复习 20 分钟；第四组除周日外每天复习 10 分钟．复习之后相隔两个月再进行统一测验，其结果如表 13.3 所示，用单向秩次方差分析方法检验四组数据有无显著性差异．

表 13.3　测验结果统计

序号	*A* 组	*B* 组	*C* 组	*D* 组
1	24	29	30	27
2	26	25	28	31
3	20	21	32	32
4	28	27	30	33
5		28	26	
6		30		

解 在 Excel 中进行秩次方差分析的步骤如下：

① 将已知数据输入工作表，A 列输入组别，B 列输入分数．

② 选定数据区域 A2:B20，按“分数”“升序”排序，在单元格 C2 输入“1”，将鼠标指向单元格 C2 的右下角，当指针由空心十字形变成实心时，按下 Ctrl 键和鼠标左键不放，拖动至 C20 单元格，释放鼠标，松开 Ctrl 键．

填完以后看一下“分数”一列是否有相等的数据．如果有，就在 C 列选定对应单元格区域．例如 B6:B7 数值相等，就选定 C6:C7．这时，在工作窗口最下边的状态栏出现“求和=11”字样，这就是选定区域数值之和，将它除以选定的单元格的数目 2，得到 5.5 就是每个单元格的平均秩次．输入“5.5”，然后同时按下 Ctrl+Enter 键即可．其他相等数据，同样处理．

③ 在 E1 中输入“=SUMIF(A2:A20，"A"，C2:C20)”，回车，求出 A 组秩和．

在 E2 中输入“=SUMIF(A2:A20，"B"，C2:C20)”，回车，求出 B 组秩和．

在 E3 中输入 “=SUMIF(A2:A20，"C"，C2:C20)”，回车，求出 C 组秩和.

在 E4 中输入 “=SUMIF(A2:A20，"D"，C2:C20)”，回车，求出 D 组秩和.

④ 在 E5 中输入 “=COUNTIF(A2:A20，"A")”，回车，求出 A 组样本容量.

在 E6 中输入 “=COUNTIF(A2:A20，"B")”，回车，求出 B 组样本容量.

在 E7 中输入 “=COUNTIF(A2:A20，"C")”，回车，求出 C 组样本容量.

在 E8 中输入 “=COUNTIF(A2:A20，"D")”，回车，求出 D 组样本容量.

在 E9 中输入 “=SUM(E5:E8)”，回车，求出总样本容量.

⑤在 E10 中输入 “=12/E9/(E9+1)*(E1^2/E5+E2^2/E6+E3^2/E7+E4^2/E8)−3*(E9+1)”，回车，求出检验统计量 H.

⑥ 在单元格 E11 中输入 “=CHIINV(0.05，3)”，回车，求出 0.05 显著性水平的临界值 $\chi^2_{(3)0.05}$. 在 E12 中输入 “=CHIINV(0.01，3)”，回车，求出 0.01 显著性水平的临界值 $\chi^2_{(3)0.01}$.

⑦ 在 D14 输入 “=IF(E10<E11，"各组数据没有显著差异. "，IF(E10>=E12，"各组数据差异极其显著. "，"各组数据有显著差异. "))”，回车，得出结论，如图 13.81 所示.

	A	B	C	D	E
1	组别	分数	秩次	RA	19.5
2	A	20	1	RB	49.5
3	B	21	2	RC	61
4	A	24	3	RD	60
5	B	25	4	NA	4
6	A	26	5.5	NB	6
7	C	26	5.5	NC	5
8	B	27	7.5	ND	4
9	D	27	7.5	N	19
10	A	28	10	H	7.820132
11	B	28	10	0.05临界值	7.814728
12	C	28	10	0.01临界值	11.34487
13	B	29	12	结论：	
14	B	30	14	各组数据有显著差异.	

图 13.81　单向秩次方差分析

在 SPSS 中进行秩次方差分析的步骤如下：

① 启动 SPSS，定义变量及其属性，第一列数据为组别，测量属性为“名义”；第二列数据为分数，测量属性为“有序”. 然后输入数据.

② 点击“转换>个案等级排序”，在弹出的“等级排序”对话框中将排序变量“分数”移入“变量(V)”列表框. 点击“等级的类型”按钮，设置等级类型为“等级 R”，点击“继续”、“确定”，此时在数据编辑器窗口可见一个新变量自行产生，变量名为 R 分数(标签为 rank of 分数)，如图 13.82 所示.

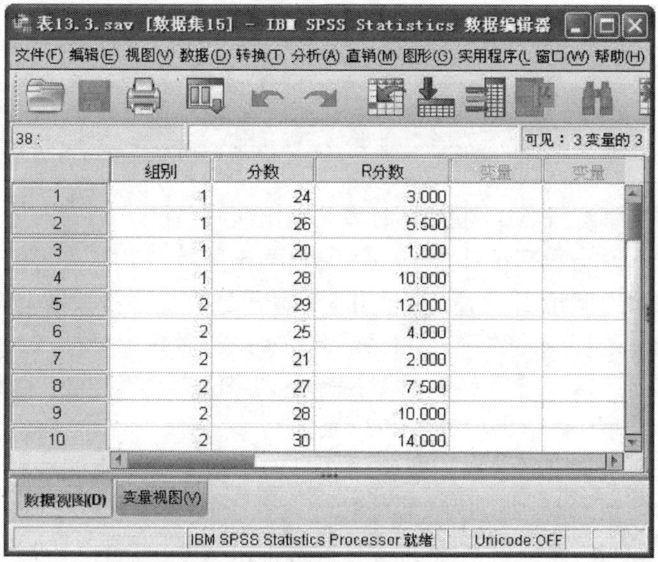

图 13.82　个案等级排序

③ 点击“分析>比较平均值>单因素 ANOVA”，在弹出的“方差分析”对话框中将 rank of 分数(R 分数)移入“因变量列表”框，分组变量“组别”移入“因子”框.

④ 点击“选项”按钮，勾选“方差同质性检验”，点击“继续”、“确定”，输出分析结果，如图 13.83 所示.

结果显示各组方差齐性. 各组之间差异的显著性概率 p=0.03<0.05，所以在 0.05 水平上各组数据有显著差异.

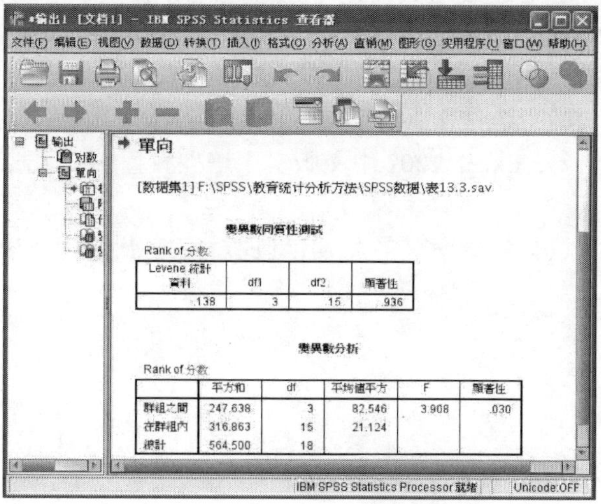

图 13.83　单向秩次方差分析结果

参 考 文 献

1 陈魁. 应用概率统计[M]. 北京: 清华大学出版社, 2000
2 陈希孺. 概率论与数理统计[M]. 北京: 科学出版社, 2003
3 李文林. 数学史概论(第 2 版)[M]. 北京: 高等教育出版社, 2002
4 刘光祖. 概率论与应用数理统计[M]. 北京: 高等教育出版社, 2000
5 M. R. 斯皮格尔等. 全美经典学习指导系列-概率与统计(第二版)[M]. 孙山泽, 戴中维译. 北京: 科学出版社, 2002
6 齐春法, 张磊. 应用算术平均数和调和平均数求平均速度的局限性[J]. 聊城大学学报: 自然科学版, 2006. 19(1): 88
7 权朝鲁. 心理与教育统计[M]. 北京: 首都师范大学出版社, 1996
8 孙荣恒. 概率论与数理统计[M]. 重庆: 重庆大学出版社, 2000
9 王福保等. 概率论及数理统计(第三版)[M]. 上海: 同济大学出版社, 2001
10 王汉澜. 教育测量学[M]. 开封: 河南大学出版社, 2001
11 王孝玲. 教育统计学[M]. 上海: 华东师范大学出版社, 2001
12 杨伦标等. 模糊数学原理及应用[M]. 广州: 华南理工大学出版社, 1996
13 叶佩华. 教育统计学[M]. 北京: 人民教育出版社, 1984
14 叶中行等. 概率论与数理统计[M]. 北京: 科学教育出版社, 2001
15 于义良等. 实用概率统计[M]. 北京: 中国人民大学出版社, 2003
16 张磊, 姜孟瑞等. 等级成绩数量化与数量成绩等级化[J]. 山东师范大学学报: 自然科学版, 2006. 21(2): 139
17 张德培. 应用概率统计[M]. 北京: 高等教育出版社, 2000
18 张厚粲. 心理与教育统计学[M]. 北京: 北京师范大学出版社, 2001
19 韩伟峰, 张振峰等. Excel 2002 中文版实用培训教程[M]. 北京: 清华大学出版社, 2001
20 巴特. K. 霍兰. 机会的概率有多大[M]. 陈林译. 广州: 暨南大学出版社, 2005

思考与练习参考答案

第二章 集中量数

1. $\bar{X}$=77.7，粗略众数 $Mo=77$，皮尔逊经验公式 Mo=76.78，金氏插补公式 Mo=77.19；
2. Md=40.5，粗略众数 $Mo=39$，($\bar{X}$=41.62)皮尔逊经验公式 Mo=38.26，金氏插补公式 Mo=39.33；
3. $\bar{X}$=75.134，Md=76.786，粗略众数 $Mo=80$；
4. $\bar{X}_g$=1.228；
5. $\bar{X}$=10.8(字/分)，$\bar{X}$=8.3077(字/分).

第三章 差异量数

1. MD=3.143，σ_X=3.54；
2. ①R=21，QD=3.75；②R=25，QD=5；
3. P_{80}=181.5，P_{60}=174.5，P_{40}=169.5，P_{20}=159.5；
4. σ_X^2=87.48，σ_X=9.353，$P_{90}-P_{10}$=24.75；
5. $\sum(X-\bar{X})^2$=2859.48；
6. MD=9.8；
7. CV_1=7.26%，CV_2=9.06%.

第四章 相关量数

3. r_b=0.48，Z=4.6，结论：从总体上说存在相关；$r_{pb}=0.374^{**}>0.212=r_{(148)0.01/2}$，也高度相关；
4. $r_{pb}=0.32<0.444=r_{(18)0.05/2}$，结论：结婚与成绩不存在相关；
5. $r=0.82^{**}>0.765=r_{(8)0.01/2}$，$r_{\underline{R}(10)0.05/2}=0.648<r_R=0.79^*<0.794=r_{R(10)0.01/2}$；
6. r_{pb}=0.83；$t=4.241^{**}>3.355=t_{(8)0.01/2}$，成绩与性别间存在高度相关；
7. $\bar{r}$=0.451；
8. $r_\Phi=0.2$；$\chi^2=0.4<\chi^2_{(1)0.05}=3.84$，认为成绩与性别间不存在相关；
9. $r_S=0.87$; $r_S'=0.8$, $Z=23.518^{**}>2.58$，测验成绩与教师评定之间有高度一致性；
10. $r_\Phi=-0.34$；$\chi^2=11.53^{**}>\chi^2_{(1)0.01}=6.63$，从总体上说，英语测验成绩与性别存在相关；
11. $c=0.438$；$\chi^2=56.1457^{**}>\chi^2_{(2)0.01}=9.21$，结论：报告有极高可能符合青年人的特点；

第五章 概率与概率分布

2. (1) $\bar{X}$=0.8，(2) σ_X=0.8，(3) $P(3)$=0.0256；

3. (1) $P(15)=0.00193$，(2) $P(20)=0.00000154$，(3)$P(15\sim20)=2.75\times10^{-3}$，
(4) $P(30)=8.67\times10^{-19}$，(5)$P(25\sim)=3.21\times10^{-11}$，(6)$P(13\sim)<0.03$；
6. (1)0.4332，(2)0.3273，(3)0.3849，(4)0.0214，(5)0.950.
7. 22 人，61.57%；
8. 87.65；
9. 13，82，205，205，82，13.

第六章 抽样分布及总体平均数的推断

5. $\sigma_{\bar{X}}=3.352$，95%置信区间：65.43~78.57；
6. 95%置信区间：79~83，99%置信区间：78.4~83.6；
7. $S_{\bar{X}}=1.582$，99%置信区间：67.357~75.443；
8. 95%置信区间：46.58~50.42；
10. $|Z|=0.378<1.645$，没有显著提高；
11. $Z=4.884^{**}>2.58$，该校 7 岁男童体重与该市差异极显著；
12. $t=0.531<1.796=t_{(11)0.05}$，此次英语测验该校成绩很少可能优于全区；
13. $t=3.963^{**}>2.539=t_{(19)0.01}$，核校化学统考成绩极显著高于该市平均成绩；
14. $t=0.306<3.106=t_{(11)0.01/2}$，平均每名学生每星期伙食费与 38 元没有显著差异.

第七章 平均数差异的显著性检验

2. $Z=3.998^{**}>2.58$，差异极其显著；
3. $t=0.9093<2.024=t_{(38)0.05/2}$，方差齐性.

第八章 方差分析

5. $F=45.6^{**}>3.92=F_{(3,162)0.01}$，差异极其显著；
6. $F_A=0.357<4.49=F_{(1,16)0.05}$，批评与表扬差异不显著；$F_B=53.39^{**}>8.53=F_{(1,16)0.01}$，性别差异极其显著；$F=11.88^{**}>8.53=F_{(1,16)0.01}$，交互作用差异极其显著.

第九章 点计数据的统计推断

1. 95%置信区间：1%~26%；
2. $Z=1.61<1.96$，差异不显著；
3. $Z=2.54^{*}>1.96$，差异显著，结论：宣传工作有显著效果；
4. $\chi^2=2.45<5.99=\chi^2_{(2)0.05}$，差异不显著；
5. $\chi^2=2.33<7.81=\chi^2_{(3)0.05}$，差异不显著.

第十章 相关系数和回归方程的建立与检验

3. (1) $y=0.978x-1.872$，$S_{YX}=5.9$，$t=8.045^{**}>4.032=t_{(5)0.01/2}$，说明回归方程显著；
(2) $y=0.973x+0.816$(检验略)；(3) $y=0.948x+7.20$(检验略)；
4. $Z=11.295$，结论：不是来自于$\rho=0$ 的总体；查表法 $r=0.58^{**}>0.202=r_{(160)0.01/2}$，结论相同；

5. $|Z|=1.298<1.96$，接受$\rho=0.54$的零假设；
6. $|Z|=0.18<1.96$，接受两个总体的相关系数相等的零假设；

第十一章 非参数检验

2. 符号检验法：$r=\min(n_+, n_-)=2=r_{0.05}$，有显著差异；符号秩次检验法：$T=9<10=T_{0.01}$，订正错误对提高学习成绩有极其显著效果；
3. $T=121$，$|Z|=0.396<1.645$，无显著差异；
4. $\chi^2=0.254<5.99=\chi^2_{(2)0.05}$，差异不显著；
5. $H=2.376<H_{0.05}=5.582$；结论：教练员的年龄对运动员成绩没有显著影响；
6. $\chi_r^2=27.76^{**}>\chi^2_{(4)0.01}=13.28$；可以说学生对某些教师比对其他教师更喜欢.

第十二章 抽样设计基础

2. $n_1=20$，$n_2=40$，$n_3=20$；
3. $n_1=40$，$n_2=46$，$n_3=41$，$n_4=23$；
4. $n=39$；
5. $n=97$；
6. $n=50$；
7. $n=460$；
8. $n=46$.

附　　表

附表 1　正态分布表

(曲线下的面积 P 与纵线高度 Y)

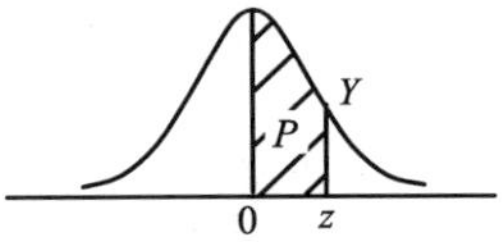

$$P=\int_0^z (1/\sqrt{2\pi})\mathrm{e}^{-u^2/2}\mathrm{d}u$$

Z	Y	P	Z	Y	P	Z	Y	P	Z	Y	P
0.00	0.39894	0.00000	0.25	0.38667	0.09871	0.50	0.35207	0.19146	0.75	0.30114	0.27337
0.01	0.39892	0.00399	0.26	0.38568	0.10257	0.51	0.35029	0.19497	0.76	0.29887	0.27637
0.02	0.39886	0.00798	0.27	0.38466	0.10642	0.52	0.34849	0.19847	0.77	0.29659	0.27935
0.03	0.39876	0.01197	0.28	0.38361	0.11026	0.53	0.34667	0.20194	0.78	0.29431	0.28230
0.04	0.39862	0.01595	0.29	0.38251	0.11409	0.54	0.34482	0.20540	0.79	0.29200	0.28524
0.05	0.39884	0.01994	0.30	0.38139	0.11791	0.55	0.34294	0.20884	0.80	0.28969	0.28814
0.06	0.39822	0.02392	0.31	0.38023	0.12172	0.56	0.34105	0.21226	0.81	0.28737	0.29103
0.07	0.39797	0.02790	0.32	0.37903	0.12552	0.57	0.33912	0.21566	0.82	0.28504	0.29389
0.08	0.39767	0.03188	0.33	0.37780	0.12930	0.58	0.33718	0.21904	0.83	0.28269	0.29673
0.09	0.39733	0.03586	0.34	0.37654	0.13307	0.59	0.33521	0.22240	0.84	0.28034	0.29955
0.10	0.39695	0.03983	0.35	0.37524	0.13683	0.60	0.33322	0.22575	0.85	0.27798	0.30234
0.11	0.39654	0.04380	0.36	0.37391	0.14058	0.61	0.33121	0.22907	0.86	0.27562	0.30511
0.12	0.39608	0.04776	0.37	0.37255	0.14431	0.62	0.32918	0.23237	0.87	0.27324	0.30785
0.13	0.39559	0.05172	0.38	0.37115	0.14803	0.63	0.32723	0.23565	0.88	0.27086	0.31057
0.14	0.39505	0.05567	0.39	0.36973	0.15173	0.64	0.32506	0.23891	0.89	0.26848	0.31327
0.15	0.39448	0.05962	0.40	0.36827	0.15542	0.65	0.32297	0.24215	0.90	0.26609	0.31594
0.16	0.39387	0.06356	0.41	0.36678	0.15910	0.66	0.32086	0.24537	0.91	0.26369	0.31859
0.17	0.39322	0.06749	0.42	0.36526	0.16276	0.67	0.31874	0.24857	0.92	0.26129	0.32121
0.18	0.39253	0.07142	0.43	0.36371	0.16640	0.68	0.31659	0.25175	0.93	0.25888	0.32381
0.19	0.39181	0.07535	0.44	0.36213	0.17003	0.69	0.31443	0.25490	0.94	0.25647	0.32639
0.20	0.39104	0.07926	0.45	0.36053	0.17364	0.70	0.31225	0.25804	0.95	0.25406	0.32894
0.21	0.39024	0.08317	0.46	0.35889	0.17724	0.71	0.31006	0.26115	0.96	0.25164	0.33147
0.22	0.38940	0.08706	0.47	0.35723	0.18082	0.72	0.30785	0.26424	0.97	0.24923	0.33398
0.23	0.38853	0.09095	0.48	0.35553	0.18439	0.73	0.30563	0.26730	0.98	0.24681	0.33646
0.24	0.38762	0.09483	0.49	0.35381	0.18793	0.74	0.30339	0.27035	0.99	0.24439	0.33891

续表

Z	Y	P	Z	Y	P	Z	Y	P	Z	Y	P
1.00	0.24197	0.34134	1.40	0.14973	0.41924	1.80	0.07895	0.46407	2.20	0.03547	0.48610
1.01	0.23955	0.34375	1.41	0.14764	0.42073	1.81	0.07754	0.46485	2.21	0.03470	0.48645
1.02	0.23713	0.34614	1.42	0.14556	0.42220	1.82	0.07614	0.46562	2.22	0.03394	0.48679
1.03	0.23471	0.34850	1.43	0.14350	0.42364	1.83	0.07477	0.46638	2.23	0.03319	0.48713
1.04	0.23230	0.35083	1.44	0.14146	0.42507	1.84	0.07341	0.46712	2.24	0.03246	0.48745
1.05	0.22988	0.35314	1.45	0.13943	0.42647	1.85	0.07206	0.46784	2.25	0.03174	0.48778
1.06	0.22747	0.35543	1.46	0.13742	0.42786	1.86	0.07074	0.46856	2.26	0.03103	0.48809
1.07	0.22506	0.35769	1.47	0.13542	0.42922	1.87	0.06943	0.46926	2.27	0.03034	0.48840
1.08	0.22265	0.35993	1.48	0.13344	0.43056	1.88	0.06814	0.46995	2.28	0.02965	0.48870
1.09	0.22025	0.36214	1.49	0.13147	0.43189	1.89	0.06687	0.47062	2.29	0.02898	0.48899
1.10	0.21785	0.36433	1.50	0.12952	0.43319	1.90	0.06562	0.47128	2.30	0.02833	0.48928
1.11	0.21546	0.36650	1.51	0.12758	0.43448	1.91	0.06439	0.47193	2.31	0.02768	0.48956
1.12	0.21307	0.36864	1.52	0.12566	0.43574	1.92	0.06316	0.47257	2.32	0.02705	0.48983
1.13	0.21069	0.37076	1.53	0.12376	0.43699	1.93	0.06195	0.47320	2.33	0.02643	0.49010
1.14	0.20831	0.37286	1.54	0.12188	0.43822	1.94	0.06077	0.47381	2.34	0.02582	0.49036
1.15	0.20594	0.37493	1.55	0.12001	0.43943	1.95	0.05959	0.47441	2.35	0.02522	0.49061
1.16	0.20357	0.37698	1.56	0.11816	0.44062	1.96	0.05844	0.47500	2.36	0.02463	0.49086
1.17	0.20121	0.37900	1.57	0.11632	0.44179	1.97	0.05730	0.47558	2.37	0.02406	0.49111
1.18	0.19886	0.38100	1.58	0.11450	0.44295	1.98	0.05618	0.47615	2.38	0.02349	0.49134
1.19	0.19652	0.38298	1.59	0.11270	0.44408	1.99	0.05508	0.47670	2.39	0.02294	0.49158
1.20	0.19419	0.38493	1.60	0.11092	0.44520	2.00	0.05399	0.47725	2.40	0.02239	0.49180
1.21	0.19186	0.38686	1.61	0.10915	0.44630	2.01	0.05292	0.47778	2.41	0.02186	0.49202
1.22	0.18954	0.38877	1.62	0.10741	0.44738	2.02	0.05186	0.47831	2.42	0.02134	0.49224
1.23	0.18724	0.39065	1.63	0.10567	0.44845	2.03	0.05082	0.47882	2.43	0.02083	0.49245
1.24	0.18494	0.39251	1.64	0.10396	0.44950	2.04	0.04980	0.47932	2.44	0.02033	0.49266
1.25	0.18265	0.39435	1.65	0.10226	0.45053	2.05	0.04879	0.47982	2.45	0.01984	0.49286
1.26	0.18037	0.39617	1.66	0.10059	0.45154	2.06	0.04780	0.48030	2.46	0.01936	0.49305
1.27	0.17810	0.39796	1.67	0.09893	0.45254	2.07	0.04682	0.48077	2.47	0.01889	0.49324
1.28	0.17585	0.39973	1.68	0.09728	0.45352	2.08	0.04586	0.48124	2.48	0.01842	0.49343
1.29	0.17360	0.40147	1.69	0.09566	0.45449	2.09	0.04491	0.48169	2.49	0.01797	0.49361
1.30	0.17137	0.40320	1.70	0.09405	0.45543	2.10	0.04398	0.48214	2.50	0.01753	0.49379
1.31	0.16915	0.40490	1.71	0.09246	0.45637	2.11	0.04307	0.48257	2.51	0.01709	0.49396
1.32	0.16694	0.40658	1.72	0.09089	0.45728	2.12	0.04217	0.48300	2.52	0.01667	0.49413
1.33	0.16474	0.40824	1.73	0.08933	0.45818	2.13	0.04128	0.48341	2.53	0.01625	0.49430
1.34	0.16256	0.40988	1.74	0.08780	0.45907	2.14	0.04041	0.48382	2.54	0.01585	0.49446
1.35	0.16038	0.41149	1.75	0.08628	0.45994	2.15	0.03955	0.48422	2.55	0.01545	0.49461
1.36	0.15822	0.41309	1.76	0.08478	0.46080	2.16	0.03871	0.48461	2.56	0.01506	0.49477
1.37	0.15608	0.41466	1.77	0.08329	0.46164	2.17	0.03788	0.48500	2.57	0.01468	0.49492
1.38	0.15395	0.41621	1.78	0.08183	0.46246	2.18	0.03706	0.48537	2.58	0.01431	0.49506
1.39	0.15183	0.41774	1.79	0.08038	0.46327	2.19	0.03626	0.48574	2.59	0.01394	0.49520

续表

Z	*Y*	*P*	*Z*	*Y*	*P*	*Z*	*Y*	*P*	*Z*	*Y*	*P*
2.60	0.01358	0.49534	2.95	0.00514	0.49841	3.30	0.00172	0.49952	3.65	0.00051	0.49987
2.61	0.01323	0.49547	2.96	0.00499	0.49846	3.31	0.00167	0.49953	3.66	0.00049	0.49987
2.62	0.01289	0.49560	2.97	0.00485	0.49851	3.32	0.00161	0.49955	3.67	0.00047	0.49988
2.63	0.01256	0.49573	2.98	0.00471	0.49856	3.33	0.00156	0.49957	3.68	0.00046	0.49988
2.64	0.01223	0.49585	2.99	0.00457	0.49861	3.34	0.00151	0.49958	3.69	0.00044	0.49989
2.65	0.01191	0.49598	3.00	0.00443	0.49865	3.35	0.00146	0.49960	3.70	0.00042	0.49989
2.66	0.01160	0.49609	3.01	0.00430	0.49869	3.36	0.00141	0.49961	3.71	0.00041	0.49990
2.67	0.01130	0.49621	3.02	0.00417	0.49874	3.37	0.00136	0.49962	3.72	0.00039	0.49990
2.68	0.01100	0.49632	3.03	0.00405	0.49878	3.38	0.00132	0.49964	3.73	0.00038	0.49990
2.69	0.01071	0.49643	3.04	0.00393	0.49882	3.39	0.00127	0.49965	3.74	0.00037	0.49991
2.70	0.01042	0.49653	3.05	0.00381	0.49886	3.40	0.00123	0.49966	3.75	0.00035	0.49991
2.71	0.01014	0.49664	3.06	0.00370	0.49889	3.41	0.00119	0.49968	3.76	0.00034	0.49992
2.72	0.00987	0.49674	3.07	0.00358	0.49893	3.42	0.00115	0.49969	3.77	0.00033	0.49992
2.73	0.00961	0.49683	3.08	0.00348	0.49897	3.43	0.00111	0.49970	3.78	0.00031	0.49992
2.74	0.00935	0.49693	3.09	0.00337	0.49900	3.44	0.00107	0.49971	3.79	0.00030	0.49992
2.75	0.00909	0.49702	3.10	0.00327	0.49903	3.45	0.00104	0.49972	3.80	0.00029	0.49993
2.76	0.00885	0.49711	3.11	0.00317	0.49906	3.46	0.00100	0.49973	3.81	0.00028	0.49993
2.77	0.00861	0.49720	3.12	0.00307	0.49910	3.47	0.00097	0.49974	3.82	0.00027	0.49993
2.78	0.00837	0.49728	3.13	0.00298	0.49913	3.48	0.00094	0.49975	3.83	0.00026	0.49994
2.79	0.00814	0.49736	3.14	0.00288	0.49916	3.49	0.00090	0.49976	3.84	0.00025	0.49994
2.80	0.00792	0.49744	3.15	0.00279	0.49918	3.50	0.00087	0.49977	3.85	0.00024	0.49994
2.81	0.00770	0.49752	3.16	0.00271	0.49921	3.51	0.00084	0.49978	3.86	0.00023	0.49994
2.82	0.00748	0.49760	3.17	0.00262	0.49924	3.52	0.00081	0.49978	3.87	0.00022	0.49995
2.83	0.00727	0.49767	3.18	0.00254	0.49926	3.53	0.00079	0.49979	3.88	0.00021	0.49995
2.84	0.00707	0.49774	3.19	0.00246	0.49929	3.54	0.00076	0.49980	3.89	0.00021	0.49995
2.85	0.00687	0.49781	3.20	0.00238	0.49931	3.55	0.00073	0.49981	3.90	0.00020	0.49995
2.86	0.00668	0.49788	3.21	0.00231	0.49934	3.56	0.00071	0.49981	3.91	0.00019	0.49995
2.87	0.00649	0.49795	3.22	0.00224	0.49936	3.57	0.00068	0.49982	3.92	0.00018	0.49996
2.88	0.00631	0.49801	3.23	0.00216	0.49968	3.58	0.00066	0.49983	3.93	0.00018	0.49996
2.89	0.00613	0.49807	3.24	0.00210	0.49940	3.59	0.00063	0.49983	3.94	0.00017	0.49996
2.90	0.00595	0.49813	3.25	0.00203	0.49942	3.60	0.00061	0.49984	3.95	0.00016	0.49996
2.91	0.00578	0.49819	3.26	0.00196	0.49944	3.61	0.00059	0.49985	3.96	0.00016	0.49996
2.92	0.00562	0.49825	3.27	0.00190	0.49946	3.62	0.00057	0.49985	3.97	0.00015	0.49996
2.93	0.00545	0.49831	3.28	0.00184	0.49948	3.63	0.00055	0.49986	3.98	0.00014	0.49997
2.94	0.00530	0.49836	3.29	0.00178	0.49950	3.64	0.00053	0.49986	3.99	0.00014	0.49997

附表2　t　值　表

df	$P_{(1)}$　0.25	0.10	0.05	0.025	0.01	0.005	0.0025	0.001	0.0005
	$P_{(2)}$　0.50	0.20	0.10	0.05	0.02	0.01	0.005	0.002	0.001
1	1.000	3.078	6.314	12.706	31.821	63.657	127.321	318.309	636.619
2	0.816	1.886	2.920	4.303	6.965	9.925	14.089	22.327	31.598
3	0.765	1.638	2.353	3.182	4.541	5.841	7.453	10.215	12.941
4	0.741	1.533	2.132	2.776	3.747	4.604	5.598	7.173	8.610
5	0.727	1.476	2.015	2.571	3.365	4.032	4.773	5.893	6.859
6	0.718	1.440	1.943	2.447	3.143	3.707	4.317	5.208	5.959
7	0.711	1.415	1.896	2.365	2.998	3.499	4.029	4.785	5.405
8	0.706	1.397	1.860	2.306	2.896	3.355	3.833	4.501	5.041
9	0.703	1.383	1.833	2.262	2.821	3.250	3.690	4.297	4.781
10	0.700	1.372	1.812	2.228	2.764	3.169	3.581	4.144	4.587
11	0.697	1.363	1.796	2.201	2.718	3.106	3.497	4.025	4.437
12	0.695	1.356	1.782	2.179	2.681	3.055	3.428	3.930	4.318
13	0.694	1.350	1.771	2.160	2.650	3.012	3.372	3.852	4.221
14	0.692	1.345	1.761	2.145	2.624	2.977	3.326	3.787	4.140
15	0.691	1.341	1.753	2.131	2.602	2.947	3.286	3.733	4.073
16	0.690	1.337	1.746	2.120	2.583	2.921	3.252	3.686	4.015
17	0.689	1.333	1.740	2.110	2.567	2.898	3.222	3.646	3.965
18	0.688	1.330	1.734	2.101	2.552	2.878	3.197	3.610	3.922
19	0.688	1.328	1.729	2.093	2.539	2.861	3.174	3.579	3.883
20	0.687	1.325	1.725	2.086	2.528	2.845	3.153	3.552	3.850
21	0.686	1.323	1.721	2.080	2.518	2.831	3.135	3.527	3.819
22	0.686	1.321	1.717	2.074	2.508	2.819	3.119	3.505	3.792
23	0.685	1.319	1.714	2.069	2.500	2.807	3.104	3.485	3.767
24	0.685	1.318	1.711	2.064	2.492	2.797	3.091	3.467	3.745
25	0.684	1.316	1.708	2.060	2.485	2.787	3.078	3.450	3.725
26	0.684	1.315	1.706	2.056	2.479	2.779	3.067	3.435	3.707
27	0.684	1.314	1.703	2.052	2.473	2.771	3.057	3.421	3.690
28	0.683	1.313	1.701	2.048	2.467	2.763	3.047	3.408	3.674
29	0.683	1.311	1.699	2.045	2.462	2.756	3.038	3.396	3.659
30	0.683	1.310	1.697	2.042	2.457	2.750	3.030	3.385	3.646
31	0.682	1.309	1.696	2.040	2.453	2.744	3.022	3.375	3.633
32	0.682	1.309	1.694	2.037	2.449	2.738	3.015	3.365	3.622
33	0.682	1.308	1.692	2.035	2.445	2.733	3.008	3.356	3.611
34	0.682	1.307	1.691	2.032	2.441	2.728	3.002	3.348	3.601
35	0.682	1.306	1.690	2.030	2.438	2.724	2.996	3.340	3.591
36	0.681	1.306	1.688	2.028	2.434	2.719	2.990	3.333	3.582
37	0.681	1.305	1.687	2.026	2.431	2.715	2.985	3.326	3.574
38	0.681	1.304	1.686	2.024	2.429	2.712	2.980	3.319	3.566
39	0.681	1.304	1.685	2.023	2.426	2.708	2.976	3.313	3.558
40	0.681	1.303	1.684	2.021	2.423	2.704	2.971	3.307	3.551
50	0.679	1.299	1.676	2.009	2.403	2.678	2.937	3.261	3.496
60	0.679	1.296	1.671	2.000	2.390	2.660	2.915	3.232	3.460
70	0.678	1.294	1.667	1.994	2.381	2.648	2.899	3.211	3.435
80	0.678	1.292	1.664	1.990	2.374	2.639	2.887	3.195	3.416
90	0.677	1.291	1.662	1.987	2.368	2.632	2.878	3.183	3.402
100	0.677	1.290	1.660	1.984	2.364	2.626	2.871	3.174	3.390
200	0.676	1.286	1.653	1.972	2.345	2.601	2.839	3.131	3.340
500	0.675	1.283	1.648	1.965	2.334	2.586	2.820	3.107	3.310
1000	0.675	1.282	1.646	1.962	2.330	2.581	2.813	3.098	3.300
∞	0.6745	1.2816	1.6449	1.9600	2.3263	2.5758	2.8070	3.0902	3.2905

附表 3　F 值表(单侧检验)

(单侧检验 $P=0.05$)

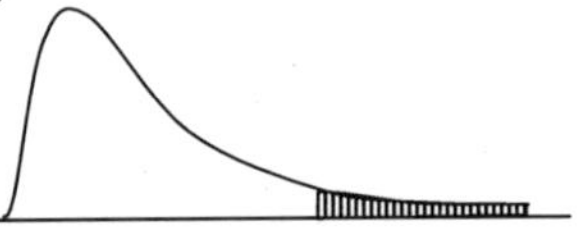

df_2	df_1(分子的自由度)														
	1	2	3	4	5	6	7	8	9	10	12	14	16	18	20
1	161	200	216	225	230	234	237	239	241	242	244	245	246	247	248
2	18.5	19.0	19.2	19.2	19.3	19.3	19.4	19.4	19.4	19.4	19.4	19.4	19.4	19.4	19.4
3	10.1	9.55	9.28	9.12	9.01	8.94	8.89	8.85	8.81	8.79	8.74	8.71	8.69	8.67	8.66
4	7.71	6.94	6.59	6.39	6.26	6.16	6.09	6.04	6.00	5.96	5.91	5.87	5.84	5.82	5.80
5	6.61	5.79	5.41	5.19	5.05	4.95	4.88	4.82	4.77	4.74	4.68	4.64	4.60	4.58	4.56
6	5.99	5.14	4.76	4.53	4.39	4.28	4.21	4.15	4.10	4.06	4.00	3.96	3.92	3.90	3.87
7	5.59	4.74	4.35	4.12	3.97	3.87	3.79	3.73	3.68	3.64	3.57	3.53	3.49	3.47	3.44
8	5.32	4.46	4.07	3.84	3.69	3.58	3.50	3.44	3.39	3.35	3.28	3.24	3.20	3.17	3.15
9	5.12	4.26	3.86	3.63	3.48	3.37	3.29	3.23	3.18	3.14	3.07	3.03	2.99	2.96	2.94
10	4.96	4.10	3.71	3.48	3.33	3.22	3.14	3.07	3.02	2.98	2.91	2.86	2.83	2.80	2.77
11	4.84	3.98	3.59	3.36	3.20	3.09	3.01	2.95	2.90	2.85	2.79	2.74	2.70	2.67	2.65
12	4.75	3.89	3.49	3.26	3.11	3.00	2.91	2.85	2.80	2.75	2.69	2.64	2.60	2.57	2.54
13	4.67	3.81	3.41	3.18	3.03	2.92	2.83	2.77	2.71	2.67	2.60	2.55	2.51	2.48	2.46
14	4.60	3.74	3.34	3.11	2.96	2.85	2.76	2.70	2.65	2.60	2.53	2.48	2.44	2.41	2.39
15	4.54	3.68	3.29	3.06	2.90	2.79	2.71	2.64	2.59	2.54	2.48	2.42	2.38	2.35	2.33
16	4.49	3.63	3.24	3.01	2.85	2.74	2.66	2.59	2.54	2.49	2.42	2.37	2.33	2.30	2.28
17	4.45	3.59	3.20	2.96	2.81	2.70	2.61	2.55	2.49	2.45	2.38	2.33	2.29	2.26	2.23
18	4.41	3.55	3.16	2.93	2.77	2.66	2.58	2.51	2.46	2.41	2.34	2.29	2.25	2.22	2.19
19	4.38	3.52	3.13	2.90	2.74	2.63	2.54	2.48	2.42	2.38	2.31	2.26	2.21	2.18	2.16
20	4.35	3.49	3.10	2.87	2.71	2.60	2.51	2.45	2.39	2.35	2.28	2.22	2.18	2.15	2.12
21	4.32	3.47	3.07	2.84	2.68	2.57	2.49	2.42	2.37	2.32	2.25	2.20	2.16	2.12	2.10
22	4.30	3.44	3.05	2.82	2.66	2.55	2.46	2.40	2.34	2.30	2.23	2.17	2.13	2.10	2.07
23	4.28	3.42	3.03	2.80	2.64	2.53	2.44	2.37	2.32	2.27	2.20	2.15	2.11	2.07	2.05
24	4.26	3.40	3.01	2.78	2.62	2.51	2.42	2.36	2.30	2.25	2.18	2.13	2.09	2.05	2.03
25	4.24	3.39	2.99	2.76	2.60	2.49	2.40	2.34	2.28	2.24	2.16	2.11	2.07	2.04	2.01
26	4.23	3.37	2.98	2.74	2.59	2.47	2.39	2.32	2.27	2.22	2.15	2.09	2.05	2.02	1.99
27	4.21	3.35	2.96	2.73	2.57	2.46	2.37	2.31	2.25	2.20	2.13	2.08	2.04	2.00	1.97
28	4.20	3.34	2.95	2.71	2.56	2.45	2.36	2.29	2.24	2.19	2.12	2.06	2.02	1.99	1.96
29	4.18	3.33	2.93	2.70	2.55	2.43	2.35	2.28	2.22	2.18	2.10	2.05	2.01	1.97	1.94
30	4.17	3.32	2.92	2.69	2.53	2.42	2.33	2.27	2.21	2.16	2.09	2.04	1.99	1.96	1.93
32	4.15	3.29	2.90	2.67	2.51	2.40	2.31	2.24	2.19	2.14	2.07	2.01	1.97	1.94	1.91
34	4.13	3.28	2.88	2.65	2.49	2.38	2.29	2.23	2.17	2.12	2.05	1.99	1.95	1.92	1.89
36	4.11	3.26	2.87	2.63	2.48	2.36	2.28	2.21	2.15	2.11	2.03	1.98	1.93	1.90	1.87
38	4.10	3.24	2.85	2.62	2.46	2.35	2.26	2.19	2.14	2.09	2.02	1.96	1.92	1.88	1.85
40	4.08	3.23	2.84	2.61	2.45	2.34	2.25	2.18	2.12	2.08	2.00	1.95	1.90	1.87	1.84
42	4.07	3.22	2.83	2.59	2.44	2.32	2.24	2.17	2.11	2.06	1.99	1.93	1.89	1.86	1.83
44	4.06	3.21	2.82	2.58	2.43	2.31	2.23	2.16	2.10	2.05	1.98	1.92	1.88	1.84	1.81
46	4.05	3.20	2.81	2.57	2.42	2.30	2.22	2.15	2.09	2.04	1.97	1.91	1.87	1.83	1.80
48	4.04	3.19	2.80	2.57	2.41	2.29	2.21	2.14	2.08	2.03	1.96	1.90	1.86	1.82	1.79
50	4.03	3.18	2.79	2.56	2.40	2.29	2.20	2.13	2.07	2.03	1.95	1.89	1.85	1.81	1.78
60	4.00	3.15	2.76	2.53	2.37	2.25	2.17	2.10	2.04	1.99	1.92	1.86	1.82	1.78	1.75
80	3.96	3.11	2.72	2.49	2.33	2.21	2.13	2.06	2.00	1.95	1.88	1.82	1.77	1.73	1.70
100	3.94	3.09	2.70	2.46	2.31	2.19	2.10	2.03	1.97	1.93	1.85	1.79	1.75	1.71	1.68
125	3.92	3.07	2.68	2.44	2.29	2.17	2.08	2.01	1.96	1.91	1.83	1.77	1.72	1.69	1.65
150	3.90	3.06	2.66	2.43	2.27	2.16	2.07	2.00	1.94	1.89	1.82	1.76	1.71	1.67	1.64
200	3.89	3.04	2.65	2.42	2.26	2.14	2.06	1.98	1.93	1.88	1.80	1.74	1.69	1.66	1.62
300	3.87	3.03	2.63	2.40	2.24	2.13	2.04	1.97	1.91	1.86	1.78	1.72	1.68	1.64	1.61
500	3.86	3.01	2.62	2.39	2.23	2.12	2.03	1.96	1.90	1.85	1.77	1.71	1.66	1.62	1.59
1000	3.85	3.00	2.61	2.38	2.22	2.11	2.02	1.95	1.89	1.84	1.76	1.70	1.65	1.61	1.58
∞	3.84	3.00	2.60	2.37	2.21	2.10	2.01	1.94	1.88	1.83	1.75	1.69	1.64	1.60	1.57

续表

df_2	df_1(分子的自由度)														
	22	24	26	28	30	35	40	45	50	60	80	100	200	500	∞
1	249	249	249	250	250	251	251	251	252	252	252	253	254	254	254
2	19.5	19.5	19.5	19.5	19.5	19.5	19.5	19.5	19.5	19.5	19.5	19.5	19.5	19.5	19.5
3	8.65	8.64	8.63	8.62	8.62	8.60	8.59	8.59	8.58	8.57	8.56	8.55	8.54	8.53	8.53
4	5.79	5.77	5.76	5.75	5.75	5.73	5.72	5.71	5.70	5.69	5.67	5.66	5.65	5.64	5.63
5	4.54	4.53	4.52	4.50	4.50	4.48	4.46	4.45	4.44	4.43	4.41	4.41	4.39	4.37	4.37
6	3.86	3.84	3.83	3.82	3.81	3.79	3.77	3.76	3.75	3.74	3.72	3.71	3.69	3.68	3.67
7	3.43	3.41	3.40	3.39	3.38	3.36	3.34	3.33	3.32	3.30	3.29	3.27	3.25	3.24	3.23
8	3.13	3.12	3.10	3.09	3.08	3.06	3.04	3.03	3.02	3.01	2.99	2.97	2.95	2.94	2.93
9	2.92	2.90	2.89	2.87	2.86	2.84	2.83	2.81	2.80	2.79	2.77	2.76	2.73	2.72	2.71
10	2.75	2.74	2.72	2.71	2.70	2.68	2.66	2.65	2.64	2.62	2.60	2.59	2.56	2.55	2.54
11	2.63	2.61	2.59	2.58	2.57	2.55	2.53	2.52	2.51	2.49	2.47	2.46	2.43	2.42	2.40
12	2.52	2.51	2.49	2.48	2.47	2.44	2.43	2.41	2.40	2.38	2.36	2.35	2.32	2.31	2.30
13	2.44	2.42	2.41	2.39	2.38	2.36	2.34	2.33	2.31	2.30	2.27	2.26	2.23	2.22	2.21
14	2.37	2.35	2.33	2.32	2.31	2.28	2.27	2.25	2.24	2.22	2.20	2.19	2.16	2.14	2.13
15	2.31	2.29	2.27	2.26	2.25	2.22	2.20	2.19	2.18	2.16	2.14	2.12	2.10	2.08	2.07
16	2.25	2.24	2.22	2.21	2.19	2.17	2.15	2.14	2.12	2.11	2.08	2.07	2.04	2.02	2.01
17	2.21	2.19	2.17	2.16	2.15	2.12	2.10	2.09	2.08	2.06	2.03	2.02	1.99	1.97	1.96
18	2.17	2.15	2.13	2.12	2.11	2.08	2.06	2.05	2.04	2.02	1.99	1.98	1.95	1.93	1.92
19	2.13	2.11	2.10	2.08	2.07	2.05	2.03	2.01	2.00	1.98	1.96	1.94	1.91	1.89	1.88
20	2.10	2.08	2.07	2.05	2.04	2.01	1.99	1.98	1.97	1.95	1.92	1.91	1.88	1.86	1.84
21	2.07	2.05	2.04	2.02	2.01	1.98	1.96	1.95	1.94	1.92	1.89	1.88	1.84	1.82	1.81
22	2.05	2.03	2.01	2.00	1.98	1.96	1.94	1.92	1.91	1.89	1.86	1.85	1.82	1.80	1.78
23	2.02	2.00	1.99	1.97	1.96	1.93	1.91	1.90	1.88	1.86	1.84	1.82	1.79	1.77	1.76
24	2.00	1.98	1.97	1.95	1.94	1.91	1.89	1.88	1.86	1.84	1.82	1.80	1.77	1.75	1.73
25	1.98	1.96	1.95	1.93	1.92	1.89	1.87	1.86	1.84	1.82	1.80	1.78	1.75	1.73	1.71
26	1.97	1.95	1.93	1.91	1.90	1.87	1.85	1.84	1.82	1.80	1.78	1.76	1.73	1.71	1.69
27	1.95	1.93	1.91	1.90	1.88	1.86	1.84	1.82	1.81	1.79	1.76	1.74	1.71	1.69	1.67
28	1.93	1.91	1.90	1.88	1.87	1.84	1.82	1.80	1.79	1.77	1.74	1.73	1.69	1.67	1.65
29	1.92	1.90	1.88	1.87	1.85	1.83	1.81	1.79	1.77	1.75	1.73	1.71	1.67	1.65	1.64
30	1.91	1.89	1.87	1.85	1.84	1.81	1.79	1.77	1.76	1.74	1.71	1.70	1.66	1.64	1.62
32	1.88	1.86	1.85	1.83	1.82	1.79	1.77	1.75	1.74	1.71	1.69	1.67	1.63	1.61	1.59
34	1.86	1.84	1.82	1.80	1.80	1.77	1.75	1.73	1.71	1.69	1.66	1.65	1.61	1.59	1.57
36	1.85	1.82	1.81	1.79	1.78	1.75	1.73	1.71	1.69	1.67	1.64	1.62	1.59	1.56	1.55
38	1.83	1.81	1.79	1.77	1.76	1.73	1.71	1.69	1.68	1.65	1.62	1.61	1.57	1.54	1.53
40	1.81	1.79	1.77	1.76	1.74	1.72	1.69	1.67	1.66	1.64	1.61	1.59	1.55	1.53	1.51
42	1.80	1.78	1.76	1.74	1.73	1.70	1.68	1.66	1.65	1.62	1.59	1.57	1.53	1.51	1.49
44	1.79	1.77	1.75	1.73	1.72	1.69	1.67	1.65	1.63	1.61	1.58	1.56	1.52	1.49	1.48
46	1.78	1.76	1.74	1.72	1.71	1.68	1.65	1.64	1.62	1.60	1.57	1.55	1.51	1.48	1.46
48	1.77	1.75	1.73	1.71	1.70	1.67	1.64	1.62	1.61	1.59	1.56	1.54	1.49	1.47	1.45
50	1.76	1.74	1.72	1.70	1.69	1.66	1.63	1.61	1.60	1.58	1.54	1.52	1.48	1.46	1.44
60	1.72	1.70	1.68	1.66	1.65	1.62	1.59	1.57	1.56	1.53	1.50	1.48	1.44	1.41	1.39
80	1.68	1.65	1.63	1.62	1.60	1.57	1.54	1.52	1.51	1.48	1.45	1.43	1.38	1.35	1.32
100	1.65	1.63	1.61	1.59	1.57	1.54	1.52	1.49	1.48	1.45	1.41	1.39	1.34	1.31	1.28
125	1.63	1.60	1.58	1.57	1.55	1.52	1.49	1.47	1.45	1.42	1.39	1.36	1.31	1.27	1.25
150	1.61	1.59	1.57	1.55	1.53	1.50	1.48	1.45	1.44	1.41	1.37	1.34	1.29	1.25	1.22
200	1.60	1.57	1.55	1.53	1.52	1.48	1.46	1.43	1.41	1.39	1.35	1.32	1.26	1.22	1.19
300	1.58	1.56	1.53	1.51	1.50	1.46	1.43	1.41	1.39	1.36	1.32	1.30	1.23	1.19	1.15
500	1.56	1.54	1.52	1.50	1.48	1.45	1.42	1.40	1.38	1.34	1.30	1.28	1.21	1.16	1.11
1000	1.55	1.53	1.51	1.49	1.47	1.44	1.41	1.38	1.36	1.33	1.29	1.26	1.19	1.13	1.08
∞	1.54	1.52	1.50	1.48	1.46	1.42	1.39	1.37	1.35	1.32	1.27	1.24	1.17	1.11	1.00

(单侧检验 $P = 0.01$)

续表

df_2	df_1(分子的自由度)														
	1	2	3	4	5	6	7	8	9	10	12	14	16	18	20
1	4052	5000	5403	5625	5764	5859	5928	5981	6022	6056	6106	6142	6169	6190	6209
2	98.5	99.0	99.2	99.2	99.3	99.3	99.4	99.4	99.4	99.4	99.4	99.4	99.4	99.4	99.4
3	34.1	30.8	29.5	28.7	28.2	27.9	27.7	27.5	27.3	27.2	27.1	26.9	26.8	26.8	26.7
4	21.2	18.0	16.7	16.0	15.5	15.2	15.0	14.8	14.7	14.5	14.4	14.2	14.2	14.1	14.0
5	16.3	13.3	12.1	11.4	11.0	10.7	10.5	10.3	10.2	10.1	9.89	9.77	9.68	9.61	9.55
6	13.7	10.9	9.78	9.15	8.75	8.47	8.26	8.10	7.98	7.87	7.72	7.60	7.52	7.45	7.40
7	12.2	9.55	8.45	7.85	7.46	7.19	6.99	6.84	6.72	6.62	6.47	6.36	6.27	6.27	6.16
8	11.3	8.65	7.59	7.01	6.63	6.37	6.18	6.03	5.91	5.81	5.67	5.56	5.48	5.41	5.36
9	10.6	8.02	6.99	6.42	6.06	5.80	5.61	5.47	5.35	5.26	5.11	5.00	4.92	4.86	4.81
10	10.0	7.56	6.55	5.99	5.64	5.39	5.20	5.06	4.94	4.85	4.71	4.60	4.52	4.46	4.41
11	9.65	7.21	6.22	5.67	5.32	5.07	4.89	4.74	4.63	4.54	4.40	4.29	4.21	4.15	4.10
12	9.33	6.93	5.95	5.41	5.06	4.82	4.64	4.50	4.39	4.30	4.16	4.05	3.97	3.91	3.86
13	9.07	6.70	5.74	5.21	4.86	4.62	4.44	4.30	4.19	4.10	3.96	3.86	3.78	3.71	3.66
14	8.86	6.51	5.56	5.04	4.70	4.46	4.28	4.14	4.03	3.94	3.80	3.70	3.62	3.56	3.51
15	8.68	6.36	5.42	4.89	4.56	4.32	4.14	4.00	3.89	3.80	3.67	3.56	3.49	3.42	3.37
16	8.53	6.23	5.29	4.77	4.44	4.20	4.03	3.89	3.78	3.69	3.55	3.45	3.37	3.31	3.26
17	8.40	6.11	5.18	4.67	4.34	4.10	3.93	3.79	3.68	3.59	3.46	3.35	3.27	3.21	3.16
18	8.29	6.01	5.09	4.58	4.25	4.01	3.84	3.71	3.60	3.51	3.37	3.27	3.19	3.13	3.08
19	8.18	5.93	5.01	4.50	4.17	3.94	3.77	3.63	3.52	3.43	3.30	3.19	3.12	3.05	3.00
20	8.10	5.85	4.94	4.43	410	3.87	3.70	3.56	3.46	3.37	3.23	3.13	3.05	2.99	2.94
21	8.02	5.78	4.87	4.37	4.04	3.81	3.64	3.51	3.40	3.31	3.17	3.07	2.99	2.93	2.88
22	7.95	5.72	4.82	4.31	3.99	3.76	3.59	3.45	3.35	3.26	3.12	3.02	2.94	2.88	2.83
23	7.88	5.66	4.76	4.26	3.94	3.71	3.54	3.41	3.30	3.21	3.07	2.97	2.89	2.83	2.78
24	7.82	5.61	4.72	4.22	3.90	3.67	3.50	3.36	3.26	3.17	3.03	2.93	2.85	2.79	2.74
25	7.77	5.57	4.68	4.18	3.86	3.63	3.46	3.32	3.22	3.13	2.99	2.89	2.81	2.75	2.70
26	7.72	5.53	4.64	4.14	3.82	3.59	3.42	3.29	3.18	3.09	2.96	2.86	2.78	2.72	2.66
27	7.68	5.49	4.60	4.11	3.78	3.56	3.39	3.26	3.15	3.06	2.93	2.82	2.75	2.68	2.63
28	7.64	5.45	4.57	4.07	3.75	3.53	3.36	3.23	3.12	3.03	2.90	2.79	2.72	2.65	2.60
29	7.60	5.42	4.54	4.04	3.73	3.50	3.33	3.20	3.09	3.00	2.87	2.77	2.69	2.62	2.57
30	7.56	5.39	4.51	4.02	3.70	3.47	3.30	3.17	3.07	2.98	2.84	2.74	2.66	2.60	2.55
32	7.50	5.34	4.46	3.97	3.65	3.42	3.26	3.13	3.02	2.93	2.80	2.70	2.62	2.55	2.50
34	7.44	5.29	4.42	3.93	3.61	3.39	3.22	3.09	2.98	2.89	2.76	2.66	2.58	2.51	2.46
36	7.40	5.25	4.38	3.89	3.57	3.35	3.18	3.05	2.95	2.86	2.72	2.62	2.54	2.48	2.43
38	7.35	5.21	4.34	3.86	3.54	3.32	3.15	3.02	2.92	2.83	2.69	2.59	2.51	2.45	2.40
40	7.31	5.18	4.31	3.83	3.51	3.29	3.12	2.99	2.89	2.80	2.66	2.56	2.48	2.42	2.37
42	7.28	5.15	4.29	3.80	3.49	3.27	3.10	2.97	2.86	2.78	2.64	2.54	2.46	2.40	2.34
44	7.25	5.12	4.26	3.78	3.47	3.24	3.08	2.95	2.84	2.75	2.62	2.52	2.44	2.37	2.32
46	7.22	5.10	4.24	3.76	3.44	3.22	3.06	2.93	2.82	2.73	2.60	2.50	2.42	2.35	2.30
48	7.20	5.08	4.22	3.74	3.43	3.20	3.04	2.91	2.80	2.72	2.58	2.48	2.40	2.33	2.28
50	7.17	5.06	4.20	3.72	3.41	3.19	3.02	2.89	2.79	2.70	2.56	2.46	2.38	2.32	2.27
60	7.08	4.98	4.13	3.65	3.34	3.12	2.95	2.82	2.72	2.63	2.50	2.39	2.31	2.25	2.20
80	6.96	4.88	4.04	3.56	3.26	3.04	2.87	2.74	2.64	2.55	2.42	2.31	2.23	2.17	2.12
100	6.90	4.82	3.98	3.51	3.21	2.99	2.82	2.69	2.59	2.50	2.37	2.26	2.19	2.12	2.07
125	6.84	4.78	3.94	3.47	3.17	2.95	2.79	2.66	2.55	2.47	2.33	2.23	2.15	2.08	2.03
150	6.81	4.75	3.92	3.45	3.14	2.92	2.76	2.63	2.53	2.44	2.31	2.20	2.12	2.06	2.00
200	6.76	4.71	3.88	3.41	3.11	2.89	2.73	2.60	2.50	2.41	2.27	2.17	2.09	2.02	1.97
300	6.72	4.68	3.85	3.38	3.08	2.86	2.70	2.57	2.47	2.38	2.24	2.14	2.06	1.99	1.94
500	6.69	4.65	3.82	3.36	3.05	2.84	2.68	2.55	2.44	2.36	2.22	2.12	2.04	1.97	1.92
1000	6.66	4.63	3.80	3.34	3.04	2.82	2.66	2.53	2.43	2.34	2.20	2.10	2.02	1.95	1.90
∞	6.63	4.61	3.78	3.32	3.02	2.80	2.64	2.51	2.41	2.32	2.18	2.08	2.00	1.93	1.88

续表

df_2	df_1(分子的自由度)														
	22	24	26	28	30	35	40	45	50	60	80	100	200	500	∞
1	6220	6234	6240	6250	6258	6280	6286	6300	6302	6310	6334	6334	6352	6361	6366
2	99.5	99.5	99.5	99.5	99.5	99.5	99.5	99.5	99.5	99.5	99.5	99.5	99.5	99.5	99.5
3	26.6	26.6	26.6	26.5	26.5	26.5	26.4	26.4	26.4	26.3	26.3	26.2	26.2	26.1	26.1
4	14.0	13.9	13.9	13.9	13.8	13.8	13.7	13.7	13.7	13.7	13.6	13.6	13.5	13.5	13.5
5	9.51	9.47	9.43	9.40	9.38	9.33	9.29	9.26	9.24	9.20	9.16	9.13	9.08	9.04	9.02
6	7.35	7.31	7.28	7.25	7.23	7.18	7.14	7.11	7.09	7.06	7.01	6.99	6.93	6.90	6.88
7	6.11	6.07	6.04	6.02	5.99	5.94	5.91	5.88	5.86	5.82	5.78	5.75	5.70	5.67	5.65
8	5.32	5.28	5.25	5.22	5.20	5.15	5.12	5.10	5.07	5.03	4.99	4.96	4.91	4.88	4.86
9	4.77	4.73	4.70	4.67	4.65	4.60	4.57	4.54	4.52	4.48	4.44	4.42	4.36	4.33	4.31
10	4.36	4.33	4.30	4.27	4.25	4.20	4.17	4.14	4.12	4.08	4.04	4.01	3.96	3.93	3.91
11	4.06	4.02	3.99	3.96	3.94	3.89	3.86	3.83	3.81	3.78	3.73	3.71	3.66	3.62	3.60
12	3.82	3.78	3.75	3.72	3.70	3.65	3.62	3.59	3.57	3.54	3.49	3.47	3.41	3.38	3.36
13	3.62	3.59	3.56	3.53	3.51	3.46	3.43	3.40	3.38	3.34	3.30	3.27	3.22	3.19	3.17
14	3.46	3.43	3.40	3.37	3.35	3.30	3.27	3.24	3.22	3.18	3.14	3.11	3.06	3.03	3.00
15	3.33	3.29	3.26	3.24	3.21	3.17	3.13	3.10	3.08	3.05	3.00	3.98	2.92	2.89	2.87
16	3.22	3.18	3.15	3.12	3.10	3.05	3.02	2.99	2.97	2.93	2.89	2.86	2.81	2.78	2.75
17	3.12	3.08	3.05	3.03	3.00	2.96	2.92	2.89	2.87	2.83	2.79	2.76	2.71	2.68	2.65
18	3.03	3.00	2.97	2.94	2.92	2.87	2.84	2.81	2.78	2.75	2.70	2.68	2.62	2.59	2.57
19	2.96	2.92	2.89	2.87	2.84	2.80	2.76	2.73	2.71	2.67	2.63	2.60	2.55	2.51	2.49
20	2.90	2.86	2.83	2.80	2.78	2.73	2.69	2.67	2.64	2.61	2.56	2.54	2.48	2.44	2.42
21	2.84	2.80	2.77	2.74	2.72	2.67	2.64	2.61	2.58	2.55	2.50	2.48	2.42	2.38	2.36
22	2.78	2.75	2.72	2.69	2.67	2.62	2.58	2.55	2.53	2.50	2.45	2.42	2.36	2.33	2.31
23	2.74	2.70	2.67	2.64	2.62	2.57	2.54	2.51	2.48	2.45	2.40	2.37	2.32	2.28	2.26
24	2.70	2.66	2.63	2.60	2.58	2.53	2.49	2.46	2.44	2.40	2.36	2.33	2.27	2.24	2.21
25	2.66	2.62	2.59	2.56	2.54	2.49	2.45	2.42	2.40	2.36	2.32	2.29	2.23	2.19	2.17
26	2.62	2.58	2.55	2.53	2.50	2.45	2.42	2.39	2.36	2.33	2.28	2.25	2.19	2.16	2.13
27	2.59	2.55	2.52	2.49	2.47	2.42	2.38	2.35	2.33	2.29	2.25	2.22	2.16	2.12	2.10
28	2.56	2.52	2.49	2.46	2.44	2.39	2.35	2.32	2.30	2.26	2.22	2.19	2.13	2.09	2.06
29	2.53	2.49	2.46	2.44	2.41	2.36	2.33	2.30	2.27	2.23	2.19	2.16	2.10	2.06	2.03
30	2.51	2.47	2.44	2.41	2.39	2.34	2.30	2.27	2.25	2.21	2.16	2.13	2.07	2.03	2.01
32	2.46	2.42	2.39	2.36	2.34	2.29	2.25	2.22	2.20	2.16	2.11	2.08	2.02	1.98	1.96
34	2.42	2.38	2.35	2.32	2.30	2.25	2.21	2.18	2.16	2.12	2.07	2.04	1.98	1.94	1.91
36	2.38	2.35	2.32	2.29	2.26	2.21	2.17	2.14	2.12	2.08	2.03	2.00	1.94	1.90	1.87
38	2.35	2.32	2.28	2.26	2.23	2.18	2.14	2.11	2.09	2.05	2.00	1.97	1.90	1.86	1.84
40	2.33	2.29	2.26	2.23	2.20	2.15	2.11	2.08	2.06	2.02	1.97	1.94	1.87	1.83	1.80
42	2.30	2.26	2.23	2.20	2.18	2.13	2.09	2.06	2.03	1.99	1.94	1.91	1.85	1.80	1.78
44	2.28	2.24	2.21	2.18	2.15	2.10	2.06	2.03	2.01	1.97	1.92	1.89	1.82	1.78	1.75
46	2.26	2.22	2.19	2.16	2.13	2.08	2.04	2.01	1.99	1.95	1.90	1.86	1.80	1.75	1.73
48	2.24	2.20	2.17	2.14	2.12	2.06	2.02	1.99	1.97	1.93	1.88	1.84	1.78	1.73	1.70
50	2.22	2.18	2.15	2.12	2.10	2.05	2.01	1.97	1.95	1.91	1.86	1.82	1.76	1.71	1.68
60	2.15	2.12	2.08	2.05	2.03	1.98	1.94	1.90	1.88	1.84	1.78	1.75	1.68	1.63	1.60
80	2.07	2.03	2.00	1.97	1.94	1.89	1.85	1.81	1.79	1.75	1.69	1.66	1.58	1.53	1.49
100	2.02	1.98	1.94	1.92	1.89	1.84	1.80	1.76	1.73	1.69	1.63	1.60	1.52	1.47	1.43
125	1.98	1.94	1.91	1.88	1.85	1.80	1.76	1.72	1.69	1.65	1.59	1.55	1.47	1.41	1.37
150	1.96	1.92	1.88	1.85	1.83	1.77	1.73	1.69	1.66	1.62	1.56	1.52	1.43	1.38	1.33
200	1.93	1.89	1.85	1.82	1.79	1.74	1.69	1.66	1.63	1.58	1.52	1.48	1.39	1.33	1.28
300	1.89	1.85	1.82	1.79	1.76	1.71	1.66	1.62	1.59	1.55	1.48	1.44	1.35	1.28	1.22
500	1.87	1.83	1.79	1.76	1.74	1.68	1.63	1.60	1.56	1.52	1.45	1.41	1.31	1.23	1.16
1000	1.85	1.81	1.77	1.74	1.72	1.66	1.61	1.57	1.54	1.50	1.43	1.38	1.28	1.19	1.11
∞	1.83	1.79	1.76	1.72	1.70	1.64	1.59	1.55	1.52	1.47	1.40	1.36	1.25	1.15	1.00

附表 4　F 值表(双侧检验)

(每对数据上行 $\alpha=0.05$，下行 $\alpha=0.01$)

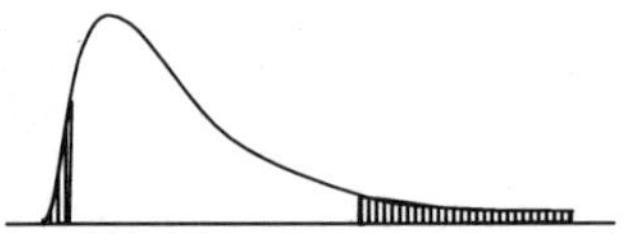

df_2	df_1(分子的自由度)																		
	1	2	3	4	5	6	7	8	9	10	12	15	20	24	30	40	60	120	∞
1	647.8	799.5	864.2	899.6	921.8	937.1	948.2	956.7	963.3	968.6	976.7	984.9	993.1	997.2	1001	1006	1010	1014	1018
	16211	20000	21615	22500	23056	23437	23715	23925	24091	24224	24426	24630	24836	24940	25044	25148	25253	25359	25465
2	38.51	39.00	39.17	39.25	39.30	39.33	39.36	39.37	39.39	39.40	39.41	39.43	39.45	39.46	39.46	39.47	39.48	39.49	39.50
	199.5	199.0	199.2	199.2	199.3	199.3	199.4	199.4	199.4	199.4	199.4	199.4	199.4	199.5	199.5	199.5	199.5	199.5	199.5
3	17.44	16.04	15.44	15.10	14.88	14.73	14.62	14.54	14.47	14.42	14.34	14.25	14.17	14.12	14.08	14.04	13.99	13.95	13.90
	55.55	49.80	47.47	46.19	45.39	44.84	44.43	44.13	43.88	43.69	43.39	43.08	42.78	42.62	42.47	42.31	42.15	41.99	41.83
4	12.22	10.65	9.98	9.60	9.36	9.20	9.07	8.98	8.90	8.84	8.75	8.66	8.56	8.51	8.46	8.41	8.36	8.31	8.26
	31.33	26.28	24.26	23.15	22.46	21.97	21.62	21.35	21.14	20.97	20.70	20.44	20.17	20.03	19.89	19.75	19.61	19.47	19.32
5	10.01	8.43	7.76	7.39	7.15	6.98	6.85	6.76	6.68	6.62	6.52	6.43	6.33	6.28	6.23	6.18	6.12	6.07	6.02
	22.28	18.31	16.53	15.56	14.94	14.51	14.20	13.96	13.77	13.62	13.38	13.15	12.90	12.78	12.66	12.53	12.40	12.27	12.14
6	8.81	7.26	6.60	6.23	5.99	5.82	5.70	5.60	5.52	5.46	5.37	5.27	5.17	5.12	5.07	5.01	4.96	4.90	4.85
	18.63	14.54	12.92	12.03	11.46	11.07	10.79	10.57	10.39	10.25	10.03	9.81	9.59	9.47	9.36	9.24	9.12	9.00	8.88
7	8.07	6.54	5.89	5.52	5.29	5.12	4.99	4.90	4.82	4.76	4.67	4.57	4.47	4.42	4.36	4.31	4.25	4.20	4.14
	16.24	12.40	10.88	10.05	9.52	9.16	8.89	8.68	8.51	8.38	8.18	7.97	7.75	7.65	7.53	7.42	7.31	7.19	7.08
8	7.57	6.06	5.42	5.05	4.82	4.65	4.53	4.43	4.36	4.30	4.20	4.10	4.00	3.95	3.89	3.84	3.78	3.73	3.67
	14.69	11.04	9.60	8.81	8.30	7.95	7.69	7.50	7.34	7.21	7.01	6.81	6.61	6.50	6.40	6.29	6.18	6.06	5.95
9	7.21	5.71	5.08	4.72	4.48	4.32	4.20	4.10	4.03	3.96	3.87	3.77	3.67	3.61	3.56	3.51	3.45	3.39	3.33
	13.61	10.11	8.72	7.96	7.47	7.13	6.88	6.69	6.54	6.42	6.23	6.03	5.83	5.73	5.62	5.52	5.41	5.30	5.19
10	6.94	5.46	4.83	4.47	4.24	4.07	3.95	3.85	3.78	3.72	3.62	3.52	3.42	3.37	3.31	3.26	3.20	3.14	3.08
	12.83	9.43	8.08	7.34	6.87	6.54	6.30	6.12	5.97	5.85	5.66	5.47	5.27	5.17	5.07	4.97	4.86	4.75	4.64
12	6.55	5.10	4.47	4.12	3.89	3.73	3.61	3.51	3.44	3.37	3.28	3.18	3.07	3.02	2.96	2.91	2.85	2.79	2.72
	11.75	8.51	7.23	6.52	6.07	5.76	5.52	5.35	5.20	5.09	4.91	4.72	4.53	4.43	4.33	4.23	4.12	4.01	3.90
15	6.20	4.77	4.15	3.80	3.58	3.41	3.29	3.20	3.12	3.06	2.96	2.86	2.76	2.70	2.64	2.59	2.52	2.46	2.40
	10.80	7.70	6.48	5.80	5.37	5.07	4.85	4.67	4.54	4.42	4.25	4.07	3.88	3.79	3.69	3.58	3.48	3.37	3.26
20	5.87	4.46	3.86	3.51	3.29	3.13	3.01	2.91	2.84	2.77	2.68	2.57	2.46	2.41	2.35	2.29	2.22	2.16	2.09
	9.94	6.99	5.82	5.17	4.76	4.47	4.26	4.09	3.96	3.85	3.68	3.50	3.32	3.22	3.12	3.02	2.92	2.81	2.69
24	5.72	4.32	3.72	3.38	3.15	2.99	2.87	2.78	2.70	2.64	2.54	2.44	2.33	2.27	2.21	2.15	2.08	2.01	1.94
	9.55	6.66	5.52	4.89	4.49	4.20	3.99	3.83	3.69	3.59	3.42	3.25	3.06	2.97	2.87	2.77	2.66	2.55	2.43
30	5.57	4.18	3.59	3.25	3.03	2.87	2.75	2.65	2.57	2.51	2.41	2.31	2.20	2.14	2.07	2.01	1.94	1.87	1.79
	9.18	6.35	5.24	4.62	4.23	3.95	3.74	3.58	3.45	3.34	3.18	3.01	2.82	2.73	2.63	2.52	2.42	2.30	2.18
40	5.42	4.05	3.46	3.13	2.90	2.74	2.62	2.53	2.45	2.39	2.29	2.18	2.07	2.01	1.94	1.88	1.80	1.72	1.64
	8.83	6.07	4.98	4.37	3.99	3.71	3.51	3.35	3.22	3.12	2.95	2.78	2.06	2.50	2.40	2.30	2.18	2.06	1.93
60	5.29	3.93	3.34	3.01	2.79	2.63	2.51	2.41	2.33	2.27	2.17	2.06	1.94	1.88	1.82	1.74	1.67	1.58	1.48
	8.49	5.79	4.73	4.14	3.76	3.49	3.29	3.13	3.01	2.90	2.74	2.57	2.39	2.29	2.19	2.08	1.96	1.83	1.69
120	5.15	3.80	3.23	2.89	2.67	2.52	2.39	2.30	2.22	2.16	2.05	1.94	1.82	1.76	1.69	1.61	1.53	1.43	1.31
	8.18	5.54	4.50	3.92	3.55	3.28	3.09	2.93	2.81	2.71	2.54	2.37	2.19	2.09	1.98	1.87	1.75	1.61	1.43
∞	5.02	3.69	3.12	2.79	2.57	2.41	2.29	2.19	2.11	2.05	1.94	1.83	1.71	1.64	1.57	1.48	1.39	1.27	1.00
	7.88	5.30	4.28	3.72	3.35	3.09	2.90	2.74	2.62	2.52	2.36	2.19	2.00	1.90	1.79	1.67	1.53	1.36	1.00

附表 5　q 值表

(上行：P=0.05，下行：P=0.01)

df_w	a(组数)								
	2	3	4	5	6	7	8	9	10
5	3.64	4.60	5.22	5.67	6.03	6.33	6.58	6.80	6.99
	5.70	6.98	7.80	8.42	8.91	9.32	9.67	9.97	10.24
6	3.46	4.34	4.90	5.30	5.63	5.90	6.12	6.32	6.49
	5.24	6.33	7.03	7.56	7.97	8.32	8.61	8.87	9.10
7	3.34	4.16	4.68	5.06	5.36	5.61	5.82	6.00	6.16
	4.95	5.92	6.54	7.01	7.37	7.68	7.94	8.17	8.37
8	3.26	4.04	4.53	4.89	5.17	5.40	5.60	5.77	5.92
	4.75	5.64	6.20	6.62	6.96	7.24	7.47	7.68	7.86
9	3.20	3.95	4.41	4.76	5.02	5.24	5.43	5.59	5.74
	4.60	5.43	5.96	6.35	6.66	6.91	7.13	7.33	7.49
10	3.15	3.88	4.33	4.65	4.91	5.12	5.30	5.46	5.60
	4.48	5.27	5.77	6.14	6.43	6.67	6.87	7.05	7.21
12	3.08	3.77	4.20	4.51	4.75	4.95	5.12	5.27	5.39
	4.32	5.05	5.50	5.84	6.10	6.32	6.51	6.67	6.81
14	3.03	3.70	4.11	4.41	4.64	4.83	4.99	5.13	5.25
	4.21	4.89	5.32	5.63	5.88	6.08	6.26	6.41	6.54
16	3.00	3.65	4.05	4.33	4.56	4.74	4.90	5.03	5.15
	4.13	4.79	5.19	5.49	5.72	5.92	6.08	6.22	6.35
18	2.97	3.61	4.00	4.28	4.49	4.67	4.82	4.96	5.07
	4.07	4.70	5.09	5.38	5.60	5.79	5.94	6.08	6.20
20	2.95	3.58	3.96	4.23	4.45	4.62	4.77	4.90	5.05
	4.02	4.64	5.02	5.29	5.51	5.69	5.84	5.97	6.09
30	2.89	3.49	3.85	4.10	4.30	4.46	4.60	4.72	4.82
	3.89	4.45	4.80	5.05	5.24	5.40	5.54	5.65	5.76
40	2.86	3.44	3.79	4.04	4.23	4.39	4.52	4.63	4.73
	3.82	4.37	4.70	4.93	5.11	5.26	5.39	5.50	5.60
60	2.83	3.40	3.74	3.98	4.16	4.31	4.44	4.55	4.65
	3.76	4.28	4.59	4.82	4.99	5.13	5.25	5.36	5.45
120	2.80	3.36	3.68	3.92	4.10	4.24	4.36	4.47	4.56
	3.70	4.20	4.50	4.71	4.87	5.01	5.12	5.21	5.30
∞	2.77	3.31	3.63	3.86	4.03	4.17	4.29	4.39	4.47
	3.64	4.12	4.40	4.60	4.76	4.88	4.99	5.08	5.16

附表 6　F_{max} 界值表

(哈特莱方差齐性检验)

S_j^2 的 df	P	k=方差的数目										
		2	3	4	5	6	7	8	9	10	11	12
4	0.05	9.60	15.5	20.6	25.2	29.5	33.6	37.5	41.4	44.6	48.0	51.4
	0.01	23.2	37.0	49.0	59.0	69.0	79.0	89.0	97.0	106.0	113.0	120.0
5	0.05	7.15	10.8	13.7	16.3	18.7	20.8	22.9	24.7	26.5	28.2	29.9
	0.01	14.9	22.0	28.0	33.0	38.0	42.0	46.0	50.0	54.0	57.0	60.0
6	0.05	5.82	8.38	10.4	12.1	13.7	15.0	16.3	17.5	18.6	19.7	20.7
	0.01	11.1	15.5	19.1	22.0	25.0	27.0	30.0	32.0	34.0	36.0	37.0
7	0.05	4.99	6.94	8.44	9.70	10.8	11.8	12.7	13.5	14.3	15.1	15.8
	0.01	8.89	12.1	14.5	16.5	18.4	20.0	22.0	23.0	24.0	26.0	27.0
8	0.05	4.43	6.00	7.18	8.12	9.03	9.78	10.5	11.1	11.7	12.2	12.7
	0.01	7.50	9.9	11.7	13.2	14.5	15.8	16.9	17.9	18.9	19.8	21.0
9	0.05	4.03	5.34	6.31	7.11	7.80	8.41	8.95	9.45	9.91	10.3	10.7
	0.01	6.54	8.5	9.9	11.1	12.1	13.1	13.9	14.7	15.3	16.0	16.6
10	0.05	3.72	4.85	5.67	6.34	6.92	7.42	7.87	8.28	8.66	9.01	9.34
	0.01	5.85	7.4	8.6	9.6	10.4	11.1	11.8	12.4	12.9	13.4	13.9
12	0.05	3.28	4.16	4.79	5.30	5.72	6.09	6.42	6.72	7.00	7.25	7.48
	0.01	4.91	6.1	6.9	7.6	8.2	8.7	9.1	9.5	9.9	10.2	10.6
15	0.05	2.86	3.54	4.01	4.37	4.68	4.95	5.19	5.40	5.59	5.77	5.93
	0.01	4.07	4.9	5.5	6.0	6.4	6.7	7.1	7.3	7.5	7.8	8.0
20	0.05	2.46	2.95	3.29	3.54	3.76	3.94	4.10	4.24	4.37	4.49	4.59
	0.01	3.32	3.8	4.3	4.6	4.9	5.1	5.3	5.5	5.6	5.8	5.9
30	0.05	2.07	2.40	2.61	2.78	2.91	3.02	3.12	3.21	3.29	3.36	3.39
	0.01	2.63	3.0	3.3	3.4	3.6	3.7	3.8	3.9	4.0	4.1	4.2
60	0.05	1.67	1.85	1.96	2.04	2.11	2.17	2.22	2.26	2.30	2.33	2.36
	0.01	1.96	2.2	2.3	2.4	2.4	2.5	2.5	2.6	2.6	2.7	2.7
∞	0.05	1.00	1.00	1.00	1.00	1.00	1.00	1.00	1.00	1.00	1.00	1.00
	0.01	1.00	1.00	1.00	1.00	1.00	1.00	1.00	1.00	1.00	1.00	1.00

附表 7　百分率的可信限

(1≤*n*≤50，95%可信限)

n	*X*																											
	0		1		2		3		4		5		6		7		8		9		10		11		12		13	
1	0	98																										
2	0	84	1	99																								
3	0	71	1	91	9	99																						
4	0	60	1	81	7	93																						
5	0	52	1	72	5	85	15	95																				
6	0	46	0	64	4	78	12	88																				
7	0	41	0	58	4	71	10	82	18	90																		
8	0	37	0	53	3	65	9	76	16	84																		
9	0	34	0	48	3	60	7	70	14	79	21	86																
10	0	31	0	45	3	56	7	65	12	74	19	81																
11	0	28	0	41	2	52	6	61	11	69	17	77	23	83														
12	0	26	0	38	2	48	5	57	10	65	15	72	21	79														
13	0	25	0	36	2	45	5	54	9	61	14	68	19	75	25	81												
14	0	23	0	34	2	43	5	51	8	58	13	65	18	71	23	77												
15	0	22	0	32	2	41	4	48	8	55	12	62	16	68	21	73	27	79										
16	0	21	0	30	2	38	4	46	7	52	11	59	15	65	20	70	25	75										
17	0	20	0	29	2	36	4	43	7	50	10	56	14	62	18	67	23	72	28	77								
18	0	19	0	27	1	35	4	41	6	48	10	54	13	59	17	64	22	69	26	74								
19	0	18	0	26	1	33	3	40	6	46	9	51	13	57	16	62	20	67	24	71	29	76						
20	0	17	0	25	1	32	3	38	6	44	9	49	12	54	15	59	19	64	23	69	27	73						
21	0	16	0	24	1	30	3	36	5	42	8	47	11	52	15	57	18	62	22	66	26	70	30	74				
22	0	15	0	23	1	29	3	35	5	40	8	45	11	50	14	55	17	59	21	64	24	68	28	72				
23	0	15	0	22	1	28	3	34	5	39	8	44	10	48	13	53	16	57	20	62	23	66	27	69	31	73		
24	0	14	0	21	1	27	3	32	5	37	7	42	10	47	13	51	16	55	19	59	22	63	26	67	29	71		
25	0	14	0	20	1	26	3	31	5	36	7	41	9	45	12	49	15	54	18	58	21	61	24	65	28	69	31	72
26	0	13	0	20	1	25	2	30	4	35	7	39	9	44	12	48	14	52	17	56	20	60	23	63	27	67	30	70
27	0	13	0	19	1	24	2	29	4	34	6	38	9	42	11	46	14	50	17	54	19	58	22	61	26	65	29	68
28	0	12	0	18	1	24	2	28	4	33	6	37	8	41	11	45	13	49	16	52	19	56	22	59	25	63	28	66
29	0	12	0	18	1	23	2	27	4	32	6	36	8	40	10	44	13	47	15	51	18	54	21	58	24	61	26	64
30	0	12	0	17	1	22	2	27	4	31	6	35	8	39	10	42	12	46	15	49	17	53	20	56	23	59	26	63
31	0	11	0	17	1	22	2	26	4	30	6	34	8	38	10	41	12	45	14	48	17	51	19	55	22	58	25	61
32	0	11	0	16	1	21	2	25	4	29	5	33	7	36	9	40	12	43	14	47	16	50	19	53	21	56	24	59
33	0	11	0	15	1	20	2	24	3	28	5	32	7	36	9	39	11	42	13	46	16	49	18	52	20	55	23	58
34	0	10	0	15	1	19	2	23	3	28	5	31	7	35	9	38	11	41	13	44	15	48	17	51	20	54	22	56
35	0	10	0	15	1	19	2	23	3	27	5	30	7	34	8	37	10	40	13	43	15	46	17	49	19	52	22	55
36	0	10	0	15	1	18	2	22	3	25	5	29	6	33	8	36	10	39	12	42	14	45	16	48	19	51	21	54
37	0	10	0	14	1	18	2	22	3	25	5	28	6	32	8	35	10	38	12	41	14	44	16	47	18	50	20	53
38	0	10	0	14	1	18	2	21	3	25	5	28	6	32	8	34	10	37	11	40	13	43	15	46	18	49	20	51
39	0	9	0	14	1	17	2	21	3	24	4	27	6	31	8	33	9	36	11	39	13	42	15	45	17	48	19	50
40	0	9	0	13	1	17	2	21	3	24	4	27	6	30	8	33	9	35	11	38	13	41	15	44	17	47	19	49
41	0	9	0	13	1	17	2	20	3	23	4	26	6	29	7	32	9	35	11	37	12	40	14	43	16	46	18	48
42	0	9	0	13	1	16	2	20	3	23	4	26	6	28	7	31	9	34	10	37	12	39	14	42	16	45	18	47
43	0	9	0	12	1	16	2	19	3	23	4	25	5	28	7	31	8	33	10	36	12	39	14	41	15	44	17	46
44	0	9	0	12	1	15	2	19	3	22	4	25	5	28	7	30	8	33	10	35	11	38	13	40	15	43	17	45
45	0	8	0	12	1	15	2	18	3	21	4	24	5	27	7	30	8	32	9	34	11	37	13	39	15	42	16	44
46	0	8	0	12	1	15	2	18	3	21	4	24	5	26	7	29	8	31	9	34	11	36	13	39	14	41	16	43
47	0	8	0	12	1	15	2	17	3	20	4	23	5	26	6	28	8	31	9	34	11	36	12	38	14	40	16	43
48	0	8	0	11	1	14	2	17	3	20	4	22	5	25	6	28	8	30	9	33	11	35	12	37	14	39	15	42
49	0	8	0	11	1	14	2	17	2	20	4	22	5	25	6	27	7	30	9	32	10	35	12	37	13	39	15	41
50	0	7	0	11	1	14	2	17	2	19	3	22	5	24	6	26	7	29	9	31	10	34	11	36	13	38	15	41

(1≤n≤50，99%可信限)

续表

n	X													
	0	1	2	3	4	5	6	7	8	9	10	11	12	13
1	0 100													
2	0 93	0 100												
3	0 83	0 96	4 100											
4	0 73	0 89	3 97											
5	0 65	0 81	2 92	8 98										
6	0 59	0 75	2 86	7 93										
7	0 53	0 68	2 80	6 88	12 94									
8	0 48	0 63	1 74	5 83	10 90									
9	0 45	0 59	1 69	4 78	9 85	15 91								
10	0 41	0 54	1 65	4 74	8 81	13 87								
11	0 38	0 51	1 61	3 69	7 77	11 83	17 89							
12	0 36	0 48	1 57	3 66	6 73	10 79	15 85							
13	0 34	0 45	1 54	3 62	6 69	9 76	14 81	19 86						
14	0 32	0 42	1 51	3 59	5 66	9 72	13 78	17 83						
15	0 30	0 40	1 49	2 56	5 63	8 69	12 74	16 79	21 84					
16	0 28	0 38	1 46	2 53	5 60	8 66	11 71	15 76	19 81					
17	0 27	0 36	1 44	2 51	4 57	7 63	10 69	14 74	18 78	22 82				
18	0 26	0 35	1 42	2 49	4 55	7 61	10 66	13 71	17 75	21 79				
19	0 24	0 33	1 40	2 47	4 53	6 58	9 63	12 68	16 73	19 77	23 81			
20	0 23	0 32	1 39	2 45	4 51	6 56	9 61	11 66	15 70	18 74	22 78			
21	0 22	0 30	1 37	2 43	3 49	6 54	8 59	11 63	14 68	17 71	21 76	24 80		
22	0 21	0 29	1 36	2 42	3 47	5 52	8 57	10 61	13 66	16 70	20 73	23 73		
23	0 21	0 28	1 35	2 40	3 45	5 50	7 55	10 59	13 63	15 67	19 71	22 75	25 78	
24	0 20	0 27	0 33	2 39	3 44	5 49	7 53	9 57	12 61	15 65	18 69	21 73	24 76	
25	0 19	0 26	0 32	1 37	3 42	5 47	7 51	9 56	11 60	14 63	17 67	20 71	23 74	26 77
26	0 18	0 25	0 31	1 36	3 41	4 46	6 50	9 54	11 58	13 62	16 65	19 69	22 72	25 75
27	0 18	0 25	0 30	1 35	3 40	4 44	6 48	8 51	10 56	13 60	15 63	18 67	21 70	24 73
28	0 17	0 24	0 29	1 34	3 39	4 43	6 47	8 51	10 55	12 58	15 62	17 65	20 68	23 71
29	0 17	0 23	0 28	1 33	2 37	4 42	6 46	8 49	10 53	12 57	14 60	17 63	19 66	22 70
30	0 16	0 22	0 27	1 32	2 36	4 40	5 44	7 48	9 52	11 55	14 58	16 62	19 65	21 68
31	0 16	0 22	0 27	1 31	2 35	4 39	5 43	7 47	9 50	11 54	13 57	16 60	18 63	20 66
32	0 15	0 21	0 26	1 30	2 34	4 38	5 42	7 46	9 49	11 52	13 56	15 59	17 62	20 65
33	0 15	0 20	0 25	1 30	2 34	3 37	5 41	7 44	8 48	10 51	12 54	14 57	17 60	19 63
34	0 14	0 20	0 25	1 29	2 33	3 36	5 40	6 43	8 47	10 50	12 53	14 56	16 59	18 62
35	0 14	0 20	0 24	1 28	2 32	3 35	5 39	6 42	8 45	10 49	12 52	14 55	16 57	18 60
36	0 14	0 19	0 23	1 27	2 31	3 35	5 38	6 41	8 44	9 47	11 50	13 53	15 56	17 59
37	0 13	0 18	0 23	1 27	2 30	3 34	4 37	6 40	7 43	9 46	11 49	13 52	15 55	17 58
38	0 13	0 18	0 22	1 26	2 30	3 33	4 36	6 39	7 42	9 45	11 48	12 51	14 54	16 56
39	0 13	0 18	0 21	1 25	2 29	3 32	4 35	6 38	7 41	9 44	10 47	12 50	14 53	16 55
40	0 12	0 17	0 21	1 25	2 28	3 32	4 35	5 38	7 40	9 43	10 46	12 49	13 52	15 54
41	0 12	0 17	0 21	1 24	2 28	3 31	4 34	5 37	7 40	8 42	10 45	11 48	13 50	15 53
42	0 12	0 17	0 20	1 24	2 27	3 30	4 33	5 36	7 39	8 42	9 44	11 47	13 49	15 52
43	0 12	0 16	0 20	1 23	2 26	3 30	4 33	5 35	6 38	8 41	9 43	11 46	13 49	14 51
44	0 11	0 16	0 19	1 23	2 26	3 29	4 32	5 35	6 37	8 40	9 42	11 45	12 47	14 50
45	0 11	0 15	0 19	1 22	2 25	3 28	4 31	5 34	6 37	8 39	9 42	10 44	12 47	14 49
46	0 11	0 15	0 19	1 22	2 25	3 28	4 31	5 33	6 36	7 39	9 41	10 43	12 46	13 48
47	0 11	0 15	0 18	1 21	2 24	2 27	3 30	5 33	6 35	7 38	9 40	10 42	11 45	13 47
48	0 10	0 14	0 18	1 21	2 24	2 27	3 29	5 32	6 35	7 37	8 40	10 42	11 44	13 47
49	0 10	0 14	0 17	1 20	1 24	2 26	3 29	4 32	6 34	7 36	8 39	9 41	11 44	12 46
50	0 10	0 14	0 17	1 20	1 23	2 26	3 28	4 31	5 33	7 36	8 38	9 40	11 43	12 45

(1≤n≤50 上行：95%可信限；下行：99%可信限)

续表

n	X=14	15	16	17	18	19	20	21	22	23	24	25
27	32 71											
	27 76											
28	31 69											
	26 74											
29	30 68	33 71										
	25 72	28 75										
30	28 66	31 69										
	24 71	27 74										
31	27 64	30 67	33 70									
	23 69	26 72	28 75									
32	26 62	29 65	32 68									
	22 67	25 70	27 73									
33	26 61	28 64	31 67	34 69								
	21 66	24 69	26 71	29 74								
34	25 59	27 62	30 65	32 68								
	21 64	23 67	25 70	28 72								
35	24 58	26 61	29 63	31 66	34 69							
	20 63	22 66	24 68	27 71	29 73							
36	23 57	26 59	28 62	30 65	33 67							
	19 62	22 64	23 67	26 69	28 72							
37	23 55	25 58	27 61	30 63	32 66	34 68						
	19 60	21 63	23 65	25 68	28 70	30 73						
38	22 54	24 57	26 59	29 62	31 64	33 67						
	18 59	20 61	22 64	25 66	27 69	29 71						
39	21 53	23 55	26 58	28 60	30 63	32 65	35 68					
	18 58	20 60	22 63	24 65	26 68	28 70	30 72					
40	21 52	23 54	25 57	27 59	29 62	32 64	34 66					
	17 57	19 59	21 61	23 64	25 66	27 68	30 71					
41	20 51	22 53	24 56	26 58	29 60	31 63	33 65	35 67				
	17 55	19 58	21 60	23 63	25 65	27 67	29 69	31 71				
42	20 50	22 52	24 54	26 57	28 59	30 61	32 64	34 66				
	16 54	18 57	20 59	22 61	24 64	26 66	28 67	30 70				
43	19 49	21 51	23 53	25 56	27 58	29 60	31 62	33 65	36 67			
	16 53	18 56	19 58	21 60	23 62	25 65	27 66	29 69	31 71			
44	19 48	21 50	22 52	24 55	26 57	28 59	30 61	33 63	35 65			
	15 52	17 55	19 57	21 59	23 61	25 63	26 65	28 68	30 70			
45	18 47	20 49	22 51	24 54	26 56	28 58	30 60	32 62	34 64	36 66		
	15 51	17 54	19 56	20 58	22 60	24 62	26 64	28 66	30 68	32 70		
46	18 46	20 48	21 50	23 53	25 55	27 57	29 59	31 61	33 63	35 65		
	15 50	16 53	18 55	20 57	22 59	23 61	25 63	27 65	29 67	31 69		
47	18 45	19 47	21 49	23 52	25 54	26 56	28 58	30 60	32 62	34 64	36 66	
	14 49	16 52	18 54	19 56	21 58	23 60	25 62	26 64	28 66	30 68	32 70	
48	17 44	19 46	21 48	22 51	24 53	26 55	28 57	30 59	31 61	33 63	35 65	
	14 49	16 51	17 53	19 55	21 57	22 59	24 61	26 63	28 65	29 67	31 69	
49	17 43	18 45	20 47	22 50	24 52	25 54	27 56	29 58	31 60	33 62	34 64	36 66
	14 48	15 50	17 52	19 54	20 56	22 58	23 60	25 62	27 64	29 66	31 68	32 70
50	16 43	18 45	20 47	21 49	23 51	25 53	25 55	28 57	30 59	32 61	34 63	36 65
	14 47	15 49	17 51	18 53	20 55	21 57	23 59	25 61	26 63	28 65	30 67	32 68

(50≤n≤1000)

续表

X	95%可信限																X	99%可信限															
	n																	n															
	50		60		70		80		90		100		250		1000			50		60		70		80		90		100		250		1000	
1	0	11	0	9	0	8	0	7	0	6	0	5	0	4	0	2	1	0	14	0	12	0	10	0	9	0	8	0	7	0	5	0	2
2	0	14	1	11	0	10	1	9	0	8	0	7	1	5	1	3	2	0	17	0	14	0	13	0	11	0	10	0	9	1	6	1	3
3	1	17	1	14	1	12	1	11	1	10	1	8	1	6	2	4	3	1	20	1	17	1	15	1	13	0	12	0	10	1	7	2	4
4	2	19	2	16	2	14	2	13	1	11	1	10	2	7	3	5	4	1	23	1	20	1	17	1	15	1	14	1	12	2	9	3	6
5	3	22	3	18	3	16	2	14	2	13	2	11	3	9	4	7	5	2	26	2	22	2	19	1	17	1	15	1	13	2	10	3	7
6	5	24	4	20	3	18	3	16	3	14	2	12	3	10	5	8	6	3	29	3	24	2	21	2	19	2	17	2	14	3	11	4	8
7	6	27	5	23	4	20	4	17	3	15	3	14	4	11	6	9	7	4	31	4	26	3	23	3	21	2	18	2	16	3	13	5	9
8	7	29	6	25	5	21	5	19	4	17	4	15	5	12	6	10	8	6	33	4	29	4	25	3	22	3	20	3	17	4	14	6	10
9	9	31	7	26	6	23	5	20	5	18	4	16	6	13	7	11	9	7	36	5	30	5	27	4	24	4	21	3	18	5	15	7	12
10	10	34	8	29	7	25	6	22	6	20	5	18	7	14	8	12	10	8	38	7	32	6	28	5	25	4	22	4	19	6	16	8	13
11	12	36	10	30	8	26	7	23	6	21	5	19	7	16	9	13	11	10	40	8	34	7	30	6	27	5	24	4	20	6	17	9	14
12	13	38	11	32	9	28	8	25	7	22	6	20	8	17	10	14	12	11	43	9	36	7	32	6	28	6	25	5	21	7	18	9	15
13	15	41	12	34	10	30	9	26	8	23	7	21	9	18	11	15	13	12	45	10	38	8	33	7	30	6	27	6	23	8	19	10	16
14	16	43	13	36	11	31	10	27	9	25	8	22	10	19	12	16	14	14	47	11	40	9	35	8	31	7	28	6	24	9	20	11	17
15	18	44	15	38	13	33	11	29	10	26	9	24	10	20	13	17	15	15	49	12	42	10	37	9	33	8	30	7	26	9	22	12	18
16	20	46	16	40	14	34	12	30	11	27	9	25	11	21	14	18	16	17	51	14	44	11	38	10	34	9	31	8	27	10	23	13	19
17	21	48	18	41	15	36	13	32	12	28	10	26	12	22	15	19	17	18	53	15	46	12	40	11	35	10	32	9	29	11	24	14	20
18	23	50	19	43	16	37	14	33	12	30	11	27	13	23	16	21	18	20	55	16	47	14	41	12	37	10	33	9	30	12	25	15	21
19	25	53	20	45	17	38	15	34	13	31	12	28	14	24	17	22	19	21	57	17	49	15	43	13	38	11	35	10	31	13	36	16	22
20	27	55	22	47	18	40	16	36	14	32	13	29	15	26	18	23	20	23	59	19	51	16	44	14	39	12	36	11	32	14	27	17	23
21	28	57	23	49	20	41	17	37	15	33	14	30	16	27	19	24	21	24	61	20	52	17	46	15	41	13	37	12	33	15	28	18	24
22	30	59	25	50	21	43	18	39	16	35	14	31	17	28	19	25	22	26	63	22	54	18	47	16	42	14	38	12	34	16	30	19	26
23	32	61	26	52	22	45	19	40	17	36	15	32	18	29	20	26	23	28	65	23	56	19	49	17	44	15	39	13	35	17	31	20	27
24	34	63	28	53	23	46	20	41	18	37	16	33	19	30	21	27	24	29	67	24	58	21	50	18	45	16	41	14	36	18	32	21	28
25	36	64	29	55	25	48	21	43	19	38	17	35	20	31	22	28	25	31	69	26	59	22	52	19	46	17	42	15	38	18	33	22	29
26			31	57	26	49	22	44	20	39	18	36	20	32	23	29	26			27	61	23	53	20	48	17	43	16	39	19	34	22	30
27			32	58	27	51	24	45	21	40	19	37	21	33	24	30	27			29	62	24	55	21	49	18	44	16	40	20	35	23	31
28			34	60	29	52	25	46	22	42	20	38	22	34	25	31	28			30	64	25	56	22	50	19	45	17	41	21	36	24	32
29			35	62	30	54	26	48	23	43	20	39	23	35	26	32	29			32	65	27	57	23	51	20	46	18	42	22	37	25	33
30			37	63	31	55	27	49	24	44	21	40	24	36	27	33	30			33	67	28	59	24	53	21	47	19	43	23	38	26	34
31					33	57	28	50	25	45	22	41	25	37	28	34	31					29	60	25	54	22	49	20	44	24	39	27	35
32					34	58	29	51	26	46	23	42	26	38	29	35	32					30	62	26	55	23	50	21	45	25	40	28	36
33					35	59	31	53	27	47	24	43	27	39	30	36	33					32	63	27	56	24	51	21	46	26	41	29	37
34					36	61	32	54	28	48	25	44	28	40	31	37	34					33	64	28	58	25	52	22	47	26	42	30	38
35					38	62	33	55	29	50	26	45	29	41	32	38	35					34	66	30	59	26	53	23	48	27	43	31	39
36							34	56	30	51	27	46	30	42	33	39	36							31	60	27	54	24	49	28	44	32	40
37							35	58	31	52	28	47	31	43	34	40	37							32	61	28	55	25	50	29	45	33	41
38							36	59	32	53	29	48	32	44	35	41	38							33	62	29	56	26	51	30	46	34	42
39							37	60	33	54	29	49	33	45	36	42	39							34	64	30	57	27	52	31	47	35	43
40							39	61	34	55	30	50	34	46	37	43	40							35	65	31	59	28	53	32	48	36	44
41									35	56	31	51	37	47	38	44	41									32	60	29	54	33	50	37	45
42									36	57	32	52	36	48	39	45	42									33	61	30	55	34	51	38	46
43									37	59	33	53	37	49	40	46	43									34	62	30	56	35	52	39	47
44									38	60	34	54	38	50	41	47	44									35	63	31	57	36	53	40	48
45									39	61	35	55	39	51	42	48	45									36	64	32	58	37	54	41	49
46											36	56	40	52	43	49	46											33	59	38	55	42	50
47											37	57	41	53	44	50	47											34	60	39	55	43	51
48											38	58	42	54	45	51	48											35	61	40	56	44	52
49											39	59	43	55	46	52	49											36	62	41	57	45	53
50											40	60	44	56	47	53	50											37	63	42	58	46	54

附表 8　χ^2 值　表

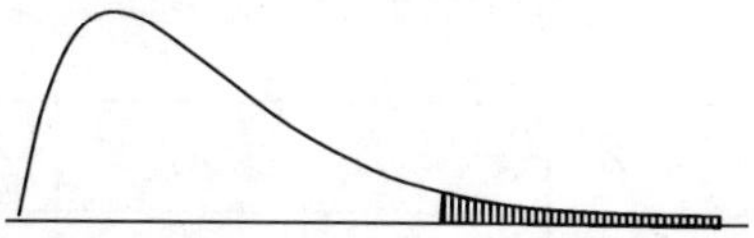

df	*P*												
	0.995	0.990	0.975	0.950	0.900	0.750	0.500	0.250	0.100	0.050	0.025	0.010	0.005
1	…	…	…	…	0.02	0.10	0.45	1.32	2.71	3.84	5.02	6.63	7.88
2	0.01	0.02	0.05	0.10	0.21	0.58	1.39	2.77	4.61	5.99	7.38	9.21	10.60
3	0.07	0.11	0.22	0.35	0.58	1.21	2.37	4.11	6.25	7.81	9.35	11.34	12.84
4	0.21	0.30	0.48	0.71	1.06	1.92	3.36	5.39	7.78	9.49	11.14	13.28	14.86
5	0.41	0.55	0.83	1.15	1.61	2.67	4.35	6.63	9.24	11.07	12.83	15.09	16.75
6	0.68	0.87	1.24	1.64	2.20	3.45	5.35	7.84	10.64	12.59	14.45	16.81	18.55
7	0.99	1.24	1.69	2.17	2.83	4.25	6.35	9.04	12.02	14.07	16.01	18.48	20.28
8	1.34	1.65	2.18	2.73	3.49	5.07	7.34	10.22	13.36	15.51	17.53	20.09	21.96
9	1.73	2.09	2.70	3.33	4.17	5.90	8.34	11.39	14.68	16.92	19.02	21.67	23.59
10	2.16	2.56	3.25	3.94	4.87	6.74	9.34	12.55	15.99	18.31	20.48	23.21	25.19
11	2.60	3.05	3.82	4.57	5.58	7.58	10.34	13.70	17.28	19.68	21.92	24.72	26.76
12	3.07	3.57	4.40	5.23	6.30	8.44	11.34	14.85	18.55	21.03	23.34	26.22	28.30
13	3.57	4.11	5.01	5.89	7.04	9.30	12.34	15.98	19.81	22.36	24.74	27.69	29.82
14	4.07	4.66	5.63	6.57	7.79	10.17	13.34	17.12	21.06	23.68	26.12	29.14	31.32
15	4.60	5.23	6.27	7.26	8.55	11.04	14.34	18.25	22.31	25.00	27.49	30.58	32.80
16	5.14	5.81	6.91	7.96	9.31	11.91	15.34	19.37	23.54	26.30	28.85	32.00	37.27
17	5.70	6.41	7.56	8.67	10.09	12.79	16.34	20.49	24.77	27.59	30.19	33.41	35.72
18	6.26	7.01	8.23	9.39	10.86	13.68	17.34	21.60	25.99	28.87	31.53	34.81	37.16
19	6.84	7.63	8.91	10.12	11.65	14.56	18.34	22.72	27.20	30.14	32.85	36.19	38.58
20	7.43	8.26	9.59	10.85	12.44	15.45	19.34	23.83	28.41	31.41	34.17	37.57	40.00
21	8.03	8.90	10.28	11.59	13.24	16.34	20.34	24.93	29.62	32.67	35.48	38.93	41.40
22	8.64	9.54	10.98	12.34	14.04	17.24	21.34	26.04	30.81	33.92	36.78	40.29	42.80
23	9.26	10.20	11.69	13.09	14.85	18.14	22.34	27.14	32.01	35.17	38.08	41.64	44.18
24	9.89	10.86	12.40	13.85	15.66	19.04	23.34	28.24	33.20	36.42	39.36	42.98	45.56
25	10.52	11.52	13.12	14.61	16.47	19.94	24.34	29.34	34.38	37.65	40.65	44.31	46.93
26	11.16	12.20	13.84	15.38	17.29	20.84	25.34	30.43	35.56	38.89	41.92	45.64	48.29
27	11.81	12.88	14.57	16.15	18.11	21.75	26.34	31.53	36.74	40.11	43.19	46.96	49.64
28	12.46	13.56	15.31	16.93	18.94	22.66	27.34	32.62	37.92	41.34	44.46	48.28	50.99
29	13.12	14.26	16.05	17.71	19.77	23.57	28.34	33.71	39.09	42.56	45.72	49.59	52.34
30	13.79	14.95	16.79	18.49	20.60	24.48	29.34	34.80	40.26	43.77	46.98	50.89	53.67
40	20.71	22.16	24.43	26.51	29.05	33.66	39.34	45.62	51.80	55.76	59.34	63.69	66.77
50	27.99	29.71	32.36	34.76	37.69	42.94	49.33	56.33	63.17	67.50	71.42	76.15	79.49
60	35.53	37.48	40.48	43.19	46.46	52.29	59.33	66.98	74.40	79.08	83.30	88.38	91.95
70	43.28	45.44	48.76	51.74	55.33	61.70	69.33	77.58	85.53	90.53	95.02	100.42	104.22
80	51.17	53.54	57.15	60.39	64.28	71.14	79.33	88.13	96.58	101.88	106.63	112.33	116.32
90	59.20	61.75	65.65	69.13	73.29	80.62	89.33	98.64	107.56	113.14	118.14	124.12	128.30
100	67.33	70.06	74.22	77.93	82.36	90.13	99.33	109.14	118.50	124.34	129.56	135.81	140.17

附表 9　r 值的 Z_r 转换表

r	Z_r	r	Z_r	r	Z_r	r	Z_r	r	Z_r	r	Z_r	r	Z_r	r	Z_r
0.000	0.000	0.125	0.126	0.250	0.255	0.375	0.394	0.500	0.549	0.625	0.733	0.750	0.973	0.875	1.354
0.005	0.005	0.130	0.131	0.255	0.261	0.380	0.400	0.505	0.556	0.630	0.741	0.755	0.984	0.880	1.376
0.010	0.010	0.135	0.136	0.260	0.066	0.385	0.406	0.510	0.563	0.635	0.750	0.760	0.996	0.885	1.398
0.015	0.015	0.140	0.141	0.265	0.271	0.390	0.412	0.515	0.570	0.640	0.758	0.765	1.008	0.890	1.422
0.020	0.020	0.145	0.146	0.270	0.277	0.395	0.418	0.520	0.576	0.645	0.767	0.770	1.020	0.895	1.447
0.025	0.025	0.150	0.151	0.275	0.282	0.400	0.424	0.525	0.583	0.650	0.775	0.775	1.033	0.900	1.472
0.030	0.030	0.155	0.156	0.280	0.288	0.405	0.430	0.530	0.590	0.655	0.784	0.780	1.045	0.905	1.499
0.035	0.035	0.160	0.161	0.285	0.293	0.410	0.436	0.535	0.597	0.660	0.793	0.785	1.058	0.910	1.528
0.040	0.040	0.165	0.167	0.290	0.299	0.415	0.442	0.540	0.604	0.665	0.802	0.790	1.071	0.915	1.557
0.045	0.045	0.170	0.172	0.295	0.304	0.420	0.448	0.545	0.611	0.670	0.811	0.795	1.085	0.920	1.589
0.050	0.050	0.175	0.177	0.300	0.310	0.425	0.454	0.550	0.618	0.675	0.820	0.800	1.099	0.925	1.623
0.055	0.055	0.180	0.182	0.305	0.315	0.430	0.460	0.555	0.626	0.680	0.829	0.805	1.113	0.930	1.658
0.060	0.060	0.185	0.187	0.310	0.321	0.435	0.466	0.560	0.633	0.685	0.838	0.810	1.127	0.935	1.697
0.065	0.065	0.190	0.192	0.315	0.326	0.440	0.472	0.565	0.640	0.690	0.848	0.815	1.142	0.940	1.738
0.070	0.070	0.195	0.198	0.320	0.332	0.445	0.478	0.570	0.648	0.695	0.858	0.820	1.157	0.945	1.783
0.075	0.075	0.200	0.203	0.325	0.337	0.450	0.485	0.575	0.655	0.700	0.867	0.825	1.172	0.950	1.832
0.080	0.080	0.205	0.208	0.330	0.343	0.455	0.491	0.580	0.662	0.705	0.877	0.830	1.188	0.955	1.886
0.085	0.085	0.210	0.213	0.335	0.348	0.460	0.497	0.585	0.670	0.710	0.887	0.835	1.204	0.960	1.946
0.090	0.090	0.215	0.218	0.340	0.354	0.465	0.504	0.590	0.678	0.715	0.897	0.840	1.221	0.965	2.014
0.095	0.095	0.220	0.224	0.345	0.360	0.470	0.510	0.595	0.685	0.720	0.908	0.845	1.238	0.970	2.092
0.100	0.100	0.225	0.229	0.350	0.365	0.475	0.517	0.600	0.693	0.725	0.918	0.850	1.256	0.975	2.185
0.105	0.105	0.230	0.234	0.355	0.371	0.480	0.523	0.605	0.701	0.730	0.929	0.855	1.274	0.980	2.298
0.110	0.110	0.235	0.239	0.360	0.377	0.485	0.530	0.610	0.709	0.735	0.940	0.860	1.293	0.985	2.443
0.115	0.116	0.240	0.245	0.365	0.383	0.490	0.536	0.615	0.717	0.740	0.950	0.865	1.313	0.990	2.647
0.120	0.121	0.245	0.250	0.370	0.388	0.495	0.543	0.620	0.725	0.745	0.962	0.870	1.333	0.995	2.994

附表 10　积差相关系数界值表

df=	*P*(2)	0.50	0.20	0.10	0.05	0.02	0.01	0.005	0.002	0.001
n–2	*P*(1)	0.25	0.10	0.05	0.025	0.01	0.005	0.0025	0.001	0.0005
1		0.707	0.951	0.988	0.997	1.000	1.000	1.000	1.000	1.000
2		0.500	0.800	0.900	0.950	0.980	0.990	0.995	0.998	0.999
3		0.404	0.687	0.805	0.878	0.934	0.959	0.974	0.986	0.991
4		0.347	0.608	0.729	0.811	0.882	0.917	0.942	0.963	0.974
5		0.309	0.551	0.669	0.755	0.833	0.875	0.906	0.935	0.951
6		0.281	0.507	0.621	0.707	0.789	0.834	0.870	0.905	0.925
7		0.260	0.472	0.582	0.666	0.750	0.798	0.836	0.875	0.898
8		0.242	0.443	0.549	0.632	0.715	0.765	0.805	0.847	0.872
9		0.228	0.419	0.521	0.602	0.685	0.735	0.776	0.820	0.847
10		0.216	0.398	0.497	0.576	0.658	0.708	0.750	0.795	0.823
11		0.206	0.380	0.476	0.553	0.634	0.684	0.726	0.772	0.801
12		0.197	0.365	0.457	0.532	0.612	0.661	0.703	0.750	0.780
13		0.189	0.351	0.441	0.514	0.592	0.641	0.683	0.730	0.760
14		0.182	0.338	0.426	0.497	0.574	0.623	0.664	0.711	0.742
15		0.176	0.327	0.412	0.482	0.558	0.606	0.647	0.694	0.725
16		0.170	0.317	0.400	0.468	0.542	0.590	0.631	0.678	0.703
17		0.165	0.308	0.389	0.456	0.529	0.575	0.616	0.662	0.693
18		0.160	0.299	0.378	0.444	0.515	0.561	0.602	0.648	0.679
19		0.156	0.291	0.369	0.433	0.503	0.549	0.589	0.635	0.665
20		0.152	0.284	0.360	0.423	0.492	0.537	0.576	0.622	0.652
21		0.148	0.277	0.352	0.413	0.482	0.526	0.565	0.610	0.640
22		0.145	0.271	0.344	0.404	0.472	0.515	0.554	0.599	0.629
23		0.141	0.265	0.337	0.396	0.462	0.505	0.543	0.588	0.618
24		0.138	0.260	0.330	0.388	0.453	0.496	0.534	0.578	0.607
25		0.136	0.255	0.323	0.381	0.445	0.487	0.524	0.568	0.597
26		0.133	0.250	0.317	0.374	0.437	0.479	0.515	0.559	0.588
27		0.131	0.245	0.311	0.367	0.430	0.471	0.507	0.550	0.579
28		0.128	0.241	0.306	0.361	0.423	0.463	0.499	0.541	0.570
29		0.126	0.237	0.301	0.355	0.416	0.456	0.491	0.533	0.562
30		0.124	0.233	0.296	0.349	0.409	0.449	0.484	0.526	0.554
31		0.122	0.229	0.291	0.344	0.403	0.442	0.477	0.518	0.546
32		0.120	0.225	0.287	0.339	0.397	0.436	0.470	0.511	0.539
33		0.118	0.222	0.283	0.334	0.392	0.430	0.464	0.504	0.532
34		0.116	0.219	0.279	0.329	0.386	0.424	0.458	0.498	0.525
35		0.115	0.216	0.275	0.325	0.381	0.418	0.452	0.492	0.519
36		0.113	0.213	0.271	0.320	0.376	0.413	0.446	0.486	0.513
37		0.111	0.210	0.267	0.316	0.371	0.408	0.441	0.480	0.507
38		0.110	0.207	0.264	0.312	0.367	0.403	0.435	0.474	0.501
39		0.108	0.204	0.261	0.308	0.362	0.398	0.430	0.469	0.495
40		0.107	0.202	0.257	0.304	0.358	0.393	0.425	0.463	0.490
41		0.106	0.199	0.254	0.301	0.354	0.389	0.420	0.458	0.484
42		0.104	0.197	0.251	0.297	0.350	0.384	0.416	0.453	0.479
43		0.103	0.195	0.248	0.294	0.346	0.380	0.411	0.449	0.474
44		0.102	0.192	0.246	0.291	0.342	0.376	0.407	0.444	0.469
45		0.101	0.190	0.243	0.288	0.338	0.372	0.403	0.439	0.465
46		0.100	0.188	0.240	0.285	0.335	0.368	0.399	0.435	0.460
47		0.099	0.186	0.238	0.282	0.331	0.365	0.395	0.431	0.456
48		0.098	0.184	0.235	0.279	0.328	0.361	0.391	0.427	0.451
49		0.097	0.182	0.233	0.276	0.325	0.358	0.387	0.423	0.447
50		0.096	0.181	0.231	0.373	0.322	0.354	0.384	0.419	0.443

续表

$df=$	$P(2)$	0.50	0.20	0.10	0.05	0.02	0.01	0.005	0.002	0.001
$n-2$	$P(1)$	0.25	0.10	0.05	0.025	0.01	0.005	0.0025	0.001	0.0005
52		0.094	0.177	0.226	0.268	0.316	0.348	0.377	0.411	0.435
54		0.092	0.174	0.222	0.263	0.310	0.341	0.370	0.404	0.428
56		0.090	0.171	0.218	0.259	0.305	0.336	0.364	0.398	0.421
58		0.089	0.168	0.214	0.254	0.300	0.330	0.358	0.391	0.414
60		0.087	0.165	0.211	0.250	0.295	0.325	0.352	0.385	0.408
62		0.086	0.162	0.207	0.246	0.290	0.320	0.347	0.379	0.402
64		0.084	0.160	0.204	0.242	0.286	0.315	0.342	0.374	0.396
66		0.083	0.157	0.201	0.239	0.282	0.310	0.337	0.368	0.390
68		0.082	0.155	0.198	0.235	0.278	0.306	0.332	0.363	0.385
70		0.081	0.153	0.195	0.232	0.274	0.302	0.327	0.358	0.380
72		0.080	0.151	0.193	0.229	0.270	0.298	0.323	0.354	0.375
74		0.079	0.149	0.190	0.226	0.266	0.294	0.319	0.349	0.370
76		0.078	0.147	0.188	0.223	0.263	0.290	0.315	0.345	0.365
78		0.077	0.145	0.185	0.220	0.260	0.286	0.311	0.340	0.361
80		0.076	0.143	0.183	0.217	0.257	0.283	0.307	0.336	0.357
82		0.075	0.141	0.181	0.215	0.253	0.280	0.304	0.333	0.353
84		0.074	0.140	0.179	0.212	0.251	0.276	0.300	0.329	0.349
86		0.073	0.138	0.177	0.210	0.248	0.273	0.297	0.325	0.345
88		0.072	0.136	0.174	0.207	0.245	0.270	0.293	0.321	0.341
90		0.071	0.135	0.173	0.205	0.242	0.267	0.290	0.318	0.338
92		0.070	0.133	0.171	0.203	0.240	0.264	0.287	0.315	0.334
94		0.070	0.132	0.169	0.201	0.237	0.262	0.284	0.312	0.331
96		0.069	0.131	0.167	0.199	0.235	0.259	0.281	0.308	0.327
98		0.068	0.129	0.165	0.197	0.232	0.256	0.279	0.305	0.324
100		0.068	0.128	0.164	0.195	0.230	0.254	0.276	0.303	0.321
105		0.066	0.125	0.160	0.190	0.225	0.248	0.270	0.296	0.314
110		0.064	0.122	0.156	0.186	0.220	0.242	0.264	0.289	0.307
115		0.063	0.119	0.153	0.182	0.215	0.237	0.258	0.283	0.300
120		0.062	0.117	0.150	0.178	0.210	0.232	0.253	0.277	0.294
125		0.060	0.114	0.147	0.174	0.206	0.228	0.248	0.272	0.289
130		0.059	0.112	0.144	0.171	0.202	0.223	0.243	0.267	0.283
135		0.058	0.110	0.141	0.168	0.199	0.219	0.239	0.262	0.278
140		0.057	0.108	0.139	0.165	0.195	0.215	0.234	0.257	0.273
145		0.056	0.106	0.136	0.162	0.192	0.212	0.230	0.253	0.269
150		0.055	0.105	0.134	0.159	0.189	0.208	0.227	0.249	0.264
160		0.053	0.101	0.130	0.154	0.183	0.202	0.220	0.241	0.256
170		0.052	0.098	0.126	0.150	0.177	0.196	0.213	0.234	0.249
180		0.050	0.095	0.122	0.145	0.172	0.190	0.207	0.228	0.242
190		0.049	0.093	0.119	0.142	0.168	0.185	0.202	0.222	0.236
200		0.048	0.091	0.116	0.138	0.164	0.181	0.197	0.210	0.230
250		0.043	0.081	0.104	0.124	0.146	0.162	0.176	0.194	0.206
300		0.039	0.074	0.095	0.113	0.134	0.148	0.161	0.177	0.188
350		0.036	0.068	0.088	0.105	0.124	0.137	0.149	0.164	0.175
400		0.034	0.064	0.082	0.098	0.116	0.128	0.140	0.154	0.164
450		0.032	0.060	0.077	0.092	0.109	0.121	0.132	0.145	0.154
500		0.030	0.057	0.074	0.088	0.104	0.115	0.125	0.138	0.146
600		0.028	0.052	0.067	0.080	0.095	0.105	0.114	0.126	0.134
700		0.026	0.048	0.062	0.074	0.088	0.097	0.106	0.116	0.124
800		0.024	0.045	0.058	0.069	0.082	0.091	0.099	0.109	0.116
900		0.022	0.043	0.055	0.065	0.077	0.086	0.093	0.103	0.109
1000		0.021	0.041	0.052	0.062	0.073	0.081	0.089	0.098	0.104

附表 11　等级相关系数界值表

n	P(2)	0.50	0.20	0.10	0.05	0.02	0.01	0.005	0.002	0.001
	P(1)	0.25	0.10	0.05	0.025	0.01	0.005	0.0025	0.001	0.0005
4		0.600	1.000	1.000						
5		0.500	0.800	0.900	1.000	1.000				
6		0.371	0.657	0.829	0.886	0.943	1.000	1.000		
7		0.321	0.571	0.714	0.786	0.893	0.929	0.964	1.000	1.000
8		0.310	0.524	0.643	0.738	0.833	0.881	0.905	0.952	0.976
9		0.267	0.483	0.600	0.700	0.783	0.833	0.867	0.917	0.933
10		0.248	0.455	0.564	0.648	0.745	0.794	0.830	0.879	0.903
11		0.236	0.427	0.536	0.618	0.709	0.755	0.800	0.845	0.873
12		0.217	0.406	0.503	0.587	0.678	0.727	0.769	0.818	0.846
13		0.209	0.385	0.484	0.560	0.648	0.703	0.747	0.791	0.824
14		0.200	0.367	0.464	0.538	0.626	0.679	0.723	0.771	0.802
15		0.189	0.354	0.446	0.521	0.604	0.654	0.700	0.750	0.779
16		0.182	0.341	0.429	0.503	0.582	0.635	0.679	0.729	0.762
17		0.176	0.328	0.414	0.485	0.566	0.615	0.662	0.713	0.748
18		0.170	0.317	0.401	0.472	0.550	0.600	0.643	0.695	0.728
19		0.165	0.309	0.391	0.460	0.535	0.584	0.628	0.677	0.712
20		0.161	0.299	0.380	0.447	0.520	0.570	0.612	0.662	0.696
21		0.156	0.292	0.370	0.435	0.508	0.556	0.599	0.648	0.681
22		0.152	0.284	0.361	0.425	0.496	0.544	0.586	0.634	0.667
23		0.148	0.278	0.353	0.415	0.486	0.532	0.573	0.622	0.654
24		0.144	0.271	0.344	0.406	0.476	0.521	0.562	0.610	0.642
25		0.142	0.265	0.337	0.398	0.466	0.511	0.551	0.598	0.630
26		0.138	0.259	0.331	0.390	0.457	0.501	0.541	0.587	0.619
27		0.136	0.255	0.324	0.382	0.448	0.491	0.531	0.577	0.608
28		0.133	0.250	0.317	0.375	0.440	0.483	0.522	0.567	0.598
29		0.130	0.245	0.312	0.368	0.433	0.475	0.513	0.558	0.589
30		0.128	0.240	0.306	0.362	0.425	0.467	0.504	0.549	0.580
31		0.126	0.236	0.301	0.356	0.418	0.459	0.496	0.541	0.571
32		0.124	0.232	0.296	0.350	0.412	0.452	0.489	0.533	0.563
33		0.121	0.229	0.291	0.345	0.405	0.446	0.482	0.525	0.554
34		0.120	0.225	0.287	0.340	0.399	0.439	0.475	0.517	0.547
35		0.118	0.222	0.283	0.335	0.394	0.433	0.468	0.510	0.539
36		0.116	0.219	0.279	0.330	0.388	0.427	0.462	0.504	0.533
37		0.114	0.216	0.275	0.325	0.383	0.421	0.456	0.497	0.526
38		0.113	0.212	0.271	0.321	0.378	0.415	0.450	0.491	0.519
39		0.111	0.210	0.267	0.317	0.373	0.410	0.444	0.485	0.513
40		0.110	0.207	0.264	0.313	0.368	0.405	0.439	0.479	0.507
41		0.108	0.204	0.261	0.309	0.364	0.400	0.433	0.473	0.501
42		0.107	0.202	0.257	0.305	0.359	0.395	0.428	0.468	0.495
43		0.105	0.199	0.254	0.301	0.355	0.391	0.423	0.468	0.490
44		0.104	0.197	0.251	0.298	0.351	0.386	0.419	0.458	0.484
45		0.103	0.194	0.248	0.294	0.347	0.382	0.414	0.453	0.479
46		0.102	0.192	0.246	0.291	0.343	0.378	0.410	0.448	0.474
47		0.101	0.190	0.243	0.288	0.340	0.374	0.405	0.443	0.469
48		0.100	0.188	0.240	0.285	0.336	0.370	0.401	0.439	0.465
49		0.098	0.186	0.238	0.282	0.333	0.366	0.397	0.434	0.460
50		0.097	0.184	0.235	0.279	0.329	0.363	0.393	0.430	0.456

附表 12　复相关系数界值表

(表中奇数行 $\alpha = 0.05$，偶数行 $\alpha = 0.01$)

自由度 df	独立自变量 x 数				自由度 df	独立自变量 x 数				自由度 df	独立自变量 x 数			
	1	2	3	4		1	2	3	4		1	2	3	4
1	0.997 1.000	0.999 1.000	0.999 1.000	0.999 1.000	17	0.456 0.575	0.545 0.647	0.601 0.691	0.641 0.724	45	0.288 0.372	0.353 0.430	0.397 0.470	0.432 0.501
2	0.950 0.990	0.975 0.995	0.983 0.997	0.987 0.998	18	0.444 0.561	0.532 0.633	0.587 0.678	0.628 0.710	50	0.273 0.354	0.336 0.410	0.379 0.449	0.412 0.479
3	0.878 0.959	0.930 0.976	0.950 0.983	0.961 0.987	19	0.433 0.549	0.520 0.620	0.575 0.665	0.615 0.698	60	0.250 0.325	0.308 0.377	0.348 0.414	0.380 0.442
4	0.811 0.917	0.881 0.949	0.912 0.962	0.930 0.970	20	0.423 0.537	0.509 0.608	0.563 0.652	0.604 0.685	70	0.232 0.302	0.286 0.351	0.324 0.386	0.354 0.413
5	0.754 0.874	0.836 0.917	0.874 0.937	0.898 0.949	21	0.413 0.526	0.498 0.596	0.522 0.641	0.592 0.674	80	0.217 0.288	0.269 0.330	0.304 0.362	0.332 0.389
6	0.707 0.834	0.795 0.886	0.839 0.911	0.867 0.927	22	0.404 0.515	0.488 0.585	0.542 0.630	0.582 0.663	90	0.205 0.267	0.254 0.312	0.288 0.343	0.315 0.368
7	0.666 0.798	0.758 0.855	0.807 0.885	0.838 0.904	23	0.396 0.505	0.479 0.574	0.532 0.619	0.572 0.652	100	0.195 0.254	0.241 0.297	0.274 0.327	0.300 0.351
8	0.632 0.765	0.726 0.827	0.777 0.860	0.811 0.882	24	0.388 0.496	0.470 0.565	0.523 0.609	0.562 0.642	125	0.174 0.228	0.216 0.266	0.246 0.294	0.269 0.316
9	0.602 0.735	0.697 0.800	0.750 0.836	0.786 0.861	25	0.381 0.487	0.462 0.555	0.514 0.600	0.553 0.633	150	0.159 0.208	0.198 0.244	0.225 0.270	0.247 0.290
10	0.576 0.708	0.671 0.776	0.726 0.814	0.763 0.840	26	0.374 0.478	0.454 0.546	0.506 0.590	0.545 0.624	200	0.138 0.181	0.172 0.212	0.196 0.234	0.215 0.253
11	0.553 0.684	0.648 0.753	0.703 0.793	0.741 0.821	27	0.367 0.470	0.446 0.538	0.498 0.582	0.536 0.615	300	0.113 0.148	0.141 0.174	0.160 0.192	0.176 0.208
12	0.532 0.661	0.627 0.732	0.683 0.773	0.722 0.802	28	0.361 0.463	0.439 0.530	0.490 0.573	0.529 0.606	400	0.098 0.128	0.122 0.151	0.139 0.167	0.153 0.180
13	0.514 0.641	0.608 0.712	0.664 0.755	0.703 0.785	29	0.355 0.456	0.482 0.522	0.482 0.565	0.521 0.598	500	0.088 0.115	0.109 0.135	0.124 0.150	0.137 0.162
14	0.497 0.623	0.590 0.694	0.646 0.737	0.686 0.768	30	0.349 0.449	0.420 0.514	0.476 0.558	0.514 0.591	1000	0.062 0.081	0.077 0.096	0.088 0.106	0.097 0.115
15	0.482 0.606	0.574 0.677	0.630 0.721	0.670 0.752	35	0.325 0.418	0.897 0.481	0.415 0.523	0.482 0.556					
16	0.468 0.590	0.559 0.662	0.615 0.706	0.655 0.738	40	0.304 0.393	0.373 0.454	0.419 0.494	0.455 0.526					

附表 13　符号检验表

n 对子数	单侧检验 0.01	单侧检验 0.05	单侧检验 0.10	n 对子数	单侧检验 0.01	单侧检验 0.05	单侧检验 0.10	n 对子数	单侧检验 0.01	单侧检验 0.05	单侧检验 0.10	n 对子数	单侧检验 0.01	单侧检验 0.05	单侧检验 0.10	n 对子数	单侧检验 0.01	单侧检验 0.05	单侧检验 0.10
	双侧检验 0.02	双侧检验 0.10	双侧检验 0.20		双侧检验 0.02	双侧检验 0.10	双侧检验 0.20		双侧检验 0.02	双侧检验 0.10	双侧检验 0.20		双侧检验 0.02	双侧检验 0.10	双侧检验 0.20		双侧检验 0.02	双侧检验 0.10	双侧检验 0.20
1				19	3	4	5	37	10	12	13	55	17	19	20	73	25	27	28
2				20	3	5	5	38	10	12	13	56	17	20	21	74	25	28	29
3				21	4	5	6	39	11	12	13	57	18	20	21	75	25	28	29
4				22	4	5	6	40	11	13	14	58	18	21	22	76	26	28	30
5			0	23	4	6	7	41	11	13	14	59	19	21	22	77	26	29	30
6		0	0	24	5	6	7	42	12	14	15	60	19	21	23	78	27	29	31
7		0	0	25	5	7	7	43	12	14	15	61	20	22	23	79	27	30	31
8	0	0	1	26	6	7	8	44	13	15	16	62	20	22	24	80	28	30	32
9	0	1	1	27	6	7	8	45	13	15	16	63	20	23	24	81	28	31	32
10	0	1	1	28	6	8	9	46	13	15	16	64	21	23	24	82	28	31	33
11	0	1	2	29	7	8	9	47	14	16	17	65	21	24	25	83	29	32	33
12	1	2	2	30	7	9	10	48	14	16	17	66	22	24	25	84	29	32	33
13	1	2	3	31	7	9	10	49	15	17	18	67	22	25	26	85	30	32	34
14	1	2	3	32	8	9	10	50	15	17	18	68	22	25	26	86	30	33	34
15	2	3	3	33	8	10	11	51	15	18	19	69	23	25	27	87	31	33	35
16	2	3	4	34	9	10	11	52	16	18	19	70	23	26	27	88	31	34	35
17	2	4	4	35	9	11	12	53	16	18	20	71	24	26	28	89	31	34	36
18	3	4	5	36	9	11	12	54	17	19	20	72	24	27	28	90	32	35	36

附表 14　符号秩次检验表

n	单侧检验显著水平 0.025	单侧检验显著水平 0.010	单侧检验显著水平 0.005
	双侧检验显著水平 0.05	双侧检验显著水平 0.02	双侧检验显著水平 0.01
6	0	—	—
7	2	0	—
8	4	2	0
9	6	3	2
10	8	5	3
11	11	7	5
12	14	10	7
13	17	13	10
14	21	16	13
15	25	20	16
16	30	24	20
17	35	28	23
18	40	33	28
19	46	38	32
20	52	43	38
21	59	49	43
22	66	56	49
23	73	62	55
24	81	69	61
25	89	77	68

附表 15 秩和检验表

$(P(T_1<T<T_2)=1-\alpha)$

n_1	n_2	$\alpha=0.025$ T_1	$\alpha=0.025$ T_2	$\alpha=0.05$ T_1	$\alpha=0.05$ T_2	n_1	n_2	$\alpha=0.025$ T_1	$\alpha=0.025$ T_2	$\alpha=0.05$ T_1	$\alpha=0.05$ T_2
2	4			3	11	5	5	18	37	19	36
	5			3	13		6	19	41	20	40
	6	3	15	4	14		7	20	45	22	43
	7	3	17	4	16		8	21	49	23	47
	8	3	19	4	18		9	22	53	25	50
	9	3	21	4	20		10	24	56	26	54
	10	4	22	5	21						
3	3			6	15	6	6	26	52	28	50
	4	6	18	7	17		7	28	56	30	54
	5	6	21	7	20		8	29	61	32	58
	6	7	23	8	22		9	31	65	33	63
	7	8	25	9	24		10	33	69	35	67
	8	8	28	9	27	7	7	37	68	39	66
	9	9	30	10	29		8	39	73	41	71
	10	9	33	11	31		9	41	78	43	76
4	4	11	25	12	24		10	43	83	46	80
	5	12	28	13	27	8	8	49	87	52	84
	6	12	32	14	30		9	51	93	54	90
	7	13	35	15	33		10	54	98	57	95
	8	14	38	16	36	9	9	63	108	66	105
	9	15	41	17	39		10	66	114	69	111
	10	16	44	18	42	10	10	79	131	83	127

附表 16　H 检 验 表

(单向秩次方差分析时大于观察值的概率)

样本大小			H	P
n_1	n_2	n_3		
2	1	1	2.7000	0.500
2	2	1	3.6000	0.200
			4.5714	0.067
2	2	2	3.7143	0.200
			3.2000	0.300
3	1	1	4.2857	0.100
3	2	1	3.8571	0.133
			5.3572	0.029
3	2	2	4.7143	0.048
			4.5000	0.067
			4.4643	0.105
			5.1429	0.043
3	3	1	4.5734	0.100
			4.000	0.129
			6.2500	0.011
3	3	2	5.3611	0.032
			5.1389	0.061
			4.5556	0.100
			4.2500	0.121
3	3	3	7.2000	0.004
			6.4889	0.011
			5.6889	0.029
			5.6000	0.050
			5.0667	0.086
			4.6222	0.100
4	1	1	3.5714	0.200
4	2	1	4.8214	0.057
			4.5000	0.076
			4.0179	0.114
			6.0000	0.014
4	2	2	5.3333	0.033
			5.1250	0.052
			4.4583	0.100
			4.1667	0.105
4	3	1	5.8333	0.021
			5.2083	0.050
			5.0000	0.057
			4.0556	0.093
			3.8880	0.129

样本大小			H	P
n_1	n_2	n_3		
4	3	2	6.4444	0.003
			6.3000	0.011
			5.4444	0.046
			5.4000	0.051
			4.5111	0.093
			4.4444	0.102
			6.7455	0.010
4	3	3	6.7091	0.013
			5.7909	0.046
			5.7273	0.050
			4.7091	0.092
			4.7000	0.101
			6.6667	0.010
4	4	1	6.1667	0.022
			4.9667	0.048
			4.8667	0.054
			4.1667	0.082
			4.0667	0.102
			7.0364	0.006
4	4	2	6.8727	0.011
			5.4545	0.046
			5.2664	0.052
			4.5545	0.098
			4.4455	0.103
4	4	3	7.1439	0.010
			7.1364	0.011
			5.5985	0.049
			5.5758	0.051
			4.5455	0.099
			4.4773	0.102
4	4	4	7.6538	0.008
			7.5385	0.011
			5.6923	0.049
			5.6538	0.054
			4.6539	0.097
			4.5001	0.104
5	1	1	3.8571	0.143
5	2	1	5.2500	0.036
			5.0000	0.048
			4.4500	0.071

样本大小			H	P
n_1	n_2	n_3		
			4.2000	0.095
			4.0500	0.119
5	2	2	6.5333	0.008
			6.1333	0.013
			5.1600	0.034
			5.0400	0.056
			4.3733	0.090
			4.2933	0.122
5	3	1	6.4000	0.012
			4.9600	0.048
			4.8711	0.052
			4.0178	0.095
			3.8400	0.123
5	3	2	6.9091	0.009
			6.8218	0.010
			5.2509	0.049
			5.1055	0.052
			4.6509	0.091
			4.4945	0.101
5	3	3	7.0788	0.009
			6.9818	0.011
			5.6485	0.049
			5.5152	0.051
			4.5333	0.097
			4.4121	0.109
5	4	1	6.9545	0.008
			6.8400	0.011
			4.9855	0.044
			4.8600	0.056
			3.9873	0.098
			3.9600	0.102
5	4	2	7.2045	0.009
			7.1182	0.010
			5.2727	0.049
			5.2682	0.050
			4.5409	0.098
			4.5182	0.101
5	4	3	7.4449	0.010
			7.3949	0.011
			5.6564	0.049

样本大小			H	P
n_1	n_2	n_3		
			5.6308	0.050
			4.5487	0.099
			4.5231	0.103
5	4	4	7.7604	0.009
			7.7440	0.011
			5.6571	0.049
			5.6176	0.050
			4.6187	0.100
			4.5527	0.102
5	5	1	7.3091	0.009
			6.8364	0.011
			5.1273	0.046
			4.9091	0.053
			4.1091	0.086
			4.0364	0.105
5	5	2	7.3385	0.010
			7.2692	0.010
			5.3385	0.047
			5.2462	0.051
			4.6231	0.097
			4.5077	0.100
5	5	3	7.5780	0.010
			7.5429	0.010
			5.7055	0.046
			5.6264	0.051
			4.5451	0.100
			4.5363	0.102
5	5	4	7.8229	0.010
			7.7914	0.010
			5.6657	0.049
			5.6429	0.050
			4.5229	0.099
			4.5200	0.101
5	5	5	8.0000	0.009
			7.9800	0.010
			5.7800	0.049
			5.6600	0.051
			4.5600	0.100
			4.5000	0.102

附表 17　双向秩次方差分析 χ_r^2 值表

$(k=3)$

n=2		n=3		n=4		n=5		n=6		n=7		n=8		n=9	
χ_r^2	p	χ_r^2	p	χ_r^2	p	χ_r^2	p	χ_r^2	p	χ_r^2	p	χ_r^2	p	χ_r^2	p
0	1.000	0.000	1.000	0.0	1.000	0.0	1.000	0.00	1.000	0.000	1.000	0.00	1.000	0.000	1.000
1	0.833	0.667	0.944	0.5	0.931	0.4	0.954	0.33	0.956	0.286	0.964	0.25	0.967	0.222	0.971
3	0.500	2.000	0.528	1.5	0.653	1.2	0.691	1.00	0.740	0.857	0.768	0.75	0.794	0.667	0.814
4	0.167	2.667	0.361	2.0	0.431	1.6	0.522	1.33	0.570	1.143	0.620	1.00	0.654	0.889	0.865
		4.667	0.194	3.5	0.273	2.8	0.367	2.33	0.430	2.000	0.486	1.75	0.531	1.556	0.569
		6.000	0.028	4.5	0.125	3.6	0.182	3.00	0.252	2.571	0.305	2.25	0.355	2.000	0.398
				6.0	0.069	4.8	0.124	4.00	0.184	3.429	0.237	3.00	0.285	2.667	0.328
				6.5	0.042	5.2	0.093	4.33	0.142	3.714	0.192	3.25	0.236	2.889	0.278
				8.0	0.0046	6.4	0.039	5.33	0.072	4.571	0.112	4.00	0.149	3.556	0.187
						7.6	0.024	6.33	0.052	5.429	0.085	4.75	0.120	4.222	0.154
						8.4	0.0085	7.00	0.029	6.000	0.052	5.25	0.079	4.667	0.107
						10.0	0.00077	8.33	0.012	7.143	0.027	6.25	0.047	5.556	0.069
								9.00	0.0081	7.714	0.021	6.75	0.038	6.000	0.057
								9.33	0.0055	8.000	0.016	7.00	0.030	6.222	0.048
								10.33	0.0017	8.857	0.0084	7.75	0.018	6.889	0.031
								12.00	0.00013	10.286	0.0036	9.00	0.0099	8.000	0.019
										10.571	0.0027	9.25	0.0080	8.222	0.016
										11.143	0.0012	9.75	0.0048	8.667	0.010
										12.286	0.00032	10.75	0.0024	9.556	0.0060
										14.000	0.000021	12.00	0.0011	10.667	0.0035
												12.25	0.00086	10.889	0.0029
												13.00	0.00026	11.556	0.0013
												14.25	0.000061	12.667	0.00066
												16.00	0.0000036	13.556	0.00035
														14.000	0.00020
														14.222	0.000097
														14.889	0.000054
														16.222	0.000011
														18.000	0.0000006

说明：在弗里德曼(Friedman)双向秩次方差分析中，要取得与实得 χ_r^2 一样大的值所涉及的相应概率(P).

$(k=4)$

n=2		n=3		n=4			
χ_r^2	p	χ_r^2	p	χ_r^2	p	χ_r^2	p
0.0	1.000	0.2	1.000	0.0	1.000	5.7	0.141
0.6	0.958	0.6	0.958	0.3	0.992	6.0	0.105
1.2	0.884	1.0	0.910	0.6	0.928	6.3	0.094
1.8	0.792	1.8	0.727	0.9	0.900	6.6	0.077
2.4	0.625	2.2	0.608	1.2	0.800	6.9	0.068
3.0	0.542	2.6	0.524	1.5	0.754	7.2	0.054
3.6	0.458	3.4	0.446	1.8	0.677	7.5	0.052
4.2	0.375	3.8	0.342	2.1	0.649	7.8	0.036
4.8	0.208	4.2	0.300	2.4	0.524	8.1	0.033
5.4	0.167	5.0	0.207	2.7	0.508	8.4	0.019
6.0	0.042	5.4	0.175	3.0	0.432	8.7	0.014
		5.8	0.148	3.3	0.389	9.3	0.012
		6.6	0.075	3.6	0.355	9.6	0.0069
		7.0	0.054	3.9	0.324	9.9	0.0062
		7.4	0.033	4.5	0.242	10.2	0.0027
		8.2	0.017	4.8	0.200	10.8	0.0016
		9.0	0.0017	5.1	0.190	11.1	0.00094
				5.4	0.158	12.0	0.000072

附表 18　随机数字表

编号	1	2	3	4	5	6	7	8	9	10	11	12	13	14	15	16	17	18	19	20	21	22	23	24	25
1	19	42	12	31	02	32	48	79	16	40	86	52	75	59	39	26	07	30	82	43	59	66	02	40	10
2	14	94	03	38	43	96	40	62	92	24	60	54	57	11	32	60	44	59	21	36	85	89	13	81	08
3	13	24	88	64	29	35	43	20	06	98	50	67	46	97	40	54	67	65	64	25	45	38	12	91	04
4	53	76	81	46	55	18	17	48	20	25	65	72	78	72	18	37	08	19	06	13	50	86	20	60	56
5	93	97	00	35	77	09	20	68	33	69	29	93	42	18	26	72	45	34	89	40	67	46	10	05	18
6	31	58	95	30	76	83	64	90	96	44	19	25	64	94	95	59	04	00	69	74	40	79	81	27	85
7	30	29	71	36	58	48	55	70	18	88	02	47	83	38	28	44	60	03	76	55	71	44	08	98	04
8	93	90	74	54	52	19	83	75	55	31	94	51	00	36	66	64	96	06	87	41	43	31	50	86	34
9	45	71	95	57	58	08	89	19	50	26	47	98	02	84	34	13	15	05	07	28	03	57	23	39	37
10	30	38	39	63	87	09	28	75	66	89	29	89	30	81	86	70	82	57	20	37	18	51	70	60	47
11	48	70	53	19	31	25	65	97	62	32	39	90	13	02	87	59	03	95	69	70	58	03	85	84	45
12	87	59	63	29	15	94	57	53	96	44	66	60	22	25	49	91	94	65	93	79	02	73	67	57	59
13	56	87	26	42	32	66	71	42	33	20	13	00	29	90	57	27	21	04	10	80	33	14	98	74	69
14	36	33	52	50	42	63	18	84	57	38	93	02	68	01	95	72	09	36	91	66	19	46	70	99	51
15	43	21	41	37	91	86	78	23	41	78	72	90	03	21	27	63	07	12	97	55	60	37	68	84	76
16	88	94	28	15	35	89	41	96	68	61	68	71	16	44	24	27	15	66	70	63	13	21	10	62	29
17	03	61	77	89	01	95	98	95	98	58	71	87	04	16	55	28	74	19	77	79	05	72	81	82	60
18	01	34	16	07	74	37	15	89	20	21	44	35	06	80	24	81	77	47	44	99	89	67	76	52	18
19	58	22	26	37	55	45	97	94	50	49	48	81	09	67	60	38	75	88	25	52	88	12	90	14	50
20	50	41	16	06	46	16	54	36	66	76	21	29	12	05	53	85	03	44	51	07	71	37	73	62	36
21	89	17	47	32	77	64	71	14	40	57	60	00	16	23	46	43	20	91	56	78	48	21	45	23	57
22	76	96	00	87	91	71	85	97	64	66	09	28	51	02	56	51	62	33	25	97	82	42	33	45	43
23	63	73	48	78	39	53	77	44	91	34	21	19	55	75	82	21	39	26	61	90	70	92	21	79	66
24	83	46	09	16	74	57	55	21	16	37	72	31	90	21	87	32	01	45	54	56	45	42	27	46	53
25	37	71	54	04	27	26	23	47	89	41	16	54	32	12	28	37	61	94	48	21	18	85	69	92	08
26	08	70	30	65	84	99	55	17	58	80	89	18	46	37	87	33	60	97	96	05	59	80	11	25	58
27	01	83	92	37	69	48	93	69	47	45	38	46	90	30	53	65	13	09	15	36	23	51	18	36	96
28	71	58	90	78	08	25	71	15	34	85	87	31	28	17	11	67	30	52	05	08	61	46	99	84	11
29	78	48	06	62	25	57	51	63	80	90	77	46	17	85	25	91	17	59	79	39	35	73	44	82	21
30	39	24	11	36	67	29	63	85	20	63	46	82	43	52	26	51	35	27	51	86	71	18	43	14	73
31	41	66	97	01	81	02	68	08	48	01	96	31	57	04	52	21	27	12	50	46	95	56	21	13	67
32	45	16	83	16	72	80	21	13	30	67	57	88	04	52	79	60	67	06	79	83	05	49	53	24	61
33	05	52	26	83	55	05	30	87	73	42	83	93	71	79	69	11	04	10	55	38	84	52	02	74	16
34	10	66	76	06	97	07	10	75	18	37	76	77	09	75	37	98	32	98	28	14	05	20	66	11	24
35	50	25	88	01	38	87	98	24	49	56	45	36	55	70	76	71	04	25	87	34	87	99	12	50	43
36	47	46	93	34	57	73	64	77	34	99	07	47	11	61	28	62	59	15	13	52	60	59	12	46	21
37	82	85	27	23	59	50	21	59	28	50	45	54	84	56	20	08	22	39	85	19	99	69	62	04	28
38	86	56	89	95	43	10	65	69	99	60	73	60	45	10	76	40	14	42	33	67	50	91	24	73	85
39	87	36	73	83	03	31	05	61	18	95	92	94	49	41	46	35	90	85	25	32	28	24	00	39	27
40	28	42	19	34	73	80	04	36	07	94	03	86	15	96	15	72	89	57	88	86	83	05	62	28	81
41	44	77	70	87	67	62	74	44	61	71	76	00	96	50	53	94	99	18	27	35	06	70	64	14	33
42	95	44	99	54	06	42	03	51	99	77	82	03	01	33	23	46	27	38	19	95	99	24	44	68	99
43	76	86	75	11	80	77	36	19	47	57	22	09	78	36	90	02	92	65	76	06	80	70	30	64	85
44	71	15	13	93	09	68	31	27	52	95	03	78	15	09	32	92	20	84	77	27	51	18	46	33	39
45	45	72	35	42	26	03	17	38	01	41	54	97	78	37	43	30	96	77	62	17	47	22	79	73	33
46	22	66	78	73	85	77	05	93	95	03	68	71	27	22	70	39	10	43	62	06	78	06	76	35	53
47	56	96	66	18	35	57	36	93	92	17	80	49	70	20	33	54	78	85	63	45	87	24	04	89	17
48	84	08	48	33	36	53	30	92	95	41	12	97	86	09	45	66	28	62	04	55	08	88	83	71	65
49	09	80	82	48	29	95	69	65	79	78	72	79	82	55	00	66	46	14	95	70	93	75	69	27	76
50	37	88	10	00	47	20	81	21	36	63	97	29	15	46	44	94	56	52	35	06	52	86	41	94	81

续表

编号	1	2	3	4	5	6	7	8	9	10	11	12	13	14	15	16	17	18	19	20	21	22	23	24	25
1	59	76	13	31	91	69	14	79	31	75	09	59	97	78	42	32	37	32	84	07	75	48	39	14	26
2	78	87	80	29	61	48	02	63	19	63	88	76	42	02	50	77	37	88	57	25	22	86	71	08	91
3	80	14	54	94	65	11	15	32	82	80	58	15	50	55	22	29	22	93	06	34	98	70	10	80	14
4	61	15	87	04	39	17	92	39	20	55	97	50	09	19	30	66	58	15	69	44	24	18	40	88	33
5	50	15	29	87	04	34	17	30	84	44	27	09	36	65	35	24	82	56	23	44	52	26	18	08	54
6	79	69	94	93	43	21	67	64	31	82	02	72	74	37	54	13	45	38	02	13	70	93	40	76	39
7	94	47	16	17	55	13	28	19	99	48	50	27	44	67	69	80	07	51	15	24	70	11	00	58	12
8	72	41	45	06	92	28	61	99	68	30	09	73	81	83	95	30	29	68	36	10	94	38	44	71	94
9	82	94	06	25	19	18	36	75	30	96	74	81	29	98	13	31	95	41	38	95	45	98	85	57	61
10	62	09	40	81	56	49	67	10	35	41	57	02	35	67	68	99	94	08	68	53	16	95	40	65	73
11	12	55	34	08	93	17	45	72	91	68	41	48	82	42	46	55	12	02	93	88	26	39	94	69	68
12	17	84	10	32	49	41	81	65	55	47	48	62	23	85	87	16	85	09	81	86	67	03	41	86	01
13	75	50	28	08	19	45	67	33	00	25	72	55	29	38	39	22	84	43	95	66	64	97	82	88	31
14	56	83	51	41	80	19	23	63	45	01	37	78	79	38	63	60	25	01	87	86	50	35	73	98	30
15	92	60	38	40	18	72	92	09	51	37	00	35	78	83	34	85	53	82	31	09	10	18	48	84	46
16	37	28	97	76	01	88	98	14	36	17	78	78	93	53	34	11	97	65	94	02	64	98	49	18	89
17	68	96	85	89	67	67	21	14	48	72	16	70	44	09	87	78	08	16	07	70	99	22	21	80	17
18	42	45	45	26	49	49	77	64	77	44	20	36	28	91	94	09	97	64	24	15	96	57	13	72	68
19	42	49	42	94	65	13	66	17	35	67	74	06	95	15	16	35	96	49	34	68	37	52	40	82	86
20	20	96	11	46	28	01	59	41	00	42	15	15	11	07	02	51	01	55	41	68	70	37	10	32	36
21	35	70	70	02	15	17	20	99	13	26	74	43	66	03	64	02	03	32	88	23	88	72	42	57	54
22	73	98	44	28	22	11	09	27	36	00	20	77	62	80	69	94	66	55	81	85	48	13	12	44	62
23	23	29	32	54	26	46	00	26	78	74	96	23	39	08	77	22	93	63	64	62	94	43	74	53	35
24	49	50	00	54	27	00	12	88	50	69	68	42	91	01	84	45	40	31	92	11	33	78	70	32	60
25	05	57	94	55	67	46	60	47	06	89	12	05	88	67	25	10	87	53	95	23	93	54	60	95	70
26	08	99	42	57	09	94	30	65	17	47	59	26	73	90	56	64	25	58	34	05	52	42	61	95	42
27	63	35	89	64	44	28	24	66	14	81	20	14	90	90	62	34	48	78	57	79	41	04	13	66	70
28	89	05	98	01	44	86	93	60	45	05	75	36	80	41	07	40	24	14	83	85	17	82	77	05	41
29	05	38	77	72	13	87	37	81	58	74	73	43	84	64	23	53	23	33	65	76	54	21	67	04	30
30	71	20	96	25	45	00	54	98	79	81	57	20	72	09	06	32	45	83	08	29	57	65	89	07	05
31	38	27	73	48	95	55	12	06	08	01	57	86	12	35	27	99	83	11	68	84	91	00	16	86	11
32	42	97	78	49	59	80	27	17	59	30	60	49	65	15	27	02	54	47	70	23	78	89	82	68	24
33	26	16	46	67	35	97	06	57	14	37	30	05	87	13	53	83	67	68	51	30	78	84	50	14	60
34	79	78	00	31	09	77	14	88	84	31	25	49	80	20	07	74	23	58	29	84	59	19	08	56	70
35	77	76	86	12	00	04	19	65	15	11	18	71	37	05	48	39	28	03	03	85	92	74	08	65	14
36	71	02	91	64	11	38	25	97	54	95	92	87	05	81	35	36	34	58	96	10	06	06	29	73	65
37	16	91	05	61	17	46	59	71	14	32	78	71	12	40	38	25	30	80	48	40	21	14	90	85	66
38	37	69	25	20	23	83	35	32	92	23	94	17	28	59	81	65	41	56	88	13	86	37	47	96	07
39	43	60	69	44	74	85	83	96	34	32	99	94	97	13	16	79	89	29	69	95	07	23	62	66	94
40	43	39	64	14	56	93	60	39	07	54	12	03	73	09	14	65	83	58	73	71	21	67	36	97	85
41	34	81	28	02	01	43	04	03	39	83	66	64	68	41	08	71	88	46	75	19	59	39	19	22	66
42	09	76	43	53	24	05	91	48	77	56	25	03	82	80	11	97	11	62	32	48	90	67	30	07	13
43	32	82	19	31	57	15	37	68	29	42	09	30	38	39	19	43	98	43	33	14	55	71	62	20	00
44	52	97	11	89	18	78	57	46	67	73	19	95	59	94	50	74	91	64	03	01	74	66	54	73	06
45	64	26	43	76	44	86	29	68	47	57	89	31	71	34	75	85	83	68	74	32	18	92	71	78	01
46	54	18	53	55	35	25	88	02	42	78	35	38	02	09	62	14	76	92	48	38	28	92	82	97	18
47	91	11	43	34	50	12	58	18	56	73	53	84	57	43	27	96	26	98	30	11	98	06	56	04	49
48	96	64	65	71	72	01	71	24	88	82	20	68	57	56	66	56	04	96	24	50	68	32	95	09	49
49	72	12	83	10	01	27	18	98	74	47	63	84	20	38	62	25	82	04	29	37	04	54	30	06	09
50	16	22	00	29	08	72	90	77	72	65	34	24	16	86	10	08	63	59	28	52	25	92	97	30	56

续表

编号	1	2	3	4	5	6	7	8	9	10	11	12	13	14	15	16	17	18	19	20	21	22	23	24	25
1	59	39	36	64	81	97	53	08	85	00	15	27	70	18	49	65	20	88	00	43	45	26	76	88	49
2	44	85	02	91	59	52	45	78	48	66	09	33	41	69	24	35	90	56	80	03	66	58	03	07	01
3	59	87	70	80	29	96	71	93	72	14	26	62	65	86	80	23	42	11	14	51	98	79	33	68	14
4	21	60	26	79	38	94	21	25	20	16	85	07	38	03	15	48	88	95	62	52	13	89	07	90	25
5	06	14	85	47	07	48	55	71	54	40	59	61	91	55	35	71	04	73	00	80	38	06	32	47	81
6	83	22	43	64	40	42	55	00	01	56	85	29	73	51	49	21	56	75	91	47	74	85	52	47	74
7	01	48	02	37	44	86	24	47	04	23	82	09	20	91	66	28	08	85	03	97	85	77	55	78	05
8	69	60	67	72	06	16	79	35	72	20	35	91	12	05	19	48	98	43	23	58	11	32	59	60	85
9	36	91	83	38	14	78	16	88	81	91	78	31	47	40	32	65	01	20	06	34	85	93	83	22	26
10	53	81	51	70	74	14	43	08	24	27	78	82	31	56	98	11	42	44	61	12	67	39	11	86	35
11	81	73	91	41	92	78	92	94	45	90	02	92	81	54	37	32	99	95	01	39	22	79	64	25	52
12	29	27	84	63	69	43	65	85	02	84	41	13	51	63	70	88	13	05	09	45	48	52	73	08	97
13	39	52	24	16	06	00	11	08	80	12	68	11	14	24	99	81	38	45	29	75	88	12	59	47	28
14	05	06	94	71	41	52	25	92	35	76	17	56	81	30	99	04	81	56	09	15	61	62	25	56	65
15	39	97	35	55	28	89	01	76	00	33	37	84	12	07	23	44	85	42	23	73	23	30	11	81	89
16	42	86	74	00	82	53	20	81	74	84	22	23	15	10	44	06	02	46	01	79	60	74	39	76	87
17	44	28	08	07	16	87	09	10	44	33	86	16	78	26	72	62	10	36	86	71	51	76	03	27	56
18	71	97	67	07	00	86	32	64	04	72	21	45	49	04	97	93	43	08	72	43	78	52	37	35	99
19	67	86	64	94	37	42	51	64	87	00	07	47	25	70	76	22	72	29	51	72	63	78	62	28	76
20	02	93	19	11	62	69	10	66	86	85	52	44	35	91	65	45	71	36	30	41	97	65	83	91	25
21	97	81	09	39	35	22	44	08	77	51	16	65	35	46	83	34	43	27	62	59	64	97	06	27	32
22	84	48	09	55	08	61	17	14	41	18	62	19	14	78	92	41	68	92	77	09	12	01	48	64	48
23	64	83	55	23	67	61	67	64	03	23	05	22	20	02	40	62	51	85	48	20	38	74	68	26	27
24	90	80	12	31	13	11	93	29	39	93	63	10	61	47	40	57	42	18	48	51	37	63	81	32	28
25	02	23	57	76	06	66	89	32	57	16	82	04	67	56	18	83	84	46	77	47	54	57	82	00	97
26	73	91	77	36	54	90	53	90	26	12	55	59	94	06	61	15	92	93	28	33	63	45	02	47	60
27	66	35	65	01	05	92	26	56	76	90	83	50	46	04	75	49	34	59	13	01	41	44	96	71	99
28	66	65	25	34	69	34	37	30	10	30	80	46	22	41	55	89	29	86	41	99	52	67	35	84	47
29	29	30	60	98	22	70	54	49	81	98	56	46	01	66	17	77	92	76	03	02	84	41	74	14	97
30	33	87	61	16	33	88	33	58	74	85	16	28	20	96	47	17	73	66	70	62	17	30	89	43	10
31	01	40	90	08	04	91	55	94	33	15	70	78	63	95	37	20	32	98	50	01	63	95	62	90	71
32	32	65	53	11	94	92	47	68	32	82	24	30	81	95	30	38	15	58	59	69	60	74	76	26	11
33	15	49	22	44	57	86	18	95	39	97	10	17	30	75	03	06	79	82	42	25	13	48	31	82	37
34	01	35	99	24	62	04	97	13	89	71	37	70	32	27	88	73	37	30	53	70	94	55	71	56	58
35	14	05	89	23	22	33	13	47	80	90	65	40	50	77	81	91	72	96	37	95	49	91	65	67	02
36	78	58	56	78	91	04	26	72	12	28	72	35	37	94	16	44	34	35	24	21	43	34	21	54	11
37	68	36	05	27	11	97	79	34	60	19	88	83	35	33	04	47	39	13	27	07	52	18	69	83	37
38	37	18	69	21	71	67	27	55	09	19	00	14	63	71	27	15	63	18	86	66	72	84	33	26	19
39	42	48	75	84	77	85	66	90	60	07	37	45	33	26	35	12	88	18	56	67	07	16	21	42	03
40	49	94	02	99	52	14	03	80	64	60	91	09	86	48	31	55	93	17	00	67	75	30	24	20	77
41	27	33	94	20	94	36	85	03	44	03	41	03	06	41	38	96	19	88	36	04	82	63	00	53	47
42	38	06	77	65	56	40	87	21	13	96	69	75	93	50	22	02	61	27	50	96	81	72	76	97	72
43	22	39	10	58	53	00	96	01	43	34	48	13	75	67	26	81	44	51	57	64	29	77	42	38	88
44	27	74	80	67	24	23	19	26	24	88	40	02	21	98	28	44	05	50	96	59	63	02	30	08	80
45	50	89	97	84	26	04	37	04	03	49	10	00	60	01	47	61	20	70	01	59	71	51	98	87	41
46	48	22	26	69	79	55	90	20	00	50	66	07	67	19	94	73	47	70	43	67	02	70	09	38	55
47	20	12	32	53	03	34	99	85	54	14	99	52	73	95	45	69	64	53	47	29	76	86	32	05	75
48	19	61	32	62	10	60	04	79	54	48	54	40	59	56	49	20	43	40	88	43	61	32	11	83	48
49	40	94	49	39	21	34	33	32	39	24	80	30	19	88	20	72	19	38	65	43	15	56	25	98	05
50	92	59	86	89	80	30	22	82	48	38	85	07	65	05	52	87	19	72	11	63	15	54	38	55	74

续表

编号	1	2	3	4	5	6	7	8	9	10	11	12	13	14	15	16	17	18	19	20	21	22	23	24	25
1	76	66	11	26	62	95	88	78	71	89	26	42	30	83	22	53	39	50	11	18	03	59	28	94	56
2	14	79	24	72	42	03	34	56	77	57	71	37	23	89	14	50	22	85	94	44	88	72	36	18	84
3	63	52	81	85	45	93	35	10	35	19	41	82	03	05	20	63	31	77	40	59	09	79	08	04	56
4	32	53	90	61	91	52	36	78	80	01	93	55	14	17	75	57	03	57	18	72	28	85	12	42	07
5	41	09	29	06	12	92	37	00	18	66	82	36	31	57	69	44	98	90	14	32	90	34	46	55	88
6	38	73	84	83	93	46	98	91	94	89	31	00	49	87	86	60	05	86	68	61	17	93	64	94	60
7	38	22	74	09	64	42	69	73	62	12	76	94	42	98	93	84	09	33	37	91	70	80	50	06	56
8	79	09	17	27	01	66	24	11	26	51	26	07	81	29	09	99	00	86	94	49	10	98	75	87	68
9	67	10	24	38	73	99	14	07	74	31	12	78	26	69	72	69	71	21	10	19	78	12	38	11	97
10	19	28	32	20	14	88	09	97	49	40	72	29	90	77	93	07	17	56	32	90	66	95	17	06	50
11	50	85	92	01	10	82	40	51	57	59	66	68	79	97	63	83	71	84	91	94	98	60	07	85	99
12	15	11	32	97	57	88	75	63	85	11	96	14	24	52	65	70	41	11	09	66	24	01	31	19	83
13	13	08	45	91	13	75	99	45	73	03	21	94	33	63	43	91	92	93	25	26	34	43	63	33	03
14	75	52	70	83	72	18	71	98	50	51	35	09	54	61	95	44	28	54	43	83	84	51	32	53	67
15	91	67	33	29	28	32	76	32	75	74	29	28	59	73	99	82	03	34	39	00	88	94	78	94	65
16	94	08	49	63	94	41	58	32	88	46	59	51	21	83	41	42	88	53	79	97	59	28	69	07	12
17	98	56	72	27	74	27	48	91	29	89	19	69	48	43	50	81	05	34	17	68	40	97	18	53	22
18	64	83	57	47	33	76	34	60	72	92	34	15	25	53	26	19	96	49	60	06	89	22	82	35	36
19	48	05	96	33	95	85	73	19	68	47	56	31	26	74	15	87	75	27	61	29	72	26	81	42	18
20	20	36	96	53	36	64	67	24	17	10	50	92	48	55	40	51	59	95	03	89	48	81	45	54	16
21	05	93	70	91	47	32	14	54	03	11	59	26	94	75	70	79	60	15	00	64	34	76	56	61	70
22	69	01	28	65	45	65	21	80	64	59	10	65	34	16	70	58	47	74	87	69	70	00	94	76	47
23	35	76	00	11	18	63	38	31	26	24	30	40	43	07	02	46	57	58	90	49	21	40	34	84	12
24	92	16	48	31	11	40	25	54	76	27	99	73	85	20	90	85	58	02	69	23	32	44	34	38	27
25	13	78	60	87	78	98	00	89	09	73	58	60	54	20	18	60	50	76	67	19	67	62	04	50	80
26	44	26	41	07	91	12	58	67	04	88	05	70	66	80	55	85	99	22	78	52	66	17	26	55	39
27	03	76	85	01	19	66	54	24	40	47	36	84	61	48	37	43	39	02	14	04	08	21	53	87	56
28	24	95	39	89	48	69	02	20	13	10	32	29	20	05	67	77	33	30	03	63	57	24	25	33	71
29	83	60	86	96	98	10	38	32	13	16	47	78	11	42	80	17	51	29	56	98	25	19	21	74	93
30	17	38	81	57	99	92	44	33	66	26	98	00	88	13	29	31	84	60	82	60	95	22	12	81	24
31	47	73	87	39	85	68	91	84	14	26	85	07	36	47	23	88	77	03	31	03	16	76	36	10	05
32	09	22	67	99	51	18	90	33	86	21	09	54	20	60	95	13	11	72	80	38	23	69	59	93	15
33	97	55	17	27	55	17	89	83	36	93	91	21	18	29	45	53	28	47	09	57	08	39	51	58	84
34	59	90	69	10	38	68	83	42	98	58	32	08	37	88	01	61	92	05	07	10	58	03	89	55	35
35	30	00	98	82	50	40	01	99	15	66	01	82	98	55	65	00	14	57	92	69	37	17	89	91	66
36	07	72	82	49	46	72	88	02	17	86	01	72	91	85	21	79	07	48	04	00	26	67	88	91	60
37	91	26	28	01	94	85	64	67	75	14	19	26	98	21	02	33	51	18	57	62	24	99	19	08	07
38	24	03	02	94	02	09	90	84	79	59	01	86	63	53	33	21	92	25	79	60	35	90	70	58	60
39	09	81	35	50	40	36	71	35	92	11	61	65	13	35	85	06	78	97	26	78	71	61	49	79	34
40	56	59	43	28	15	85	58	54	45	17	61	15	75	21	61	40	99	44	37	99	17	83	30	95	37
41	41	94	86	27	68	23	96	15	34	66	09	40	49	41	47	57	25	79	70	12	37	05	89	11	22
42	39	94	91	89	57	87	96	25	60	27	85	19	96	08	16	09	05	04	80	51	29	85	33	95	38
43	05	70	03	34	77	23	37	80	00	49	64	70	11	78	34	39	41	66	86	54	70	71	39	92	31
44	05	83	68	91	82	32	06	74	61	87	33	56	09	90	66	94	43	33	04	97	22	34	40	59	21
45	94	32	88	86	25	77	70	94	49	30	77	52	99	84	22	31	35	41	86	19	43	17	97	85	69
46	00	86	64	66	83	52	84	16	77	15	25	83	90	99	71	50	08	10	34	56	51	02	66	75	80
47	05	06	12	84	60	17	27	22	30	98	69	34	81	45	02	38	58	06	11	42	67	84	46	32	30
48	14	69	79	30	79	61	34	03	46	57	16	06	10	61	18	82	83	14	13	87	02	07	70	54	85
49	80	05	99	96	38	53	95	83	60	82	60	98	37	43	52	44	09	67	85	17	60	14	12	01	66
50	37	13	81	66	42	66	52	93	73	57	62	61	45	71	62	33	84	80	27	28	67	16	62	37	19

附表 19　由样本平均数估计总体平均数所需样本容量 n

（表中奇数行 $\alpha = 0.05$，偶数行 $\alpha = 0.01$）

S/d	0.0	0.1	0.2	0.3	0.4	0.5	0.6	0.7	0.8	0.9
1	7	8	9	9	11	12	13	14	15	17
	11	12	14	15	17	19	21	23	26	28
2	18	20	22	23	25	27	29	31	33	35
	31	34	36	39	43	46	49	53	56	60
3	38	40	42	45	47	50	53	56	58	61
	64	68	72	77	81	86	90	95	100	105
4	64	68	71	74	77	81	84	88	91	95
	110	116	121	127	133	139	145	151	157	164
5	99	103	107	111	115	119	123	128	132	137
	170	177	184	191	198	205	213	220	228	235
6	141	146	151	156	160	165	170	176	181	186
	243	251	260	268	277	285	294	303	312	321
7	191	196	202	207	213	219	225	231	237	243
	331	340	350	360	370	380	390	400	411	421
8	249	255	261	268	274	281	288	294	301	308
	432	443	454	465	476	487	499	511	522	534
9	315	322	329	336	343	351	358	366	373	381
	546	559	571	583	596	609	622	635	648	661
10	389	396	404	412	420	428	437	445	453	462
	674	688	702	715	729	743	758	772	787	801
11	470	478	487	496	505	514	523	532	541	550
	816	831	846	861	876	892	907	923	939	955
12	559	569	578	588	597	607	617	626	636	646
	971	987	1004	1020	1037	1054	1070	1087	1105	1122
13	656	667	677	687	697	708	718	729	740	750
	1139	1157	1175	1193	1211	1229	1247	1265	1284	1303
14	761	772	783	794	805	816	828	839	851	862
	1321	1340	1359	1379	1398	1417	1437	1457	1477	1497
15	874	885	897	909	921	933	945	957	969	982
	1517	1537	1558	1578	1599	1620	1641	1662	1683	1704
16	994	1006	1019	1032	1044	1057	1070	1083	1096	1109
	1726	1747	1769	1791	1813	1835	1858	1880	1903	1925
17	1122	1135	1149	1162	1175	1189	1203	1216	1230	1244
	1948	1971	1994	2017	2041	2064	2088	2112	2136	2160
18	1253	1272	1286	1300	1314	1329	1343	1358	1372	1387
	2184	2208	2232	2257	2282	2307	2332	2357	2382	2408
19	1402	1416	1431	1446	1461	1476	1491	1507	1522	1537
	2433	2459	2485	2511	2537	2563	2589	2616	2643	2669
20	1553	1568	1583	1600	1616	1631	1647	1663	1680	1696
	2696	2723	2750	2778	2805	2833	2860	2888	2916	2943

附表 20　由样本比率估计总体比率所需样本容量 n

（奇数行 $\alpha = 0.05$，偶数行 $\alpha = 0.01$）

d	p									
	0.50	0.45 0.55	0.40 0.60	0.35 0.65	0.30 0.70	0.25 0.75	0.20 0.80	0.15 0.85	0.10 0.90	0.05 0.95
0.200	24	24	23	22	20	18	15			
	41	41	40	38	35	31	27			
0.180	30	29	28	27	25	22	19			
	51	51	49	47	43	38	33			
0.160	38	37	36	34	32	28	24			
	65	64	62	59	54	49	41			
0.140	49	49	47	45	41	37	31	25		
	85	84	81	77	71	63	54	43		
0.120	67	66	64	61	56	50	43	34		
	115	114	111	105	97	86	74	59		
0.100	96	95	92	87	81	72	61	49		
	166	164	159	151	139	124	106	85		
0.090	119	117	114	108	100	89	76	60	43	
	205	203	197	186	172	154	131	104	74	
0.080	150	149	144	137	126	113	96	77	54	
	259	257	249	236	218	194	166	132	93	
0.070	196	194	188	178	165	147	125	100	71	
	339	335	325	308	284	254	217	173	122	
0.060	267	264	256	243	224	200	171	136	96	
	461	456	442	419	387	346	295	235	166	
0.050	384	380	369	350	323	288	246	196	138	73
	664	657	637	604	557	498	425	338	239	125
0.045	474	470	455	432	398	356	304	242	171	90
	819	811	786	746	688	614	524	418	295	156
0.040	600	594	576	546	504	450	384	306	216	114
	1037	1026	995	944	871	778	664	529	373	197
0.035	784	776	753	713	659	588	502	400	282	149
	1354	1341	1300	1232	1138	1016	867	691	488	257
0.030	1067	1056	1024	971	896	800	683	544	384	203
	1843	1825	1770	1677	1548	1382	1180	940	664	350
0.025	1537	1521	1475	1398	1291	1152	983	784	553	292
	2654	2628	2548	2415	2230	1991	1699	1354	956	504
0.020	2401	2377	2305	2185	2017	1801	1537	1225	864	456
	4147	4106	3981	3774	3484	3111	2654	2115	1493	788
0.015	4268	4226	4098	3884	3585	3201	2732	2177	1537	811
	7373	7299	7078	6710	6193	5530	4719	3760	2654	1401
0.010	9604	9508	9220	8740	8067	7203	6147	4898	3457	1825
	16589	16424	15926	15096	13935	12442	10617	8461	5972	3152
0.005	38416	38032	36876	34959	32269	28812	24586	19592	13830	7299
	66358	65694	63703	60386	55740	49768	42469	33842	23889	12668

附表 21　样本平均数与总体平均数差异显著性检验所需样本容量 n

双侧检验	$\alpha=0.01$					$\alpha=0.02$					$\alpha=0.05$					$\alpha=0.1$				
单侧检验	$\alpha=0.005$					$\alpha=0.01$					$\alpha=0.025$					$\alpha=0.05$				
$\beta=$	0.01	0.05	0.1	0.2	0.5	0.01	0.05	0.1	0.2	0.5	0.01	0.05	0.1	0.2	0.5	0.01	0.05	0.1	0.2	0.5
δ/σ																				
0.10																				
0.15																				122
0.20										139					99					70
0.25					110					90				128	64			139	101	45
0.30				134	78				115	63			119	90	45		122	97	71	32
0.35			125	99	58			109	85	47		109	88	67	34		90	72	52	24
0.40		115	97	77	45		101	85	66	37	117	84	68	51	26	101	70	55	40	19
0.45		92	77	62	37	110	81	68	53	30	93	67	54	41	21	80	55	44	33	15
0.50	100	75	63	51	30	90	66	55	43	25	76	54	44	34	18	65	45	36	27	13
0.55	83	63	53	42	26	75	55	46	36	21	63	45	37	28	15	54	38	30	22	11
0.60	71	53	45	36	22	63	47	39	31	18	53	38	32	24	13	46	32	26	19	9
0.65	61	46	39	31	20	55	41	34	27	16	46	33	27	21	12	39	28	22	17	8
0.70	53	40	34	28	17	47	35	30	24	14	40	29	24	19	10	34	24	19	15	8
0.75	47	36	30	25	16	42	31	27	21	13	35	26	21	16	9	30	21	17	13	7
0.80	41	32	27	22	14	37	28	24	19	12	31	22	19	15	9	27	19	15	12	6
0.85	37	29	24	20	13	33	25	21	17	11	28	21	17	13	8	24	17	14	11	6
0.90	34	26	22	18	12	29	23	19	16	10	25	19	16	12	7	21	15	13	10	5
0.95	31	24	20	17	11	27	21	18	14	9	23	17	14	11	7	19	14	11	9	5
1.00	28	22	19	16	10	25	19	16	13	9	21	16	13	10	6	18	13	11	8	5
1.1	24	19	16	14	9	21	16	14	12	8	18	13	11	9	6	15	11	9	7	
1.2	21	16	14	12	8	18	14	12	10	7	15	12	10	8	5	13	10	8	6	
1.3	18	15	13	11	8	16	13	11	9	6	14	10	9	7		11	8	7	6	
1.4	16	13	12	10	7	14	11	10	9	6	12	9	8	7		10	8	7	5	
1.5	15	12	11	9	7	13	10	9	8	6	11	8	7	6		9	7	6		
1.6	13	11	10	8	6	12	10	9	7	5	10	8	7	6		8	6	6		
1.7	12	10	9	8	6	11	9	8	7		9	7	6	5		8	6	5		
1.8	12	10	8	8	6	10	8	7	7		8	7	6			7	6			
1.9	11	9	8	7	6	10	8	7	6		8	6	6			7	5			
2.0	10	8	8	7	5	9	7	7	6		7	6	5			6				
2.1	10	8	7	7		8	7	6	6		7	6				6				
2.2	9	8	7	6		8	7	6	5		7	6				6				
2.3	9	7	7	6		8	6	6			6	5				6				
2.4	8	7	7	6		7	6	6			6									
2.5	8	7	6	6		7	6	6			6									
3.0	7	6	6	5		6	5	5			5									
3.5	6	5	5			5														
4.0	6																			

附表 22　两个样本平均数差异显著性检验所需样本容量 $n(=n_1=n_2)$

双侧检验	$\alpha=0.01$					$\alpha=0.02$					$\alpha=0.05$					$\alpha=0.1$				
单侧检验	$\alpha=0.005$					$\alpha=0.01$					$\alpha=0.025$					$\alpha=0.05$				
$\beta=$	0.01	0.05	0.1	0.2	0.5	0.01	0.05	0.1	0.2	0.5	0.01	0.05	0.1	0.2	0.5	0.01	0.05	0.1	0.2	0.5
δ/S																				
0.10																				
0.15																				
0.20																				137
0.25															124					88
0.30										123					87					61
0.35					110					90					64				102	45
0.40					85					70				100	50			108	78	35
0.45				118	68				101	55			105	79	39		108	86	62	28
0.50				96	55			106	82	45		106	86	64	32		88	70	51	23
0.55			101	79	46		106	98	68	38		87	71	53	27	112	73	58	42	19
0.60		101	85	67	39		90	74	58	32	104	74	60	45	23	89	61	49	36	16
0.65		87	73	57	34	104	77	64	49	27	88	63	51	39	20	76	52	42	30	14
0.70	100	75	63	50	29	90	66	55	43	24	76	55	44	34	17	66	45	36	26	12
0.75	88	66	55	44	26	79	58	48	38	21	67	48	39	29	15	57	40	32	23	11
0.80	77	58	49	39	23	70	51	43	33	19	59	42	34	26	14	50	35	28	21	10
0.85	69	51	43	35	21	62	46	38	30	17	52	37	31	23	12	45	31	25	18	9
0.90	62	46	39	31	19	55	41	34	27	15	47	34	27	21	11	40	28	22	16	8
0.95	55	42	35	28	17	50	37	31	24	14	42	30	25	19	10	36	25	20	15	7
1.00	50	38	32	26	15	45	33	28	22	13	38	27	23	17	9	33	23	18	14	7
1.1	42	32	27	22	13	38	28	23	19	11	32	23	19	14	8	27	19	15	12	6
1.2	36	27	23	18	11	32	24	20	16	9	27	20	16	12	7	23	16	13	10	5
1.3	31	23	20	16	10	28	21	17	14	8	23	17	14	11	6	20	14	11	9	5
1.4	27	20	17	14	9	24	18	15	12	8	20	15	12	10	6	17	12	10	8	4
1.5	24	18	15	13	8	21	16	14	11	7	18	13	11	9	5	15	11	9	7	4
1.6	21	16	14	11	7	19	14	12	10	6	16	12	10	8	5	14	10	8	6	4
1.7	19	15	13	10	7	17	13	11	9	6	14	11	9	7	4	12	9	7	6	3
1.8	17	13	11	10	6	15	12	10	8	5	13	10	8	6	4	11	8	7	5	
1.9	16	12	11	9	6	14	11	9	8	5	12	9	7	6	4	10	7	6	5	
2.0	14	11	10	8	6	13	10	9	7	5	11	8	7	6	4	9	7	6	4	
2.1	13	10	9	8	5	12	9	8	7	5	10	8	6	5	3	8	6	5	4	
2.2	12	10	8	7	5	11	9	7	6	4	9	7	6	5		8	6	5	4	
2.3	11	9	8	7	5	10	8	7	6	4	9	7	6	5		7	5	5	4	
2.4	11	9	8	6	5	10	8	7	6	4	8	6	5	4		7	5	4	4	
2.5	10	8	7	6	4	9	7	6	5	4	8	6	5	4		6	5	4	3	
3.0	8	6	6	5	4	7	6	5	4	3	6	5	4	4		5	4	3		
3.5	6	5	5	4	3	6	5	4	4		5	4	4	3		4	3			
4.0	6	5	4	4		5	4	4	3		4	4	3			4				

附表 23　$\sqrt{比率}$ 的反正弦转换表

($\varphi = 2\arcsin\sqrt{P}$，单位：rad)

P	φ	P	φ	P	φ	P	φ
0.01	0.200	0.26	1.070	0.51	1.591	0.76	2.118
0.02	0.284	0.27	1.093	0.52	1.611	0.77	2.141
0.03	0.384	0.28	1.115	0.53	1.631	0.78	2.165
0.04	0.403	0.29	1.137	0.54	1.651	0.79	2.190
0.05	0.451	0.30	1.159	0.55	1.671	0.80	2.214
0.06	0.495	0.31	1.181	0.56	1.691	0.81	2.240
0.07	0.536	0.32	1.203	0.57	1.711	0.82	2.265
0.08	0.574	0.33	1.224	0.58	1.731	0.83	2.292
0.09	0.609	0.34	1.245	0.59	1.752	0.84	2.319
0.10	0.644	0.35	1.266	0.60	1.772	0.85	2.346
0.11	0.676	0.36	1.287	0.61	1.792	0.86	2.375
0.12	0.707	0.37	1.308	0.62	1.813	0.87	2.404
0.13	0.738	0.38	1.328	0.63	1.834	0.88	2.434
0.14	0.767	0.39	1.349	0.64	1.855	0.89	2.465
0.15	0.795	0.40	1.369	0.65	1.875	0.90	2.498
0.16	0.823	0.41	1.390	0.66	1.897	0.91	2.532
0.17	0.850	0.42	1.410	0.67	1.918	0.92	2.568
0.18	0.876	0.43	1.430	0.68	1.939	0.93	2.606
0.19	0.902	0.44	1.451	0.69	1.961	0.94	2.647
0.20	0.927	0.45	1.471	0.70	1.982	0.95	2.691
0.21	0.952	0.46	1.491	0.71	2.004	0.96	2.739
0.22	0.976	0.47	1.511	0.72	2.026	0.97	2.973
0.23	1.000	0.48	1.531	0.73	2.049	0.98	2.858
0.24	1.024	0.49	1.551	0.74	2.071	0.99	2.941
0.25	1.047	0.50	1.571	0.75	2.094	1.00	3.142

附表 24　两个样本比率差异显著性检验所需样本容量 $n(=n_1=n_2)$

(表中奇数行为单侧检验，偶数行为双侧检验　$\alpha=0.05$，$\beta=0.10$)

P_1	$\delta=P_2-P_1$													
	0.05	0.10	0.15	0.20	0.25	0.30	0.35	0.40	0.45	0.50	0.55	0.60	0.65	0.70
0.05	460	145	76	48	34	26	21	17	15	13	11	9	8	7
	570	175	93	59	42	32	25	21	18	15	13	11	10	9
0.10	740	210	105	64	44	33	25	21	17	14	12	11	9	8
	910	260	130	79	54	40	31	24	21	18	15	13	11	10
0.15	990	270	130	77	52	38	29	22	19	16	13	10	10	8
	1220	330	160	95	64	46	35	27	22	19	16	13	11	10
0.20	1190	320	150	88	58	41	31	24	20	16	14	11	10	8
	1460	390	185	105	71	51	38	29	23	20	16	14	11	10
0.25	1360	360	165	96	63	44	33	25	21	16	14	11	9	---
	1680	440	200	115	77	54	40	31	24	20	16	13	11	---
0.30	1500	390	175	100	65	46	33	25	21	16	13	11	---	---
	1840	480	220	125	80	56	41	31	24	20	16	13	---	---
0.35	1600	410	185	105	67	46	33	25	20	16	12	---	---	---
	1970	500	225	130	82	57	41	31	23	19	15	---	---	---
0.40	1670	420	190	105	67	46	33	24	19	14	---	---	---	---
	2050	520	230	130	82	56	40	29	22	18	---	---	---	---
0.45	1710	430	190	105	65	44	31	22	17	---	---	---	---	---
	2100	520	230	130	80	54	38	27	21	---	---	---	---	---
0.50	1710	420	185	100	63	41	29	21	---	---	---	---	---	---
	2100	520	225	125	77	51	35	24	---	---	---	---	---	---

(表中奇数行为单侧检验，偶数行为双侧检验 $\alpha = 0.01$，$\beta = 0.05$)

续表

P_1	$\delta = P_2 - P_1$													
	0.05	0.10	0.15	0.20	0.25	0.30	0.35	0.40	0.45	0.50	0.55	0.60	0.65	0.70
0.05	850	270	140	89	63	47	37	30	25	21	19	17	14	13
	960	300	155	100	71	54	42	34	28	24	21	19	16	14
0.10	1370	390	195	120	81	60	46	37	30	25	21	19	16	14
	1550	440	220	135	92	68	52	41	34	28	23	21	18	15
0.15	1820	500	240	145	96	69	52	41	33	27	22	20	17	14
	2060	560	270	160	110	78	59	47	37	31	25	21	19	16
0.20	2190	590	280	160	105	76	57	44	35	28	23	20	17	14
	2470	660	310	180	120	86	64	50	40	32	26	21	19	15
0.25	2510	660	300	175	115	81	60	46	36	29	23	20	16	---
	2840	740	340	200	130	92	68	52	41	32	26	21	18	---
0.30	2760	720	330	185	120	84	61	47	36	28	22	19	---	---
	3120	810	370	210	135	95	69	53	41	32	25	21	---	---
0.35	2960	750	340	190	125	85	61	46	35	27	21	---	---	---
	3340	850	380	215	140	96	69	52	40	31	23	---	---	---
0.40	3080	780	350	195	125	84	60	44	33	25	---	---	---	---
	3480	880	390	220	140	95	68	50	37	28	---	---	---	---
0.45	3140	790	350	190	120	81	57	41	30	---	---	---	---	---
	3550	890	390	215	135	92	64	47	34	---	---	---	---	---
0.50	3140	780	340	185	115	76	52	37	---	---	---	---	---	---
	3550	880	380	210	130	86	59	41	---	---	---	---	---	---

附表 25　相关系数显著性检验所需样本容量 n

	单侧检验 $\alpha = 0.10$(双侧检验 $\alpha = 0.20$)									单侧检验 $\alpha = 0.05$(双侧检验 $\alpha = 0.10$)								
r	0.10	0.20	0.30	0.40	0.50	0.60	0.70	0.80	0.90	0.10	0.20	0.30	0.40	0.50	0.60	0.70	0.80	0.90
$(1-\beta)$																		
0.25	39	11	6	4	3	3	3	3	3	99	24	12	8	6	4	4	3	3
0.50	165	42	19	11	7	5	4	3	3	277	69	30	17	11	8	6	5	4
0.60	236	59	27	15	10	7	5	4	3	368	92	40	22	14	10	7	5	4
0.70	326	81	36	20	13	9	6	5	4	470	117	51	28	18	12	8	6	4
0.75	383	95	42	23	14	10	7	5	4	537	133	58	32	20	13	9	7	5
0.80	450	112	49	27	17	11	8	6	4	618	153	68	37	22	15	10	7	5
0.85	536	133	58	32	19	13	9	6	4	727	180	78	43	26	17	12	8	6
0.90	655	162	71	39	24	16	11	7	5	864	213	93	50	31	20	13	9	6
0.95	864	213	93	50	31	20	13	9	6	1105	272	118	64	39	25	16	11	7
0.99	1296	319	138	75	45	29	19	13	8	1585	389	168	91	55	35	23	15	10

续表

r	单侧检验$\alpha=0.025$(双侧检验$\alpha=0.05$)									单侧检验$\alpha=0.01$(双侧检验$\alpha=0.02$)								
	0.10	0.20	0.30	0.40	0.50	0.60	0.70	0.80	0.90	0.10	0.20	0.30	0.40	0.50	0.60	0.70	0.80	0.90
$(1-\beta)$																		
0.25	166	42	20	12	8	6	5	4	3	273	68	31	18	12	9	7	5	4
0.50	384	95	42	24	15	10	7	6	4	540	134	59	31	20	14	10	7	5
0.60	489	121	53	29	18	12	9	6	5	663	164	72	39	24	16	11	8	6
0.70	616	152	66	37	23	15	10	7	5	809	200	87	48	29	19	13	9	6
0.75	692	171	74	41	25	17	11	8	6	897	221	96	53	32	21	14	10	7
0.80	783	193	84	46	28	18	12	9	6	998	246	107	58	36	23	16	11	7
0.85	895	221	96	52	32	21	14	10	6	1126	277	120	65	40	26	17	13	8
0.90	1046	258	112	61	37	24	16	11	7	1296	319	138	75	45	29	20	13	8
0.95	1308	322	139	75	46	30	19	13	8	1585	389	168	91	55	35	23	16	10
0.99	1828	449	194	104	63	40	27	18	11	2154	529	228	123	74	47	31	20	13

r	单侧检验$\alpha=0.005$ (双侧检验$\alpha=0.01$)								
	0.10	0.20	0.30	0.40	0.50	0.60	0.70	0.80	0.90
$(1-\beta)$									
0.25	362	90	40	23	15	11	8	6	5
0.50	662	164	71	39	24	16	12	8	6
0.60	797	197	86	47	29	19	13	9	7
0.70	957	236	102	56	34	23	15	11	7
0.75	1052	259	112	61	37	25	17	11	8
0.80	1163	286	124	67	41	27	18	12	8
0.85	1299	320	138	75	45	30	20	13	9
0.90	1480	364	157	85	51	34	22	15	9
0.95	1790	440	190	102	62	40	26	17	11
0.99	2390	587	253	136	82	52	34	23	13